GÜTERSDIE
LOHERVISION
VERLAGSEINER
HAUSNEUENWELT

GottesdienstPraxis
Serie B

Arbeitshilfen für die Gestaltung von Gottesdiensten
zu Kasualien, Feiertagen und besonderen Anlässen

Herausgegeben von Christian Schwarz

Taufe

Herausgegeben von Christian Schwarz

GÜTERSDIE
LOHERVISION
VERLAGSEINER
HAUSNEUENWELT

Bibliografische Information der Deutschen Nationalbibliothek
Die Deutsche Nationalbibliothek verzeichnet diese Publikation in der Deutschen Nationalbibliografie; detaillierte bibliografische Daten sind im Internet über https://portal.dnb.de abrufbar.

MIX
Papier aus verantwortungsvollen Quellen
FSC® C083411

Verlagsgruppe Random House FSC® N001967

1. Auflage

Umschlagentwurf: Finken & Bumiller, Stuttgart
Umschlagmotiv: © epd-bild/Rainer Oettel
Satz: Buch-Werkstatt GmbH, Bad Aibling
Druck und Bindung: CPI books GmbH, Leck
Printed in Germany
ISBN 978-3-579-07541-9

www.gtvh.de

Inhalt

Zum Eingang

Taufe von Kindern

Taufe von Jugendlichen

Taufe von Erwachsenen

Weitere Gottesdienste

Gottesdienste zur Tauferinnerung

Liturgische Stücke

Zum Eingang

Taufe 2017

Christian Schwarz

Ein Erfahrungsbericht zur Taufpraxis in einer südwestdeutschen Kleinstadtgemeinde

Seit ich vor drei Jahren die Gemeinde gewechselt habe, hat sich auch in meiner Taufpraxis manches geändert, waren am neuen Ort doch längst Taufsamstage etabliert. Als dann nach kurzer Zeit ein neuer Kollege dazukam, brachte er langjährige Erfahrungen mit Taufseminaren mit. Nach intensiver Diskussion im Ältestenkreis, bei der die geplante Verbindlichkeit bei manchen Bedenken hervorrief, haben wir nun im zweiten Jahr verpflichtende Taufseminare (drei Freitagabende). Wenn Eltern sich für eine Taufe anmelden, steht im ersten Moment dann durchaus die Überraschung oder der Schreck darüber, dass so viel Zeit investiert werden muss. Allerdings sind wir auch mit einem Elternteil zufrieden – manche kommen trotzdem als Paare. Im Verlauf des Seminars wächst bei den Teilnehmenden mehr und mehr Verständnis für diese ausführliche Vorbereitung. Es entsteht dadurch ja nicht nur eine stärkere Beziehung der einzelnen Familien zur Gemeinde, sondern auch der Familien untereinander – das macht sich dann auch im gemeinsamen Taufgottesdienst bemerkbar: Man kennt sich und nimmt sich anders wahr. Dass Familien wegen der verpflichtenden Taufseminare in umliegende Gemeinden wechseln, ist die Ausnahme.

Nach zwei thematischen Abende zur Taufe geht es beim dritten Treffen um die Gestaltung einer Taufkerze, wobei die Gemeinde das gesamte Material (incl. Kerze) und Werkzeug stellt – dieser Abend wird erfahrungsgemäß der längste! Eine gute Möglichkeit, Ehrenamtliche zu beteiligen und die Pfarrerzentriertheit aufzubrechen.

Bei den Gesprächen erlebe ich die Taufeltern insgesamt als freundlich, interessiert und alles andere als ablehnend gegenüber Kirche. Wer sein Kind taufen lässt, bringt eine grundsätzliche Offenheit mit, die auch da gilt, wo ein Elternteil (i. d. R. der mit dem [höheren] Einkommen) aus der Kirche ausgetreten ist. Inhaltliche Gespräche sind in der Gruppe eher möglich als beim Hausbesuch, wo die Aufmerksamkeit mindestens eines Partners oft vom Kind absorbiert wird – allerdings haben Taufseminare den Nachteil, dass ich als Pfarrer nicht mehr zu den Familien nach Hause komme und nicht mehr weiß, wo sie wohnen.

Wie sieht es mit der tauftheologischen Vermittlung aus? Ehrlich gesagt fällt es mir schon immer schwer, zu vermitteln, was neutestamentlich über die Taufe gesagt wird. Auf der einen Seite ist Taufe zwar durchaus anschaulich (Wasser), andererseits bleibt extrem unanschaulich, warum dem gerade erst geborenen neuen Leben schon wieder neues Leben zuteilwerden soll. Ist das nicht gewissermaßen der Konstruktionsfehler der Kindertaufe, dass zwar das vorauslaufende Handeln Gottes deutlich zum Ausdruck kommt, aber der Inhalt dieses Handelns merkwürdig unanschaulich bleibt? Anders gesagt: Taufe als Zusage von Gott her, als unbedingte Erklärung der Gotteskindschaft kann durchaus erfolgreich kommuniziert werden – doch die »neue Kreatur« (2 Kor 5,17), die ja mit dem Element »Wasser« zusammenhängt, ist zumindest bei der Taufe von Säuglingen und Kindern schwer vermittelbar.
Und Taufe als Inkorporation in die Gemeinde? Für die meisten Tauffamilien ist der Bezug zur Ortsgemeinde unerheblich – wenn überhaupt, dann am ehesten noch als Bezug zur weltweiten Kirche, also: Mein Kind gehört ab jetzt zu *der* Kirche – aber mit der Ortsgemeinde hat das nichts zu tun.
Am ehesten wird Taufe als Segenshandlung verstanden – was ja kein schlechter Zugang ist – oder als festlicher Akt, das neue Leben zu feiern, als rituell geregelter guter Anfang des Lebensweges. Man sollte die Vergangenheit nicht verklären: M. E. ist sehr fraglich, ob Taufe in der Geschichte der Kirche von der breiten Bevölkerung jemals in Übereinstimmung mit der herrschenden Tauftheologie verstanden wurde ...

Veränderungen erlebe ich im Bereich der Taufgottesdienste: Jahrelang habe ich ganz bewusst ausschließlich im Sonntagsgottesdienst getauft, um klarzumachen: Bei der Taufe wird ein Kind in die Gemeinde aufgenommen – von der soll man auch etwas sehen! In meiner neuen Gemeinde gibt es nun separate Taufgottesdienste samstags (um 16 Uhr) sowie eine monatliche Taufgelegenheit am Sonntagmorgen. Inzwischen sind wir dabei, die Zahl der sonntäglichen Taufgottesdienste zu reduzieren: Der Spagat zwischen den Tauffamilien und den Erwartungen der Gottesdienstgemeinde wird immer schwieriger. M. E. hat es zu tun mit wachsender Fremdheit der Tauffamilien gegenüber dem Gottesdienst. Immer mehr Menschen heute wissen nicht mehr bzw. haben kein Gespür dafür, was im Gottesdienst zu tun ist und wie man sich verhält bzw. nicht verhält. Immer wieder erlebe ich (sehr nette!) Eltern, die ihre Kinder im Gottesdienst völlig ›von der Leine lassen‹ – das klassische Gottesdienstkonzept ist damit nicht aufrechtzuerhalten. Am Ende eines solchen Gottesdienstes ist ein Teil der Gottesdienstgemeinde verärgert, weil sie ständig gestört wurde, als Pfarrer bin ich gestresst, weil ich nur mit Not oder gar nicht durch meine Predigt kam, und insgesamt frustriert, weil ich daran gescheitert bin, es beiden Seiten recht zu machen. Nur die Tauffamilien sind meist zufrieden und fanden den Gottesdienst klasse. Aus meiner Sicht gibt es hier genau zwei Alternativen: entweder den Gottesdienst liturgisch radikal umzukrempeln (das hieße dann v. a. auf eine klassische Predigt zu verzichten) oder die Taufen auszulagern. Wir haben uns aktuell für den zweiten Weg entschieden: In einem separaten Taufgottesdienst können wir auf die Situation der Tauffamilien wesentlich besser eingehen. Niemand regt sich über Unruhe auf, und wir können den Gottesdienst ganz bewusst auf ›Anfänger‹ zuschneiden – was am Ende allen zugutekommt. Und vielleicht klappt es bei entsprechender Einführung dann sogar, dass ab und zu mal mitgesungen wird.

Schließlich noch ein Dauerthema: das Patenamt. In meiner neuen Gemeinde wurde ich mit der Praxis konfrontiert, Taufzeugen zuzulassen: Menschen, die die Voraussetzungen für das Patenamt nicht erfüllen, weil sie aus der Kirche ausgetreten sind, schon immer konfessionslos waren oder einer anderen Religionsgemeinschaft angehören. Eine Reaktion auf das Dilemma, dass es immer schwieriger wird, Paten oder Patinnen zu finden, die einer der christlichen Kirchen angehören. Damit stehen auf der einen Seite die ›richtigen‹ Paten, die dann auch ins Kirchenbuch eingetragen werden (und dann am besten auch wieder ausgetragen werden sollen, wenn sich die Taufeltern ein paar Jahre später mit ihnen verkracht haben), und die Taufzeugen, die aus der Sicht der Familie aber wie vollgültige Paten behandelt werden.
Diese Zwei-Klassen-Lösung finde ich extrem unbefriedigend, zumal

diese Differenzierung ausschließlich auf kirchlicher Seite vorgenommen wird, die Eltern selbst aber keinen Unterschied machen.
Eine radikale Lösung bestünde darin, das Patenamt ganz abzuschaffen. Dafür spräche, dass die religiöse Vermittlung durch Paten m. E. ohnehin stark überbewertet wird – jedenfalls habe ich immer wieder ein schlechtes Gewissen, ihnen bei der Taufe diesbezüglich ein vollmundiges Versprechen abzunehmen. Oder man würde das Patenamt beibehalten, aber in seiner Bedeutung ›abspecken‹ und auf das Zeugenamt reduzieren. Zeuge der Taufe könnte dann gut auch jemand sein, der nicht in der Kirche ist. Da die Abschaffung des Patenamts vermutlich dem Versuch gleichkäme, Weihnachten abschaffen zu wollen, plädiere ich dafür, die kirchlichen Erwartungen an das Patenamt zurückzunehmen – das würde alle Beteiligten entlasten.

Aus Brautkleid wird Taufkleid

Heinz Behrends

Unsere älteste Tochter hat vor zwei Monaten ein Kind geboren, Paula heißt die Kleine. Meine Frau und ich haben großes Glück, denn Mutter und Kind leben während der Elternzeit bei uns im Haus. Jeden Tag können wir sehen, wie unser Enkelkind sich entwickelt. Wie sie greifen lernt, der Nacken stärker wird, sie immer mehr sehen kann und mit ihrem Lächeln auf uns reagiert. Natürlich soll es getauft werden. Paula gehört ja zu Gott.

»Wir machen aus meinem Brautkleid ein Taufkleid«, sagt meine Frau. Aus der Liebe zweier Menschen gründen sich neue Generationen. »Eine tolle Idee«, sage ich, »und Paulas Name wird der erste sein, den wir in das Kleid sticken.« Das Taufkleid soll dann von Kind zu Kind in der Familie, von Generation zu Generation weitergegeben werden. Manche Familie kennt diesen schönen Brauch.
Paula gehört zu unserer Familie. Unsere anderen drei Kinder freuen sich riesig, dass sie nun Onkel und Tante geworden sind, und suchen jede Gelegenheit, ihre Nichte zu sehen und in den Arm zu nehmen. Die Kleine verbindet uns auf neue Weise und macht uns dankbar vor Gott.
Das alles wird besonders sichtbar werden, wenn wir am Taufbecken stehen und Paula das neue Taufkleid der Familie trägt. Weitere Enkelkinder werden folgen. Da sind wir ziemlich sicher. Und auch sie werden getauft werden. Sie bringen das Licht Gottes in unsere Welt. Das Taufkleid mit seinen eingestickten Namen gibt die Zusage Gottes weiter von Kind zu Kind, von Generation zu Generation: »Du bist ein Kind Gottes.« Du sollst wissen, wohin du gehörst.

Du gehörst dazu

Heinz Behrends

»Du gehörst zu Christus«, sage ich bei der Taufe der kleinen Anna – sie ist vier Jahre alt – und lege ihr die Hand segnend auf den Kopf. »Amen«, antwortet sie. Die ganze Gemeinde freut sich und lacht. Niemand hat Anna das beigebracht, sie hat es spontan gesagt. Vielleicht fühlt sie, es ist gut, wenn sie weiß, wohin sie gehört. Du gehörst zu Christus und zu allen anderen in der Kirche. »Wir sind Kirche. Ich gehöre dazu.«
Und die segnende Hand auf dem Kopf tut gut. Unsere neugeborene Enkelin schließt selig die Augen, wenn ich ihr die Hand auf den Kopf lege. »Du bist beschützt.« Dir soll kein Leid geschehen. Das hoffen wir vor Gott von Anfang an.
»Denn du bist einmalig.« Deine Geschichte ist mit keiner anderen vergleichbar, dein Gesicht ist unverwechselbar. Niemand darf dir Leid antun, dir deine Würde nehmen, wie alt du auch immer seist. »Ich habe dich bei deinem Namen gerufen«, sagt Gott.
Und wenn du Mist machst oder scheiterst, dann wirst du darauf nicht für alle Zeit festgelegt. »Du hast immer wieder eine Chance.« Wir in der Kirche kennen die Vergebung.

Das ist schon kostbar, was uns bei der Taufe zugesprochen wird.
Wenn die Hand aufgelegt, der Name laut gesagt, das Wasser behutsam über die Stirn gegossen wird, das alles mitten in der Gemeinde.
Die wichtigen Lebensfragen werden geklärt, ehe du selbst dich auf den Weg machst. Gottes Zusage an dich bleibt gültig ein Leben lang: Deine Zugehörigkeit, deine Würde, dein Schutz, deine Chance zum Neuanfang.

Taufe von Kindern

Sei mit ihr und behüte sie
Ansprache über Gen 28,15

Heinz Behrends

Warum mögen wir alle diese Kirche hier in Wiebrechtshausen, die Taufkirche eures Sohnes? Die romanische Klosterkirche.
Ausgewogen ist der Raum, harmonisch der Abstand der Säulen, der Rundbögen, archaisch, verlässlich, fest.
Eine feste Burg. Menschen in Holzhäusern, die dem harten Leben ausgesetzt waren, bauten damals eine feste Burg.
Schutz. Ein Zuhause.

Jemand, der sein Zuhause verlassen hatte, baut die erste Kirche der Menschen. Es ist Jakob. Er hat seinen Bruder betrogen, den Segen ergaunert, er flieht. Auf dem Weg, erwachsen zu werden, legt er sich eines Abends zur Ruhe, ein Stein dient ihm als Kopfkissen.
Er träumt. Engel steigen an einer Leiter herab. Er hört eine Stimme: »Ich bin mit dir und will dich behüten, wohin du ziehst.«
Er wacht am Morgen auf. »Gott war hier und ich wusste es nicht«, sagt er.
Eine erwachsene Erfahrung. Unterwegs stelle ich mich dem Leben. Im Traum, in der Nachsicht, in der Reflexion merke ich: Gott war da, und ich habe es nicht gemerkt.
Er staunt: »Hier ist die Pforte des Himmels«, spricht er zu sich. Auch hier in Wiebrechtshausen.

Jakob gießt Öl auf den Stein und richtet ihn auf und gibt dem Ort einen Namen: Bethel. Haus Gottes. Wenn du dein Versprechen hältst und ich heil in meine Heimat zurückkehre, dann baue ich dir, Gott, hier ein Haus. So unverschämt kann er den Segen einklagen.
Nach 20 Jahren kommt er wieder vorbei, reich, Familie, Herde, Gesinde. Noch einmal muss er kämpfen, mit einem Engel am Fluss Jabbok. »Ich lasse dich nicht, du segnest mich denn«, sagt er zu dem Engel, mit dem er ringt. Einen Schlag auf der Hüfte bekommt er, als Erinnerung behält er ein Leiden, den Ischias.

»Ich bin mit dir und will dich behüten, wohin du ziehst«, verspricht Gott.

Ihr nehmt Paula dankbar aus Gottes Hand und gebt sie wieder in seine Obhut. Sei mit ihr und behüte sie. Schon als Säugling hat sie hier mit der Mutter die Gottesdienste besucht, dies Haus Gottes ist schon längst ein zweites Zuhause.

In dieser Bewegung wird Paula leben: Gehen, ziehen, ruhen. An den Ruhepunkten schließt sich mein Leben auf, kann ich meine Erfahrungen deuten.
Dass für sie das Haus Gottes ein Zuhause bleibt.

Heinrich Böll schreibt als einen seiner letzten Texte ein berührendes Wort für seine Enkelin Samay:

Für Samay

Wir kommen weit her
liebes Kind
und müssen weit gehen
keine Angst
alle sind bei Dir
die vor Dir waren
Deine Mutter,
Dein Vater
und alle, die vor ihnen waren
weit weit zurück
alle sind bei Dir
keine Angst
wir kommen weit her
und müssen weit gehen
liebes Kind.

Heinrich Böll

Vier Sätze, fünf Zeichen
Taufpredigt

Heinz Behrends

Mit vier Sätzen und fünf Zeichen ist alles über die Taufe gesagt:
- Du bist ein einmaliges Geschöpf Gottes.
- Du kannst immer wieder neu beginnen.
- Du bist beschützt.
- Du gehörst dazu.

Alle vier Sätze werden in unserem Taufgottesdienst heute sicht- oder hörbar.

Du bist ein einmaliges Geschöpf Gottes. In unserer kirchlichen Tradition bildet sich dieser Satz in unserem Namen ab. Es wird z. B. auf der ganzen Welt nicht eine zweite NN geben. Und sollte es sie geben, sieht jenes Kind, jene Frau völlig anders aus als unsere Anna Dorothea. Auch wissenschaftlich bewiesen ist die Einmaligkeit: Keine zwei Menschen haben dieselben Fingerabdrücke. Gott hat uns als einmaliges Geschöpf geschaffen. Wir sprechen den Namen bei der Taufe laut aus. In der englischen Sprache ist der Gedanke noch aufgehoben: der Vorname heißt »christian name«, christlicher Name. Mit dem Namen versuchen Eltern ihrem Kind eine Bedeutung zu geben, die ihnen wichtig ist. Schon nach den ersten Monaten der Schwangerschaft habt ihr angefangen, einen Namen zu überlegen. Ihr wolltet vorher nicht wissen, ob Junge oder Mädchen, und habt euch auf verschiedene Namen vorbereitet. Und habt entschieden: Anna Dorothea. Unser Kind ist uns von Gott geschenkt (Dorothea), aus Gnade (Anna). Der Name ist kostbar, er macht uns erkennbar, ansprechbar vor allem. So spricht Gott die Menschen gerne mit Namen an. Vor allem, wenn er ermahnen oder trösten will. »Fürchte dich nicht, ich habe dich bei deinem Namen gerufen, du bist mein.« Der Taufspruch.

Anna, auch du bist ein einmaliges Geschöpf Gottes. Er will dich, er will, dass du lebst.

Hörbar wird es, wenn wir über der Taufe ihren Namen sagen: »Anna Dorothea W., ich taufe dich«. Und besungen haben wir es gerade auch mit dem »Du bist Du«.

Der zweite Satz: Du kannst immer wieder neu beginnen. Der Satz wird sichtbar, sogar hörbar, wenn wir aus der Taufkanne das Wasser in die Taufschale schütten. Wasser reinigt. Wir haben vor dem Göttinger Bahnhof einen begehbaren Brunnen. Aus jeder der sechs Düsen spritzt ein Wasserstrahl. Kein Kind geht vorbei, ohne sich zu nähern, damit zu spielen und mitten hineinzutreten, wenn es heiß ist. Wasser macht Spaß. Sich reinigen macht Spaß. Wer im Sommer aus dem Becken im Freibad steigt, fühlt sich wie neugeboren. Wer aus der Dusche tritt, fängt morgens mit Lust an. Die Spuren der Nacht, weg, der Schweiß, weg. Nun sammelt sich im Laufe der Tage und der Lebensjahre mancher Schmutz bei mir an. Ich habe gemacht, was nicht richtig war. Ich bin einem Menschen nicht gerecht geworden. Ich habe mit Vorurteilen an ihn gedacht, ohne genauer hinzuhören oder -zusehen. Sünde nennt die Bibel das. Es ist nicht gut, das alles mitzuschleppen. Man muss einen Schnitt machen können. Vergeben können, sich vergeben lassen. Die Taufe sagt vom ersten Lebenstag an: Du bist nicht auf deine Vergangenheit festgelegt, du kannst immer neu anfangen. Munter und gestärkt wie nach einem Bad. Das Wasser in der Taufe macht diesen Gedanken stark. Du hast immer wieder eine Chance.

Der dritte Gedanke: Du bist behütet, du bist beschützt. Sichtbar wird der Satz, wenn ich nach der Taufe meine Hand segnend auf Anna W. lege. Wir kennen das nicht nur aus der Kirche. In diesem Jahr werden meiner Frau und mir fünf Enkelkinder geboren. Schon beim ersten Besuch nach der Geburt nehmen wir das Neugeborene auf den Arm und legen die Hand auf seinen Kopf. Alles Gute kommt von oben, sagt der Volksmund gerne. Aber es gilt auch die gegenteilige Erfahrung. Was prasselt manchmal nicht alles auf einen Menschen nieder! Du müsstest dich ducken oder erschlagen lassen. Da ist jemand, der hält die Hand über dir. Wenn Anna einmal morgens das Haus verlassen wird, um zur Schule zu gehen, wird die Mutter ihr die Hand auf Kopf oder Schulter legen und denken: Ich gebe dich jetzt los in die Welt. Möge Gott dich beschützen.

Wir können uns vor den meisten Gefahren nicht selber schützen, wir

vertrauen auf Gott, dass er es tut. Schon am Anfang des Lebens. Deshalb die Geste der Handauflegung. Sie wird sich fortsetzen über manche Alltagssituation, über Konfirmation und Trauung bis ins Alter, wenn wir schließlich hilfebedürftig darniederliegen. Durch die Wärme der Hand strömt die Wärme Gottes durch meine Kopfhaut bis zum Herzen.
»Du bist beschützt und gesegnet«.
Den Konfirmandinnen und Konfirmanden habe ich die vier Merk-Sätze gerne im Unterricht vorgelegt. Raten Sie, welcher am beliebtesten war! Die Mädchen nennen am meisten den Satz »Du bist behütet«, die Jungen den Satz. »Du hast immer wieder eine Chance«. Die Frauen unter uns mögen schmunzelnd nicken und denken: »Klar, die Männer haben's nötig, sie machen mehr Mist als wir Frauen.«

Und der letzte Satz: Du gehörst dazu. Auch er wird sichtbar. Schaut euch hier in der Kirche um. Da sind Menschen, die Familie, die Gemeinde. Du gehörst zu dieser Gemeinschaft. Sie ist desselben Geistes. Sie glaubt fest daran, dass du einmalig bist, immer eine neue Chance hast, behütet bist und gesegnet. Wir fügen Anna heute ein in den großen Kontext der christlichen Werte: Barmherzigkeit, Sanftmut, Friedfertigkeit, Glaube, Liebe, Hoffnung. Manches Elend geschieht auf der Welt, weil Menschen nicht wissen, wohin sie gehören. Sie suchen dann die Verführer, die Gewalt predigen. Wenn du bei uns mitmachst, dann weißt du, wohin du gehörst, sagen sie. Darum können wir unsere Gemeinschaft hier in der Kirche gar nicht hoch genug schätzen. Wir gehören zusammen als Leute Christi, in seinem Geist verbunden. Und der braucht keine Gewalt, kein Gehabe, keine Arroganz, um sich zu vergewissern, wohin er gehört.

Du bist ein einmaliges Geschöpf Gottes. Du hast immer wieder eine Chance. Du bist behütet. Du gehörst zur Gemeinde Jesu Christi. Dein Name, die Hand, die Gemeinde, das Wasser.
Am Anfang deines Christenlebens alles, was du brauchst. Beseelt mit Gottes Geist gehst du deinen Weg. Und selbst für den Heiligen Geist fehlt das Zeichen heute nicht. Ich überreiche es nach der Taufe, die Taufkerze, das Feuer.

Engel werden – behütet sein – ins Weite gehen
Taufpredigt über Ps 31,9, Ps 91,11 f. und Ps 139,5

Markus Engelhardt

Liebe Taufeltern und Paten, liebe Gemeinde! Das ist das Geheimnis, das wir in der *Taufe* im Namen des dreieinigen Gottes feiern: dass wir nicht die Herren über uns selbst sind, dass wir unser Leben nicht eigenmächtig meistern können. Wer könnte das intensiver empfinden als Eltern, die das Wunder der Geburt, des anvertrauten Lebens erfahren! Wenn wir Eltern werden, dann wird es wieder einfach und klar: Leben, Menschsein – das ist nicht unser Werk. Albert Einstein, ein in der Wolle gefärbter Naturwissenschaftler und kein sehr religiöser Mensch, kam als Summe seiner Forschungen zu dem für ihn selbst erstaunlichen Ergebnis: »Der Alte da oben würfelt nicht!« Das ist es: Im Himmel wird nicht gewürfelt, da herrscht kein Zufallsprinzip! H., F., M. und J. sind keine Zufallslaunen der Natur, sondern in ihrer Einmaligkeit, Unverwechselbarkeit geschaffen und geliebt von dem, an den der staunende Dank des Beters von Psalm 139 geht: »Du hast mich gebildet im Mutterleibe; ich danke dir, dass ich wunderbar gemacht bin«. So will ich uns mit Hilfe von Gottes Wort in Gestalt der Taufsprüche unserer vier Täuflinge in Erinnerung rufen, was für ein Glück und Geschenk das ist, getauft zu sein, zu Gott zu gehören.

I.

Beginnen wir mit dem 91. Psalm, aus dem gleich zwei unserer Täuflinge ihren Taufspruch haben. Dieser Psalm malt uns in vielfältigen, bewegenden Bildern Gott als Beschützer vor Augen. Er wird als Zufluchtsort und Burg beschrieben, als einer, der unter seinen breiten Flügeln Schutzsuchende birgt. Und schließlich heißt es im 11. Vers, F.s und J.s Taufspruch: »Er hat seinen Engeln befohlen, dass sie sich behüten auf all deinen Wegen, dass sie dich auf den Händen tragen und du deinen Fuß nicht an einen Stein stoßest«.

Von den *Engeln* ist da die Rede. Also von jenen geheimnisvollen, halb irdischen, halb himmlischen Wesen, die einen besonders engen Draht zu Gott haben und gleichsam die ehrenvolle Funktion von Sonderbotschaftern wahrnehmen, um in seinem Auftrag zu jeder Zeit und an jedem Ort einzugreifen und verfahrene Situationen glücklich zu lösen. Die Engel haben heute Hochkonjunktur, auch bei solchen, die mit dem christlichen Glauben nicht viel am Hut haben. Da ist dann freilich auch viel Kitsch und falsche Romantik im Spiel, die kaum etwas mit dem zu tun hat, was die Bibel von Gottes Engeln erzählt.

Wenn man sich die vielen Engelsgeschichten der Bibel ansieht, dann fällt v.a. eines auf: Engel sind ganz *freie*, souveräne Wesen! Sie lassen sich nicht festhalten, nicht für unsere Bedürfnisse vereinnahmen. Sie kommen meistens auf ganz leisen Sohlen, plötzlich und unerwartet, erfüllen ihren Auftrag – und sind dann wieder weg. Und meist merken die Menschen, denen sie geholfen haben, erst im Nachhinein, wenn alles vorbei ist, dass sie es da mit einem Engel zu tun hatten. Und wichtig ist auch: Wir dürfen uns die Engel nicht so vorstellen, wie sie die Kunst gerne dargestellt hat – mit weißem Kleid, pausbäckig-unschuldigen Gesichtszügen und goldenen Flügeln. »Gottes Engel haben keine Flügel«, unter diesem Titel hat einmal ein großer Theologe eine Lehre von den Engeln geschrieben. Er meinte damit: Gottes Engel können auch ein ganz alltägliches, menschliches Antlitz haben. Bei Engeln dürfen wir, gerade weil sie ungreifbar bleiben, unserer Phantasie ruhig Spielraum lassen.

Ja, manchmal können sogar nichtmenschliche Wesen zu Engeln werden. Am Ende der Sintflutgeschichte ist das so. Da wird sogar eine Taube zum Engel – als sie von ihrem Flug zurückkehrt und das Ölblatt in ihrem Schnabel den ängstlich auf der Arche wartenden Leuten die erlösende Kunde bringt: Wir sind noch einmal davongekommen! Es gibt wieder Land, festen Boden unter den Füßen, wir haben eine zweite Chance! Oder denken Sie an die Geschichte von den drei unbekannten Männern, die dem alt gewordenen Paar Abraham und Sara die unglaubliche Mitteilung machen, dass sie doch noch einen Sohn bekommen werden. Von diesen Männern heißt es im Hebräerbrief: »Manche haben ohne ihr Wissen Engel beherbergt«. Die Wendung unserer Alltagssprache, wenn uns jemand aus einer ganz vertrackten Lage rausgeholfen hat: »Du bist ein Engel!«, die trifft die Sache also auch theologisch ganz genau! Und das heißt: Es gibt viele Möglichkeiten, derer sich Gott bedienen kann, um unsere Täuflinge in ihrem Leben von seinen Engeln umgeben sein zu lassen. Und viele Menschen, die (ohne dass sie das wissen) für sie solche Engel werden, sie auf ihren Händen tragen können, wie es unser Psalmwort sagt. Das ist wunderbar.

II.
Nun zu unserem zweiten Taufspruch, dem von H. Er kommt aus dem 139. Psalm und lautet: »Von allen Seiten umgibst du mich und hältst deine Hand über mir«. Wir haben vorhin in der Lesung diesen wunderbaren Psalm im Zusammenhang gehört. Er ist wohl deshalb für viele Menschen so anziehend, weil sich in ihm auf faszinierende, bewegende Weise *Nähe* ausspricht. Und zwar die Erfahrung unüberbietbarer Nähe, wie sie zwischen uns Menschen so niemals möglich sein kann. Gottes Nähe eben! »Von allen Seiten umgibst du mich und hältst deine Hand über mir«: So wie uns die Luft von allen Seiten umgibt, ohne dass wir sie eigens bemerken; so wie uns das Tageslicht von allen Seiten erhellt, ohne doch selber gesehen zu werden, aber so, dass wir überhaupt etwas sehen können – so ist er da: der allgegenwärtige Gott. Er, das können wir in der Bibel von der ersten bis zur letzten Seite lesen, kommt uns näher, als wir einander jemals nahekommen können. Wir Erwachsenen wissen es ja aus eigener, manchmal leidvoller Erfahrung: Wir können selbst in der Liebe dem anderen niemals so nahe kommen, wie er sich selbst nahe ist.

»Von allen Seiten umgibst du mich und hältst deine Hand über mir«. Von allen Seiten also. Also nicht nur von den Schokoladen- und Sonnenseiten, die das Leben hoffentlich reichlich für H. und unsere anderen Täuflinge bereithält. Sondern eben auch von den Seiten, die dunkel und traurig sind, von denen aber kein Leben verschont bleibt. Warum ist das so, warum kann man diesem Psalmwort trauen? Den Grund dafür haben wir gerade vor drei Wochen mit Karfreitag und Ostern gefeiert. Seit er, der lebendige Gott, in dem Menschen Jesus bis auf die letzte, äußerste Seite, nämlich die Seite des Todes gegangen ist, seit er selbst auch all das durchgemacht hat, was es im Leben auch an Leid geben kann, seither können wir uns ganz gewiss darauf verlassen, dass wir in keiner Situation von ihm verlassen sind. Und dass es nichts und niemand gibt, der uns von Gottes Liebe je wird trennen können. Und das wird einmal auch heißen: auch wenn wir in die letzte Einsamkeit hinein müssen, wo uns kein Mensch mehr begleiten und helfen kann, sind wir nicht verloren noch verlassen. Das ist das größte und schönste Versprechen, das man über ein beginnendes Leben machen kann.

Nachher werden wir das schöne Lied »Von guten Mächten« singen, das Dietrich Bonhoeffer, der im Widerstand gegen Hitler sein Leben ließ, in der Dunkelheit seiner Berliner Gefängniszelle wenige Monate vor seiner Hinrichtung gedichtet hat. Aus derselben Zeit stammt auch ein anderes berühmtes Gedicht von ihm: »Wer bin ich?« Eine Frage, die spätestens in den unvermeidlichen Wirren der Pubertät auch unsere Täuflinge beschäftigen wird. Aber nicht nur dann: auf andere, reflektiertere Weise begleitet sie jeden nachdenklichen Menschen durch das ganze Leben. Bonhoeffer hat in diesem Gedicht beides von sich festgestellt: Ich bin das, was die anderen von mir sagen, was mich auch befriedigt, weil ich so gerne gesehen werden will – und von dem ich in Wahrheit doch weiß, dass das nicht alles von mir ist. Und ich bin das, was in den Tiefen meiner Seele vor sich geht, was mir manchmal richtig unheimlich ist – und von dem ich doch auch hoffe, dass das nicht alles von mir ist. Und dann fragt er: »Wer bin ich? Der oder jener? / Vor Menschen ein Heuchler / und vor mir selbst ein verächtlich wehleidiger Schwächling?« Und ganz am Ende des Gedichts kommt er zu dieser Antwort: »Wer bin ich? Einsames Fragen treibt mit mir Spott. / Wer ich auch bin, Du kennst mich, Dein bin ich, o Gott!« Da finde ich sie wieder, die Aussage von Helenas Taufspruch: Unser Selbst, unseren Lebenssinn finden wir nicht, wenn wir uns selbst auf den Grund gehen. Das finden wir nur, weil ein anderer, Gott, sie uns schenkt und zuspricht. »Von allen Seiten umgibst du mich und hältst deine Hand über mir«. Ich bin und bleibe dein geliebtes Kind, unter deinem Schutz. Komme, was wolle.

III.

Und dann last but not least M.s Taufspruch. Auch dieser ein Psalmvers, aus Psalm 31, und er lautet: »Du stellst meine Füße auf weiten Raum«. Erstaunlicherweise steht dieser kurze Psalmvers inzwischen in der Hitliste der beliebtesten Taufsprüche unangefochten an der Spitze. Vielleicht liegt das daran, dass dieses einfache Wort so viele Bilder, Assoziationen in uns aktiviert, die uns einfach gut tun. Und auch

Erinnerungen an die eigene Kindheit. »Du stellst meine Füße auf weiten Raum«. Unser kleiner Raum, mit dem alles anfing, kommt uns wieder sehr nah, wenn wir selber Kinder bekommen. Der Raum, den wir zu erobern begannen an den Händen von Vater, Mutter oder Oma, mit kleinen Füßchen, Schritt für Schritt. Und wir erinnern uns, wie wir selber anfingen zu laufen. Wie wir uns den Raum erobern, das eine Zimmer, dann den Flur, dann die Wohnung, und dann zum ersten Mal aus der Tür raus, ins Treppenhaus, vor die Tür, in den Garten und dann den Weg zum Kindergarten auf eigenen Füßen. Und dann in die Schule, und dann zog es uns mehr oder weniger weg von Zuhause, und wir fanden weiten und immer weiteren Raum. Freiheit zur eigenen Entfaltung, Wissen, wir lernten geschickt sein mit anderen – und so schreiten wir hoffentlich noch immer den Raum der Freiheit und der Liebe aus – und stoßen zugleich immer noch an Mauern oder bauen anderen Mauern auf mit Sätzen wie: »Das gehört sich nicht« oder »Das ist nicht deins« oder »Dazu fehlt Ihnen die Berechtigung« etc.

Ja, was engt uns ein? Was hält uns klein, was macht uns ohnmächtig? Was lähmt uns? Was hält unsere Seele gefangen, macht uns unbeweglich, hindert uns am großen Sprung nach vorne? Jesus sagt dem Menschen an der Zollschranke: »Folge mir nach«, und der steht auf. Jesus sagt Simon und Andreas am See Genezareth: »Geht mit mir«, und sie lassen die Netze und folgen ihm nach und werden Apostel. Also nicht sagen: Ja, wenn Jesus jetzt käme, das wäre was anderes, dann würde ich sicher alles stehen und liegen lassen. Jesus ist ja da! »Wo zwei oder drei in meinem Namen versammelt sind, da bin ich mitten unter ihnen« hat er seinen Leuten und damit uns allen gesagt. Und stellt so unsere Füße auf unendlich weiten Raum.

Der weite Raum, die Freiheit, die Gott uns einräumt: Liebe und tu, was du willst, liebe und hilf, schenke anderen Glück und werde dabei selber glücklich, und was an Versagen dir dabei passiert, ist doch schon vergeben. Das eröffnet dir einen weiten Raum an Zuversicht und auch an Bindungsfähigkeit. Erzähle, rede mit Menschen, mach dein Ohr auf, hör zu, dass Menschen sich mit dir austauschen. Mensch, mach doch was falsch, Hauptsache, du machst was aus dir und dem Leben, das ich dir geschenkt habe, du bist doch mein Kind. Auch für dich und dein Leben werden meine Engel unterwegs sein. Du musst dein Leben nicht allein meistern, auch deine Eltern müssen es nicht. »Von guten Mächten wunderbar geborgen« und von Menschen begleitet, die dich als meine Engel mit ihrer Liebe bergen, sollst du leben – als mein behütetes Kind.

In einer Legende heißt es hintergründig: Man fragte die Engel einmal, warum sie fliegen können. Sie antworteten: »Wir nehmen uns leicht. Wir wissen, es trägt uns einer.« Auch das lässt uns ahnen, dass jeder von uns für unsere vier Täuflinge ein Engel werden kann. Weil wir ja *alle* durch unsere Taufe zu Gottes Kindern geworden sind, von ihm getragen bleiben und uns daher leicht nehmen können. Und wer sich selbst nicht so schrecklich schwer und wichtig nimmt, kann dann anderen Gewicht und Wert geben. Der große Papst Johannes XXIII. pflegte zu sich selber zu sagen: »Giovanni, nimm dich nicht so wichtig!« Würden wir das mehr beherzigen, es sähe wohl besser aus in dieser schwierigen Welt, in die hinein unsere vier nun ihren Weg nehmen. Gott segne H., F., M. und J. – und uns alle, damit wir uns selber leichter nehmen und deshalb einander tragen können.

Du wirst sein wie eine Wasserquelle
Taufgottesdienst

Klaus von Mering

Vier Kinder (zwei davon Geschwister) werden getauft. Ein Kind kommt aus dem Ausland, die Gemeinde ist ökumenisch zusammengesetzt: Reformierte, Lutheraner, Katholiken, Methodisten und Anglikaner.

Präludium

Begrüßung mit Refrain des Liedes: »Alles muss klein beginnen«
Kommt und singt. Liederbuch für die Jugend, Gütersloh 2015, 406

Einführung

Die Erlaubnis und den Auftrag zur Taufe haben wir von Jesus Christus. In Jesus ist Gott selbst zu uns auf die Erde gekommen. Es war so viel kaputt bei uns – in der Sprache der Bibel heißt das »Sünde«. Alle, die fürs Heilmachen zuständig waren – Handwerker und Ärzte, Lehrerinnen und Priester und all die andern –, sie alle konnten nicht mehr helfen. Darum ist Gott selbst gekommen in Jesus und hat uns die Taufe geschenkt: Tauft und erzählt von mir, hat er gesagt, das macht heil, das überwindet die Sünde:
Fürchtet euch nicht! Mir ist alle Macht gegeben von Gott, meinem Vater im Himmel. Darum geht hin in alle Welt und macht zu Jüngern alle Völker:
- Tauft sie auf den Namen des Vaters und des Sohnes und des Heiligen Geistes und
- helft ihnen, so zu leben, wie ich es euch gesagt und gezeigt habe.
- Und siehe, ich bin bei euch alle Tage bis an der Welt Ende.

Seitdem tun wir das, überall in der Welt, taufen Kleine und Große. Aber seitdem denken wir auch immer wieder darüber nach: Wie macht man das: »Helft ihnen, so zu leben, wie ich es euch gezeigt habe«?
- Was hat er uns gezeigt?
- Wie lebt man das?

– Wie hilft man anderen dazu?
Deshalb gibt es Kirche, muss es Kirche geben. Deshalb treffen wir uns immer wieder im Gottesdienst, um darüber nachzudenken. Glauben hat ja immer diese beiden Gesichter: Unsicherheit, Schwindelgefühl, weil wir an unsere Grenzen stoßen, und unbedingtes Vertrauen, das sogar den Tod besiegt.

Das Symbol dafür ist die Segensgeste mit dem Kreuzzeichen. »Nimm hin«, sagt der Pastor in der alten Taufliturgie zum erwachsenen Täufling, »nimm hin das Zeichen des Kreuzes an der Stirn und an der Brust«, da, wo du denkst und planst und da, wo du fühlst und spontan bist, da soll Christus regieren.«
Segnen ist keine Spezialfähigkeit von Pastoren. Segnen können wir alle. Ich lade euch ein, dass wir das jetzt zusammen tun, soweit das geht: Wir wollen gemeinsam das Gebet Jesu, das Vaterunser als Segensbitte beten und damit unsere Täuflinge segnen. Und die Eltern und Paten berühren beim Gebet das Kind, soweit es das zulässt, an Kopf und Brust und segnen es mit dem Gebet. Und wenn wir das Gebet mit dem Amen beschließen, dann bitte ich euch, ein Kreuzzeichen über dem Kind machen.

Vaterunser

Kanon: Taufe ist der erste stete Tropfen Gottes, siehe S. 35

Ansprache, Teil 1

Taufe ist der erste Tropfen Gottes auf den heißen Stein – wie der erste Regentropfen nach langer Dürre den erlösenden Regen ankündigt. In der Taufe sagt Gott: Ich habe dich gerufen; du bist mein.
Für euch Eltern ist das vielleicht im ersten Augenblick ein befremdlicher Gedanke. Aber ich denke, gerade in einer Gesellschaft wie der unseren, in der fast ausschließlich Wunschkinder zur Welt kommen, in der von Helikoptereltern gesprochen wird und im Zusammenhang von künstlicher Befruchtung bereits über Designerkinder diskutiert wird, – da ist es gut und nötig zu hören: Unser Kind gehört Gott. Das meint ja: Er setzt die Maßstäbe. Aber auch: Bei ihm ist es geborgen, weit über unsere Grenzen hinaus: über unsere Grenzen der Liebe, über unsere Grenzen

der Verantwortung und schließlich über die Grenzen unseres Lebens hinaus. Wir dürfen wissen: Unser Kind gehört Gott. Das dürfen und sollen wir heute hören. Das müssen wir hören: Durch Gottes Wort. Gefühl ist nicht alles. N.s Taufspruch aus den Psalmen macht das sehr eindrucksvoll deutlich: Ich will dir danken, HERR, unter den Völkern und will dir lobsingen unter den Leuten. Denn deine Gnade reicht, so weit der Himmel ist, und deine Treue, so weit die Wolken gehen. (Psalm 108,4 f.)

Lied: Du hast mich, Herr, zu dir gerufen EG 210,1.3.4

Ansprache, Teil 2

Ich danke dir, dass ich wunderbar gemacht bin. Wunderbar sind deine Werke, das erkennt meine Seele. Psalm 139,14, habt ihr für T. ausgesucht.
Aus dem Befremden über Gottes Ruf: »Du gehörst mir« wird Dank. Schon wer sein Kind in sorgfältiger Liebe anschaut, spürt: Das Reden vom »Kindermachen« ist nicht nur geschmacklos, es greift auch viel zu kurz. Ich danke dir, dass ich wunderbar gemacht bin. Wer die Fähigkeit verloren hat, sich zu wundern, hat es schwer mit dem Glauben. Wir müssen wieder lernen und üben, uns zu wundern – nur so werden wir uns an unserm Glauben freuen. Und nur so werden wir unsere Welt retten. Denn aus dem Wundern kommt der Dank für das, was uns da anvertraut ist. Das betrifft die ganze Schöpfung, die heute, wie wir wissen, nicht nur in diesem oder jenem Vogel oder Fisch bedroht ist, sondern in ihrer Gesamtheit. Wer gelernt hat, sich zu wundern, kann auch in seinem sonstigen Verhalten die Schalter umstellen, damit unsere Erde eine Zukunft hat.
Das Wasser, das bei der Taufe eine so zentrale Rolle spielt, ist ja auch ein Symbol geworden für das Überleben der Schöpfung und für unser Überleben in dieser Schöpfung. Wassermangel bedroht schon längst nicht mehr nur die Menschen in der Sahelzone, sondern auch viele Gebiete bei uns in Europa.
Wasser ist das Zeichen des Lebens. Wir taufen nicht mehr, wie im Altertum, indem der ganze Mensch ins Wasser eingetaucht wird. Uns genügen ein paar symbolische Tropfen, denn das Entscheidende tut ja Gottes Wort. »Wunderbar sind deine Werke, das erkennt meine Seele«. Und indem sie das erkennt, weiß sie auch, wie sorgfältig wir mit den Gaben Gottes umgehen müssen.

Lied: Du wirst sein wie eine Wasserquelle, V. 1 f., siehe S. 34

Ansprache, Teil 3

In dem Lied: »Du wirst sein wie eine Wasserquelle« steht das nicht zufällig direkt nebeneinander: Die Quelle, der es nie an frischem Wasser fehlt, und der Durstige, der auf den Krug frischen Wassers wartet. Beides ist Ausdruck unseres Glaubens: das Vertrauen, dass die Quelle unseres Lebens nie versiegt, und die Verantwortung, dass wir uns umschauen, wo jemand Durst leidet. »Ich will dich segnen und du sollst ein Segen sein«, habt ihr euerm S. mitgegeben. Den Segen Gottes dankbar und – ja, sagen wir es ruhig – verwundert empfangen. Und ihn dann aber nicht in die Tasche stecken oder in die Spardose, sondern ihn weitergeben, das gehört zusammen.
Dieses schöne und wichtige Wort wird als erstem Abraham gesagt, am Tag seines Aufbruchs in eine fremde Welt: Ich will dich segnen, und du sollst ein Segen sein. Segen empfängt man nicht gemütlich im Sessel, sondern da, wo man voller Unsicherheit, ja vielleicht heimlicher Angst sich vom Gewohnten löst und losgeht. Nur so erlebt man Vertrauen und nur so begegnet man denen, die auf meinen Segen, auf meinen Krug mit frischem Wasser warten.
Ich habe in meiner Zeit als Inselpastor von Langeoog jedes Jahr mit Tausenden von Urlaubern zu tun gehabt. Und dabei sind mir immer Menschen begegnet, die mir sagten: Sie sprechen von der Not in Afrika. Wir waren da im letzten Urlaub, aber von Not haben wir nichts gesehen. So wie Franz Beckenbauer in Katar war, aber von ausgebeuteten Sklavenarbeitern auf den Baustellen zur geplanten Fußball-WM hat er nichts gesehen. Ich will dich segnen und du sollst ein Segen sein. Man kann verreisen, ohne wirklich aufzubrechen. Und man kann aufbrechen, auch ohne zu verreisen, trotz aller Unsicherheit, wenn man auf Gottes Segen schaut, der empfangen und weitergegeben werden will.

Lied: Du wirst sein wie eine Wasserquelle, V. 3 f., siehe S. 34

Ansprache, Teil 4

Dass das Leben nicht nur Sonnentage bereithält, haben wir in den letzten Wochen wieder ganz handgreiflich erlebt, und zwar nicht nur beim Wetter. Wir wissen das ja auch tief in uns drinnen. Und die oft beklagte Lust, über Unglücksfälle und Katastrophen jede Einzelheit mitzubekommen, hat eine tiefe Pfahlwurzel. Das habe ich vor ein paar Tagen aus dem Interview mit einem Psychotherapeuten gelernt. Seine Erklärung hat mir spontan eingeleuchtet: Das sieht zunächst wie ein Widerspruch aus, erklärte er: Wir bekämpfen unsere Angst, indem wir uns jede Sensationsnachricht anschauen. Auf diese Weise haben wir nämlich das Gefühl, selbst mittendrin zu sein, um uns dann, im nächsten Augenblick, sagen zu können: Aber wir waren ja gar nicht mitten drin. Zum Glück nicht! Unsere Angst braucht nicht zu sein.

Ich bin mir nicht sicher, ob dieses Denken wirklich hilfreich ist; aber verständlich ist es. Und vielleicht ist es der letzte Rest dessen, was zur Mitte unseres christlichen Glaubens gehört: dass wir auf das Kreuz Jesu Christi schauen und sagen dürfen: Gott sei Dank! Das gilt uns. Unsere Angst braucht nicht zu sein.

Ihr habt eurer E. den Taufspruch ausgesucht: Seid fröhlich in Hoffnung, geduldig in Trübsal, beharrlich im Gebet (Römer 12,12). Was Martin Luther hier mit »Trübsal« übersetzte, also Angst und Trauer, gehört zum Leben dazu. Wir können daran nichts ändern. Aber wir können beten lernen und uns im Beten üben. Das schafft Geduld in Trübsal und neue Hoffnung auf Fröhlichkeit.

Beten lernen: Das ist ein gutes Stichwort für euch, die Paten. Paten haben in unserer Zeit die besondere Chance, Eltern in der religiösen Erziehung ihrer Kinder zu helfen; denn ihr Dasein als Paten kann sich vom heutigen Tage an bei euren Patenkindern fest mit der Tatsache verbinden, dass sie getauft sind. Also mit der Kirche und mit dem Glauben. Das ist eure unverwechselbare Rolle im Verhältnis zu diesem Kind. Durch euch ist für das Kind der erste Schritt durch eine Tür eröffnet, die in unserer Machbarkeitswelt leicht verschlossen und übersehen bleibt. Du als Patentante und Patenonkel kannst vielleicht leichter als die Eltern vom Glauben sprechen; denn das ist ja deine besondere Beziehung. So wie du durch eine Kontaktaufnahme an diesem Tag, dem 6. April, nun von Jahr zu Jahr deinem Patenkind eine lebendige Erinnerung an seine Taufe werden kannst. Nutze sie. Es ist schwer, im Alltag vom Glauben zu sprechen. Du kannst es, mindestens an jedem 6. April. Aber vielleicht auch häufiger.

Lied: Alles muss klein beginnen, V. 1.2.4
Kommt und singt. Liederbuch für die Jugend, Gütersloh 2015, 406

Tauffrage und Glaubensbekenntnis

Liebe Eltern, liebe Paten, nun möchte ich euch noch einmal in aller Form und vor der hier versammelten christlichen Gemeinde fragen: Wollt Ihr, dass euer Kind getauft wird, dass es also nicht nur aus dem lebt, was ihr ihm mitgeben und beibringen könnt, sondern aus Gottes Liebe, nach seinen Maßstäben und im Frieden seines Geistes, und versprecht ihr, das euch Mögliche dafür zu tun, dass es im Laufe der kommenden Jahre verstehen und leben lernt, was Gott ihm heute schenkt, so antwortet: Ja.

Wir bekräftigen euer Ja, indem wir gemeinsam das uralte Tauf- und Glaubensbekenntnis sprechen.

Apostolikum

Taufe

Dann wollen wir unsere Täuflinge taufen. Dazu brauchen wir Wasser. Das steht hier auf dem Altar. Aber es muss in das Taufbecken.
Dieser schöne Taufstein stammt übrigens noch aus der Zeit vor der Reformation, als diese Kirche eine Klosterkirche war. Ein hilfreiches Symbol: Ob wir Reformierte, Lutheraner, Katholiken, Methodisten oder Anglikaner sind – die Taufe schließt uns alle zusammen zu der Kirche, die Jesus Christus gehört.

Aber nun zum Wasser. Dazu bilden wir jetzt, wie früher bei der Feuerwehr, eine Stafette. Bitte alle Kinder – so zwischen drei und zehn etwa – hier in den Altarraum zur Wasser-Stafette. »Taufe ist der erste stete Tropfen Gottes auf den heißen Stein«.

(Wort zum Taufakt) Ich taufe dich auf den Namen des Vaters und des Sohnes und des Heiligen Geistes. Gottes Tür steht immer offen für dich und du wirst immer willkommen sein, woher du auch kommst. Geh deinen Weg in dieser Gewissheit. Friede sei mit dir (+). Amen.

Taufspruch und Taufkerze

Lied: Ich bin getauft auf deinen Namen EG 200,1.4

Gebet

Gott, wir danken dir für das Zeichen deiner Liebe, das nun über dem Leben dieser Kinder steht und bleibt.
Hilf uns neu staunen über das, was du bist und tust,
und in solchem Staunen uns öffnen für deine Wahrheit und deine Liebe.
Gib uns deinen Geist, wenn wir uns unsern Kindern zuwenden.
Hilf uns Ja sagen, wo uns die Angst zögern lässt,
und Nein sagen, wo uns die Bequemlichkeit ein »meinetwegen« nahelegt.
Gott, wir wissen: Christliche Erziehung – das fängt bei uns selber an!
Wie wir leben, wovon wir uns beeindrucken lassen, worauf wir verzichten und worauf wir uns freuen – das prägt unsere Kinder und formt die Welt, in die sie hineinwachsen und in der sie einmal leben werden.
Aber wir dürfen auch wissen: Wo wir am Ende sind, bist du es noch lange nicht! Dir gehört unser Kind.
Wie gut, dass das so ist. Amen

Abkündigungen

Wie eine Wasserquelle

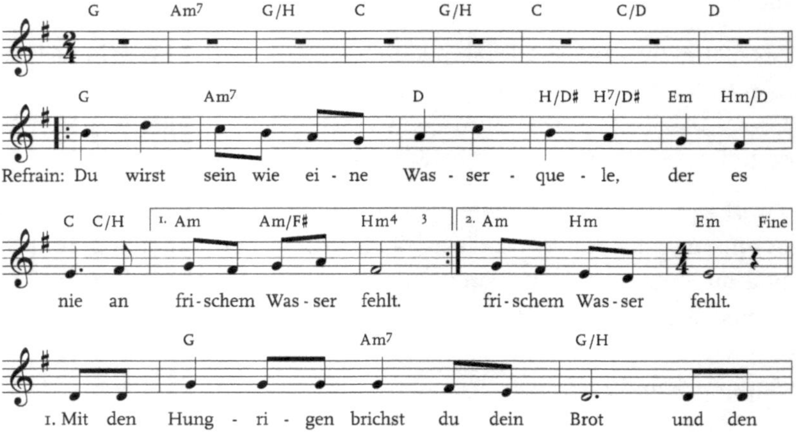

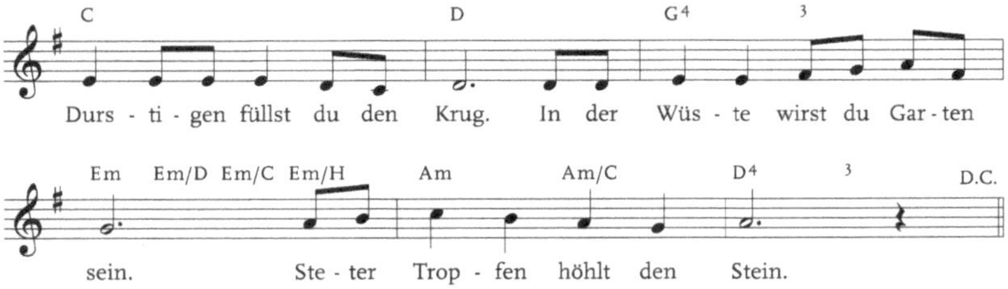

2. ... mit den Flüchtlingen teilst du dein Haus
und den Leidenden gibst du dein Herz
und die Schöpfung wird dir heilig sein
steter Tropfen höhlt den Stein

3. ... mit dem Frierenden brichst du das Eis
für die Traurigen bist du der Trost
und im Ende wirst du Anfang sein
steter Tropfen höhlt den Stein

4. ... mit den Suchenden suchst du ein Ziel
in der Finsternis bist du ein Licht
und der Erde wirst du Himmel sein
steter Tropfen höhlt den Stein

Text: © Hans-Jürgen Netz, Melodie: Nis-Edwin List-Petersen,
aus: Wasser – Quellen der Schöpfung, 1993, © tvd-Verlag, Düsseldorf

Segen
Postludium

Taufkanon

Text und Melodie: Siegfried Macht

aus: Siegfried Macht »Dein Name ist Du bist bei mir«, Text und Melodie: © Siegfried Macht

Begleitung mit »stetem Tropfen« de Glockenspiels (einfaches Ostinato)

Man kann auch folgenden Text nach der Melodie des Taufkanons von Siegfried Macht singen:

Gott sagt eurem Kind heut':
Ich hab dich gerufen und nun bist du mein.

Die Sonne geht auf
Taufe eines Kindes beim Brunnen neben einer Waldhütte

Nadja Papis-Wüest

»Die Sonne geht auf« ... so haben L. und M. angefangen, als ich sie darum bat, ihre Tochter zu beschreiben. »Die Sonne geht auf« ... was für ein wunderschönes Bild und was für eine Liebeserklärung von Eltern an ihr Kind. A.s Weg war nicht einfach, sie hat sich das Leben hart erkämpfen müssen. Die schwierige Schwangerschaft, eine dramatische Geburt und dann die ersten Lebenstage, die so unsicher, so gefährdet waren. Einen weiten Weg habt ihr alle miteinander zurückgelegt – wie schön, dass jetzt das Bild von der Sonne darübersteht, von dem Sonnenschein, der euch geschenkt worden ist, euch, Myrta und Lars, aber auch dir, Aurelia, als großer Schwester.

»Die Sonne geht auf« – das ist etwas ganz Besonderes, es ist das Licht, das langsam in unser Bewusstsein kommt, das hartnäckig heller wird. Hartnäckig ist A., eine Kämpfernatur, und doch auch so zufrieden, so ein Strahlemädchen. Sie weiß, was sie will, nämlich das Leben und ihre Familie. Und wenn sie einen anstrahlt, dann geht die Sonne noch ganz anders auf, dann geht sie im Herzen auf.
Wir haben für die heutige Tauffeier das Bild von der Sonne ausgewählt, genauer gesagt: vom Sonnenaufgang, von der Morgenröte – das ist ja auch die Bedeutung von A.s zweitem Namen. Ich habe gemerkt, es ist ein ganz besonderes Bild für euch als Eltern, nicht einfach ein romantisches, schönes, sentimentales. Es hat für euch etwas Tieferes, eine Geschichte dahinter, die ihr miteinander durchgemacht habt, eine ganz besondere Freude darüber, dass euer Kind, A., heute so strahlen kann, wie sie das oft macht.
Wenn wir ein Kind taufen, erinnern wir uns daran: Es ist nicht selbstverständlich, dass es dieses Kind gibt, es ist nicht selbstverständlich, dass es bei euch ist. Jedes Kind ist ein Sonnenstrahl vom Himmel, ein Auftrag Gottes an uns Menschen: Kümmert euch, seid für euer Kind da, zeigt ihm die Welt und erzählt ihm von der Sonne,

von der es kommt. Jedes Kind ist eine Herausforderung an unsere Liebe.
Wenn wir ein Kind taufen, dann geben wir ihm einen Sonnenstrahl mit auf den Weg: unsere Wünsche, unsere Hoffnungen und den Segen Gottes, die Zusage: Du bist geliebt, du bist bejaht, du bist angenommen – einfach so, wie du bist, mit allem, was du erlebt hast, mit allem, was du erkämpft hast, mit allem, was du noch entdecken wirst.
Wenn wir ein Kind taufen, dann wissen wir: Das Kind ist verbunden mit der göttlichen Kraft, es ist nie allein, weil Gott bei ihm ist, sogar dann, wenn wir nicht mehr mitgehen können oder dürfen.
Ja, wir feiern heute A., ihr Leben, ihr Strahlen. Wir nehmen sie auf in die Gemeinschaft der Menschen, die da sind. Ihr alle seid gekommen, um A. auf ihrem weiteren Weg zu begleiten – nicht nur heute. Wir nehmen sie aber auch auf in die weltweite Gemeinschaft der christlichen Kirche, und auch da soll sie sich als getragen und behütet erfahren.

In einem Gedicht von Christa Peikert ist all das zusammengefasst:

Kleiner Mensch, du großes Wunder,
wir wissen vieles von dir, aber du bleibst ein Geheimnis.
Kein anderes Kind ist genauso wie du.
Dich gibt es nur ein einziges Mal auf der Welt.
Kleiner Mensch, du großes Geschenk,
du gehörst zu uns, aber du gehörst uns nicht.
Dir gehört unser Herz.
Dir gehört alles von uns, solange du es brauchst.
Kleiner Mensch, große Hoffnung,
du gehörst dir selber und der Schöpferin Liebe,
auch wenn du es jetzt noch nicht weißt.
Wir bitten um Mut und Geduld.
Wir bitten um Vertrauen und Kraft.
Wir bitten um Güte und Weisheit.
Damit du dich annimmst.
Damit dir Freude und Segen gehören.
Damit du die zarte und mächtige Stimme der Liebe hörst und ihr angehörst.

Mit Jesus in einem Boot
Predigt in einem Gottesdienst mit Taufen über Mk 4,37-41

Jörg Prahler

Liebe Gemeinde, in den letzten Jahren sind wir in den Herbstferien immer noch mal schnell für eine Woche in den Urlaub ans Mittelmeer geflogen. Wir haben das zwar schon ein paar Mal gemacht. Aber eben auch nicht so oft, dass das Fliegen ganz normal wäre.

Ich würde im Flugzeug z. B. nie schlafen. Ich genieße die Aussicht, natürlich. Aber ich schlafe auch dann nicht, wenn es draußen dunkel ist und es überhaupt nichts zu sehen gibt. Dann kontrolliere ich, ob der Pilot alles richtig macht.
Ich finde es ganz albern, wenn im Flugzeug nach der Landung geklatscht wird, weil der Pilot das Flugzeug sicher gelandet hat. Und gleichzeitig hoffe ich immer, dass er es sicher landet, und freue mich, dass mir nichts passiert ist.
Mein Vertrauen in die Künste des Piloten ist groß, aber unermesslich groß dann auch wieder nicht. Ich bin locker und gelöst. Aber wenn es Turbulenzen gibt und das Flugzeug ordentlich durchgeruckelt wird, dann klammere ich mich tüchtig an den Armlehnen fest. Gucke ruhig und halte trotzdem den Atem an.
Irgendwie ist Fliegen für mich eine eigenartige Sache. Ja, der Pilot ist gut ausgebildet und versteht sein Geschäft. Das Flugzeug ist gründlich gecheckt. Die Technik ist ausgereift. Aber trotzdem: Der Pilot ist auch nur ein Mensch, und auch die ausgereifteste Technik kann mal versagen. Ganz so weit geht mein Vertrauen dann doch nicht.
Ich glaube, so wie ich Flugzeug fliege, so sind die Jünger damals Boot gefahren. Ja, Jesus ist ihr Chef. Sie bewundern ihn sehr. Große Wunder hat er vollbracht. Sie fühlen sich ganz sicher. Und dann eben aber doch nicht.
Der Sturm bricht los, die Wellen gehen hoch. Die Zuversicht der Jünger – fortgeblasen wie ein dürres Blatt im Wind. Aber sie haben ja Jesus bei sich im Boot.

Es ist ganz eigenartig, wie das in der Bibel beschrieben wird: Die Wellen schlagen ins Boot, die Nussschale wird hin- und hergeschleudert und Jesus schläft.
Das ist, liebe Gemeinde, unrealistisch. Niemand schläft einfach weiter, wenn so ein Fischerboot fast untergeht. Wenn er klitschnass wird. Eine Übertreibung. Das soll sagen: Die Jünger in Panik und Jesus ganz ruhig. Die einen haben Angst, und Jesus ist ganz cool. Eine Geschichte mit Symbolwert. Eine über die Kraft, die ich im Glauben finden kann. Darauf kommt es an. Nicht auf die Frage, ob einer in einer Pfütze gemütlich schlafen kann oder nicht.
Der Evangelist Markus schreibt, wie die Jünger Jesus wecken und ihm im Sturm zurufen: »Lehrer! Macht es dir nichts aus, dass wir untergehen?«
Das ist ein eigenartiger Satz. Das erste Wort, »Lehrer oder Meister«, ist eigentlich eine Anrede, die ganz schön viel Respekt bedeutet. »Du bist mein Lehrer!« »Ich bin dein Schüler.« Du weißt eine Menge, von dem ich keine Ahnung habe. Eigentlich eine sehr passende Anrede von einem Jünger an Jesus.
Heute wird ja ganz gerne auch mal respektlos von Lehrern gesprochen. Das machen Schüler, machen leider auch Eltern.
Zur Zeit von Jesus wäre das undenkbar gewesen. So ein Lehrer wie Jesus, da konnte ein Jünger froh sein, wenn so einer sich Zeit für seine Schüler nahm. Und vor allem: Sie hatten sich ja diesen Lehrer ausgesucht, weil sie wussten, dass sie von ihm viel lernen konnten. Das war ein Vertrauensverhältnis von dem Schüler zu seinem Lehrer. Du hast mir etwas voraus.
Aber offensichtlich hat dieses Vertrauen Grenzen. Der Jünger redet weiter: »Macht es dir nichts aus, dass wir untergehen?«
Dieser Satz klingt überhaupt nicht mehr respektvoll: Da stecken gleich zwei Vorwürfe drin:
Erstens: Du magst zwar unser Lehrer sein, aber hier auf dem See mitten im Sturm spielt das überhaupt keine Rolle mehr. Du kannst uns hier überhaupt nicht helfen. Wir gehen unter, egal ob du schläfst oder ob du wach bist. Jetzt gelten andere Gesetze.
Der Jünger hat seinen Glauben an Jesus verloren. Den Glauben, dass Jesus ihm helfen kann.
Zweitens: Der Sturm, die Wellen, unsere Not, die Tatsache, dass wir jetzt hier gleich miteinander untergehen, ist dir auch noch egal! Du bist

nicht mal bereit, mit mir zusammen in Panik zu geraten. Du liegst hier nur rum. Ich bin dir ja egal!
Der Jünger hat seinen Glauben an Jesus verloren. Den Glauben, dass Jesus es gut mit ihm meint.
Aus einer falschen Grundannahme – Jesus kann nichts tun – folgt eine falsche Schlussfolgerung – Jesus hat kein Mitgefühl.
So bricht unser Vertrauensverhältnis auseinander. Ich fühle mich fern von dir.
Aber das, was die Jünger da gerade über Jesus denken, das stimmt nicht. Weder ist Jesus hilflos noch sind ihm seine Schüler egal. Jesus ist cool, weil er weiß, was er tut.
Es würde den Jüngern nichts passieren. Jesus könnte sie im Schlaf retten. Auch wenn der Sturm tobt, besteht kein Grund zur Sorge – weil Jesus da ist. Und weil ihm die Menschen in seinem Boot nicht egal sind.
Eigentlich könnten die Jünger Jesus vertrauen. Eigentlich stürzt mein Flugzeug nicht ab. Ich bin beim Piloten in guten Händen. Also könnte ich eigentlich auch cool sein und schlafen. Wenn ich das nur glauben könnte.
Ich bin mit Jesus im selben Boot. Das ist ein Sinnbild für das Leben eines Christen. Könnte ein Mantra sein. Ein Mini-Glaubensbekenntnis. Ein Bild, woran ich denke: Was bedeutet das eigentlich: Ich und Gott. Ich und Jesus.
Ich bin mein Leben lang mit Jesus in einem Boot. Zumindest seit meiner Taufe. Da habe ich es mit Brief und Siegel zugesagt bekommen. »Ich bin getauft!« – das war übrigens so eine Art Mantra von Martin Luther. Wenn ihn die Zweifel überkamen, wenn er sich fragte, ob Gott ihn verlassen hat: »Ich bin getauft. Ich bin getauft.« Immer wieder. »Ich bin getauft.«
So kam zu Martin Luther der Glauben zurück: »Es ist alles in Ordnung. Ich sitze mit Jesus in einem Boot.«
»Du sitzt als Christ mit Jesus in einem Boot. Dein Leben lang.« Oftmals bedeutet einem das gar nicht viel. Ich stelle mir die Jünger vor, wie sie mit ihrem Boot aufbrechen. Die Sonne scheint, alles ist super. Ein bisschen Wind, damit man gut segeln kann. Zwölf Leute, die sich tüchtig was zu erzählen haben. Jesus schläft ganz hinten in irgendeiner Ecke. Man kann nicht sagen, dass er den Jüngern in diesem Augenblick fehlt. So eine Art Glaube auf standby. Vielleicht auch schon eine Problemanzeige. Fällt nur niemandem auf.

Aber dann bricht der Sturm los, und alles ändert sich. Ich sitze mit Jesus in einem Boot.
Was sind die Stürme, die mich schon fernab von festem Land erwischt haben? Ich erinnere mich an die Zeit ... *(hier folgt die Erinnerung an schwere Zeiten, die man gemeistert hat)*
Mehrere Stürme im Leben schon erlebt und bislang auch immer Glück gehabt. Dabei kommt es darauf noch nicht mal an.
Ich erinnere mich an einen Besuch bei einem Sterbenskranken. Er hatte Krebs. Ihm blieben ein, höchstens zwei Wochen noch. Er lag zu Hause zugedeckt auf dem Sofa. Sprach leise. Konnte sich kaum rühren. Ich hatte mich vorher gefragt, was redest du mit diesem Mann? Wie kannst du ihm Hoffnung machen, wenn es doch gar keine Hoffnung mehr gibt? Mein Kleinglaube. Dieser Kranke war ganz entspannt. Er war früher so ein Naturmensch gewesen. War in den Wald und an die Elbe gegangen und hatte Vögel beobachtet. »Macht Sie das traurig, dass das jetzt nicht mehr geht?« »I wo«, sagte er und blickte auf die Terrasse, wo gerade zwei Spatzen nach Krümeln suchten. »Früher habe ich mich auf die Suche nach den Vögeln gemacht. Jetzt, wo ich nicht mehr kann, kommen sie mich besuchen.«
Da war die Enkeltochter zu Besuch. Drei Jahre alt. Musste ihm das nicht von Herzen wehtun, nicht mehr zu sehen, wie sie vier oder vierzehn Jahre alt wird? Das Mädchen kam in die Stube. Krabbelte auf den Bauch ihres Opas. Er war froh, dass er sie jetzt hatte. Da war keine Bitterkeit. Da war keine Angst. Warum auch?
Er saß ja mit Jesus in einem Boot. Sein Tod war unausweichlich. Ein Sturm, den so ein Boot unmöglich überstehen kann.
Aber der Kranke kannte ja die Geschichte, wie sie weitergeht: Jesus bedrohte den Wind und sagte zu dem Sturm »Werde ruhig! Sei still!« Da legte sich der Wind, und es wurde ganz still. »Ihr werdet leben, auch wenn ihr sterbt.« Dieser kranke Mann war überzeugt, dass er sicher war in seinem Boot mit Jesus. Selbst wenn er dabei zuerst einmal sterben musste. Was sollte ich ihm sagen? Ich brauchte gar nichts zu sagen. Ich sollte sehen und hören und später dann davon weitererzählen.
Habt keine Angst und vertraut auf Gott. Ihr seid bei Jesus in einem Boot. Kein Sturm im Leben wird euch dort etwas schaden. Keiner.
Der Mann, von dem ich eben sprach, war N. N.

Schwamm drüber!
Eine Predigt in einem Gottesdienst mit Elbtaufen über Mt 28,16-20

Jörg Prahler

Jesus sagt zu seinen Jüngern: »Mir ist gegeben alle Gewalt im Himmel und auf Erden. Darum gehet hin und machet zu Jüngern alle Völker: Taufet sie auf den Namen des Vaters und des Sohnes und des Heiligen Geistes und lehret sie halten alles, was ich euch befohlen habe. Und siehe, ich bin bei euch alle Tage bis an der Welt Ende.«

Als ich noch ein kleiner Junge war, ging ich in Celle in den Kindergarten. Ein wunderschönes Fachwerkhaus im Französischen Garten.

Irgendwann einmal, als wir draußen auf dem Spielplatz waren, geriet ich mit einem anderen Jungen in Streit. Und ich habe mich mit ihm geprügelt. Irgendwie hatte ich wohl auch angefangen oder ich konnte mich einfach nicht beruhigen, auf jeden Fall trennte uns unsere Kindergärtnerin. Und ich, ich wurde reingeschickt ins Gebäude.

Mir passte das nicht. Ich fand das nicht gerecht. Ich ging nicht rein in den Kindergarten, sondern ich ging an dem Fachwerkhaus vorbei, durch die Pforte und ab nach Hause. Meine Oma wunderte sich zwar, dass ich so früh wieder zu Hause war, witterte aber keinen Verdacht. »Kindergarten war früher Schluss«, sagte ich. Wir hatten damals im ganzen Haus kein Telefon, also konnte Oma das auch nicht überprüfen. Zu Mittag kam dann meine Mutter von der Arbeit nach Hause, kochte das Essen. Nachher sollte es noch Eis geben. Als wir am Tisch saßen, klingelte es an der Haustür.

Die Kindergärtnerin war da. Inzwischen hatte sie gemerkt, dass ich fehlte. Eine große Aufregung – ein Kind ist weg – wohl das Schlimmste, was einer Erzieherin passieren kann.

Sie hatte den ganzen Kindergarten, den Spielplatz und den halben Französischen Garten nach mir abgesucht. Dann war die Kindergärtnerin zu uns nach Hause gekommen. Wahrscheinlich mit weichen Knien. Was sollte sie meinen Eltern sagen, wenn ich dort auch nicht wäre?

Deshalb war meine Kindergärtnerin zwar ehrlich froh, mich wohlbe-

halten gefunden zu haben, aber der Schreck saß ihr deutlich im Nacken. »Du darfst nie wieder einfach so weglaufen!« Dann verabschiedete sie sich und ging.
Und dann fing meine Mutter an und es gab ein echtes Donnerwetter. Und wer meine Mutter kennt, der kann sich vorstellen, das ist nicht schön! Das Eis zum Nachtisch war gestrichen. Ich wurde tüchtig ausgemeckert und war so klein mit Hut. Und dann gingen wir zu einem Blumenladen in der Stadt und kauften einen großen Strauß Tulpen. Damit ging es noch mal in den Kindergarten. Wir zwei gingen noch mal hin zu der Kindergärtnerin. Ich gab ihr die Blumen und entschuldigte mich ein zweites Mal.
Und sie bedankte sich, nahm einen dicken, nassen Schwamm und sagte: »Guck mal her!« Dann wischte sie damit einmal mit dem Schwamm über den Tisch, an dem wir saßen, und sagte: »Und jetzt ist alles weg!«
Und ich wusste, dass das stimmt. Und meine Mutter wusste, dass das stimmt. Und wir gingen beide beruhigt nach Hause.
Manchmal reichen Worte oder Gedanken alleine nicht, um etwas ganz klar zu machen. Da muss etwas geschehen, damit etwas Wirklichkeit wird. Wenigstens, damit ich die Wirklichkeit begreifen kann.
Ich als Kind musste den Schwamm sehen, der alles wegwischt, was sonst noch übrig geblieben sein könnte. Und danach fühlte ich mich frei.
Ganz ähnlich ist es mit der Taufe.
Jesus sagt zu seinen Jüngern: »Mir ist gegeben alle Gewalt im Himmel und auf Erden. Darum gehet hin und machet zu Jüngern alle Völker: Taufet sie auf den Namen des Vaters und des Sohnes und des Heiligen Geistes und lehret sie halten alles, was ich euch befohlen habe. Und siehe, ich bin bei euch alle Tage bis an der Welt Ende.«
Liebe Gemeinde, heute feiern wir zwei Taufen. Zwei Kinder sollen getauft werden oder wollen sich taufen lassen. Was passiert eigentlich, wenn wir das tun? »Du gehörst zu Gott« heißt es sinngemäß bei der Taufe. »Gott hat dich lieb!«
Aber mal ganz im Ernst: Glaubt irgendjemand von euch, Gott hätte diese Kinder jetzt auch nur ein bisschen weniger lieb als in fünfzehn Minuten? Eine ziemlich blödsinnige Vorstellung!
Überhaupt, braucht Gott die Taufe? Kann ich mir nicht vorstellen. Gott kann alles und ist auf gar nichts angewiesen. Wenn überhaupt, dann brauchen wir sie. Aber brauche ich die Taufe noch?

Zur Zeit von Jesus glaubten die Menschen, alles Schlechte, das wir tun, alles, was wir ausgefressen haben, haftet fest an uns an wie irgendein Dreck. Sünden waren fast so etwas wie ein unsichtbarer Schleim oder Schmierkram, der an dir dran klebte und der dich dreckig machte. Das war eigentlich eine richtig ekelhafte Vorstellung. Ein Sünder war unrein. Um seine Sünde wieder loszuwerden, musste er sich reinigen. Also etwas tun.

Das konnten ganz verschiedene Dinge sein, je nachdem: fasten, etwas Gutes tun, beten oder eben: sich waschen. Das ist ja eigentlich naheliegend, denn wenn ich mich wirklich mit irgendeinem Dreck eingeschmiert habe, dann wasche ich mich ja auch.

Und genauso, wie man sich ja mehrmals am Tag die Hände waschen muss, wiederholten die Juden ihre Waschungen in regelmäßigen Abständen, um wieder rein zu werden. Sie taten etwas äußerlich, nämlich Händewaschen, um etwas innerlich wieder in Ordnung zu bringen, z. B. um ihre Sünden loszuwerden. Aber das ist noch nicht die Taufe.

Kurz bevor Jesus in Israel so richtig berühmt wurde, gab es einen anderen Prediger und Propheten, zu dem die Menschen hingingen. Johannes, der Täufer. Johannes war ein zorniger und ein sehr ehrlicher Mann. Er sagte klar, was er dachte. Und Johannes war sehr wütend auf seine Landsleute, denn Folgendes war passiert: Wenn ich den Trick erst mal raus hatte, wie ich meine Sünden mit Fasten oder Beten oder Händewaschen wieder los werde, dann ist es vielleicht gar nicht mehr so schlimm, wenn ich mir eine Sünde auflade.

Ganz ehrlich, ich habe kein Problem damit, mir die Hände einzusauen, wenn gleich daneben ein Wasserhahn und Seife ist.

Aber das kann es ja nicht sein, dass ich ruhigen Herzen etwas tue, was Gott ärgert oder traurig macht. Und dann nutze ich einen Trick und sage: »Ätsch, wieder sauber! Mein Sündenkonto ist wieder auf Null gestellt.«

Johannes der Täufer forderte von den Menschen: »Ich sollt eure Schlechtigkeiten nicht einfach irgendwie wieder gutmachen, sondern ihr sollt sie bleiben lassen.« Und damit das klappt, müsst ihr euch ändern, von innen heraus. Um es mal ganz platt zu sagen: »Ihr sollt von bösen Menschen zu guten Menschen werden.«

Und für so eine große Umstellung braucht es einen Augenblick, an dem alles neu wird. Und das ist die Taufe. Im Fluss Jordan wirst du bei deiner Taufe ganz und gar eingetaucht, und wenn du wieder auftauchst, dann hat sich etwas verändert. Du lebst mit deinen neuen Vorsätzen, damit dein Leben besser wird. Eine Entscheidung, um es besser zu machen, anstatt viele Waschungen, Fastenübungen und Opfer, um immer nur an der Oberfläche das Bild aufzupolieren.

Viele Menschen haben das eingesehen. Und viele Menschen haben das so versucht. Aber werde ich bei der Taufe wirklich zu einem anderen Menschen? Ändert sich mein Charakter? Ich habe so meine Zweifel an der Wirkung von guten Vorsätzen. Und was passiert, wenn ich nach meiner Taufe wieder etwas tue, was ich eigentlich gar nicht will – ist die Wirkung der Taufe dann verpufft?

Deshalb ist die christliche Taufe auch noch mal etwas anderes als die Taufe von Johannes. Ja, wir taufen, weil wir wollen, dass sich bei uns Menschen innerlich etwas ändert. Jeder von uns kann Schlechtes oder Böses tun, und wahrscheinlich tut jeder irgendwann in seinem Leben einmal etwas, was er später bereut oder wofür er sich schämt. Und es ist gut, wenn ich mir sage: Ich will so leben, dass Gott sich darüber freut.

Aber Jesus weiß, dass wir das alleine nicht hinbekommen. Deshalb sagte er den Menschen: Seid deswegen nicht traurig und gebt deswegen nicht auf. Gott ist für euch wie ein Vater. Der lässt euch ja auch nicht im Stich, nur weil ihr etwas falsch gemacht habt. Der verzeiht euch und hilft euch, es in Zukunft besser zu machen.

Durch die Taufe sollen wir begreifen: Gott ist für uns wie ein Vater oder eine Mutter. Das ist eine Verbindung, die aus Liebe besteht. Und eine, die fest ist und bestehen bleibt. Und Gott erwartet nicht einfach, dass du dein Leben änderst, sondern er will dir immer wieder die Kraft und den Mut geben, dass du dich ändern kannst. Gott sagt: »Wir zwei schaffen das.«

Damit dein Leben gelingt. Damit du anderen kein Leid zufügst, sondern stattdessen die Welt an dem Ort, wo du bist, ein kleines bisschen gerechter und lebenswerter machst.

Das ist eine große Sache. Gar nicht so einfach zu glauben und gar nicht so einfach festzuhalten. Aber die Taufe hilft mir, das zu glauben.

Jesus sagt zu seinen Jüngern: »Mir ist gegeben alle Gewalt im Himmel und auf Erden. Darum gehet hin und machet zu Jüngern alle Völker: Taufet sie auf den Namen des Vaters und des Sohnes und des Heiligen Geistes und lehret sie halten alles, was ich euch befohlen habe. Und siehe, ich bin bei euch alle Tage bis an der Welt Ende.«

Nochmal ganz kurz: Zur Zeit von Jesus glaubte man: Die Fehler, die ich mache, kann ich mit Worten alleine nicht aus der Welt schaffen. Die Taufe von Johannes dem Täufer wäscht die Sünde ab und schafft damit die Gelegenheit zu einem Neuanfang. Jesus hat gesagt, wir brauchen nicht nur die Chance, sondern auch die Kraft und den Mut zu einem Neuanfang. Das alles gibt uns Gott mit der Taufe. Er verspricht, für uns wie ein guter Vater zu sein, der immer zu uns steht.

Braucht es die Taufe dann eigentlich überhaupt noch? Ich meine, ich glaube nicht, dass meine Sünden wie Dreck an mir haften und es echtes Wasser bräuchte, um sie abzuwaschen. Ich merke aber auch immer wieder, dass Worte allein manchmal zu schwach sind, um etwas zu glauben oder zu verstehen.

Die Taufe ist ein Augenblick, in dem etwas geschieht in einem Menschenleben. Sichtbar, spürbar und vor Zeugen. Es geschieht nicht nur das, was wir sehen und spüren, sondern dahinter passiert eine Menge, was Gott tut. Was er längst schon getan hat und was er immer weiter für uns tun wird. Die Taufe steht dafür ein, dass das wirklich und wahr ist. Und deshalb ist die Taufe auch wichtig. Die Taufe hilft mir, wenn ich zweifle oder kleingläubig bin. Oder andersrum, sie hilft mir mutiger zu glauben, dass ein besseres Leben möglich ist und dass Gott mir dabei helfen will.

Als meine Kindergärtnerin diesen Schwamm nahm und über diesen Tisch wischte, da gab es sichtbar gar nicht viel, was sie da wegwischen konnte. Aber in Wirklichkeit wischte sie meinen Zweifel weg und hinterließ das Gefühl, alles ist wieder gut.

Die Taufe sagt: Was auch immer geschieht, du bist ein Kind Gottes. Lebe daraus und mach was draus. Amen.

Aber einen Nachtrag habe ich jetzt noch: Ich habe dieses Erlebnis mit der Kindergärtnerin vor einigen Jahren schon einmal irgendwo erzählt. Im Anschluss sprach mich eine Ärztin an. Die erzählte mir: Was ich da beschrieben hatte mit dem Schwamm und letztlich ja auch mit der Taufe, das sei genauso auch eine Methode innerhalb der Psychotherapie: Ich mache etwas Unsichtbares sichtbar, damit ich es begreifen und verstehen und letztlich ja auch glauben kann. Sieh mal einer an, nicht schlecht: Die Taufe hilft, unsere Seele zu heilen. Als hätte ich es nicht geahnt.

Der Friede Gottes, welcher höher ist als alle Vernunft, bewahre eure Herzen und Sinne in Christus Jesus. Amen.

Leidenschaft fürs Leben
Taufpredigt nach einem Amoklauf

Peter Remy

Bei einem Amoklauf in München hatte ein 18-Jähriger am 22.7.2016 neun Menschen, überwiegend Jugendliche, erschossen.

Liebe Gemeinde, die Predigt war schon fertig, eine ganz andere, als die, die Sie jetzt hören. Es sollte einfach nur schön sein an diesem Taufsonntag heute Morgen mit drei Täuflingen in unserer Gemeinde. Schön für die Tauffamilien und schön für uns alle als Gemeinde. Denn natürlich wollen wir das Leben feiern, das uns in den drei kleinen Täuflingen vor Augen tritt. Das Leben in seiner unfassbaren Schönheit, in seiner wunderbaren Einmaligkeit und in seiner zarten Unberührtheit. Wir blicken auf unsere Täuflinge Anton Emil, Bastian und Tristan Joel, drei Kinder am Anfang ihres Weges, drei Kinder unter all den Kindern dieser Welt, »Leben, das Leben will inmitten von Leben, das leben will«, so hat es Albert Schweitzer, der Pfarrer und Urwalddoktor einmal gesagt. Und das sind wir Menschenkinder ja alle, die kleinen und die großen: »Leben, das Leben will inmitten von Leben, das leben will.«
Die Predigt war schon fertig, eine ›schöne‹ Predigt sollte es sein, eine Predigt, die das Leben feiert. Und das ist ja auch durchaus unsere Aufgabe als Christen, immer neu zu zeugen von der Schönheit Gottes und vom Wunder des Lebens. »Schön sind deine Namen, Halleluja. Amen.« So haben wir am Anfang des Gottesdienstes gesungen.

Aber wenn wir so singen und dabei an die Bilder der Ereignisse von München denken, die uns in den letzten Tagen den Atem haben stocken lassen, dann merken wir, wie zerbrechlich all die Schönheit ist, die Schönheit Gottes und die zarte Unberührtheit des Lebens. Die Würde des Menschen ist nicht unantastbar, o nein, leider nicht! Und darum würde es uns ja nichts helfen, wenn wir hier im Gottesdienst nur für eine Stunde so tun, als ob alles schön sei.
Neun Opfer gab es bei der schrecklichen Tat in München – oder sollte

ich vielleicht sagen zehn Opfer, auch wenn es mir nur schwer über die Lippen geht, den Täter, den 18-Jährigen, zu den Opfern zu zählen. Aber vielleicht ist er doch beides, ein Täter und ein Opfer. Vorwiegend Kinder und Jugendliche waren es, die bei seiner schrecklichen Tat den Tod fanden: drei 14-jährige, zwei 15-jährige, einer 17 Jahre, einer 18 Jahre, einer 19 Jahre alt und dazu eine 45-jährige Frau. Menschen, die doch nur das Leben suchten, das kleine Glück in unserem alltäglichen Leben, das wir alle suchen, Getaufte und Nichtgetaufte, Christen und Nichtchristen, »Leben, das Leben will inmitten von Leben, das leben will«, an jedem neuen Morgen, an jedem neuen Tag.
Alle waren einmal Kinder wie unsere Täuflinge und wie wir alle, auch die Opfer von München – und auch der Täter. Alle waren einmal Kinder, die zum ersten Mal in den Armen ihrer Eltern lagen, Kinder in ihrer wunderbaren Einmaligkeit und zarten Unberührtheit. »Unschuldige Kinder«, wie wir zu Recht sagen. Kinder, die einen Namen trugen, bei dem sie gerufen wurden, nicht nur von ihren Eltern, sondern doch auch in einem viel tieferen Sinne bei ihrem Namen gerufen: ins Leben gerufen, von dem, der alles Leben schuf: »Fürchte dich nicht, denn ich habe dich erlöst, ich habe dich bei deinem Namen gerufen, du bist mein. Wenn dir das Wasser bis zum Hals steht, will ich bei dir sein, dass du nicht untergehst, und wenn du ins Feuer gehst, sollst du nicht verbrennen, denn ich bin der Herr, dein Gott, dein Heiland« (nach Jes 43,1 f.).

So ruft der Schöpfer seine Geschöpfe ins Leben. Dietrich Bonhoeffer konnte deshalb sagen: »Jesus ruft uns nicht zu einer neuen Religion, sondern er ruft uns zum Leben.« Er meinte damit, dass die Religion zumeist ein Irrweg ist, weil sie den Menschen aus dem Leben herausruft in eine vermeintlich heile Welt abseits des alltäglichen Lebens. Jesus aber ruft seine Jünger, anders als es die meisten Religionen tun, mitten hinein ins Leben, wenn er sagt: »Ihr seid das Salz der Erde. Ihr seid das Licht der Welt.« »Ich sende euch wie Schafe mitten unter die Wölfe.« »Geht hin in alle Welt und macht zu Jüngern alle Völker: Tauft sie auf den Namen des Vaters und des Sohnes und des Heiligen Geistes und lehrt sie halten alles, was ich euch befohlen habe. Und siehe, ich bin bei euch alle Tage bis an der Welt Ende.«
Es gibt keinen Weg zum Glauben am alltäglichen Leben vorbei; wir können keine Sonntagschristen sein oder keine Weihnachtschristen. Jesus

setzt auf die Alltagsmenschen, auf dich und mich. Er ist »alle Tage« bei uns, nicht nur an den schönen Tagen, auch an den schrecklichen und bitteren; nicht nur an den Festtagen, auch an den Tagen, an denen wir nicht mehr ein noch aus wissen; nicht nur an den Höhepunkten, auch in den Abgründen des Lebens ist Gott da – »mitten im Leben gegenwärtig«, wie Dietrich Bonhoeffer sagt, und weiter führt Bonhoeffer aus: Christ wird man nicht durch besondere religiöse Handlungen, die abseits vom Leben geschehen, Christ wird man nicht indem man sich von der Welt zurückzieht, weil man sie für schlecht oder gar verloren erachtet, Christ wird man nicht, indem man ins »stille Kämmerlein« flüchtet oder in besonders schöne Gottesdienste, während draußen in der Welt das Leben tobt und der Unfriede herrscht. Christ wird man durch »das Teilnehmen am Leiden Gottes im weltlichen Leben«, sagt Bonhoeffer wörtlich. Das ist wahrlich ein radikaler Gedanke, ein Gedanke, der an die Wurzel unseres Glaubensverständnisses geht. Denn das heißt ja, dass Gott nicht unerschütterlich ist, dass er nicht unbewegt über allem steht, was auf Erden geschieht. Wir glauben an den Gott, der den Menschen als sein Geschöpf liebt und der darum auch am Leiden der Menschheit leidet. In seiner Leidenschaft für die Menschen geht Gott bis ans Kreuz, an dem sein Sohn leidet und stirbt, sein geliebter Sohn, der von Menschen gepeinigt und getötet wird. Gott hat diese Leidenschaft für den Menschen auch dann noch, wenn der Mensch selber so viel Leiden schafft auf Erden.

Wenn wir bei der Taufe dem Täufling ein Kreuz auf die Stirn zeichnen, dann ist das ein Wahrzeichen für die Zusage Gottes, die uns durch Jesus gegeben ist: Siehe, ich bin bei euch, ich bin bei dir alle Tage bis an der Welt Ende. In all den herrlichen Freuden werde ich da sein, aber auch in allen finsteren Tälern, durch die du hindurchmusst auf deinem Weg. »Nur der leidende Gott kann helfen«, sagt Bonhoeffer, und der leidende Mensch erfährt es, wenn er auf das Kreuz blickt und weiß: »Und ob ich schon wanderte im finsteren Tal, fürchte ich kein Unglück, denn du bist bei mir.«

Jesus ruft uns nicht zu einer neuen Religion, die wir abseits der Welt feiern. Jesus ruft uns zum Leben, zu diesem einzigartigen Leben, dem schönen und dem schweren Leben.
Und so werden wir im Teilnehmen an diesem Leben, an aller Freude

und an allem Leiden in Christus gewiss, auch in allen Unsicherheiten, die das Leben mit sich bringt. Dietrich Bonhoeffer formulierte es kurz vor seinem gewaltsamen Tod im Konzentrationslager Flossenbürg mit diesen Worten:

Gewiß ist,
daß wir immer in der Nähe
und unter der Gegenwart Gottes leben dürfen
und daß dieses Leben
für uns ein ganz neues Leben ist;
(...)
Gewiß ist,
daß wir nichts zu beanspruchen haben
und doch alles erbitten dürfen;
gewiß ist,
daß im Leiden unsre Freude,
im Sterben unser Leben verborgen ist;
gewiß ist,
daß wir in dem allen
in einer Gemeinschaft stehen, die uns trägt.
Zu all dem hat Gott
in Jesus Ja und Amen gesagt.
Dieses Ja und Amen
ist der feste Boden,
auf dem wir stehen.
Das bleibt wahr, was immer auch kommt. Amen.

Dietrich Bonhoeffer, Aus: Dietrich Bonhoeffer Werke, Bd. 8: Widerstand und Ergebung. Briefe und Aufzeichnungen aus der Haft, © 1998 by Gütersloher Verlagshaus, Gütersloh, in der Verlagsgruppe Random House GmbH, München, S. 573

Du hast uns gerade noch gefehlt
Taufpredigt über Spr 16,9

Anja Lochner

Die Schwangerschaft hatte nicht mehr sein sollen, die übrigen Geschwister sind um mehr als zehn Jahre älter. Die Entscheidung für das Kind war schwer für die Eltern.

Lied: Vergiss es nie
Kommt und singt. Liederbuch für die Jugend, Gütersloh 2015, 468

Du bist ein Gedanke Gottes, ein genialer noch dazu!
Oft haben wir das gesungen – wir alle – zu Familienfreizeit- Zeiten, da hat hier noch keiner den Gedanken gehabt, dass es B. einmal geben könnte. Keiner oder vielleicht ja doch EINER.
Du bist ein genialer Gedanke Gottes. Wir haben es oft gesungen, in den Ferien, in der Kinderkirche, aber noch nie hat unser Lied so ins Schwarze getroffen.
Denn das bist du, B.: mit dir hatte Gott wieder mal eine brillante Idee, einen Supereinfall. Ihr werdet mir zustimmen: deine Eltern und die Omas sowieso.
Endlich ist Leben in der Bude im K.weg.
Endlich Schluss mit dieser gähnenden Langeweile.
Mama und Papa und zwei Kinder, das kann schließlich jeder.
Entscheidendes fehlte – zum Glück wusste EINER, was Euch fehlt zu eurem Glück.
Und als er endlich auf der Welt war – er hat sich ein wenig geziert – da wusstet ihr: Du hast uns gerade noch gefehlt! *(Text auf Einladungskarte)*
B. – genialer Gottesgedanke, wunderbare Idee, genau du hast gefehlt.
Wie schön, dass du da bist. Es ist toll, D., R., eine große Schwester zu sein, dem kleinen Kerl zu zeigen, wie das geht mit dem Laufen und dem Bobbycar und den ersten Worten. Wie das geht mit dem Leben.
Wie schön, dass es dich gibt!

B. – ein echter Einschnitt in eurem Leben – drei Kinder, das ist kein Pappenstiel.
Aber auch: eine Chance, dem Leben nochmal eine andere Richtung zu geben. Ihr habt die Chance genutzt! B. macht stolz, »er macht alt«, sagst du, S. – ich sage lieber: das ist eine ganz schöne Verantwortung. Und er macht Spaß. Es ist toll zu sehen und mitzuerleben, wie ihr euch über ihn freut! Schön, dass es dich gibt! Deshalb sind wir heute hier. Zum Dankesagen für eure drei Prachtexemplare! Danke für so viel pralles Leben!
Es fehlt noch eines: Gottes Segen. Das habt ihr geschrieben in eurer Einladung.
Seinen Segen habt ihr, reichlich und aus dem Vollen. Taufe ist Gottes JA zu diesem kleinen Leben.
Sein JA, entschieden, klar und deutlich, noch bevor wir einen klaren Gedanken fassen können. Gott hat JA gesagt, und deshalb bist du hier. Er hat ihn euch anvertraut. Ihr empfangt ihn heute noch einmal aus Gottes Händen. B. – Kind Gottes.
Gottes Ja und euer Ja, euer »Ja mit Gottes Hilfe«. Beide verbinden sich heute in der Taufe.
Gottes Segen und euer »Ja, wir wollen, was an uns liegt, tun, dass sich entfalten kann, was in dir steckt, wir wollen dir Halt schenken, Liebe, Geborgenheit, Klarheit, Grenzen, alles, was du brauchst, damit du ein glücklicher, gerader, aufrechter und starker Mensch sein kannst. Ja mit Gottes Hilfe!«

»Des Menschen Herz erdenkt sich seinen Weg, aber Gott lenkt seinen Schritt.« (Spr 16,9)
Dies Bibelwort geben wir heute B. als Taufspruch mit auf den Weg.
Des Menschen Herz erdenkt sich seinen Weg, aber Gott lenkt seinen Schritt.
Der Mensch denkt, Gott lenkt, ist im Volksmund daraus geworden. Meist sagen wir das mit ein bisschen Selbstironie, mit einem Schmunzeln, wenn alles doch ganz anders kommt.
Wenn wir planen und machen und tun ...
Es ist eine Lebenserfahrung. Und es ist ein Satz voll Gottvertrauen.
Wir können, sollen, dürfen Pläne machen, aber das Leben läuft nicht nach Plan. Manchmal durchkreuzt ER unsere Pläne und Vorstellungen.

Manchmal mit genialen Gedanken und wunderbaren Einfällen, mit Überraschungen und manchmal auch so, dass wir's nicht verstehen, manchmal gibt er uns ganz schön schwierige Wege zu gehen. ER lässt uns einen Weg finden. Immer.
»Der Mensch denkt sich seinen Weg, aber Gott lenkt seinen Schritt.«
Ein gutes Wort für B. – lasst ihn großwerden mit solchem Gottvertrauen.
Gott segne euch fünf. Amen.

Lied: Halte zu mir, guter Gott
Kommt und singt. Liederbuch für die Jugend, Gütersloh 2015, 456

Kein Gesäusel
Taufpredigt über Gal 1,6–12

Heike Springhart

Liebe Gemeinde!
Kendauchdich. Ein zusammengenuscheltes Wort, das den Himmel öffnet. Kendauchdich. »Kendauchdich« – das war ihr Wort, das sie vergessen hatte. Jetzt sitzt sie am Bettrand ihrer Oma und singt das Abendlied. »Gott, der Herr hat sie« – die Sternlein – »gezählet, dass ihm auch nicht eines fehlet. Kennt auch dich und hat dich lieb, kennt auch dich und hat dich lieb.«
In diesem Moment am Bettrand öffnet sich für Esther neu ein Fenster zum Himmel.

Unter dem Titel »Gott braucht dich nicht« nimmt Esther Maria Magnis die Leserinnen und Leser mit auf ihren Weg des Ringens um den Glauben an Gott. Bevor Esther am Bettrand ihr Kendauchdich wiederfindet, hat ihr das Leben viel abverlangt. Ihr Vater verliert den Kampf mit dem Krebs – und dabei hatten sie und ihre Geschwister so sehr darum gebetet, dass sie ihren Vater behalten dürfen.
Ihr dämmert, dass das, was das Leben trägt, das Evangelium und der Glaube mehr und anderes ist, als das, was sich kluge und gutwillige Menschenköpfe erdenken. Zu viele solcher klugen Gedanken hatte sie als Jugendliche erlebt. Zuviel Evangelium von menschlicher Art. In der Jugend von Esther sah das so aus: »In der Kirche, je nach Priester, je nach Predigt, schien Gott jemand zu sein, der eine bestimmte Form in der Welt haben wollte. Bei dem einen Priester hatte ich das Gefühl, dass das Himmelreich erst angebrochen ist, wenn alles wieder so ist, wie es einst in seiner Heimat und Jugendzeit im Harz der siebziger Jahre war. Bei einem Pfarrer (...) schien Gottes Wille vor allem der zu sein, dass die CDU abgewählt wird. Wieder ein anderer schimpfte über Habgier (...) Alles, was Gott offenbar von mir wollte, war unmöglich. Ich hatte keine Telefonnummer von Bundeskanzler Kohl.«
Esther Maria Magnis, Gott braucht dich nicht. Eine Bekehrung, Hamburg ²2012, 26

Vermutlich hätten Esther und Paulus sich gut verstanden. Vermutlich könnten sie sich vortrefflich darüber austauschen, dass das Evangelium nichts ist, über das wir einfach so verfügen können.

Zu Beginn des Galaterbriefes erinnert Paulus die Gemeinde in Galatien und uns mit deutlichen Worten daran – er schreibt:

Lesung Gal 1,6–12

Ohne große Umschweife sticht Paulus am Anfang seines Briefes in die Situation der Gemeinde in Galatien. Die Galater sind gerade dabei, sich anderen Predigern zuzuwenden. Denen, die ein anderes Evangelium predigen als Paulus. Bissig und scharfzüngig fängt er seinen Brief an und hält ihnen den Spiegel vor.

Wie ein entrüsteter Politiker kämpft er darum, die Galater auf Linie zu halten. Mit allen Mitteln, die aus antiken Gerichten und heutigen Parteitagen bekannt sind. Mit Polemik und beißender Ironie, vollmundig und in klarem Schwarz-Weiß.
Die, die ein anderes Evangelium predigen, wollen nur verwirren!
Ach, genaugenommen gibt es überhaupt kein anderes Evangelium!
Wer ein anderes Evangelium predigt, der sei verflucht!
Eins nach dem anderen setzt Paulus drauf – und bliebe es dabei, würde ihn nicht viel von scharfzüngig geschliffenen, suggestiv gefährlichen Hetzpredigern unterscheiden.

Bei genauem Hinsehen zeigt sich: Paulus tritt hier nicht in ein Rededuell mit einem Widersacher. Er führt nicht ein Streitgespräch, an dessen Ende per TED entschieden wird, wer sich am besten geschlagen hat.

Paulus stellt die entscheidende Frage an jeden, der oder die glaubt, auch die entscheidende Frage an jede Predigt:
Versuche ich um jeden Preis, Menschen gefällig zu sein, oder rechne ich damit, dass das, was mich trägt, nicht von menschlicher Art ist?

Paulus will sicher nicht Menschenliebe und Gottesliebe gegeneinander ausspielen. Es geht nicht um Entweder-oder. Aber es geht um Freiheit und um eine neue Perspektive, die sich meinem Leben dann öffnet, wenn eben nicht alles gleich und damit auch gleichgültig ist.

Esther war mit einem solchen gleichgemachten Jesus auf Du und Du aufgewachsen, in den 80ern. Sie erzählt: »Das einzige, worin sich die Kirche von der Gesellschaft meiner damaligen Meinung nach unterschied, war, dass die Kirche Jesus besonders wichtig fand. (...) Ich hatte genug Freunde. Ich brauchte als Vierzehnjährige nicht noch einen Unsichtbaren und schon gar keinen orientalischen Pazifisten mit Schlappen und Vollbart, der sich für mich, wie ich dachte, eh nicht sonderlich interessiert hätte, weil ich weder Nutte noch Zöllner war, außerdem hatten wir einen Mercedes, der nicht durchs Nadelöhr gepasst hätte. So niedrigschwellig Jesus auch angeboten wurde, so wenig konnten meine Freunde und ich etwas mit ihm anfangen. Man konnte ihn neben Gandhi abhaken unter der Kategorie: ›Der Typ war okay.‹«
A. a. O., 29

Der Versuch, die Schwelle zum Glauben, zu Gott, zu Jesus, zum Evangelium oder zur Kirche niedrig zu halten, kommt da an die Grenze, wo kein Platz mehr ist für die Erfahrung des Fremden, des Anderen und des Unerklärlichen.
Gefällige und wohlklingende Worte versiegen spätestens dann, wenn die großen Fragen nach Leid, nach Krankheit, nach dem Warum im Raum stehen. Manchmal hat Glaube mehr mit dem Aushalten von Unerklärlichem als mit schnellen, frommen Formeln zu tun.

Wenn der Glaube an Gott ein Eintreten in ein selig-rosafarbenes Wolkenkuckucksheim verspricht, dann stürze ich heraus, sobald die Nachtseiten des Lebens über mich hineinbrechen.
Gegen jede Art von vereinnahmender Glaubensduselei ruft Paulus den Galatern und uns in Erinnerung, dass wir das Evangelium nicht in der Hand haben.

Wir haben es nicht in der Hand, aber es hat sich uns erschlossen – und es erschließt sich uns immer wieder neu. Weil Gott es ist, der auf uns zukommt.

Den Weg zum Glauben und in die Gemeinschaft der Kirche ebnen uns Menschen – sicher. Aber es hängt nicht allein an ihnen, ob Menschenkinder wie H. und N. sich von Gott getragen wissen.
Auch wenn sie durch die Hand eines Menschen getauft wurden – das Entscheidende dieser Taufe kommt von Gott. Er kommt auf sie zu,

schließt sie in seine Arme und nimmt sie unter seine Fittiche. H. und N. werden weiter in die Gemeinde hineinwachsen, mit der Taufe hat sich ein Fenster mehr geöffnet. In der Taufe hat Gott sie unumstößlich in seine Arme geschlossen. Er hat versprochen, mit ihnen zu sein – wohin ihr Weg auch führt.
Was dieses Leben für H. und N. bereithält, wissen wir heute nicht. Aber wie wir alle leben N. und H. davon, dass da einer ist, der seine schützenden Flügel über sie hält. Unter diesen Flügeln gibt es schattige Ecken, aber auch manchmal ganz schön viel Zugluft. Gut, dass sie da nicht alleine sind, sondern mit der Taufe zur Gemeinschaft all der anderen Getauften gehören.

Noch habt ihr die beiden an der Hand, längst gehen sie aber auch schon ihre eigenen Schritte, manchmal ziemlich eigenwillig, und irgendwann gehen sie aus dem Haus. Dazwischen liegen Jahre, in denen ihr sie manches Mal werdet ziehen lassen müssen. Vermutlich auch immer mal mit der leisen Sorge: Wird alles gut gehen? Mit dem Schulranzen in die Schule, mit den Freundinnen auf Partys und auf Klassenfahrten. Dann wird es gut sein, gelassen darauf zu vertrauen, dass Gott H. und N. auch dann im Auge behält, wenn ihr sie gerade nicht seht. Im Schatten seiner Flügel können sie jauchzen und frohlocken.

Und sie können sich mit anderen auf den Weg machen, die großen und kleinen Fragen des Glaubens zu ergründen: im Kindergarten, im Religionsunterricht, in bohrenden Fragen, die auch euch Eltern, Paten und Großeltern vielleicht dann und wann an die Grenzen bringen.

Paulus erinnert uns daran: Was wir uns mit unermüdlichem Nachsinnen über die großen Fragen des Glaubens und des Lebens erarbeiten und erschließen, steht immer wieder neu in Frage. Und Gott selbst steht dafür ein, dass es sich als wahr, als tragend und tröstlich erweist.

Damit wird nun aber keineswegs egal, was mich als Mensch angeht und ausmacht. Was mich bewegt, erschüttert und verletzt. Was mich verzweifeln lässt oder was mich unbändig fröhlich sein lässt.
Im Gegenteil: Die Worte von Paulus schaffen Raum für einen freien und lebendigen, aber eben auch nüchtern-realistischen Blick auf die Welt und das Leben.
Das liegt nicht etwa daran, dass es besser eben nicht zu haben ist. Der Grund für diesen realistischen Blick des Glaubens liegt in Gott selbst.

Nachdem Esther ihr Kendauchdich wiedergefunden hat, wird nicht alles einfach gut. Auch ihr Bruder wird lebensbedrohlich krank. Aber sie lässt Gott nicht mehr los. Und sie bringt auf den Punkt, was auch Paulus an die Galater schreibt. Lassen wir sie nochmals zu Wort kommen, auch sie wird deutlich und wählt markige Worte, ganz wie der eifernde Apostel am Anfang seines Briefes:

»Gott hat sich in dieser Welt am Kreuz hinrichten lassen. Das gehört zu den dreckigsten Todesarten, die es gibt. Und Gott hat es zugelassen, dass mein Bruder sich zu Tode erschrak. Und Gott hat gesagt, dass jeder sein Kreuz in dieser Welt auf sich nehmen und ihm nachfolgen soll. Es war nie die Rede davon, dass es hier witzig wird. Es war nie die Rede davon, dass uns allen hier die Sonne aus dem Arsch scheint. (...) Unser Glaube hat in sich das Wissen um den ganzen Dreck der Welt. Er hat einen Schrecken. So wie diese Welt. Und erst dann kommt die Frohe Botschaft. Vorher gibt es keinen Grund, dumm grinsend auf der Kanzel zu stehen und die Menschen, die echte Not haben, deren Ehen gerade kaputt gehen, deren Kinder krank werden, deren Geschwister sterben und Eltern dement werden, deren Herzen gebrochen werden, deren Stolz verletzt wird, mit einem weichen gemütlichen Gesäusel und Sozialkitsch einzulullen.«

A. a. O., 224

Paulus und Esther ermutigen mich dazu, daran festzuhalten, dass es Gott ist, der sich mir offenbart, der uns Atem gab, damit wir leben – auch dann, wenn ich mich atemlos fühle.

Sie ermutigen mich dazu, daran festzuhalten, dass nichts auf dieser Erde einfach so ist, wie es eben ist, sondern dass er diese Erde und unser Leben verwandeln wird und wir immer wieder neu ins Leben gehen können.

Das Evangelium wird von Menschen gepredigt, von Paulus, von Esther, jeden Sonntag hier in der Lützelsachsener Kirche – aber es ist nicht von menschlicher Art. Das ist Kritik und Hoffnung zugleich.

Und es ist beredtes Zeugnis davon, dass wir getragen sind vom Frieden Gottes, der höher ist als all unsere Vernunft. Er bewahre unsere Herzen und Sinne in Christus Jesus.

Zauberbeutel
Taufe von zwei Kindern mit Behinderung

Micaela Strunk-Rohrbeck

Die folgende Predigt wurde in einem regulären Gemeindegottesdienst gehalten, in dem zwei elf- und dreizehnjährige Mädchen aus einem »Kinderhaus«, einer heilpädagogischen Kleinsteinrichtung mit Familiencharakter (12 Kinder unterschiedlichen Alters mit unterschiedlichen geistigen, körperlichen und seelisch-sozialen Beeinträchtigungen), getauft wurden. Neben den Täuflingen (mit Down-Syndrom bzw. mit Entwicklungsverzögerung im emotional-sozialen Bereich) galt es also Kinder unterschiedlichen Alters und mit unterschiedlichen Behinderungen im Blick zu haben. Ich habe mich deshalb zu einer anschaulichen Themenpredigt unter Verwendung eines »Taufbeutels« entschlossen.
Der Taufbeutel besteht aus verschiedenfarbigen und unterschiedlich gemusterten Lagen, die zum Teil mit Applikationen versehen sind. In einer Lage liegt lose ein kleines Holzkreuz. Beim Erzählen wird der Beutel immer wieder umgekrempelt, so dass nacheinander unterschiedliche Muster bzw. Motive zum Vorschein kommen. Dies erhöht die Aufmerksamkeit und löst bei Kindern, aber auch Erwachsenen Neugier und Erstaunen aus. Hergestellt werden die Taufbeutel vom Nähkreis der Ev. Kirchengemeinde Menden im Auftrag des Westfälischen Verbandes für Kindergottesdienst unter Leitung von Kerstin Buchbinder.

Liebe Gemeinde, eine bunt gemischte Gemeinschaft sind wir heute Morgen. Ganz unterschiedliche Beweggründe haben uns hierher geführt:
Da seid ihr Konfirmandinnen und Konfirmanden – für euch gehört der Gottesdienstbesuch zum regelmäßigen Sonntagsprogramm, damit ihr vertraut werdet mit unserer Gemeinde und mit dem Gottesdienstablauf.
Da sind S. und J., die heute getauft werden möchten, und alle, die ihr heute mitgebracht habt: Familie und Patinnen, Freunde und fast das ganze Kinderhaus N. Schön, dass ihr alle die beiden an diesem wichtigen Tag begleitet!
Andere kommen heute Morgen hierher mit Trauer und Wehmut im

Herzen. Sie haben in der vergangenen Woche von einem lieben Menschen Abschied nehmen müssen, und gemeinsam mit ihnen wollen wir heute noch einmal daran denken.
Wieder andere sind hier, weil sie den Gottesdienst als Oase für sich brauchen, um zur Ruhe zu kommen und Zeit zum Nachdenken und Beten zu haben. So können sie Kraft schöpfen für die Anforderungen und Aufgaben der neuen Woche.
Und sicher gibt es noch eine Reihe von weiteren Gründen, warum Menschen sich heute Morgen hierher auf den Weg gemacht haben.
So sind wir als ganz unterschiedliche Menschen in diesem Gottesdienst bunt zusammengewürfelt. Und doch gibt es etwas, das uns alle miteinander verbindet: das ist die Taufe.
Viele von uns sind als Säuglinge getauft worden und können sich daran nicht erinnern. Ja, mehr noch: Vielen von uns Erwachsenen ist unsere Taufe gar nicht als besonderes Ereignis bewusst. Sie spielt im Alltag einfach keine Rolle.
Andere sind vielleicht gar nicht getauft und fragen sich, was es damit überhaupt auf sich hat.
Ihr Jugendlichen habt im letzten Jahr bei einem Konfirmanden-Thementag eure eigene Taufe erforscht und darüber nachgedacht, was es denn bedeutet, getauft zu sein. Wenn ihr in wenigen Wochen konfirmiert werdet, dann sagt ihr damit Ja zu dem Glauben, der euch in der Taufe zugetraut ist.
Wenn S. und J. heute getauft werden, dann haben sie den meisten von uns etwas voraus: Ihr beide habt euch bewusst zu diesem Schritt entschieden. Ihr habt lange gedrängelt, dass ihr endlich dazugehören wollt. Und ihr werdet euch immer an diesen besonderen Tag in eurem Leben erinnern.
So ist die Taufe auf die eine oder andere Weise das, was uns hier alle miteinander verbindet. Deshalb möchte ich heute die Taufe in den Mittelpunkt meiner Predigt stellen.

Was bedeutet es eigentlich, getauft zu sein – oder sich taufen zu lassen? Auf diese Frage gibt es viele verschiedene Antworten. Einige davon stecken in diesem Taufbeutel *(Taufbeutel zeigen)*, den ich mir heute als Predigthelfer mitgebracht habe. Einige kennen ihn vielleicht schon, aber das macht nichts. Ich finde, manches kann man nicht oft genug hören oder sehen.

Von außen gesehen passt unser Taufbeutel auf jeden Fall schon mal gut zu unserem Thema. Er ist blaugrün – das erinnert an *Wasser.* Jedes Kind weiß, dass Wasser zur Taufe gehört. Ohne Wasser können wir nicht taufen. Und das ist gut so. Denn Wasser ist ein Zeichen des Lebens. Nichts kann leben ohne Wasser: Pflanzen vertrocknen, Tiere und Menschen verdursten.
Eigentlich schade, dass es heute am Taufstein nur noch eine kleine Schale mit Wasser ist – da fällt die große Bedeutung des Wassers für unser Leben gar nicht mehr so ins Auge. In den Anfängen der Christenheit war das anders. Die ersten Christen wurden im Fluss getauft. Da war also richtig viel Wasser im Spiel. Und damit wurde noch eine andere Bedeutung des Wassers sichtbar: Das Wasser reinigt, und der Fluss nimmt alles mit, was uns von Gott trennt. Das wird einfach weggeschwemmt.
Sogar von Jesus wird erzählt, dass er sich taufen lässt – von Johannes dem Täufer im Jordan. Davon haben wir eben in der Lesung gehört. Johannes will erst nicht – er meint, Jesus habe die Taufe gar nicht nötig, weil er doch schon ganz eins ist mit Gott. Aber Jesus stellt sich in eine Reihe mit allen, die damals am Jordan stehen. So zeigt er: Ich gehöre auf eure Seite; ich bin einer von euch. Ich brauche genauso wie ihr Gottes Zuspruch und Ermutigung. So lässt Jesus sich taufen. Und als er aus dem Wasser steigt, erklingt Gottes Stimme: »Dies ist mein lieber Sohn, an dem ich Wohlgefallen habe.«
Das sagt Gott auch zu jedem von uns bei der Taufe: »Du bist mein liebes Kind, du gehörst zu mir. Nichts soll zwischen uns stehen.« Daran erinnert uns das Wasser, das alles Trennende wegwäscht.

Schauen wir mal, was es im Taufbeutel noch zu entdecken gibt … *(Taufbeutel umkrempeln)* jede Menge *Buchstaben!* Was kann man damit nicht alles schreiben – Einkaufszettel oder Aufsätze, einen Lebenslauf oder ein ganzes Buch … Das erste und wichtigste aber, was Menschen zu schreiben lernen, ist der eigene Name. Denn der Name ist etwas ganz Grundlegendes für uns Menschen. Er begleitet uns ein Leben lang. Unsere Eltern haben sich vermutlich eine Menge Gedanken gemacht, als sie uns unseren Namen gegeben haben. In unseren Namen steckt viel von unserer Persönlichkeit.
Auch Jesus wusste, wie wichtig Namen für uns sind und wie wichtig es für uns ist, dass jemand uns beim Namen kennt. Deswegen hat er

einmal gesagt: »Freut euch, dass eure Namen im Himmel geschrieben sind.« Das heißt: Gott kennt jeden Menschen. Er hat zu jedem Menschen die persönliche Beziehung, die wir hier auf Erden mit dem Namen verbinden. Wer mich mit Namen kennt, dem bin ich wichtig. Wenn ich mit Namen angesprochen werde, dann weiß ich: Der meint mich. Der interessiert sich für mich. Für den bin ich keine Nummer und kein Verwaltungsvorgang, sondern ein richtiges Gegenüber. Deshalb wird bei jeder Taufe der Name des Täuflings noch einmal deutlich genannt – damit alle wissen: Gott ist mit diesem Menschen eine ganz eigene Beziehung eingegangen.

Der Taufbeutel hält aber noch mehr für uns bereit *(Taufbeutel umkrempeln):* Wir sehen ein warmes *Gelb,* und das erinnert uns an das Licht. Mit dem Licht ist es ähnlich wie mit dem Wasser: Ohne Licht können wir nicht leben. Wie sehr genießen wir es, wenn die Tage jetzt wieder länger werden und die erste Vorfrühlingssonne mal scheint!
Aber nicht nur im wörtlichen Sinne brauchen wir Licht und Wärme zum Leben. Auch im übertragenen Sinne sind wir angewiesen auf Licht. Jesus hat einmal gesagt: »Ich bin das Licht der Welt. Wer mir nachfolgt, wird nicht in Finsternis wandeln, sondern wird das Licht des Lebens haben.« Jesus möchte in unserem Leben wie ein Leuchtturm sein, an dem wir uns orientieren können.
Oft genug tappen wir ja im Dunklen oder stochern im Nebel. Das kann uns als Einzelnen so gehen; das erleben aber auch Paare oder Familien. Ja, auch ganze Gruppen oder Kirchengemeinden, sogar Nationen können vor der Frage stehen: Wie geht es weiter? Welches ist der richtige Weg? Was sollen wir tun?
Der christliche Glaube möchte Orientierung geben, ein Licht sein in dunklen Zeiten, eine Richtung anbieten in einer unübersichtlichen Situation. »*Ich* bin das Licht«, sagt Jesus – aber er sagt noch einen anderen wichtigen Lichtsatz: »*Ihr* seid das Licht der Welt.« Menschen, deren Leben von Jesus Christus erleuchtet wird, die können es für andere hell machen. Die Liebe und Barmherzigkeit, die Gott uns durch Jesus geschenkt hat, die können wir weitergeben an andere. So ähnlich sagt es auch der Taufspruch, den J. nachher zugesprochen bekommt: »Gott sagt: Ich will dich unterweisen und dir den Weg zeigen, den du gehen sollst. Ich will dich mit meinen Augen leiten.« (Ps 32,8)

Mutig vorangehen, weil Gott uns den Weg zeigt – dazu werden wir bei der Taufe eingeladen. Und manchmal brauchen wir diesen Mut ganz besonders. Denn manchmal ist von Gottes Licht auf unserem Lebensweg nichts zu sehen. Das haben wir wohl alle schon erleben und durchleiden müssen. Leid und Schmerz, kurz: die Schattenseiten des Daseins bleiben wohl keinem Menschen erspart. Ob unser Taufbeutel dazu wohl auch etwas zu sagen hat?
(Taufbeutel umkrempeln) Eine *Hand* – eine Hand, die ich ergreifen kann, an der ich mich festhalten kann, wenn um mich her alles finster ist, wenn ich Halt brauche für mein Leben und mich nach Geborgenheit sehne. Die Taufe ist wie eine Hand, die Gott uns reicht. Er gibt uns Halt. Er ist unser Begleiter auf unseren Lebenswegen.
Wir erfahren diese liebevolle Hand Gottes z. B. durch die Hand von Menschen, die es gut mit uns meinen. Das können die Hände von Eltern oder Geschwistern sein, von Patinnen oder Freunden. Diese Hände können trösten und beschützen, Halt geben und den Rücken stärken. Wo liebevolle Hände einen Menschen begleiten, da kann eine Ahnung wachsen davon, dass wir alle geborgen sind in einer größeren Hand.
Daran erinnert auch der Taufspruch, den S. gleich zugesprochen bekommt: »Der Herr denkt an uns und segnet uns.« (Ps 115,12a) In der Taufe vertrauen wir uns der segnenden Hand Gottes an.

(Taufbeutel umkrempeln) *Weiß* wie ein Engel, weiß wie ein Taufkleid oder eine Sonntagsbluse, weiß wie der Schnee oder ein unbeschriebenes Blatt – unser Taufbeutel erzählt davon, dass die Taufe ein neuer Anfang ist. Und dieser Neuanfang mit Gott, den die Taufe schenkt, der kann immer wieder geschehen und in jedem Lebensalter.
In den Anfängen der Christenheit war es normal, dass Jugendliche und Erwachsene getauft wurden, Menschen also, die sich ganz bewusst entschieden hatten, mit Gott neu anzufangen. Das, was ihr, J. und S., heute erlebt, ist das, was in der christlichen Gemeinde lange Zeit üblich war: Ein Mensch kommt in Berührung mit dem christlichen Glauben – zu Hause, in der Schule oder durch ein Gespräch mit Freunden, in einem Gottesdienst oder durch ein Erlebnis in der Gemeinde. Und so reift die Entscheidung: Da möchte ich dazugehören. Diesem Gott möchte ich mich anvertrauen.
Neu anfangen mit Gott, mit dem Glauben, mit der Gemeinde – dafür steht das Weiß des Taufbeutels. Neu anfangen mit Gott – das dürfen

wir als Getaufte jeden Tag wieder. Weil Gott immer wieder mit uns neu anfängt, können auch wir immer wieder neu anfangen – mit Gott und miteinander.
Das Zeichen, das uns daran erinnert, ist das *Kreuz (Kreuz aus dem Taufbeutel schütteln)*. Es erinnert uns an Jesus. Er hat Gottes Liebe in unserer Welt ein Gesicht gegeben und eine Gestalt. Und er hat diese Liebe bis zum bitteren Ende gelebt, bis zu seinem Tod am Kreuz. Deshalb ist das Kreuz das wichtigste Symbol unseres christlichen Glaubens. S. und J. werden nachher mit dem Kreuz bezeichnet – als Zeichen dafür, dass sie mit der Taufe zu Jesus gehören. Diese Verbindung ist unauflöslich und gilt auch über den Tod hinaus. Gott hält uns die Treue im Leben und im Leiden, im Sterben und im Tod. Wir bleiben immer in seiner Gemeinschaft.

(Taufbeutel umkrempeln) Diese Gemeinschaft mit Gott erleben wir im *Abendmahl,* das wir regelmäßig im Gottesdienst feiern. Das ist das letzte, woran uns der Taufbeutel erinnert. Als Getaufte sind wir als Gäste an Jesu Tisch eingeladen. Diese Einladung gilt allen: Kindern und Jugendlichen, Erwachsenen und Alten, Gläubigen und Zweiflern, Pfiffigen und Langsamen, Mutigen und Ängstlichen. Gott macht uns Einzelne alle zu einer Gemeinschaft. Mit der Taufe wird ein Mensch ein Glied am Leib Christi, ein Mitglied in der Gemeinschaft der Heiligen, die wir im Glaubensbekenntnis bekennen. Deswegen ist die Taufe auch kein privates Fest nur für die Tauffamilien, sondern ein öffentliches Fest der ganzen Gemeinde – so wie heute hier im Gottesdienst.
Gebe Gott, dass die Taufen, die wir heute feiern, uns alle in unserem Glauben bestärken.

Freundschaft hinterm Hühnerstall
Tauf-Fest im Kindergarten

Arno Schmitt

Das Kindergartenjahr geht zu Ende. Nach den Sommerferien werden einige Kinder nicht mehr im Kindergarten, sondern in der Schule sein. So groß die Neugier, so unklar, was kommt. Ein paar Freunde werden mitkommen. Aber werden wir alle in einer Gruppe sein? Und die anderen, was ist mit denen? Wird es klappen mit den Neuen? Werden wir Freunde sein? Mit einem großen Fest, so der Plan, soll die Kindergartenzeit abgeschlossen werden. Julisamstag. Mit einem gemeinsamem Gottesdienst in der Kirche. Und der Taufe von N.N. und N.N. Die liturgische Aufgabe also: ausgesprochen reizvoll. Zumal sich am Gottesdienst, so die Erfahrung, immer auch gerne Familien nichtchristlicher und muslimischer Tradition beteiligten. So auch dieses Mal. Der Taufe der beiden (Schul-)Kinder gingen in der Kindergartengruppe und im Familiengespräch intensive Gespräche, Besuche und Übungen vor Ort (Kirche, Taufstein, Osterkerze, Taufkerze, Kreuz, Handauflegung zum Segen, biblische Geschichten und Bilder, Lieder), dazu kreative Vorbereitungen (Tischbänder, Tauffahnen, Freundschaftsbänder) voraus.
Samstagvormittag. 10.30 Uhr. Die Glocken läuten. Die Kirche ist schon gut gefüllt. Der Altarraum hat sich in eine Kulissenlandschaft der 30seitigen »Freunde« (Helme Heine © Beltz & Gelberg/Weinheim, 2003) verwandelt, großformatig als Fortsetzungsgeschichte. Im Gottesdienst werden die Bilder, auf die Leinwand gebracht, eine wichtige Rolle spielen. Für die Kinder des Kindergartens, die Erzieher/innen und Helfer/innen waren die Plätze rechts und links vor dem Altarraum, für die beiden Tauffamilien die Plätze der ersten Bankreihe reserviert. Die Glocken klingen aus. Die Kleinorgel spielt die Melodie des ersten Liedes. Die Kinder kommen durch den Mittelgang, bleiben bei ihren Plätzen stehen und singen mit allen:

Ankommen

Lied: Wir sind die Kleinen in den Gemeinden
Mein Liederbuch für heute und morgen, Düsseldorf, C4

Eröffnung

Liturg:

Jetzt sind wir da. In der Kirche angekommen. Das Fest kann beginnen. Es sind ja heute viele Gründe, die uns feiern lassen. Wisst ihr welche? *(Ideen werden entgegengenommen.)* Übrigens Kirche. Wisst ihr eigentlich, wozu die da ist? *(Ideen werden entgegengenommen.)*
In der Kirche ist Gott zu Hause. Nicht nur hier. Drüben auch im Kindergarten. Und in der Moschee. Und zu Hause auch, wenn euch euer Vater oder eure Mutter Geschichten vorlesen. Aber eben auch hier in der Kirche für alle. Und deshalb begrüßen wir ihn jetzt. Dazu stehen wir auf und sagen:

Alle:
Guten Tag, lieber Gott!
(Hände zum Himmel hoch)
Schön, dass du bei uns bist!
(Hände auf die Brust)
Wir denken an dich!
(Hände an die Schläfen)
Wir singen dir und machen Musik!
(Hände als Trompeten)
Wir freuen uns und danken dir!
(Hände klopfen aufs Herz)

Alle setzen sich. Die Orgel spielt die Melodie des nächsten Liedes an.

Lied: Wenn einer sagt: Ich mag dich, du
Kommt und singt. Liederbuch für die Jugend, Gütersloh 2015, 470

Freunde

Die Bilder wurden gescannt, reproduziert und über Leinwand gezeigt. Die Erzählung teilten sich zwei Erzieher/innen auf. Am Ende der Erzählung werden zwei Zeilen noch einmal gesondert in Erinnerung gebracht: »Hinterm Hühnerstall, bei der Regentonne schlossen sie ewige Freundschaft. Und in der Nacht, da träumten sie voneinander!«

Taufkatechese

Jonny Mauser, der dicke Waldemar, Franz von Hahn. Drei tolle Kerle. Irgendwann waren sie das Bauernhofleben leid und machten sich auf die Socken, die Welt zu besehen. Mit dem Fahrrad zuerst. Und dann mit dem Schiff. Als Seeräuber auf dem Dorfteich. Und irgendwann, hinterm Hühnerstall, bei der Regentonne, da schlossen sie Freundschaft für alle Zeit. Und als sie wieder zu Hause waren, jeder bei sich, da träumten sie voneinander. Denn gute Freunde machen das so!

Das mit der ewigen Freundschaft hinterm Hühnerstall – ist das denn nötig? Und nie mehr auseinandergehen – ist das denn möglich? Ich weiß nicht. Und ob es nötig ist, auch nicht. Alles Zufall wohl. Aber wenn, dann ein schöner! Denn sich klar zu machen einen Moment lang, was ist zwischen mir und dir, das hat etwas. Das macht mir den Anderen kostbar. Und mich ihm. Es ist ja nichts Neues, was geschieht hinterm Hühnerstall dort, an der Regentonne. Was dort geschieht, das war schon, ist längst, wird sich auch morgen, mag sein, ereignen. Und so auch, wenn ein Kind getauft wird. Wie jetzt gleich, wenn wir NN und NN taufen. Der Himmel geht auf. Und Gott stellt sich ein. Nein, nicht an der Regentonne, aber doch so ein bisschen. Mit Wasser hat es auch zu tun. Am Taufstein geschieht es. Im Wasser, das fließt. Direkt aus der Quelle. »Hab keine Angst!«, so Gott. Doch was er sagt, das sagt er dort ja nicht zum ersten Mal. Dass er uns liebt, das sagt uns Gott ja von Anfang an. Noch bevor wir auf der Welt waren. Aber jetzt, in der Taufe, da sagt er es noch einmal, mir ganz persönlich: Lieb hab ich dich, bist ein Gotteskind, dein Name ist im Himmel geschrieben! – Und wenn ich genau hinhöre, sagt er noch etwas Überraschendes dazu: und was ich nicht alleine schaffe auf dieser großen Erde, das schaffen wir beide (und viele andere mit) gemeinsam, ich freu mich drauf!

Ich will euch gleich nachher noch eine andere Geschichte erzählen. Auch aus der Bibel. Ihr werdet die so noch nie gehört haben. Aber jetzt erst mal: Taufe. Gott tut seinen Himmel auf und will euch, liebe N.N. und N.N., und euch, liebe Eltern und Paten und Patinnen, etwas Wichtiges sagen!

An der Quelle

Lied: Kind, du bist uns anvertraut EG Baden 591

Taufbefehl

Taufgebet

Lieber Gott. Wir haben mit unseren Kindern gesprochen. Sie wollen getauft werden. Und wir wollen es auch. Die Zeit im Kindergarten geht zu Ende. Bald kommt der erste Schultag. Die Kinder gehen neue Wege. Und wir müssen lernen, sie gehen zu lassen. Du begleitest uns, die Kleinen und Großen. In der Taufe kommst du und rufst uns beim Namen. Halte deine Hand über uns und kleide uns mit deinem Segen. Amen.

Bekenntnis der Zuversicht

(Im Wechsel zwischen Täuflingen/Eltern und Täuflingen/Patinnen und Paten)

Alle:
Geborgen ist mein Leben in Gott!

Täuflinge/Eltern :
Manchmal habe ich Angst. Ich bin allein. Wer ist da, der mich tröstet?

Alle:
Geborgen ist mein Leben in Gott!

Täuflinge/Patinnen und Paten:
Manchmal bin ich traurig. Oft weiß ich nicht warum. Wer ist da, der mich in den Arm nimmt?

Alle:
Geborgen ist mein Leben in Gott!

Täuflinge/Eltern:
Manchmal meine ich, dass mich keiner leiden kann.
Oft mag ich mich selbst nicht. Wer ist da, der mich versteht?

Alle:
Geborgen ist mein Leben in Gott!

Täuflinge/Patinnen und Paten:
Manchmal bin ich feige. Dann traue ich mich nicht, den Mund aufzutun. Wer ist da, der mir hilft?

Alle:
Geborgen ist mein Leben in Gott!

Täuflinge, Eltern, Patinnen und Paten:
Einer ist da für mich! Gott hat mich lieb!

Taufformel

Hinter dem Taufstein sind zwei Tauffahnen mit den Taufsprüchen gehängt. In der Mitte davor: die Osterkerze.

Ich taufe dich:
in die Gemeinschaft Gottes *(Wasser)*
in die Liebe Jesu Christi *(Wasser)*
in die Macht des Heiligen Geistes *(Wasser)*

Zeichnung der Stirn mit dem Kreuzeszeichen

Taufsegen

Eltern und Pat/innen halten die Hände über den Kopf von N.N. und N.N.
Das gebe euch Gott: Menschen, die euch zu Freunden werden, auf die ihr dann baut. Denn das ist sein Versprechen, dass er euch nahe ist in euren Freunden. Fest soll es stehen, das Haus eures Lebens, gesegnet in Christus, dem Grundstein des Lebens.

Kinderkatechese

Hört mal, Kinder! Ganz am Anfang der Bibel gibt es eine Geschichte. Und die geht so: Gott schuf den Menschen. »Das also bist du? So hab ich mir dich gedacht? Nicht schlecht! Aber eines fehlt dir. Du bist allein. Und das ist nicht gut. Ich will dir ein Gegenüber machen!«, dachte Gott. Und also begann er: schuf Pflanzen auf der Erde und alle Tiere auf dem Feld und die Vögel unterm Himmel und brachte sie zum Menschen, dass er sie sähe und ihnen einen Namen gäbe. Aber ein Du, ein wirkliches Du? Das fand er nicht. Und also überlegte er weiter. Und eines Tages, da war es so weit. Er machte aus einem Menschen zwei und nannte den einen Teil »Mann« und den anderen Teil »Frau«. Erst war die Aufgabe gelöst, die er sich gestellt hatte: Frau und Mann gehören zusammen. Sie sind erst gemeinsam »Mensch«. Aber nicht nur die Gemeinsamkeit von Mann und Frau ist das Geheimnis des Menschen. Auch die Freundschaft. Dass Menschen sich verstehen, gerne miteinander spielen, gemeinsame Gedanken haben, ganz verschiedene auch, und der eine sich auf den anderen verlassen kann, und wenn sie miteinander Streit haben, der auch wieder aufhören und sie sich miteinander versöhnen können. Nein, so die Botschaft der Freundschaft: Niemand kann und braucht sich selbst »alles« sein. Jeder von euch kann ein Teil sein, ein Teil des Ganzen. Und so wird das Leben zu einem spannenden Spiel und etwas Großem werden: keiner für sich das Ganze, jeder und jede vom Ganzen ein Teil. Als Gott den Menschen machte, so die alte Erzählung der Bibel, da hat er ihm die Kunst und Fähigkeit mitgegeben, sich zu befreunden. Aber nicht nur das, die Geschichte sagt noch etwas anderes: Die Freundschaft zwischen Menschen, zwischen Kindern oder Erwachsenen, so höre ich sie sagen, das ist Gott selbst. In einem Freund, in einer Freundin kommt etwas von Gott zum Vorschein. In den Freundschaften, die Menschen miteinander schließen, heute und morgen oder später auch in der Schule, begegnet uns die Freundlichkeit Gottes. Im Freund oder der Freundin kehre ich zum Anfang des Lebens zurück und werde stark. Gott segne unser Leben, dass wir es so miteinander erleben, so oft es geht, und einander schenken!

Taufgeschenk

Die Kinder haben ihren Freunden Tischbänder bemalt und mit Symbolen geschmückt, die sie ihnen nach dem Taufsegen überreichen. Die Gottesdienstbesucher bekommen von ihnen Wollfäden geschenkt, die sie über den Festtag zu einem Freundschaftsband »weben«, behalten oder weiterschenken können.

Schlussgebet

Gott, du bist, wie du bist. Schön sind deine Namen. Halleluja. Wir strecken uns aus nach dir. In dir wohnt die Lebendigkeit. Wir trauen uns zu dir. In dir wohnt die Wahrhaftigkeit. Wir freuen uns an dir. In dir wohnt die Gerechtigkeit. Wir halten uns an dir. In dir wohnt die Beständigkeit. Wir sehnen uns nach dir. In dir wohnt die Vollkommenheit. Du bist, wie du bist. Schön sind deine Namen. Halleluja.

Lied: Geh aus, mein Herz EG 503,1.2.8.14

Musik zum Ausklang

Von allen Seiten
Taufpredigt über Jona

Christian Schwarz

Der Täufling Jonas hatte als Taufspruch Ps 139,5 – ein oft gewählter Spruch.

»Von allen Seiten umgibst du mich und hältst deine Hand über mir.« (Ps 139,5)

In der Bibel hat Jona(s) ein ganzes Buch: der Prophet Jona bzw. der Jona, der zuerst gar kein Prophet sein will. Er will kein Unheil verkünden und flieht lieber, aber seine Berufung kann er nicht abschütteln. Das Schiff, das ihn weit wegbringen soll von Gott, fährt ohne ihn weiter … er wird ins tobende Meer geworfen.

Gott aber lässt einen Riesenfisch kommen, der ihn verschluckt. Drei Tage und drei Nächte ist Jona im Bauch des Fisches. Dort beginnt er wieder mit Gott zu reden:

Lesung Jona 2,3–10

Ein Mensch – von allen Seiten vom Dunkel umgeben – und doch von Gott! »Von allen Seiten umgibst du mich und hältst deine Hand über mir.« (Ps 139,5)
Noch im Dunkeln hält er seine Hand über mir, noch im Fallen hält er mich … das ist Taufe!

Wissen, glauben: Es ist einer da, der zu mir steht. Mich führt. Durch dick und dünn mit mir geht. Nicht immer die Ideallinie, die ich mir vorstelle. Aber einen guten Weg für mich.

Wie weit können Menschen gehen, wenn sie das wissen! Wie viel können sie aushalten, wenn in ihrem Herzen immer wieder das Vertrauen die Oberhand gewinnt: Ich bin nicht allein – wir sind nicht allein – Gott sieht unseren Weg, er wird uns helfen, ihn zu gehen und das Leben zu bestehen.

Manchmal kann man den Eindruck gewinnen, das Leben sei nur noch fun. Aber es ist nicht so. Das Leben ist auch eine Bewährungsprobe, die wir zu bestehen haben. Unsere Welt ist nicht nur unbeschreiblich schön, sie ist manchmal auch unbeschreiblich grausam und unverständlich. Leben heißt das Schwere aushalten im Vertrauen auf das Gute, entdecken, dass Freude und Leid beide ihren unverwechselbaren, wichtigen Anteil an meinem Leben haben. Leben heißt Ja sagen zu der tieferen Weisheit Gottes, die hinter den Dingen steht.
»Von allen Seiten umgibst du mich und hältst deine Hand über mir.«

Am Schluss spuckt der Riesenfisch Jona wieder aus. Aber damit ist seine Geschichte nicht zu Ende. Damit fängt sie erst an. Denn nun beginnt er seine Berufung zu leben.
Der Gott, der ihn von allen Seiten umgibt – der führt ihn jetzt. Und Jona lässt sich führen. Und gewinnt so das Leben.

Gott kennt ihre Namen
Predigt über die Namen der Täuflinge

Christian Schwarz

Im Mittelteil der Predigt können die Namen der Täuflinge und ihre Bedeutung erklärt werden.

Den Namen kennen

Ein neues Schuljahr hat begonnen – mit ihm das Lernen. Kinder lernen, aber auch Lehrkräfte lernen: die Namen von Kindern! Bei mir als Pfarrer, der in drei Klassen Religionsunterricht erteilt, sind das ca. 75 Namen, bei Fachlehrern sind durchaus 250 Namen möglich.
Gar nicht so leicht, sich alle Namen zu merken – aber wichtig! Denn ohne Kenntnis des Namens geht nichts: Mit dem Finger auf jemanden zu zeigen ist unhöflich, zweitens sehr ungenau (bin ich's? meint er jemand anderes?).
Mit dem Namen kann ich jemanden persönlich ansprechen und eine Beziehung aufbauen – ohne den Namen bleibt es seltsam unpersönlich.

Die Namen der Kinder

Noch besser ist es aber, wenn ich die Bedeutung eines Namens kenne. In der Bibel sind es oft sprechende Namen: Namen, die etwas aussagen darüber, wie es zu diesem Kind kam, über das Handeln Gottes, über die Umstände der Geburt, über das Aussehen des Kindes etc.
Ein paar Beispiele:
Isaak: Er oder sie lacht – Sarah hat gelacht bei der Ankündigung der Geburt.
Rahel: Mutter der Schafe
Jakob und Esau: Fersenhalter (er hat seinen Zwillingsbruder Jakob bei der Geburt festhalten wollen) und Roter
Samuel: Gott hat gehört (die Bitte um ein Kind)

Johannes: Gott ist gnädig (er hat ein Kind geschenkt)
Jesus: Gott hilft

Heute werden Namen für Kinder meist rein nach Ästhetik vergeben, auf Deutsch: was gefällt. Der Sinn des Namens ist oft unerheblich. Dennoch ist es wichtig, die Bedeutung der Namen zu kennen:

(An dieser Stelle werden die Namen der Täuflinge genannt und ihre Bedeutung erklärt; ggf. wird eine Verbindung zum Taufspruch hergestellt)

Amy: Kurzform von Amata (lat.) = die Geliebte
Fürchte dich nicht, denn ich habe dich erlöst. Ich habe dich bei deinem Namen gerufen; du bist mein. (Jes 43,1)

Amelie: Kurzform von Amalburga = gotisch: tapfer
Von allen Seiten umgibst du mich und hältst deine Hand über mir. (Psalm 139,5)

Jana: Kurzform von Johanna = Gott ist gnädig
Seht, welch eine Liebe hat uns der Vater erwiesen, dass wir Gottes Kinder heißen sollen – und wir sind es auch! (1 Joh 3,1)

Und nun will ich versuchen, eine Verbindung herzustellen zwischen der Bedeutung des Namens und dem Taufspruch eures Kindes:

Amy: die Geliebte ist die, die bei ihrem Namen gerufen wird.
Amelie: sie kann tapfer sein, weil Gott sie von allen Seiten umgibt und seine Hand über sie hält.
Jana: Gott ist ihr gnädig – sie ist ein Kind Gottes.

Gott kennt ihre Namen

Den Namen eines Menschen zu kennen ist wichtig: es bedeutet Macht.

Im Märchen von Rumpelstilzchen muss die unglückliche Königstochter Stroh zu Gold spinnen – ein seltsames Männchen hilft ihr gegen das Versprechen, ihr erstes Kind abzutreten. Als es dann kommt, um das Neugeborene abzuholen, fließen die Tränen. Das Männchen will

nur dann Gnade walten lassen, wenn die Königstochter seinen Namen errät.
Viele vergebliche Versuche folgen, bis ein Jäger das Wesen beobachtet, wie es nachts ums Feuer tanzt und singt: »Ach wie gut, dass niemand weiß, dass ich Rumpelstilzchen heiß'!« Und als sein richtiger Name dann genannt wird, reißt es sich vor Ärger selbst entzwei.

Zum Kontrast dazu eine biblische Geschichte:
Jesus kommt in die Kleinstadt Jericho. Ein kleingewachsener Mann ist auf einen Baum geklettert, um ihn zu sehen. Jesus bleibt stehen, spricht ihn mit Namen an: »Zachäus, steig' schnell herunter, ich muss heute in dein Haus kommen.«
In der Begegnung mit Jesus wird vieles heil im Leben des Zachäus: Er gibt unrechtmäßigen Besitz zurück und wird aufgenommen in die Gemeinschaft der Kinder Gottes.

Einmal führt die Kenntnis des Namens zum Tod, dann zum Leben.
Wenn Gott jemand beim Namen ruft, dann rettet er, dann heilt er, dann erlöst er.
»Fürchte dich nicht, denn ich habe dich erlöst. Ich habe dich bei deinem Namen gerufen; du bist mein.« (Jes 43,1)

Das Wichtigste und Größte, was einem Menschen gesagt werden kann – von Gott: Du bist mein. Du gehörst zu mir. Du wirst immer mein Kind bleiben. Nichts und niemand wird dich aus meiner Hand reißen. Auf ewig wirst du nicht verloren gehen. Ich kenne deinen Namen.

Eltern sollen versuchen, ihren Kindern das weiterzugeben. Dass sie in diesem Vertrauen aufwachsen. Ich glaube, wir können unsern Kindern als Eltern nichts Besseres tun, als sie auf diesen Weg zu führen. Es ist die Kraft, die ein Menschenleben tragen, bewahren, immer wieder voran bringen kann. »Ich kennen deinen Namen. Du gehörst zu mir.«

Das trägt durch ein ganzes Leben: durch die ganz normalen Zeiten und auch durch extreme Zeiten. Es trägt auch dann, wenn alles andere wegbricht (was wir unseren Kindern nicht wünschen) – aber als Eltern müssen wir ja auch überlegen, was wir unseren Kindern für schwierige Zeiten mitgeben.

Und: Dass Gott ihre Namen kennt, wird das sein, was am Ende ihres Lebens einmal zählt. Es mag seltsam sein, heute bei der Taufe über das Ende des Lebens nachzudenken, aber so ist es einmal, dass mit dem Anfang das Ende gleich gegeben ist.

In einem Sommerurlaub auf der Nordseeinsel Langeoog las ich auf dem Dünenfriedhof eine Grabinschrift:

Das Meer warf
13 Männer
an den Strand
im Kriege
und im Frieden

1940 – 1950

Gott kennt
ihre Namen

Tote, die angeschwemmt wurden. Man wusste nichts von ihnen, keinen Namen, keine Nationalität – gar nichts. Und man hat sie beerdigt – trostlos, in fremder Erde, unbekannt, vermutlich ohne Trauergemeinde. Aber die Menschen, die diese unbekannten Toten begraben haben, wussten eines: Wenn wir auch gar nichts von diesen Menschen wissen, eines wissen wir: »Gott kennt ihre Namen.«
Und das ist das Wichtigste. Denn das wird am Ende bleiben. Und das allein zählt. Gott kennt ihre Namen.

Taufe von Jugendlichen

Über das Wasser der Taufe
Predigt zu Ostern über Röm 6,3–5 mit Taufe von Konfirmanden

Wolfram Braselmann

Liebe Gemeinde, liebe Täuflinge! Ja, da steht es nun, dort auf dem Steinfußboden unserer Kirche, euer Taufwasser, ausgegossen und hingeschüttet: Und was mit ihm wird, das hat auch mit dem Fest zu tun, das wir heute feiern, mit Ostern, wie auch die Taufe selbst von alters her nach dem Glauben der Kirche mit Ostern zu tun hat.
Und wenn wir euer Taufwasser dort betrachten, wird uns vielleicht etwas davon deutlich. Dass die Taufe nämlich ein Zeichen unvergänglichen Lebens ist: Doch wie wollen wir das verstehen, wie soll ich das erklären: Am besten vielleicht heute Morgen dann, wenn wir euer Taufwasser betrachten.
Denn: So schwach und flüchtig das Wasser uns erscheint, so unvergänglich und stark ist es auch. Diese drei Handvoll Wasser, mit denen ihr getauft seid: Sie können und werden nie vergehen.
Sie werden sicher nach einiger Zeit verdunstet sein, aber deshalb sind sie ja nicht vergangen. Sie werden ihren Weg nehmen, bis an den Himmel steigen, werden irgendwo dort Teil einer Wolke werden, werden vielleicht so weiter ihren Weg finden, mag sein, bis in ein Gebirge, die Alpen vielleicht, und, wer weiß, als Schneegestöber dort herunterkommen, sie werden wieder zu Wasser werden, sich in einer Quelle sammeln, und aufs Neue als frisches, lebendiges Wasser zu Tal fließen.
Werden sich in einem Strom sammeln, sagen wir dem Rhein, ihren Weg durch das Flussbett suchen, an Landschaften und Städten vorbei, werden die Schiffe tragen und zuletzt ihren Weg bis ins Meer nehmen, werden dort mit der Strömung und den Gezeiten weitergetragen, und vielleicht irgendwann und irgendwo wieder verdunsten und zum Himmel steigen, als Regen wieder auf die Erde fallen und irgendwo Leben spenden.

Ja, das ist ja das Eigenartige am Wasser: Nicht nur, dass es nicht verlorengeht, auch dies, dass es Leben spendet, Leben ermöglicht und eben doch nicht verlorengeht.

So hat Gott der Herr das Wasser geschaffen, und so ist das Wasser ein Bild für das Leben selbst. Das Leben selbst, so ahnen wir es zu Ostern, das nie verlorengeht.
Das sich verändert und wandelt, wie wir es am Wasser sehen, und immer wieder neu wird. Und das feiern wir zu Ostern.
Denn Ostern erinnert sich die christliche Gemeinde an die Geschichte Jesu Christi. Und sie sagt: Mit der Geschichte Christi ist es so, dass in ihr deutlich wird: Gott gibt das Leben nie verloren. Ein Leben war es, wie unser Leben ist. Ein Leben mit Glück und mit Sorgen, ein Leben voller Hoffnung, und ein Leben, das auch Verzweiflung gekannt hat.
Und ein Leben, das darüber hinaus ein für alle Mal den Willen Gottes für die Menschen ausgesprochen hat: dass ER die Menschen liebhat, dass ER für die Menschen da ist und einsteht, sich für die Menschen gibt.
Drei schreckliche Tage lang sah es so aus, als sei dies Leben, mit all der Hoffnung, die daran hing, vergangen.
Aber es ging nicht verloren, es wurde in neues Leben verwandelt.
Und damit wissen wir, und feiern es am Osterfest: Das Leben selbst kann und wird nicht verlorengehen. Es geht durch viele Wandlungen, durch viele Dunkelheiten, durch viele Hoffnungen hindurch und wird doch immer wieder neu.

In dieser Jahreszeit sehen wir das in der Natur, und es ist gut, dass wir es an den Sträuchern und Bäumen, auf dem Feld und überall sehen können: Wie das Leben wieder neu wird.
Ostern aber feiern wir mehr als das, und sehen es am Zeichen des Taufwassers: Was sich gibt, geht nicht verloren. Was sich wandelt, wird immer wieder neu.
Wir erinnern uns an die Geschichte Jesu: Er hat sich gegeben und ging nicht verloren. Er hat sich gewandelt und wurde neu ins Leben gerufen. Und das Wasser der Taufe spült uns sozusagen in sein Leben, in das unvergängliche Leben Gottes hinein.
Wir gehen nicht verloren. Wir wandeln uns nur. Wir geben uns auch, zumindest dann und wann, füreinander, weil wir nicht in der Angst leben müssen, verloren zu gehen.
Paulus sagt in diesen Versen im Römerbrief: Wir leben schon jetzt aus diesem Glauben an diese Auferstehung. Und einmal, nach der letzten, großen Verwandlung, die noch auf uns wartet, werden wir das ganz sehen. Darauf warten wir noch. Das glauben wir schon. Das leben wir manchmal. Denn wir sind getauft.

Das rechte Maß
Taufe einer Konfirmandin

Eckhard Herrmann

Liebe L., liebe Familie S., liebe Taufgäste! Nun ist es also soweit: der Tag, auf den du dich schon seit langem gefreut hast, der Tag, dem du schon seit einer ganzen Weile – nehme ich an – mit einer gewissen Spannung und vielleicht sogar mit Herzklopfen entgegengesehen hast, dieser Tag ist da.
Du wirst getauft.

Wenn Eltern sich vornehmen – und so war das ja wohl auch bei dir, Luisa –, ihr Kind soll, wenn es alt genug ist, selbst entscheiden, ob und wann es getauft werden will, dann endet diese gute Absicht in vielen Fällen damit, dass das Kind überhaupt nicht getauft wird.
Du jedenfalls, L., hast gesagt: »Ich will getauft werden« ... und damit vielleicht deine Familie, bestimmt aber auch einige deiner Freundinnen und Freunde überrascht.

Bei dir ist gewissermaßen – wie wir das eben gesungen haben – ein Stein ins Wasser gefallen (EG 645).
Ein Stein, der einiges in Bewegung gebracht, der Wellen geschlagen hat.
Irgendwo und irgendwann bist du mit Gott, bist du mit dem Glauben in Berührung gekommen. Zuhause, in der Schule, im Freundeskreis, in der Kirche – ich weiß es nicht genau. Du weißt es besser!
Du hast bei diesen Kontakten vielleicht gespürt, dass Christsein eine gute und sinnvolle Sache ist. Nämlich das ernst zu nehmen, was Jesus Christus wichtig war, wofür er eingetreten und wofür er schließlich auch gestorben ist.

Dass Christsein eine gute und eine sinnvolle und eine – in vielerlei Hinsicht – froh machende Sache ist:
Gott als Vater, als Freund, als Partner bei dir zu haben, das soll dir eine

Hilfe sein und dir die Kraft geben, deine eigene Meinung zu vertreten, auch wenn andere ganz anderer Meinung sind. Wenn es sein muss, auch einmal gegen den Strom zu schwimmen und nicht das zu tun, was alle tun.

Ich denke, der Begriff »Protestanten« drückt das, worum es geht, ganz treffend aus.
Das Wort kommt aus dem Lateinischen und bedeutet im eigentlichen Sinne: Zeugnis ablegen.
Als Christinnen und Christen legen wir Zeugnis ab für Jesus Christus, zeigen, dass wir seine Worte und Taten, seinen Einsatz für ein gerechteres und friedvolleres Leben ernst nehmen und uns daran orientieren.
Und zugleich protestieren wir, wehren wir uns gegen alles, was dieses Leben in Gerechtigkeit und diesen Frieden in Frage stellt oder gefährdet.

Vielleicht, L., hast du dich schon gefragt: »Was kommt eigentlich nach der Taufe? Wie wird sich mein Verhältnis zu Gott, zum Glauben und zur Kirche entwickeln?«

Ich denke, das ist so ähnlich wie mit dieser kleinen Blume, die ich dir heute mitgebracht habe.
Wenn sie weiterhin so schön blühen soll, dann muss sie mit Wasser gegossen werden.
Und beim Gießen, da kommt es vor allem auf das rechte Maß an.
Du kannst nicht einmal einen ganzen Eimer und dann über einen langen Zeitraum gar kein Wasser mehr darüber schütten und darauf hoffen, dass das für ein ganzes Jahr reicht.
Die Regelmäßigkeit ist wichtig.
Umgekehrt: Wenn du sie zu oft gießt, wird sie wohl auch nicht allzu lange leben.
Dann ist sie übersättigt und kann das viele Wasser gar nicht mehr aufnehmen.
Wenn du sie zu selten und zu sparsam gießt, dann wird sie mit der Zeit vertrocknen.

Dein Glaube, L., dein Verhältnis zu Gott und auch deine Zugehörigkeit zur Gemeinde, zur Kirche, das alles will gepflegt sein. Und zwar im rechten Maße.

Ein einmal ausgeschütteter Eimer Wasser, ein heftig, aber dafür nur kurz auflodderndes Feuer, eine nur einen Augenblick währende Begeisterung bringt überhaupt nichts.
Ein paar Wochen, ein paar Monate innerhalb der Gemeinde alles mitzumachen oder besonders viel in der Bibel zu lesen oder besonders oft zu beten und sich dann wieder für Jahre zurückzuziehen, das hat mit Christsein nicht allzu viel zu tun.

Zu viel – auch über einen längeren Zeitraum hinweg – kann auch übersättigen, kann die Freude ersticken, kann aus Freiwilligkeit Pflicht und Zwang werden lassen.
Genauso wie zu wenig, zu sparsamer Umgang mit Gott und der Kirche den Kontakt langsam ausdorren lässt.

Es wird möglicherweise gar nicht so einfach sein, das rechte Maß zu finden.
Aber vielleicht hilft dir deine Blume.
Vielleicht wirst du, wenn du sie pflegst, immer wieder daran erinnert, dass wir auch als Christinnen und Christen regelmäßig »Nahrung« brauchen; dass wir als Christinnen und Christen auf den Kontakt zu Gott und den regelmäßigen Kontakt zu unseren Mitmenschen zurückgreifen können und sollen.

Ich wünsche dir, liebe L., dass es dir mit Hilfe deiner Eltern und deiner Patin gelingt, deinen Glauben zu pflegen.
Ich wünsche dir für dein Christenleben alles, alles Gute und Gottes Segen.

Gott sieht das Herz
Taufe einer Konfirmandin

Kurt Rainer Klein

Liebe J., liebe Eltern, nachdem du jetzt fast ein Jahr am Konfirmandenunterricht teilgenommen und viele Gottesdienste erlebt hast, wollen wir dich heute taufen.

Ein Mensch sieht, was vor Augen ist; der HERR aber sieht das Herz an. (1 Sam 16,7)

Am Freitagabend haben wir uns im Kreise der Konfirmanden gemeinsam den Film »DUFF« angeschaut. In diesem Film ging es um das junge Mädchen Bianca, die irgendwann merkte, dass sie im Vergleich zu ihren beiden schönen und beliebten Freundinnen Jess und Casey nur das hässliche Entlein war. In diesem Film ging es viel um Äußerlichkeiten. Wie die Mädchen angezogen waren und wie sie ihre Reize zum Ausdruck brachten. Wie sie auftraten und ob sie auf andere in ihrem Auftreten wirkten. All das wurde auf witzige und unterhaltsame Weise in diesem Film dargestellt. Doch am Ende des Films siegten nicht diese Äußerlichkeiten, sondern das, was wir eher als innere Stärke eines Menschen bezeichnen würden. Natürlich hat es einen ganzen Film lang gedauert, um die Äußerlichkeiten beiseite zu lassen und in das Herz des anderen zu schauen, um zu erkennen, was in Sachen Liebe wirklich zählt.

So ist es oft in unserem Leben: Wir lassen uns von Äußerlichkeiten blenden. So lassen wir uns von denen beeindrucken, die sich besser ausdrücken können, die hübscher angezogen sind, die scheinbar schöner sind, die mehr Freunde haben, die alles besser wissen. Das ist das, was wir mit unseren Augen sehen.
Aber da ist ja auch noch das Innere eines Menschen. Das, was offenbar unsichtbar ist. Was vielleicht erst auf den zweiten oder dritten Blick für uns bei einem Menschen zu sehen ist. Wie bei Bianca in unserem Film:

die nette Art, ihr freundliches Wesen, ihre hilfsbereite Seite, das weite Herz, ihre ehrliche Einstellung, die authentische Erscheinung. Das zu erkennen, dafür müssen wir tiefer schauen. Müssen wir das Herz eines Menschen sehen.

Bei dem Dichter des Kleinen Prinzen, Antoine de Saint-Exupéry, heißt es: »Lebe wohl«, sagte der Fuchs. »Hier ist mein Geheimnis. Es ist sehr einfach: Man sieht nur mit dem Herzen gut. Das Wesentliche ist für die Augen unsichtbar.«
»Das Wesentliche ist für die Augen unsichtbar«, wiederholte der kleine Prinz, um es sich einzuprägen.

Liebe J., wir wünschen dir heute zu deiner Taufe:
- dass du aus vollem Herzen lachen und dich freuen kannst;
- dass du ein großes Herz hast und dich immer wieder herzensgut zeigst;
- dass du immer wieder auf dein Herz hörst und glücklich bist;
- dass dir die Herzen zufliegen und du anderen dein Herz schenken kannst;
- dass du stets jemanden hast, dem du offenherzig dein Herz ausschütten kannst;
- dass du dir nicht alles zu Herzen nimmst und du vor Herzeleid und einem gebrochen Herzen bewahrt bleibst;
- dass du dir ein Herz fassen kannst und es dir warm ums Herz wird;
- dass dir Gott allezeit ein reines Herz schenkt.

Auf dem Weg des Lebens und Glaubens
Taufe eines Konfirmanden

Nadja Papis-Wüest

Um den Taufstein stehen Stühle im Kreis, vorne in der Mitte ist ein Weg aus Steinen und Tüchern angedeutet.

Begrüßung
Musik

Besinnung
Da vorn in der Mitte ist ein Weg aus Tüchern und Steinen. Es könnte irgendein Weg sein, aber es ist ein besonderer. A., der Weg ist ein Bild für deinen Weg.
Du bist heute, an deiner Taufe, kein Baby mehr, das auf dem Lebensweg noch keinen Schritt selber gegangen ist. Viele Schritte hast du schon gemacht in deinem Leben, viel erlebt, was dich geprägt und zu dem Menschen gemacht hat, der du heute bist. Es war nicht immer ein leichter Weg. Entwicklung tut auch weh, macht manchmal auch wütend, und das Leben bringt nicht nur das, was wir uns wünschen. Ein paar Mal in deinem Leben musstest du regelrechte Hindernisse übersteigen, und ein paar Mal musstest du durch dunkle Täler. Aber es gab auch viel Fröhliches, leichte Strecken, lustige Stunden mit Weggefährten.
So ist der Lebensweg: Ganz unterschiedliche Etappen beinhaltet er und manche Weggabelung, an denen Entscheidungen zu treffen sind und große Fragen aufkommen: Was will ich in meinem Leben? Was ist mir wichtig? Wo will ich hin?
Im Moment bist du auf einem besonderen Weg, dem Weg zum Erwachsensein. Auch das ist nicht immer einfach, weder für die Jugendlichen noch für die Eltern, die sie begleiten. Es ist ein wichtiger Weg, du bist Schritt für Schritt am Entdecken, wer du bist und was du willst. Ich wünsche dir viel Mut dafür und die nötige Neugier.
Mit der Taufe heute fängt kein neuer Weg an für dich. Den Weg im

Glauben und mit der Kirche gehst du schon länger und du hast da auch schon intensive Sachen erlebt, sei es im Dominolager oder nicht zuletzt jetzt in deinem Konfi-Jahr. Mit der Taufe fängt aber auch deshalb kein neuer Weg an, weil der Glaube nicht parallel zu deinem Leben verläuft, sondern ein Teil davon ist. Wo auch immer du unterwegs bist, was auch immer auf dich zukommt, das Vertrauen auf die höhere Macht, wie ihr Konfirmanden Gott lieber nennt, begleitet dich.
Wir glauben, dass die höhere Macht schon immer Ja gesagt hat zu uns, als wir noch ganz winzig waren. Wir glauben, dass die höhere Macht uns begleitet mit dem Segen, der Hoffnung und der Liebe, die größer ist als jede menschliche. Bei der Taufe und dann nochmal bei deiner Konfirmation gibst du auch dein Ja – nicht dazu, dass du unerschütterlich glaubst und fromm bist, sondern Ja dazu, immer wieder zu versuchen, den Weg zum Vertrauen zu finden. Zum Glauben gehört auch Zweifel, und es gehört die Veränderung dazu. Du glaubst jetzt nicht mehr so wie als kleines Kind und wirst in zehn Jahren anders glauben als heute. Ich wünsche dir, dass du immer wieder von neuem glauben darfst, vertrauen kannst und dich begleitet weißt. Gott nimmt uns nichts ab im Leben, aber Gott schenkt uns die Kraft dafür und den Ort, wo wir im Gebet alles abladen können.

Taufritus

So kommen wir jetzt zur Taufe, ich bitte dich, A., mit denen nach vorne zu kommen, mit denen du möchtest.
Lieber A., für dich muss niemand mehr stellvertretend Ja sagen, du kannst das selber tun:
Willst du heute auf den Namen dieser höheren Macht getauft werden, die wir Gott nennen?
Willst du in deinem Leben immer wieder versuchen, zu vertrauen und zu glauben?
Willst du dein Leben in Verantwortung gegenüber deinen Mitmenschen leben, so wie es dir möglich ist?
Dann antworte: Ja, ich will!

Liebe Anwesende, Sie sind heute Zeugen und Zeuginnen dieser Taufe, die auf A.s Wunsch hin stattfindet. Sie sind aufgerufen, ihn zu begleiten und für ihn um den Segen Gottes zu beten. Und so frage ich jetzt auch Sie: Wollen Sie Alex begleiten und ihn stellvertretend für die weltweite Kirche willkommen heißen, denn antwortet Sie bitte mit einem lauten Ja.

Taufkerze

A. wir zünden für alle, die getauft werden, eine Kerze an. Sie soll dich erinnern, dass uns das Licht versprochen ist, sogar in der größten Dunkelheit. Vielleicht kann sie dir ja ganz konkret in der Dunkelheit leuchten, wenn du dich einsam und verlassen fühlst.
Ich bitte jetzt K., die Kerze für A. an der Osterkerze anzuzünden.

Taufe

Wasser eingießen (Katharina)

Komm, schöpferischer Gott, entzünde dein Licht in Alex, damit er in seinem Leben Antwort geben kann auf den Ruf deiner Liebe. Komm, schöpferische Kraft, und mach uns alle zu lebendigen Zeugen und Zeuginnen unseres Glaubens.

Segensspruch:
Gott ist wie die Sonne, die dir Licht und Leben gibt. Gott schenkt dir seine Liebe und nimmt dich an. (nach Ps 84,12)

Musik

Wünsche für den Täufling

Bei der Taufe haben wir den Segen von Gott empfangen, aber gleichzeitig ist auch die Gemeinschaft derer, die da sind, etwas, was im Leben Kraft gibt und trägt. So sammeln wir jetzt Wünsche für A. Auf den Wegsteinen können Sie mit dem Stift da vorne Ihre Wünsche für ihn aufschreiben und dann zu ihm gehen und sie ihm übergeben. Ob Sie den Wunsch dabei laut sagen wollen oder einfach still übergeben, das bleibt Ihnen überlassen.

Verabschiedung

Superhelden
Jörg Prahler

Predigt über Apg 9,1–20 in einem Taufgottesdienst an der Elbe

Die Täuflinge waren vier Jungen im Alter von neun bis zwölf Jahren.

Liebe Gemeinde, ich weiß nicht, ob ihr alle so ganz genau wisst, wer Paulus war. Paulus war so was wie ein Superheld ganz zu Beginn der Kirche. Einer, der in den ersten Jahrzehnten des Christentums dafür gesorgt hat, dass sich der Glaube an Jesus von Israel über Syrien und die Türkei und Griechenland bis nach Italien verbreitet hat. Das hat er nicht ganz allein gemacht, aber zu einem großen Teil. Er hat viele Gemeinden selbst gegründet oder eben unterstützt. Und er hat dafür große Gefahren auf sich genommen. Er war sogar mehrfach in Lebensgefahr. Aber das hat ihn nicht abgehalten. Ein wirklicher Held.

Aber Paulus war nicht von Anfang an so ein mutiger und fleißiger Freund der Kirche. Im Gegenteil. Zu Anfang war er ein Feind der Christen. Das war zu der Zeit, als Paulus sich noch Saulus nannte. Wie dieser Saulus sich änderte, das erzählt die folgende Geschichte aus der Apostelgeschichte:

Lesung Apg 9,1–20

Das ist also der Anfang der Geschichte von Saulus oder von Paulus, wie er sich später genannt hat. Als ich die das erste Mal hörte, dachte ich: Da hat sich Gott aber eine ganze Menge Mühe gegeben, um Paulus herumzukriegen:
ein Licht und eine Stimme vom Himmel, umfallen, drei Tage blind sein, von einem netten Mann geheilt werden, sich taufen lassen und von dem Augenblick genau das Gegenteil machen wie bisher.
Statt Christen aufzuspüren und einzusperren jetzt selber Werbung für Jesus machen. Auch wenn man weiß, dass man dafür ja selber eingesperrt werden kann.

Eine besondere Geschichte für einen besonderen Menschen. Für einen Superhelden der Kirche, habe ich gesagt. Und tatsächlich gibt es da Ähnlichkeiten zu den Geschichten über Superhelden in Comics oder im Kino. Denn die sind meistens auch noch keine Helden von Anfang an, sondern genau das Gegenteil. Und irgendwas muss passieren, damit sie zu Helden werden.

Nehmen wir zum Beispiel Spiderman. Der wird von einer radioaktiven Spinne gebissen und kann dann Wände hochkrabbeln. Das macht ihn aber noch nicht zum Helden. Er ist ein ziemlich normaler Teenager, der nur an sich selber denkt. Erst nachdem er einen Räuber weglaufen lässt und der seinen Onkel erschießt, denkt dieser Teenager: »Ich muss doch mit meinen Superkräften und mit meinem Leben etwas anfangen.« Und dann fängt er an, Verbrecher zu jagen.

Oder nehmen wir Ironman: ein reicher Schnösel und toller Techniker. Aber er kümmert sich nur um sich selber. Und er verdient eine Menge Geld mit einer Firma, die Waffen an alle und jeden verkauft. Aber dann wird er von Terroristen entführt und erkennt, wie viel Unheil mit den Waffen angerichtet wird, die seine Firma hergestellt hat. Er baut sich einen tollen Metallanzug, mit dem er fliegen kann und mit dem er superstark ist. Damit entkommt er und kämpft von da an für die Gerechtigkeit. Er bleibt allerdings auch weiterhin ein Schnösel. Nun ja, keiner ist perfekt, nicht mal Ironman.

Trotzdem echte Superheldengeschichten.

Und ist die Geschichte von Paulus da nicht ganz ähnlich? Erst ein junger Mann, der viel Schaden anrichtet. Dann haut Gott Paulus um, und der wird blind. Und dann kümmert sich ein Christ um Paulus. Paulus denkt darüber nach, was er bis dahin falsch gemacht hat. Und zuletzt fängt er ein ganz neues Leben an und tut so viel Gutes. Für mich tatsächlich eine Superheldengeschichte.

Und vielleicht genau deshalb hat sie am Anfang auf mich auch so einen dollen Eindruck gemacht. Ich habe diese Geschichte mit elf, zwölf Jahren in meiner Jugendbibel gelesen. Genau die Zeit, in der ich auch solche Comics mochte.

Aber diese Superheldensache ist eine sehr zweischneidige Angelegenheit. Einerseits sind das spannende und faszinierende Geschichten. Und ich muss gestehen, ich fahre manchmal noch ins Kino und gucke mir so einen Film an. Weil es einfach Spaß macht.

Andererseits: Ich weiß ziemlich genau, dass solche Superheldengeschichten mit mir und meinem Leben nicht viel zu tun haben. Ich kann nicht an Wänden hochkrabbeln. Ich habe keinen Eisenanzug in der Garage stehen. Und mein Auto ist zwar schwarz, aber lange noch kein Batmobil. Ich bin auch kein Superheld, nicht mal ein Held. Ich bin ein ganz normaler Typ.

Und normalerweise ist das auch kein Problem.

Nur einmal war das ein Problem. Als ich mich nämlich nach der Schule gefragt habe, ob ich Pastor werden will. Kann man das werden, ohne dass einem irgendwas Besonderes passiert ist? Ohne dass Gott aus dem Himmel ganz ohne Zweifel ein Machtwort gesprochen hat?

Denn das hat es in meinem Leben nie gegeben. Keine Stimme aus dem Himmel, die gesagt hätte: »Studiere Theologie. Werde Pastor!« Kein Licht vom Himmel. Keine Blindheit oder wundersame Rettung. Es war alles ganz normal.

Kann das sein, dass Gott etwas Besonderes von dir will, obwohl dein Leben ganz normal läuft? Obwohl du ganz normal bist?

Superheldengeschichten sind ausgedachte Geschichten. Da muss etwas ganz Besonderes, Dramatisches geschehen, damit ein Mensch über sich hinaus wächst. Damit er zum Held wird. Und ich habe den Eindruck, bei der Berufung von Paulus in der Apostelgeschichte wurde auch ein bisschen übertrieben. Damit die Geschichte cooler klingt. Paulus erzählt die Geschichte in seinen Briefen noch einmal selber. Da ist sie immer noch besonders, aber nicht ganz so wild wie eben. Und Paulus war eben auch ein solch besonderer Mensch, da muss vielleicht ja auch nicht alles ganz normal gewesen sein.

Aber ich glaube, wenn Gott heute etwas von einem Menschen will, dann benutzt er dafür nicht die ganz großen und dramatischen Ereignisse. Es braucht sich also keiner Sorgen zu machen, wenn er von sich keine große, filmreife Geschichte erzählen kann. Ich glaube, Gott arbeitet mit kleinen Weichen, die in deinem Leben gestellt werden. Die deinen Weg ganz allmählich ändern.

Gott schickt dir Menschen, die für eine Zeit ein Vorbild für dich sein können. Von denen du was Gutes lernen kannst. Eine Mutter, die abends an deinem Bett mit dir betet. Einen Lehrer, der dir im Religionsunterricht Geschichten von Gott erzählt. Die Frau von der Kinderkirche. Einen Kumpel im Konfer, den interessiert, was da besprochen wird. Und der dich mitreißt.

Vielleicht eine Predigt oder ein ganz besonders schöner Gottesdienst, zu dem du eigentlich wegen einer Taufe hingegangen bist, weil dich die Eltern eingeladen haben. In dem du auf einmal denkst, da könnte auch noch mehr dran sein. Ein Gespräch mit deinem alten Nachbarn, der so ganz unaufgeregt und fest im Glauben steht, dass du dich fragst: »Wie macht der das bloß?« Die zufriedene alte Frau – so willst du auch mal alt werden. Und sie ist so gelassen, weil sie Gott hat. Ein Freund, der dir sagt: »Immer nur arbeiten, arbeiten, arbeiten macht dich doch nicht glücklich. Wo gibt es denn da noch mehr?« Die Andacht im Radio auf der Fahrt im Auto. Ein zündender Gedanke, der dich noch eine halbe Stunde beschäftigt.

Deine Taufe, ein ganz besonderer Tag, an dem du in die Gemeinschaft aller Christen aufgenommen wirst. Hier an der Elbe. In Damnatz. Und du und deine Paten und deine Verwandte und alle, die du heute hier siehst, erleben das mit dir zusammen.

Alles keine Superheldenerlebnisse, aber so was wie kleine Puzzleteile, aus denen ein großes Bild wird. Gott will was von dir. Und dafür stellt er die Weichen. Viele, viele kleine Erlebnisse, Chancen und Gelegenheiten, mehr aus deinem Leben zu machen. Mehr herauszufinden, worum es im Leben geht. Und auch, um mit dafür zu sorgen, dass in der Welt bekannt wird, was Jesus will. Dass wir Gott lieben und die Menschen um uns herum. Dass wir die Schöpfung achten und auf der Welt in Frieden leben.

Denn darum geht's. Und dafür braucht heute hier bei uns keiner ein Held zu sein. Nur ein Mensch guten Willens.

Für den Apostel Paulus kam irgendwann der Tag, da gingen ihm die Augen auf. So wie es bis dahin war, so durfte es nicht weitergehen. Wie er leben wollte, das war der Weg, den Jesus ihm zeigte. Ein abenteuerlicher Weg, aber einer, der sich lohnte. Dann ließ sich Paulus taufen und legte los. Ist heute wieder so ein Tag? Für euch vier, die ihr heute getauft werdet? Für welche, die heute mit euch in diesem Gottesdienst sitzen? Vielleicht könnt ihr ja nachher bei einem Becher Brause oder bei einer Tasse Kaffee darüber reden. Hat etwas euer Herz berührt oder euren Verstand? Die Chance zu einer kleinen Weichenstellung.

Denn ich bin mir ganz sicher: Gott möchte mit jedem von euch was anfangen. Und dabei gibt er sich ganz viel Mühe.

Taufe von Erwachsenen

Vertrauen
Taufe eines Erwachsenen in der Isar

Juliane Fischer

Begrüßung

Lieber M., liebe Taufgesellschaft, ein bisschen außergewöhnlich und aufregend ist das ja schon, jetzt hier gemeinsam an der Isar zu stehen und gleich eine Glaubenstaufe zu feiern: eine Taufe, wo sich eine erwachsene Person ganz bewusst auf die Beziehung mit Jesus Christus einlässt und sich zu Gott als seinem Retter bekennt.
Aber genauso hat alles angefangen! Johannes der Täufer hat im Jordan getauft. Jesus und seine Jünger haben diese Tradition fortgesetzt. Und in den ersten christlichen Gemeinden war die Taufpraxis, die uns heute außergewöhnlich erscheint, ganz normal.
Es ist mir insofern eine ganz besondere Ehre, heute mit dir, lieber M., direkt an diese biblische Tradition anzuknüpfen und deine Taufe zusammen mit dir und deinen Lieben in der Isar zu vollziehen.
Wir tun dies – egal ob in der Kirche oder am Fluss – im Namen des Vaters, des Sohnes und des Heiligen Geistes.

Gebet

Herr über alle Welt,
zu dir hin hast du uns geschaffen,
und unser Herz ist ruhelos,
bis es zur Ruhe kommt in dir.

Wir danken dir, dass M.
den Weg zu dir gefunden hat
und du vieles, was ihn bisher gehindert hat
zu glauben, aus dem Weg geräumt hast.

Wir danken dir für alle Menschen,
die ihn bisher begleitet haben
und auf seinem Weg glaubwürdige Zeugen für deine Wirklichkeit waren!

Lied

Ansprache

Liebe Taufgemeinde, lieber M., nachdem du dein Taufbekenntnis gesprochen hast, wirst du mit mir und deinen zwei Taufzeugen in die Isar steigen und dich nach hinten fallen lassen, untertauchen und dann von deinen Taufzeugen wieder aus dem Wasser gezogen werden. Danach wirst du von mir mit deinem Taufspruch gesegnet.
Das hört sich alles ganz cool an, und wenn wir nachher im Wasser sind, dann wird es wirklich auch kühl ☺, doch in all dem, was hier jetzt gleich passiert, steckt eine tiefe Bedeutung. Und die möchte ich für dich und für uns Schritt für Schritt noch einmal bedenken!

1. Sich nach hinten fallen lassen
Zu glauben ist nicht unbedingt einfach. Das weißt du selbst, denn du hast lange gebraucht, um deinen Weg zum Glauben zu finden, wie du mir erzählt hast, lieber M.
Vielleicht ist es leichter, wenn man die Sache mit Gott schon als Kind vermittelt bekommt, in der Familie bzw. durch die Eltern, denen man vertraut. Denn darum geht es ja im Glauben: um Vertrauen. Glaube ist Vertrauen.
Kinder vertrauen leichter als Erwachsene. Erwachsene haben schon so ihre Erfahrungen gemacht. Auch schlechte. Und mit schlechten Erfahrungen fällt Vertrauen bisweilen schwer!

Sich taufen zu lassen bedeutet, ein Stück weit wieder Kind zu werden: Es bedeutet, Gott zu vertrauen und Ja zu unserer Gotteskindschaft zu sagen. Es bedeutet, mit allen Fragen, Sorgen und Herausforderungen, die uns das Leben aufgibt, nicht nur alleine fertig werden zu wollen, sondern Gott um Hilfe, Halt und Orientierung zu bitten. Es bedeutet, darauf zu vertrauen, dass Gott in jeder Situation bei uns ist. Auch wenn wir ihn nicht sehen oder spüren können, weil unser Leben gerade in eine Krise geraten ist und wir im Dunkeln tappen und ein Licht am Ende des Tunnels überhaupt nicht in Sicht ist.

Sich in solchen Momenten darauf zu verlassen, dass Gott uns nicht alleine lässt, sondern begleitet, ihm im Gebet unsere Sorgen und Ängste hinzulegen, das ist vergleichbar damit, sich nach hinten fallen zu lassen. Da gibt man etwas aus der Hand, lässt los, springt. Aber nicht aus Verzweiflung oder mangels Alternativen, sondern im Vertrauen darauf, dass man niemals tiefer fallen kann als in Gottes Hand.

2. Untertauchen

Zu glauben oder den Glauben als Kraft in sein Leben einzulassen, bedeutet nicht automatisch, dass man dann immer in seinem Element ist. Glaube ist keine Lizenz für permanentes Glücklichsein.

Am besten kann man das am Leben Jesu veranschaulichen: Gekommen, um uns den Traum vom Reich Gottes, von einer gerechteren Welt vorzuleben und ins Herz zu geben, wird Jesus vom Leben aufs Kreuz gelegt, genagelt und stirbt von Gott und der Welt verlassen. »Mein Gott, mein Gott, warum hast du mich verlassen?«, sind seine letzten Worte laut Markusevangelium. Aus der Traum vom Reich Gottes?

Lieber M., dass uns Jesus am Kreuz erlöst hat, das bedeutet nicht, dass er jedem von uns sein je eigenes Kreuz abgenommen hat. Manchmal scheint es genau umgekehrt zu sein: Wer Jesus nachfolgt und versucht, den Traum vom Reich Gottes ein Stück weit in Realität zu verwandeln, der kann nicht nur mit dem Strom schwimmen. Der muss Kraft aufwenden, um anders gerecht als lediglich selbstgerecht zu sein. Der wird oftmals auch angefeindet oder ausgelacht: »Was, du rennst am Sonntag jetzt auch in die Kirche?« Als ob Christen zur Kirche *rennen* würden ...

Das Gefühl zu haben, unterzugehen, nicht in unserem Element zu sein, das gehört zu unserem Leben – auch wenn wir glauben. Doch aus den biblischen Erzählungen vom Leben Jesu können wir genau in solchen Momenten die Gewissheit ziehen, dass Gott auch hier dabei ist und uns nicht verlässt!

Denn die Sache mit Jesus hört ja am Kreuz nicht auf! Sie geht weiter. Womit wir schon bei unserem nächsten Punkt wären ...

3. Herausgezogen werden

Zu glauben bedeutet, neue Wege eröffnet zu bekommen – und zwar genau da, wo wir uns schon längst am Ende unserer Möglichkeiten wähnen.

Zu glauben, dass Gott Jesus Christus von den Toten auferweckt hat, bedeutet zu glauben, dass Gott aus jeder Situation – egal, wie verfahren sie scheint! – einen Neuanfang machen kann. Zu glauben, dass Gott Jesus Christus von den Toten auferweckt hat, bedeutet zu glauben, dass Gott uns durch unsere Krisen nicht nur hindurchführt und begleitet, sondern vor allem aus unseren Krisen herausführt! Uns aus dem Schlamassel immer wieder herauszieht.

Oft wird behauptet, Auferstehungsglaube heiße, dass man den guten Sinn einer Sache, die einem momentan völlig sinnlos erscheint, erst im Nachhinein erkennt, also erst nach einer durchlebten Krankheit, nach einem Streit, der zur Trennung führte, den Mehrwert oder die dadurch bewirkte positive Veränderung sieht.
Da ist natürlich etwas Wahres dran. Doch wenn ich ehrlich bin, ist mir das ein bisschen zu wenig! Denn: Wenn Jesus wirklich von den Toten auferweckt wurde, wenn Gott es durch ihn also möglich gemacht hat, etwas, das total in Scherben lag, in etwas ungeahnt Neues zu verwandeln, dann bedeutet das für mich, dass jeder Mensch, der daran glaubt, immer schon im Windschatten des auferstandenen Christus unterwegs ist.

In der Bibel heißt es: Jesus ist der Erstling der Auferstehung. Das meint: Er geht uns voraus. Alle, die dem Auferstandenen nachfolgen und also darauf vertrauen, dass Gott auch ihre Krisenmomente in Segen verwandeln kann, gehen durch ihre Ängste und Zweifel dann in gewisser Weise schon immer geschützt. Im Windschatten von Jesus eben. Alles, was uns straucheln lässt im Leben, wird uns im Windschatten des Auferstandenen nicht gleich umhauen. Und zwar, weil wir in der Nachfolge die Möglichkeit haben, nach vorn – auf den Erstling der Auferstehung – zu blicken und unsere Sorgen auf Jesus werfen. Auf den, der sagt: In der Welt habt ihr Angst, aber seid getrost, ich habe die Welt überwunden.
Damit wären wir beim letzten Schritt angekommen.

4. Gesegnet sein
Lieber M., dein Taufspruch lautet: »Alle eure Sorgen werft auf ihn, denn er sorgt für euch!« Er steht im 1. Petrusbrief im 5. Kapitel, also ganz am Ende des Briefs, wo Petrus noch einmal betont, worauf es ihm ankommt.
Was Petrus ans Ende seines Briefs als wichtige Lebens- und Gebets-

empfehlung für Christen stellt, das stellst du – weil es dir auch wichtig ist – ganz an den Anfang des Weges, den du jetzt gemeinsam mit Jesus Christus und all deinen Lieben gehen willst. »Alle eure Sorgen werft auf ihn, denn er sorgt für euch!«
Ich hoffe, dass dich dein Taufspruch immer daran erinnert, dass du auf all deinen Wegen im Windschatten Christi unterwegs bist!

Taufakt:

Lieber M., in der Taufe sagt Gott Ja zu dir.
Wenn du Ja zu Gottes Ja sagen willst, so sprich nun dein Taufbekenntnis.

Täufling:
Ich möchte die Verbindung zwischen Gott und mir bewahren.
Ich möchte die Gegenwart Gottes spüren.
Ich möchte Gott in meinem Alltag Raum geben und mich von ihm leiten lassen.
Ich möchte immer wieder erfahren, dass das Gebet der Atem der Seele ist.
Gott hat mir meine Familie und Freunde geschenkt. Ich möchte das Geschenk annehmen, sie an meinem Leben teilhaben lassen und auf ihren Rat hören.
Ich möchte in der Bibel lesen und nach Gottes Wort leben.
Ich möchte ein Zuhause in meiner Gemeinde haben und auch etwas für sie tun.

Der Täufling, zwei Taufzeugen und Paten steigen in die Isar. Die Taufzeugen stehen rechts und links hinter dem Täufling, halten ihn, wenn er sich rücklings ins Wasser fallen lässt.
Taufakt, Taufspruch und Taufsegen.
Am Ufer Taufkerze.

Lied

Schlussgebet

Vater im Himmel,
M. ist deinem Ruf gefolgt und zu dir gekommen.
Wir bitten dich:

Bleibe bei ihm auf seinem Weg!
Schenke ihm deinen Heiligen Geist und
lass seinen Glauben weiter wachsen.
Uns allen gib die Aufmerksamkeit, ihn dabei zu unterstützen:
durch die Nähe zueinander in der Familie,
durch die Gemeinschaft in der Kirchengemeinde,
durch das Festhalten am Gebet.
Mach ihn und uns alle gewiss,
dass uns auch Zweifel nicht von dir trennen,
sondern wir unsere Sorgen jederzeit auf dich werfen können.
Vaterunser

Segen

Du stellst meine Füße auf weiten Raum
Erwachsenentaufe am Strand

Anja Lochner

Die junge Frau hatte nie mit der Kirche Berührung, bis sie sich auf eine Stelle als Erzieherin in einem evangelischen Kindergarten bewarb. Der Taufe gingen diverse Gespräche voraus.

Liebe B., liebe Tauffamilie! Das ist toll – das hört sich richtig schön an, hast du gesagt, als wir neulich in einem unserer Gespräche das Thema Taufe zu fassen hatten.
Wir haben zusammen überlegt, was es wohl bedeutet, dieses uralte Ritual.
Dass es neben der Aufnahme in die Kirche, in die große weltweite Gemeinschaft der Christenmenschen, auch etwas mit Reinigen zu tun hat. Klar: Wasser reinigt, es wäscht alles Mögliche sauber, Waldkindergartenklamotten voller Kleckermatsch, Muscheln, Steine, und natürlich auch dich und mich und jeden. Ein Bad in der Nordsee kann einen sogar von innen reinigen und frisch machen.

Wasser – Tauf-Wasser – Taufe also, wäscht mich. Sie reinigt mich und macht mich wie neu. Wenn wir getauft werden, ist es, als wenn wir neu geboren werden. In der Bibel steht sogar: Wir werden neu geboren mit unserer Taufe. Natürlich werden wir nicht wieder klein wie Babys und kehren zurück in Mamas Bauch – die hätte das auch nicht so gern –, aber trotzdem: wie neu geboren, ganz frisch, ganz neu, ganz unbeschrieben und unverbraucht – so stehen wir vor Gott da.
Wie neu geboren – Gottes geliebtes Kind, das bist du, und zum Zeichen: getauft.
Was war – abgewaschen;
was schief ging – zurechtgerückt;
verrannt? – ein neuer Weg zeigt sich;
Mist gebaut? Dich schuldig gemacht? – vergeben.
Und trotz allem und dennoch geliebt. Das ist Taufe. Ein Leben lang gilt

sie. Immer wieder wird dir neuer, weiter Raum zum Leben eröffnet. Das ist toll – das hört sich richtig schön an, hast du gesagt.

»Du, Gott, stellst meine Füße auf weiten Raum« (Ps 31,9). Diesen Bibelvers hast du dir als Taufspruch ausgewählt.
Er hat dir gefallen, wohl auch, weil du ein echtes Inselkind bist und den weiten Raum hier so sehr liebst. Die Weite über uns und um uns herum. London ist schön – aber solch weiter Raum ist so viel besser. Hier leben, atmen, die Natur genießen – etwas Besseres gibt es für dich und für euch nicht. Und darum passt der Vers so gut zu dir.
»Du, Gott, stellst meine Füße auf weiten Raum.« Gott hat dich hierher gestellt. Gott – nicht ein glücklicher Zufall, nicht Menschen – deine Eltern, die auch, aber nicht in letzter Instanz. Gott war's. Du hast jetzt eine Adresse. Du kannst sagen: *Gott* sei Dank! Es ist gut, wenn man danke sagen kann. Es tut gut! Gott sei Dank für mein Leben hier, für meine Familie, meine wunderbaren beiden Töchter. Für meinen tollen neuen Job!! Und für mindestens 1000 andere Menschen und Dinge. Danke, Gott!

»Du, Gott, stellst meine Füße auf weiten Raum.« Dein Taufspruch sagt auch etwas sehr Wichtiges über Gott. Gott ist keiner, der enge Grenzen zieht. Du wirst mich aus dem Netz ziehen, das mich gefangen hält. So geht der Psalm weiter. Gott ist ein Befreier. Regeln stellt er nur wenige auf, sein Sohn Jesus Christus hat sie in einem Wort zusammengefasst: Liebe. Liebe Gott und deinen Nächsten wie dich selbst – das ist alles. Alles, was man braucht im freien Raum.

Wir haben zusammen die Schöpfungsgeschichte gelesen: wie vielfältig und reichlich und perfekt Gott alles ausgestattet hat. Auch uns, jeden von uns voller Möglichkeiten, voller Leben. An euren Kindern könnt ihr's am besten sehen.
Aber genauso du, M. Jetzt, wo du erwachsen bist, zeigt sich plötzlich ein neuer Weg, den du für dich nie im Blick hattest. Du lässt dich taufen. Klar, angeschoben durch den Kindergarten, Arbeiten in einer Kirchengemeinde. Aber das ist nicht (mehr) alles. Wir haben oft gesprochen, es hat Spaß gemacht. Ich glaube uns beiden. Du hast dich damit auseinandergesetzt, dir eine Meinung gebildet und einen zarten Glauben, der noch wachsen und sich festigen kann.

Das ist Gottes Angebot an dich. Es ist gut, wenn man bei viel weitem Raum um sich herum weiß, wo man festmachen kann. Sein Angebot: Vertraue mir. Ich stelle deine Füße auf weiten Raum. Verlass dich drauf, ich gehe mit dir, ich weise dir die Richtung, wenn du nach mir fragst, werde behutsam deine Schritte lenken, werde dich aufheben, wenn du fällst, dich wissen lassen, es ist ein Weg, immer. Du kannst dich an mir festmachen. Wenn du willst, sag Ja. Und: Amen.

Gewonnene Weite
Predigt bei der Taufe eines Inhaftierten über 2 Kor 4,17 f.

Ulrich Tietze

Amtshandlungen, wie sie das Gemeindeleben oft prägen, gibt es im Gefängnis nur extrem selten. Insofern ist eine Taufe etwas ganz Besonderes. Die hier dokumentierte wurde auf Wunsch des Täuflings am Freitagnachmittag gefeiert, zur Zeit der wöchentlichen Kirchenchorprobe. Der Chor – oft Zentrum der seelsorgerlichen Arbeit – wirkte bei der Taufe mit. Zwei Chormitglieder übernahmen sogar die Patenfunktion.
Der Taufe vorangegangen waren diverse Einzelgespräche zu Glaubensfragen, zeitintensiv und vertrauensvoll geführt. Die persönlichen Anmerkungen in der Taufpredigt waren mit dem Täufling abgesprochen; er fand es gut, dass ich einiges aus unseren Gesprächen aufnahm. Der Rahmen des Gottesdienstes ermöglicht oft mehr Vertrauen, als es sonst im Gefängnis denkbar ist.
Den Taufspruch hatte der Täufling selbst ausgewählt.
»Unser gegenwärtiges Leiden, das leicht wiegt, schafft uns eine ewige und über alle Maßen gewichtige Herrlichkeit, uns, die wir nicht auf das Sichtbare sehen, sondern auf das Unsichtbare. Denn was sichtbar ist, das ist vergänglich; was aber unsichtbar ist, das ist ewig.« (2 Kor 4,17 f.)
Lieber Herr G., liebe Gemeinde, nicht nur das ins eigene Leben einbeziehen, was sichtbar ist, sondern auch das nicht Sichtbare – es gefiel und gefällt Ihnen gut, lieber Herr G., was Paulus in diesem Brief schreibt.
In unseren Gesprächen hatte ich immer wieder das Gefühl: da ging eine Tür auf. Da war auf einmal Raum da, der das bei weitem überschritt und überstieg, was sich hier in der Enge des Gefängnisses als tägliche Wirklichkeit findet. Wobei wir hier in der Anstaltskirche noch mehr und schöner gefüllten Raum haben als in fast allen anderen Bereichen, vom Sportplatz vielleicht abgesehen, wenn man gern Sport treibt.

Als ich Sie nach einer Überschrift zu Ihrem Taufspruch fragte, sagten Sie spontan: »Enge überwinden.« Und das finde ich nach wie vor passend. Überwundene Enge, anders gesagt: gewonnene Weite – das finde ich hier hinter diesen Mauern noch wichtiger als draußen.

Sie haben in fast jedem unserer Gespräche Ihre Sehnsucht nach Erlebnissen in anderen Kontinenten ausgedrückt. Mehrfach kam Brasilien vor. »Einmal auf dem Amazonas Boot fahren«, so schwärmten Sie einige Male. Sie sprachen von der dortigen Tierwelt, die Sie einmal mit eigenen Augen sehen möchten. Sie fragten immer wieder sehr intensiv und sehr lebendig nach, wenn ich von meiner Liebe zur Wüste sprach. Sie haben in vielen unserer Gespräche so etwas ausgedrückt wie Ehrfurcht vor dem Lebendigen – vor Menschen, Tieren, vor der Pflanzenwelt und den Gestirnen. Und zugleich wissen Sie selbst – auch deshalb will ich es hier nicht vertiefen –, dass Sie mit Ihrer Straftat gegen Ihr Selbstverständnis der Ehrfurcht gehandelt haben. Sicher: Sie haben mehrfach versucht, sich bei denjenigen, die durch Sie Schaden genommen haben, in Briefen zu entschuldigen. Aber ob das zum gewünschten Ergebnis führte, wissen Sie nicht. Ich weiß es auch nicht. Und vielleicht könnten auch Ihre Opfer nicht sagen, was Ihre Briefe konkret ausgelöst haben. Vielleicht braucht das alles noch Zeit und weitere Schritte. Vielleicht brauchen Sie, lieber Herr G., vielleicht brauchen wir alle noch Zeit für das Wachsen der Einsicht, wer wir sind, wer wir sein können, wer wir sein werden.

Bei einem unserer Gespräche fiel mir ein Buchtitel ein: »Das Recht, ein anderer zu werden.« Für mich ist das ein sehr schöner Gedanke und ein wichtiger: Ich darf mich verändern. Es ist möglich, dass ich grundlegende Veränderungen mit mir und an mir erlebe.
Alles das kommt in Ihrem Taufspruch nicht unmittelbar vor. Er redet von etwas ganz anderem, von einer anderen Welt, von einem anderen Sein. Aber für mich klingt auch in ihm etwas durch von dem, was wir in Gesprächen miteinander erlebten, von der sich öffnenden Tür – obwohl die Türen hier fest verschlossen blieben, wie es auch nicht anders zu erwarten ist –, von den neuen Möglichkeiten in uns und um uns herum. Sie sind nicht alleingelassen in dieser Taufe, lieber Herr G. – Sie werden von zwei Chormitgliedern als Paten begleitet.

Zum unfreiwilligen Leben an diesem Ort gehört auch die Einsamkeit, mehr als an vielen anderen Orten. Durch die Begleitung, die Ihnen mit Ihren Paten zugesagt wird, könnte ein Stück dieser Einsamkeit durchbrochen werden. Sicher, da bleiben viele Fragen: Muss jeder von Ihnen die komplette Haftzeit hier absitzen, gibt es vorzeitige Entlassungen,

oder gibt es vielleicht auch unerwartete Verlegungen in eine andere Anstalt? Was wird unerwartet sein und bleiben? Um Sie herum, in Ihnen selbst? Anders gefragt: Welche Überraschungen hat der Gott, in dessen Gemeinschaft Sie heute hineingetauft werden, für Sie auf Ihrem Weg noch parat?
Niemand von uns weiß es. »Leben ist das, was passiert, während du damit beschäftigt bist, andere Pläne zu machen«, hat John Lennon einmal sehr treffend gesagt.

Hier, an diesem Ort, ist sehr vieles festgelegt. »Ein Tag verläuft wie der andere«, höre ich oft von Gefangenen. Das ist wohl so. Und das lässt sich auch nicht grundsätzlich ändern. Aber es gilt nicht für alles. Dieser Nachmittag heute zeigt uns: Da gibt es noch etwas anderes, etwas Besonderes, etwas Außergewöhnliches. Auf einmal erfahren wir ein Stück Gemeinschaft. Auf einmal kommen Elemente in unser Leben, die uns auf einen neuen Weg bringen.
Es ist gut, wenn es Momente gibt, in denen Menschen hier die Mauern und den Stacheldraht, die Gitter und das Klappern der Schlüssel vergessen. Es ist gut, wenn all dies – ich nenne es mit den Worten des Paulus »das Sichtbare« – nicht uneingeschränkte Macht hat über uns, über Sie. Es ist gut, wenn wir uns zusagen lassen: Gott ist da. Er, der Unsichtbare, lässt sich doch erfahren, hier und anderswo, aber eben auch hier.
Er weiß über uns mehr, als wir jemals wissen werden. Er schaut uns tief ins Herz hinein, hier und anderswo. Und obwohl er alles von uns weiß, das Vergangene, das Gegenwärtige, das Zukünftige, sagt er doch Ja zu uns.

Ihnen, lieber Herr G., wünsche ich viele Erfahrungen mit diesem Gott, der in der Bibel als »die Liebe« bezeichnet wird. Vielleicht führt Ihr Weg Sie ja wirklich noch einmal an den Amazonas. Sie wissen es nicht, niemand von uns weiß es. Entdeckungen in der Schöpfung Gottes können wir auch in unmittelbarer Nähe machen, ohne weite Reisen.
Taufe jetzt gleich, hier, heute, Taufe für Sie, mit Ihnen, begleitet von anderen: ein anderer Weg als lange geplant. Und gerade weil das etwas so Besonderes ist, was da gleich geschehen wird, passt das Lied gut, das jetzt – Ihrem Wunsch entsprechend – ein Mitgefangener singen wird: »My way«, mein Weg, mein besonderer und einmaliger Weg. Mein Weg mit Gott, so will ich es hier an diesem Nachmittag deuten. Ich wünsche Ihnen viele gute Schritte auf diesem Weg.

Gesegnet
Taufe einer Spätaussiedlerin

Christian Schwarz

Eine Spätaussiedlerin, evangelisch aufgewachsen, aber nie getauft, wurde im Gemeindegottesdienst getauft. Sie wollte, dass kein großes Aufhebens darum gemacht würde, deshalb fand die Taufe in einer sehr elementaren Form statt.

Geboren ist sie im Ural. Sechs Kinder waren sie, im Sommer haben wir die letzte Schwester N. zu Grabe getragen. Während des großen Krieges war sie ab 1941 mit ihrer Familie eine Weile in Deutschland. Im Herbst 1945 ging es zurück in den Ural, wo man wieder mit dem Vater zusammenkam.
Später dann die Umsiedlung nach Kasachstan und 30 Jahre später kehrt sie in die Heimat der Väter und Mütter zurück. Jetzt wohnt sie schon einige Jahre in der S.straße. Heute wird sie begleitet von ihrer Nichte.
N.N. ist in einer evangelischen Familie aufgewachsen. Ihre Geschwister sind getauft, bei ihr war es damals aus äußeren Gründen nicht möglich. Bei der Bestattung ihrer Schwester kam das Gespräch darauf, und sie sagte: Ob ich wohl noch getauft werden könnte?
Ich freue mich sehr, dass das heute möglich ist. Dass sie von Gott her öffentlich ein ganz großes Ja hört zu ihrem Leben.
Gesegnet worden ist sie. Nicht mit Reichtum, aber mit einer durch und durch positiven Haltung. Sie hat manch Schweres erlebt, aber sie geht positiv an die Dinge heran, ist fröhlich und macht aus allem das Beste.
Als Taufspruch bekommt sie einen Psalmvers: Der Herr ist meine Stärke und mein Schild; auf ihn hofft mein Herz, und mir ist geholfen. (Ps 28,7)

Weitere Gottesdienste

Der Kämmerer zog seinen Weg fröhlich
Dialogpredigt über Apg 8,26–40 in einem Taufgottesdienst

Michael Lapp und Lena Schubert

Es wurden Babys, Kinder und eine Erwachsene getauft.

Sprecher:
Liest Apg 8,26–40
Sprecherin:
Da hast du aber einen schönen urchristlichen Bericht einer Taufe ausgesucht.

Sprecher:
Er steht in der Apostelgeschichte und stammt aus einer Zeit, in der sich der christliche Glaube schon ausgebreitet hatte.

Sprecherin:
O.k., lass mich nochmal überlegen: zunächst im Mittelmeerraum durch die Reisen des Apostels Paulus. Dann aber auch darüber hinaus in die südliche Richtung bis nach Äthiopien.

Sprecher:
Äthiopien war einer der ersten Landstriche außerhalb der unmittelbaren Umgebung Israels, in denen der christliche Glaube heimisch geworden ist. Frühe Bibelschriften in äthiopischer Sprache zeugen von der Hochkultur und der Verbreitung des Christentums in diesem heute so armen Land, aus dem zurzeit so viele Flüchtlinge zu uns kommen.

Sprecherin:
Gut, wir sind also bei den Anfängen des Christentums. Irgendwie wird mir das jetzt nochmal deutlich: Christlicher Glaube bleibt nicht im Kleinen. Ausgehend von Jerusalem verbreitete er sich in das Heilige Land und über dessen Grenzen hinweg. Er geht über den einzelnen Menschen, über einzelne Völker hinaus, um die ganze Welt.

Sprecher:
Und das geschieht eben durch Menschen, die sich taufen lassen oder

die Menschen zur Taufe bringen, die als Paten, als Eltern Verantwortung übernehmen. Und dadurch ihren Glauben, ihre Überzeugung weitergeben.
Der Bericht von der Taufe des Finanzministers – also eines hohen Beamten – hat gleich mehrere wichtige Aussagen.

Sprecherin:
Zunächst: Nur wer etwas sucht, findet auch etwas. Im Tempel betet er, sucht vielleicht Ruhe, Orientierung, Wegweisung. Er hat möglicherweise gehört, dass es da ein Volk mit einer ganz besonderen Religion gibt. Eine Religion, die nur einen einzigen Gott als den allmächtigen Schöpfergott verehrt. Die nicht, wie andere damalige Religionen, mehrere und noch dazu sehr menschliche Götter für die Bedürfnisse des Lebens hat. Gesucht und gefunden würde ich da sagen!

Sprecher:
Und als er wieder wegfährt, hat der Kämmerer sogar noch etwas dazubekommen. Eine Schriftrolle hat er bei sich. Ob er sie gekauft hat oder anderweitig bekommt, wird nicht geschildert, ist auch nicht wichtig, sondern nur das:
Der Kämmerer liest in der Schriftrolle des Propheten Jesaja. Er bleibt an der Stelle hängen, die vom leidenden Gottesknecht erzählt. Der Teil, den die Christen als Vorhersage oder Weisung des Schicksals Jesu verstehen: »Wie ein Schaf, das zur Schlachtung geführt wird, und wie ein Lamm, das vor seinem Scherer verstummt, so tut er seinen Mund nicht auf. In seiner Erniedrigung wurde sein Urteil aufgehoben. Wer kann seine Nachkommen aufzählen? Denn sein Leben wird von der Erde weggenommen.«

Sprecherin:
Der Kämmerer sucht und findet, er lässt sich nicht abwimmeln. Aber was er da zusätzlich noch bekommt, erweist sich als schwer zu verstehen, kaum zu entziffern, ein neues Rätsel. »Wer sucht, der findet« lautet eine ermutigende – bei uns zum Sprichwort gewordene – Verheißung Jesu in der Bergpredigt. Der Mann findet einerseits die Schriftrolle mit dem Inhalt, der ihm ein Rätsel aufgibt. Und anderseits wird er selbst gefunden – von Philippus.

Sprecher:
Und das ist der zweite Punkt: Diese Geschichte zeigt uns anschaulich und einprägsam, dass wir uns unser Leben, unseren Glauben nicht ganz alleine zurechtlegen können.

Sprecherin:
Jeder braucht einen Philippus, einen Gefährten, eine Freundin. Erst Mutter und Vater oder entsprechende Menschen, Patinnen und Paten, Lehrer und Begleiter, Pfarrer. Sie tragen dazu bei, dass wir uns selbst und uns in dieser Welt verstehen. Sie helfen uns, dass wir nicht völlig auf unsere eigene Klugheit angewiesen sind, sondern uns darauf verlassen dürfen, Menschen zu treffen, die uns helfen. Auch ganz unvermutet, wenn wir in anderen überraschenderweise jemanden entdecken, der hilfreich sein kann. Das ist die zweite verheißungsvolle Botschaft dieser Geschichte.

Sprecher:
Und das Dritte: Um mit Gott in Beziehung zu treten, braucht es keine Voraussetzung. In der Taufe kleiner Kinder wird dies im besonderen Maße deutlich. Sie können noch keine Voraussetzungen erfüllen. Brauchen sie auch nicht. Die Taufe gibt es von Gott so, umsonst – man könnte auch sagen »gratis«, denn das heißt nämlich: aus Gnaden. Und der Bericht vom Kämmerer hat dieses vorbedingungslose Ja Gottes auch im Blick:

Sprecherin:
»Was hindert's, dass ich mich taufen lassen?« Das ist die Frage, die Philippus eigentlich mehr sich selbst stellt. Sie zeigt gerade, dass keine Prüfung, kein Zeugnis, keine Leistung, weder Geld noch Schönheit oder Erfolg nötig sind, wenn jemand Gott erfahren will.

Sprecher:
Aber die Beziehung zu Gott ermöglicht eine Sicht der Dinge, in der Unterschiede, zu deren Aufrechterhaltung wir sonst so viel Kraft aufwenden, nichtig und unwesentlich werden.
Es geht nicht ums Haben, sondern um die offene Suchhaltung. Nicht ums Besitzen, sondern um die Grundhaltung des Empfangens und des Empfänglich-Werdens für das, was ist, was möglich ist – auch im Glauben. Und sicherlich auch die realistische Sicht für das, was nicht ist und was nicht sein kann.

Sprecherin:
Ein Wesen des christlichen Glaubens ist es ja auch, im Lichte Gottes und Christi die Welt und uns selbst realistisch und auch selbstkritisch zu sehen.
Diese Geschichte spricht auf vorsichtige Art Grundwahrheiten mensch-

lichen Lebens und Zusammenlebens aus. So ist der Bezug auf eine Welt zu erkennen, in der die Schranken fallen. Da sind die Trennungslinien zwischen Menschen unterschiedlicher sozialer Herkunft: Philippus als ursprünglicher Jünger Jesu dürfte wohl eher aus einfachen Verhältnissen gekommen sein, während der Kämmerer – der Finanzminister – wenn man so will – der Elite seines Landes angehört haben dürfte. Und es fallen die Schranken zwischen den Rassen: Philippus der Jude und der Afrikaner aus Äthiopien – folgerichtig wird er in der Kunst mit dunkler Hautfarbe dargestellt – sie begegnen sich, werden eins in Christus. Die Dinge, die wir zu gerne zur Abgrenzung verwenden – sozialer Stand, ethnische Herkunft –, bei Christus zählt das alles nicht.

Sprecher:
Wenn man so will, kann man sagen: Die Taufe missachtet Grenzen jeglicher Art. Ein Christ kann sich nicht wegen seiner ja nur zufälligen Zugehörigkeit zu einem bestimmten Volk über andere erheben. Einem Christen ist Rassismus von daher schon unmöglich.
Denn die Taufe lässt einen Deutschen genauso zum Christen werden wie einen Menschen aus Korea oder Äthiopien. Und sie führt Menschen verschiedener Volkszugehörigkeiten zusammen. Mag uns noch so viel kulturell und von der Mentalität her trennen, der Glaube an Christus ist das Verbindende.

Sprecherin:
Da kommt mir doch noch ein weiterer Gedanke zu dieser Geschichte. Da ist die Wüste, die der Kämmerer durchquert. Der Mann aus Äthiopien musste das ja buchstäblich tun, von seinem Heimatland nach Jerusalem führte ihn sein Weg durch die Wüste. Aber man kann das auch im übertragenen Sinn als Bild verstehen: Eine Durststrecke des Lebens wird erträglich durch einen Satz, ein Wort – wie der Philippus dem Kämmerer das Wort der Bibel auslegt. Das kann ein Zeichen dafür sein, dass wir nicht dazu verurteilt sind, die Lebensphasen, in den wir unzufrieden oder erschöpft sind, aus eigener Hand durchstehen zu müssen. Ein Hinweis vielleicht, der uns sensibel machen könnte für die vielen guten Begegnungen, die wir haben, und die uns viel geben können. Und dabei sind es meistens ja die ganz unspektakulären und undramatischen Begebenheiten, die ihre Kraft entwickeln. Ein Wort, ohne ganz große Absicht zu mir gesagt, spricht mich an, macht etwas deutlich, schenkt mir Geborgenheit.

Sprecher:
Ja, da hast du Recht, und das wird heute Morgen ja besonders deutlich. Wir haben vorhin [Namen der Getauften] getauft. Sie sind alle hineingenommen in die große Verheißung Gottes: Egal, was in ihrem Leben passiert, was sie in und mit ihrem Leben machen. Gott ist bei ihnen, in der Taufe wird die Verheißung deutlich.
Ja und heute haben wir eine Erwachsene getauft. Das kommt auch nicht jeden Sonntag vor.

Sprecherin:
Ob sie sich vielleicht eine ähnliche Frage gestellt hat? Der Kämmerer fragt sich: »Was hindert's, dass ich mich taufen lasse?« und gibt gleich die Antwort, indem er es geschehen lässt, und Philippus ihn tauft. Und in dieser Handlung, die Taufe geschehen zu lassen, steckt das Vertrauen.

Sprecher:
Mag sein, er hat auch Zweifel und Anfragen gehabt, so wie wir sie in unserem Glauben auch haben und haben dürfen. Aber in der Taufe erfährt der Kämmerer Erneuerung und Annahme ...

Sprecherin:
... ganz undramatisch übrigens. Denn der Text geht weiter mit: »Und er zog seine Straße fröhlich.« Ganz einfach, fast leicht. Philippus verschwindet, er hat seinen Auftrag erfüllt, und der Kämmerer fährt frohen Mutes nach Hause. Und hat dort von seinen Erlebnissen berichtet – wie wir an der Entstehung der Kirche in Äthiopien ja ersehen können.

Sprecher:
Die Taufe, sie ist der Anfang, der Anfang des Erzählens und Wiederholens der biblischen Geschichten und der Beginn des Fragens nach den Dingen des Glaubens. So, dass aus Kindern mit ihrem Kinderglauben fragende Jugendliche und nachdenkliche Erwachsenen werden können.
Der Kämmerer »zog seinen Weg fröhlich« –, auch wenn wir wissen, dass es nicht immer möglich sein wird, seinen Lebensweg fröhlich zu ziehen, so wissen wir uns doch durch die Taufe von Gott angenommen. Denn die Taufe ist das unverbrüchliche Ja Gottes. So können wir als Getaufte unseren Lebensweg gehen, getrost, gestärkt und uns darauf verlassen: Gott ist bei uns.

In Gottes Namen
Segnung eines Kindes im Familiengottesdienst

Arno Schmitt

Ein junges Ehepaar bekommt ein Pflegekind mit dem Ziel der leiblichen Adoption. Das Kind ist noch nicht getauft. Die Zustimmung der leiblichen Eltern dauert, lässt auf sich warten. Die Pflegeeltern wollen ihre Freude und ihres Sorge um das Kind mit der Gemeinde teilen. Die Segnung eines Kindes zu verweigern, kommt einem geistlichen Unding gleich. Wenn diese mit der Taufe des Kindes verwechselt werden kann, liegt das nicht an der verkürzten Wahrnehmung der Eltern oder der Gemeinde, sondern an der liturgischen Unklarheit der Verantwortlichen. Im Folgenden ist die Segnung eines Pflegekindes im Rahmen eines von der Kinderkirche getragenen Familiengottesdienstes skizziert.

Begrüßung und Votum

Herzlich willkommen zum Gottesdienst! Wieder einmal mal war es die Kinderkirche, die sich für diesen Sommersonntagmorgen etwas Besonderes ausgedacht und uns alle dazu eingeladen hat. Bartimäus wird uns heute besuchen. Seine Geschichte hat es in sich. Ihr werdet euch wundern! Aber zu Gast ist heute früh auch N.N. mit seinen Pflegeeltern. Und Sie, liebe Familie N., möchte ich heute besonders begrüßen. N, so Ihr Wunsch, soll gesegnet werden. Zur Taufe ist noch nicht die Zeit. Dazu sind noch einige Dinge zu klären. Aber vor Gott wollen Sie Dank sagen und Gott um seinen Segen bitten und Ihre Freude und Ihre Fragen und Ihre ganze Hoffnung mit uns, Ihrer Gemeinde, teilen. Darüber freuen wir uns. Und wenn wir Sie begleiten dürfen, dann tun wir das gern. Jetzt aber lasst uns beginnen:

Wir feiern unseren Gottesdienst in deinem Namen, Gott: du bist da, wir sind da, das genügt.

Lied: Geh aus, mein Herz, und suche Freud EG 503,1.2.8.14

Gebet zu Ps 139,5

Alle:
Von allen Seiten umgibst du mich und hältst deine Hand über mir!

Kinder:
Manchmal habe ich Angst. Ich bin ganz allein. Wer ist da, der mich tröstet?

Alle:
Von allen Seiten umgibst du mich und hältst deine Hand über mir!

Kinder:
Manchmal bin ich traurig. Ich weiß nicht warum. Wer ist da, der mich in den Arm nimmt?

Alle:
Von allen Seiten umgibst du mich und hältst deine Hand über mir!

Kinder:
Manchmal meine ich, es kann mich niemand leiden. Wer ist da, der mich versteht?

Alle:
Von allen Seiten umgibst du mich und hältst deine Hand über mir!

Kinder:
Manchmal ist einer einfach nicht mehr da: ausgezogen, weggezogen, gestorben. Wer bleibt?

Alle:
Von allen Seiten umgibst du mich und hältst deine Hand über mir!

Lied: Jubilate EG 181.7 (Kanon)

Tagesgebet

Biblisches Erzählspiel zu Mk 10,46–52

Lied: Gottes Liebe ist wie die Sonne EG Baden 654

Segnung

Das Kind geht mit seinen Pflegeeltern vor den Altar. Die übrigen Kinder stellen sich im Halbkreis darum.

Lieber N., wir freuen uns mit dir und sind dankbar für dein Leben. Gott hat dir Eltern geschenkt, die für dich da sind. Du bist ihnen anvertraut. Sie werden dir gut sein. Bei ihnen wirst du lernen, dir selbst und anderen zu vertrauen, zu lieben und zu verzeihen, zu hoffen und zu glauben. Gott wollen wir bitten, um dich zu sein und dich zu begleiten auf allen deinen Wegen. Wir tun es in Erinnerung an Jesus, der seinen Jüngerinnen und Jüngern gesagt hat: Fürchtet euch nicht, ich bin bei euch alle Tage bis an der Welt Ende!

Liebe Eltern, Gott segne Sie und behüte Sie. Er mache Sie stark an Liebe und Geduld. Er lasse Sie Zeit und gute Einfälle finden für Ihr Kind und bewahre Sie davor, sich zu überfordern. Gott gebe Ihnen, was gut ist und was Sie brauchen, vor dem aber, was zu viel ist, bewahre er Sie.

Die Kinder der Kinderkirche schenken dem Kind ein Segensbuch voller guter Wünsche, dazu eine Einladung zur Kinderkirche. Alle gehen dann wieder an ihre Plätze zurück.

Lied: Einsam bist du klein
Menschenskinderlieder 11

Fürbitten

Für die Kinder bitten wir dich heute, Gott der Güte. Ihnen ja gehört deine besondere Sorge und Achtsamkeit. Wie deinen Augapfel hältst du sie. Hast ihre Namen im Himmel geschrieben. Gut soll es ihnen gehen, wo immer sie leben. Gut an Leib und Seele. Wärme sollen sie erfahren. Geborgenheit. Raum, sich zu erproben. Selbstvertrauen lernen, Rücksichtnahme, Liebe und Wahrhaftigkeit, Verlässlichkeit, Verzeihen, gute Freunde. Freuen sollen sie sich über alle die Wunder des Lebens, von denen es so viele gibt. Sie wahrnehmen lernen sollen sie. Augen dafür bekommen. Sie lieben und achten lernen. So viele Kinder gibt es, guter Gott, ganz in unserer Nähe und draußen in der Welt, die von alledem nichts oder viel zu wenig haben. Lass uns an sie denken. Aber denk vor allem du an sie und schenk ihnen Zeichen, ganz kleine Zeichen der Hoffnung, jeden Tag. Darum bitten wir dich. Und was wir noch auf

unserer Seele haben: hör uns, wenn wir in der Stille jetzt weiterbeten!
Stille
Vater Unser

Schlusssegen

Deine Sorge,
Vater,
sei unsere Sorge
und unsere Sorgen die deinen!

Dein Leben,
Jesus,
sei unser Leben
und unser Leben das deine!

Dein Geist,
Liebe,
sei unser Geist
und unser Geist der deine!

Segenslied
Musik zum Ausklang

Wie geht das mit der Taufe?
Anspiel

Martin Vogt

Rollen:
Oma
Mama
Papa
Ruth
Michael & Andreas
Die Rolle für Michael und Andreas war ursprünglich nur für ein Kind konzipiert worden. Dadurch dass wir aber auf einmal Zwillinge als Mitspieler zur Verfügung hatten, wurde die Rolle zwischen den beiden aufgeteilt. Sie kann aber natürlich ohne Schwierigkeiten wieder so zusammengefasst werden, dass sie von nur einem Kind gespielt wird.

Oma, Mama und Papa sitzen am Tisch.

Oma:
Was ich schon lange mal fragen wollte: Wär's nicht endlich an der Zeit, dass Michael und Andreas getauft werden?

Papa:
Wieso das denn?

Oma:
Na, das ist doch wichtig! Kinder müssen getauft sein. Die beiden müssen doch wissen, wo sie hingehören.

Papa:
Na, erst mal gehören sie ja wohl zu uns. Und dann gehören sie auf die Schule. Alles andere können sie doch später selbst entscheiden.

Oma:
Wie sollen sie denn etwas entscheiden, wenn sie überhaupt nichts von der Kirche mitkriegen?! Nicht mal im Religionsunterricht sind sie. Und die Ruth ist doch auch getauft!

Mama:
Na ja, wir wollen die beiden Jungs schon noch taufen lassen. Aber es war immer so viel los. Erst waren sie so oft krank, dann war der Umzug, dann hab ich mir das Bein gebrochen, dann ist Opa gestorben und dann ... irgendwas war immer.

Papa:
Außerdem weiß ich gar nicht, ob Michael und Andreas das überhaupt wollen.

Andreas (kommt mit Michael zusammen dazu):
Was wollen wir?

Papa:
Das frag' ich euch später. (*In einem Tonfall, der besagt: »Warum tauchen meine Kinder eigentlich immer dann auf, wenn sie etwas nicht mitkriegen sollen?«*)

Michael:
Wieso? Wovon sprecht ihr?

Oma:
Ich hab eure Eltern gefragt, ob ihr getauft werden wollt.

Andreas:
So wie Leon letztes Jahr?

Oma:
Wer ist denn Leon?

Mama:
Ein Junge aus ihrer Klasse.

Andreas:
Genau. Der ist letztes Jahr getauft worden. In der Kirche. Er hat gesagt, das wär schön gewesen. Und jetzt geht er zur Kommunion. Er sagt, wenn er die Kommunion hat, dann kriegt er ganz viele Geschenke.

Papa:
Zur Kommunion geht ihr sowieso nicht.

Michael:
Wieso? Alle Kinder aus unserer Klasse gehen zur Kommunion!

Mama:
Nein, nicht alle. Nur die, die katholisch sind. Aber Mama und Papa sind evangelisch. Und wenn ihr getauft werdet, dann werdet ihr auch evangelisch. So wie eure Schwester.

Ruth kommt in diesem Moment dazu und setzt sich an den Tisch.
Michael:
Kriegen wir dann keine Geschenke?

Ruth:
Doch, aber erst zu Konfirmation. Die ist später. So wie bei mir nächstes Jahr.

Michael:
Müssen wir dann sooo lange warten?

Oma:
Ja, mein Junge. Aber ihr könntet jetzt schon getauft werden.

Andreas:
So wie Leon? In der Kirche?

Oma:
Ja. Dann werdet ihr ganz schön angezogen. Und der Pastor gießt euch dreimal Wasser über den Kopf.

Michael:
Warum?

Oma:
Als Zeichen, dass ihr vor Gott von allen Sünden reingewaschen seid.

Michael:
Was sind Sünden?

Ruth:
Alles, was man so falsch macht. Lügen, klauen, betrügen und so.

Andreas:
Und davon macht der Pastor uns sauber?

Mama:
Nur symbolisch.

Michael:
Was heißt symbolisch?

Ruth:
Nicht in echt!

Michael:
Oooch! Aber sauber bin ich dann trotzdem?

Oma:
Ja, vor Gott schon.

Andreas:
Das gefällt mir. Das will ich haben. Können wir gleich morgen zur Kirche gehen?

Mama:
Nein, ich glaube, da müssen wir erst mit dem Pastor sprechen. Euch anmelden und so. Ich glaube, wir brauchen dann auch Paten.

Andreas:
Wozu sind die gut?

Oma:
Früher haben die auf ein Kind aufgepasst, wenn den Eltern was passiert ist.

Michael:
Ich will aber nicht, dass Mama und Papa was passiert!

Mama:
Uns passiert schon nichts. Und ich glaube, heute sind Paten auch eher Ansprechpartner für das Kind. Die begleiten dich dann und helfen bei der Erziehung.

Ruth:
Da haben sie bei euch ja echt was zu tun!

Mama:
Ruth, jetzt hör aber auf!
Und was sagt der Herr Papa dazu?

Papa:
Mir ist es wurscht. Von mir aus können die beiden getauft werden.

Mama:
Du machst es dir leicht. Dir ist immer alles egal.

Papa:
Mir ist überhaupt nicht immer alles egal. Frag mich mal nach den letzten Fußballergebnissen.

Mama:
Hier geht's aber jetzt nicht um Fußball. Hier geht's um deine Kinder!

Papa:
Ist ja gut! Ich hab doch gesagt, ich hab nichts dagegen, wenn sie getauft werden. Kann ja nicht schaden, wenn sie einen Segen bekommen. Wer weiß, wofür das gut ist.

Andreas:
Was ist ein Segen?

Papa:
Äh, ich glaub, da legt dir der Pastor die Hand auf den Kopf. Und dann, na ja, dann wirst du halt gesegnet.

Mama:
Der Pastor sagt dir dann, dass Gott auf dich aufpasst und dich behütet und so.

Ruth:
Das macht der Pastor doch auch immer am Ende des Gottesdienstes. Da hebt er die Hände, als würde ihm einer die Pistole auf die Brust drücken. Und dann sagt er: »Der Herr segne dich und behüte dich.« Und so weiter. Und dann schlägt er so ein Kreuz in die Luft.

Oma:
Bei der Taufe macht der Pastor auch ein Kreuz. Aber nicht in die Luft, sondern auf eure Stirn, mit Wasser. Das bedeutet: Ihr gehört zu Jesus.

Michael:
Gehören wir dann auch zur Kirche?

Oma:
Ja, dann seid ihr Mitglied der evangelischen Kirche.

Andreas:
Müssen wir dann auch Geld zahlen – so wie Papa?

Oma:
Nein, von deinem Taschengeld müsst ihr nichts abgeben. Erst später, wenn ihr richtig Geld verdient.

Andreas:
Gut. Macht der Pastor sonst noch was mit uns?

Mama:
Ich glaube, der sagt dann irgendwann auch den Taufspruch.

Michael:
Ist das ein Gedicht?

Ruth:
Nein, das ist ein Vers aus der Bibel.

Oma:
Ich weiß meinen Taufspruch noch! »Gott ist die Liebe; und wer in der Liebe bleibt, der bleibt in Gott und Gott in ihm.«

Michael:
Das ist schön! (*zu Ruth:*) Weißt du deinen Taufspruch auch noch?

Ruth:
Nö!

Mama:
Aber wir haben noch deine Taufkerze. Die könnten wir mal wieder anzünden.

Andreas:
Ich will auch eine Kerze!

Oma:
Jeder von euch kriegt eine. Die soll euch an eure Taufe erinnern. Und sie soll euch zeigen, dass Jesus das Licht der Welt ist – auch für euch.

Andreas:
Michael, das machen wir!

Michael:
Genau, das wird ein tolles Fest! Gib mir fünf! (*Sie klatschen sich ab.*)

Gottesdienste zur Tauferinnerung

Mit allen Lebenswassern gewaschen
Meditation im »Jahr der Taufe«

Markus Engelhardt

Liebe Schwestern und Brüder! »Es weht Westwind. Er kann einen Menschen in 19 Stunden austrocknen. Ich kann gerade noch meinen Mund öffnen, auch wenn er hart ist und schmerzt. Das schlimmste ist, daß ich leuchtende Flecken sehe. Wenn sie zu Flammen werden, breche ich zusammen.« Diese Sätze stammen von dem berühmten Autor des »Kleinen Prinzen«, Antoine de Saint-Exupéry, dem fliegenden Dichter und Gottsucher. 1935 war er über der Sahara abgestürzt. Bevor ihm die Sinne schwanden, geschah das Unwahrscheinliche: »Ein Wunder, ein Wunder! Es kommt auf uns zu wie Gott über das Meer ... Und nun trinken wir, auf dem Bauch liegend, den Kopf im Wasser wie Kälber.«

Man muss nicht eine solche Grenzsituation durchlebt haben, um zu wissen, was es heißt, zum frischen Wasser zu kommen. Wer mal unterwegs war auf einen Dreitausender hoch, in sengender Sonne, die Trinkflasche längst leer und bei jedem Schritt die verführerische Frage: Pack ich's noch oder will ich nicht lieber umkehren? – und dann sprudelt hinter einer Ecke ganz unverhofft frisches, klares Bergwasser aus den Felsen hervor: der weiß, was Saint-Exupéry da beschreibt.

Wenn bald die Ferien kommen, zieht es wieder Unzählige an Seen und Strände. Warum fliegen und fahren Millionen zu den nahen und den fernsten Ufern? Wie nach Licht, so gibt es auch eine menschliche Ursehnsucht nach Wasser. Das Wasser steht wohl deshalb für Gesundheit, Freude und Freizeitgefühl, weil es uns so elementar mit dem Geheimnis der *Lebenserneuerung* verbindet. Das ist der Grund, weshalb die Bibel an vielen Stellen in den sprudelnden Wasserquellen ein anschauliches Gleichnis für Gott selbst entdeckt. Und wie alle menschlichen Ursehnsüchte ist auch die Sehnsucht nach Wasser letztlich nichts anderes als ein Ausdruck der Sehnsucht nach dem, der die wahre Quelle des Lebens ist.

I.
Auch wenn wir längst auf dem Trockenen sitzen, hängen wir doch gänzlich vom Wasser ab. Wir Menschen sind nämlich erstaunlich wässrige Wesen. Fast 70% von uns bestehen aus H_2O. Bereits bei einer Temperatur von 30 Grad schwitzen wir ca. acht Liter pro Tag heraus, wie wir in diesen Wochen manchmal leidvoll erfahren. Nur ein Beispiel, das deutlich macht, welch kostbares Lebenselixier das Wasser ist und welch enormes Problem die Wasserbeschaffung: denn nur 4% allen Wassers auf Erden sind Süßwasser. Obwohl Wasser sich als Eis, als Flüssigkeit oder als Dampf über die ganze Erde hin gleich bleibt, lösen sich in ihm alle anderen Elemente auf. Das Wasser kann sich mit allem verbinden und deshalb auch die anderen Stoffe über die ganze Erde befördern. Das Wasser führt unseren Zellen all das zu, was sie an Nährstoffen brauchen. Etwas poetisch gesagt: Selbstlos wie kein anderes Element dient das Wasser allen anderen Elementen und bleibt sich in dieser Eigenschaft treu. Es ist *das* globale Element schlechthin. Beim ersten großen Denker der frühen Christenheit, dem römischen Kirchenvater Tertullian, heißt es: »Einfach, heiter und rein bietet sich das Wasser Gott als sein würdiges Fahrzeug an.«

Wenn mir manchmal die Starrheit und Verkrustung von Kirche und Welt zusetzt, finde ich es tröstlich, dass der Weg zum Leben durch das Wasser führt, also durch die Verflüssigung von alten Zuständen. Wer sich ins Wasser traut, löst sich nicht nur körperlich von Schmutz und Verkrustungen. Jesus hat sich ja nicht nur selber taufen lassen, um den Weg der Auflösung erstarrter Formen und der Aufnahme neuer Elemente zu gehen, sondern er hat den Seinen noch etwas anderes zugemutet: Ein Wasser, das *sie selbst* zur Quelle macht. Er sagt es so: Wer von dem Wasser aus dem Brunnen trinkt, den wird wieder dürsten; war aber von dem Wasser trinkt, das ich ihm gebe, den wird in Ewigkeit nicht mehr dürsten, sondern dieses mein Wasser wird in ihm eine Quelle werden (Joh 4,14).
Es stimmt ja wirklich: Sei es als Regen oder als Verdunstung: Wasser ist das Element, das Oben und Unten, Himmel und Erde immer wieder miteinander verbindet. Und nicht nur Oben und Unten: am Wasser haben Menschen seit jeher gesiedelt, es hat eine eminent soziale, menschen- und völkerverbindende Bedeutung. Das Wasser, sagte Hildegard von Bingen, ist die *Seele der Erde.*

II.
Kurz gesagt: Im Wasser werden wir offen für Gottes Dasein in dieser Welt. Deshalb gibt es kaum ein wahreres Bild für unseren Gott als das Bild der sprudelnden *Quelle*. An der Quelle: das ist da, wo alles noch frisch und neu ist. Da sprudelt noch quicklebendig, was später träge und trübe dahinfließt. An der Quelle ist das Leben noch ursprünglich und unverdorben. Wer an der Quelle sitzt, wird unmittelbar und unerschöpflich versorgt. »Der sitzt an der Quelle« – wenn wir das von jemand sagen, schwingt Neid mit. Wenn wir doch auch da wären! Aber wer lebt schon ursprünglich? Wer von uns sitzt an der Quelle? An einer Geldquelle vielleicht der eine oder andere. Das ist nicht zu verachten. Geld beruhigt ja bekanntlich. Aber ebenso bekanntlich kann es nicht glücklich machen. Und das heißt, es kann den Durst nicht löschen, jenen Durst, der in dem bekannten Psalmbild vom Schrei des Hirsches nach frischem Wasser so symbolkräftig beschrieben ist. Den Durst der Seele, der umso brennender wird, je weiter sich unser Leben vom Ursprung entfernt. Und mit dem Lebensdurst wächst die Sehnsucht nach dem Ursprung, nach einem ursprünglichen Leben, frei von all dem, was wir unterschwellig so mit durch unser Leben schleppen: enttäuschte Hoffnungen, Zweideutigkeiten, Lebenslügen, Schuld an uns selbst und an anderen. Zurück zum einfachen, klaren, besseren Leben – zurück zu den Quellen!

Dabei ist dieses »Zurück« ja kein Rückschritt, keine Regression, sondern in einem bestimmten Sinn der Beginn eines Fortschritts. Denn wer zu einer Quelle will, muss ja aufwärts gehen. Quellen liegen höher als Flüsse, Seen und Meere. »Zurück zu den Quellen« heißt in einem tiefen Sinn, sich *nach oben* zu bewegen. Und genau das, die Bewegung nach oben, das Sich-Aufrichten aus der gebückten, eingekapselten Haltung des Menschen, der immer nur aus sich selbst und für sich selbst leben will, der eine Runde nach der anderen um sich selber dreht, also des Menschen, den die Bibel mit dem uns heute so verstaubt vorkommenden, aber immer noch realistischen Wort Sünder bezeichnet – diese Bewegung aus der Tiefe in die Höhe ist, so sieht es die Bibel, *die* Grundbewegung des Menschen, wenn er die Beziehung, die Gott zu ihm aufgenommen hat, seinerseits annimmt. »Ich hebe meinen Augen auf zu den Bergen«, so beginnt ein berühmter Psalm (Ps 121). Also dorthin, wo die Quellen sind.

III.
»Zurück zur Quelle«, das heißt freilich auch: *gegen den Strom* waten. Es ist immer ein Weg gegen Widerstände, ein Antreten gegen den Trend, ein Zusammenprall mit Verständnislosigkeit und Kopfschütteln. An Jesus können wir das von A bis Z sehen, wenn wir es als Christen nicht alle auch aus eigenem Erleben wüssten. Christsein gilt ja nicht gerade als cool und angesagt heute. Die Zeiten, wo es zum guten Ton gehörte, in der Kirche zu sein, sind längst vorbei. Das ist auch gut so. Weniger gut finde ich, dass man sich heute in manchen Milieus schon dafür rechtfertigen muss, dass man der Kirche immer noch angehört. Da ist der Weg zurück zur Quelle unseres Lebens eine Fahrt, auf der man sich nie einfach treiben lassen kann. Dafür, für die Herausforderung, die der Weg zur Quelle eben auch darstellt, ist das Wasser der Taufe sowohl Symbol wie auch Wegzehrung.

Liebe Familie N., in diesem Sinn soll Ihnen das Wasser, mit dem N. heute getauft worden ist, Symbol und Wegzehrung sein: indem es für Lotte wirklich ein Element wird, in dem sich für sie Oben und Unten verbinden, in dem sie immer wieder auf ihrer Erde ein Stück Himmel, einen Vorgeschmack auf Gott, die Quelle des Lebens erfährt.

Geliebtes Kind
Predigt über die Taufe

Nadja Papis-Wüest

Liebe Gemeinde, warum taufen wir eigentlich? Was bedeutet das denn? Und was bringt die Taufe?
In der heutigen Zeit, wo es nicht mehr einfach selbstverständlich ist, dass ein Kind getauft wird, sind solche Fragen wichtig. Fragen, die sich nicht nur Eltern oder Pfarrerinnen und Pfarrer in der Ausbildung stellen müssen, sondern auch wir als Gemeinde.
Die wenigsten von uns können sich an die eigene Taufe erinnern – und doch ist die Taufe eine Erinnerung wert.
Angefangen hat alles bei der Taufe dort am Jordan, als Johannes der Täufer die Leute im Wasser untergetaucht hat, begleitet von seinen Bußpredigten. Und eines Tages ist ja auch Jesus dort getauft worden – so erzählt es die Bibel in den Evangelien. Ich lese aus Matthäus 3:

Lesung Mt 3,13–17

Bußpredigt – untertauchen im kalten Flusswasser – das Leben völlig verändern ...
Wie ganz anders sieht heute eine Taufe aus: Das Kind wird von den Eltern in die Kirche gebracht, auf seiner Stirn wird mit Wasser dreimal ein Kreuz gezeichnet, dazu sagt die Pfarrerin: Ich taufe dich auf den Namen Gottes, auf den Namen Jesu Christi, auf den Namen der heiligen Geistkraft. Dann bekommt das Kind den Segen zugesprochen und eine Taufkerze wird angezündet. So oder auch ein bisschen anders sieht die Taufe heute aus.
Viel hat sich verändert: Wir taufen heute vor allem Kinder, bis ins dritte Jahrhundert waren es immer Erwachsene. Wir benetzen das Kind mit Wasser, früher war es ein richtiges Bad. Wir segnen, Johannes hat die Leute ausgeschimpft, bevor er sie taufte.
Und doch: Die Taufe ist und bleibt ein Sakrament, eines von zwei heiligen Zeichen, die wir in der reformierten Kirche haben. Schon von

Anfang an war die Taufe unter den Christinnen und Christen so ein heiliges Zeichen – das sieht man auch daran, dass alle Christen und Christinnen taufen und dass die meisten auch die Taufe einer anderen Konfession anerkennen.

Was bedeutet also die Taufe?

Zuerst einmal bedeutet die Taufe seit dem Urchristentum Aufnahme in die Kirche – so wie es Paulus sagt: Alle, die sich von der Geistkraft Gottes leiten lassen, sind eine Familie, die Familie Gottes. (Röm 8,14) Alle Getauften gehören zum Christentum, sind Mitglieder in Gottes Familie. Heute hält gerade diese Bedeutung manche Eltern davon ab, ihr Kind taufen zu lassen. Wir wollen, dass es einmal selber entscheiden kann, wozu es gehört – das höre ich oft, wenn auf eine Taufe verzichtet wird. Für mich ist der Gedanke fremd. Eltern entscheiden so viel für ihr Kind – warum gibt es gerade im religiösen Bereich so eine Entscheidungsscheu? Und oft höre ich auch von Eltern, wie schwierig es ist, einem Kind Werte, Spiritualität, den Umgang mit Lebensfragen zu vermitteln. Die Beheimatung in einer Religion und in einer Gemeinschaft kann da helfen. Wer seine Heimat nicht kennengelernt hat, kann auch nicht auswandern. Ich bin überzeugt, dass jedes Kind, jeder Mensch entscheiden wird, wozu er oder sie gehört, was ihm oder ihr entspricht, aber ich bin auch davon überzeugt, dass die Entscheidung leichter fällt, wenn man gelernt hat, über religiöse Fragen und Lebensfragen nachzudenken, die Fragen überhaupt zu stellen, wenn man das Leben hat feiern dürfen und eine Tradition kennengelernt hat. Die Entscheidung nimmt einem niemand ab – aber die Grundlage für die Entscheidung, die können wir alle einem Kind geben.

»Das ist mein geliebtes Kind, das mir Freude macht« – so heißt es im Bericht über die Taufe Jesu. Und das ist für mich eigentlich die wichtigste Bedeutung von Taufe, die Bedeutung, an die wir alle immer wieder erinnert werden müssen. Wir sind nicht nur Teil dieser Familie – wir sind auch von Gott geliebte Kinder. Bei der Taufe wird ausgedrückt: Gott sagt Ja zu uns! Gott liebt uns. Jedes von uns. Und das war zuerst da – bevor wir auch nur reden konnten, bevor wir Ja sagen konnten, hat Gott Ja gesagt und uns den Segen gegeben. Gott fängt die Beziehung mit uns an – das ist doch erstaunlich. Wir haben doch immer das Gefühl, wir seien es, die entscheiden, die uns ausrichten, die Ja oder eben Nein sagen. Dabei ist es Gott, der mit uns anfängt, der schon da ist, wenn wir noch gar nicht richtig begreifen. Das ist für mich eine der berührendsten Botschaften des Christentums: Gott will mit mir durchs Leben gehen. Gott kann etwas mit mir anfangen. Gott nimmt mich an, schon als kleines Kind, aber auch als Erwachsene. Und zwar so, wie ich bin, mit allem. Das Ja Gottes kennt für mich keine Bedingungen, es kennt für mich kein Aber, es ist einfach da, von Anfang an. Ob ich das Ja beantworte und wie – das ist hingegen meine Entscheidung, und das ist wohl auch ein lebenslanger Prozess. Und wissen Sie, ich hatte in meinem Leben auch Zeiten und habe sie immer wieder, wo ich eigentlich Nein sagen wollte. Gerade dann ist für mich die Erinnerung an die Taufe und an das Ja so wichtig. Gott bleibt bei mir – auch wenn ich weg will. Gott ist bei mir – auch wenn ich eine Zeitlang in meinem Leben keinen Platz habe für Gott. Den Zuspruch am Anfang meines Lebens zu bekommen, ist für mich bei jeder Taufe wieder überwältigend. Wie geborgen kann ich mich da fühlen! Wie mutig kann ich da dem Leben begegnen!

Taufe hat natürlich auch andere Bedeutungen, die wichtig sind: So ist – mindestens bei einem Kind – auch die Freude und das Feiern des neuen Lebens im Vordergrund. Und auch da könnte man sagen, es gibt eine allgemeine Bedeutung: Taufe redet von neuem Leben – ein neues Leben ist geweckt, ist geschenkt worden. Etwas Neues ist entstanden, etwas ist neu geworden. Das brauchen wir immer wieder im Leben: das Neuwerden, das Neu-geboren-Werden. Das Wasser ist das Symbol des Neuwerdens: Mir fällt immer eine Alltagshandlung ein, wenn ich ein Bild für das Neuwerden suche: An einem Morgen, wo ich schon beim Aufstehen merke, dass ich so richtig müde, verschlafen und verknittert bin – was hilft? Ich nehme immer einen Waschlappen, halte ihn unters kalte Wasser und fahr mir damit im Gesicht herum. Das Gefühl von Frische, das Gefühl abzuwaschen, was am Leben hindert – das meint die Taufe auch. Wir werden mit der Taufe neu geboren – so sagt es Paulus. Wir werden neue Menschen. Heute würde ich das so sagen: Die Taufe und das Gedächtnis der Taufe ist die Erinnerung daran, dass ich lebendig bin, dass ich dazu bestimmt bin, wirklich lebendig zu sein, zu leben, nicht nur zu vegetieren.
Bei der Taufe bekommt das Kind oder der Erwachsene, der sich taufen lässt, den Segen. Es ist sowohl der Segen Gottes als auch der Segenswunsch derer, die die Taufe begleiten. Warum Segen?

Fast bei allen Taufgesprächen kommen wir darauf zu sprechen, dass Leben nicht nur schön, nicht nur sonnig ist. Die Unsicherheit, das Unerwartete, auch die Gefahren kommen zur Sprache. Den Segen zu sprechen heißt für mich, das ernst zu nehmen. Die Taufe ist keine magische Handlung, die einen Schutz um das Kind legt, dass ihm nie etwas geschieht, nie etwas Schweres begegnet. Der Segen nimmt ernst, dass es auch schwierige Zeiten im Leben gibt. Geliebtes Kind Gottes zu sein heißt nicht, verhätschelt zu werden. Wenn Gott das Leben segnet, dann steckt auch da wieder die Verheißung drin: Ich bleibe bei dir, was auch immer passiert. Und ich will, dass du lebendig bist – auch im Schweren, dass du Tränen fließen lassen kannst, dass du wütend sein darfst, dass du Fehler machen darfst. Und ich will dich heil machen. Heil, das alte Wort meint nicht heilig, meint nicht immer gesund sein, meint nicht, nie verletzt zu werden, sondern ganz sein, erfüllt sein, lebendig sein.
Auch unser Segenswunsch drückt das aus: nicht dass dir nie etwas passiert, sondern dass du durchkommst, dass du nie die Hoffnung verlierst, dass du nie allein tragen musst, was das Leben dir auflädt. Wir wollen bei dir sein.

Mitglied der göttlichen Familie sein, von Gott geliebt und bejaht zu sein, lebendig gemeint zu sein und lebendig zu leben, immer wieder den Segen zu spüren, der uns zugesprochen ist, die Begleitung von anderen Menschen und von Gott – das alles steckt in der Erinnerung an das heilige Zeichen, das wir alle in unserem Leben haben erfahren dürfen. Und darum feiere ich immer wieder gern Taufe und erinnere mich daran, dass auch ich getauft bin.

Das Kind muss einen Namen haben
Taufe mit Tauferinnern im Kirchgarten

Arno Schmitt

Am 6. Sonntag nach Trinitatis feiert die Gemeinde Taufgottesdienst im Kirchgarten. Der Garten ist ›gottesdiensterfahren‹. Im doppelreihigen Halbkreis um den Altar sind Bänke und Stühle gestellt. Für die eingeladenen Kinder der Kinderkirche und Grundschule waren Plätze im vorderen Bereich reserviert, für die fünf Tauffamilien der gesamte Mittelraum. Der Altar zwischen zwei alten Bäumen ist sommerlich geschmückt. Hinter ihm ein Birkenkreuz. Auf der einen Seite des Altarraums (weiß gedeckt und geschmückt): der Tauftisch. Auf ihm: die noch nicht entzündeten Taufkerzen. Hinter ihm: ein großes, gespanntes Tuch mit den Taufsprüchen der Taufkinder. Auf der anderen Altarraumseite: ein ebenfalls weiß gedeckter Tisch: mit einer flachen, sandgefüllten Schale, einem Bündel kleiner Kerzen und den Taufbriefen mit den Taufsprüchen. Liedblätter halfen, sich liturgisch zurechtzufinden. Nach dem Gottesdienst bestand die Gelegenheit, bei Kaffee, Tee, Wasser, Saft und Stückchen noch eine Weile beisammen zu bleiben.

Ankommen

Eingang nach den Gegebenheiten vor Ort

Psalmgebet: Ps 84
(Im Wechsel zwischen Liturg, Kindern, Erwachsenen, Tauffamilien)

Tauffamilien:
Gott ist uns Sonne und Schutz!
Gott meint es gut mit uns. Gott segnet unser Leben!

Kinder:
Die sind gut dran, die ihre Kraft aus dir ziehen wie eine Pflanze aus tiefem Boden!

Erwachsene:
Auch die Wüsten und trockenen Täler können ihnen zur sprudelnden Quelle werden!
Wie durch einen warmen Frühlingsregen wird alles um sie her sprießen und wachsen!

Taufamilien:
Gott ist uns Sonne und Schutz!
Gott meint es gut mit uns. Gott segnet unser Leben!

Kinder:
Wenn sie sich schwach fühlen, werden sie zu neuer Kraft kommen!

Erwachsene:
In jedem neuen Anfang werden sie neu dich finden, Gott des Lebens!

Tauffamilien:
Gott ist uns Sonne und Schutz!
Gott meint es gut mit uns. Gott segnet unser Leben!

Kinder:
Gott, unser Schutz. Schau doch! Verlier dein Kind nicht aus den Augen!

Erwachsene:
Gott, unser Segen. Wir vertrauen auf dich!

Tauffamilien:
Gott ist uns Sonne und Schutz!
Gott meint es gut mit uns. Gott segnet unser Leben!

Lied: Halleluja EG 182,1.9

Tagesgebet

Gott,
der du am Anfang geboten hast Licht,
und die Finsternis floh und die Nacht krümmte sich zusammen
und aus dem Unvereinbaren wurden Menschen.
Der du unserem Dasein Sinn gegeben,
unser Herz erwärmt hast.
Führ uns zurück zur Oase deines Willens,
stell deine Absicht klar, mach neu das Fundament dieser Erde.

Dank deinem Namen, der heißt: »Ich werde da sein!«
Lass uns vertrauen!

Der offene Himmel

Lesung: Joh 3,1–5

Taufansprache

Warum taufen?, so meine Frage, als wir vor Wochen zusammensaßen und uns auf diesen Tag vorbereiteten. Es ist doch auch so alles gut! Besonders schlau muss Ihnen meine Frage nicht vorgekommen sein, liebe Tauffamilien, denn Ihre Antwort kam prompt: »Aber das Kind muss doch einen Namen haben!«

Das Kind muss doch einen Namen haben, ich hätte es wissen müssen! Aber dann ließen wir uns ein bisschen Zeit und gingen mit der Selbstverständlichkeit ein paar Runden. Was ist das denn mit dem Namen? Wenn ich den Namen eines Menschen kenne, ändert sich die Ausgangslage. Ein Zugang wird eröffnet. Ich kann ihn ansprechen. Wir können uns verständigen, miteinander verhandeln, Verabredungen treffen, einen Vertrag schließen, Freunde werden. Das auch: Wenn ich einen Namen habe, kennzeichnet mich das, entnimmt mich der Anonymität, markiert den Unterschied, macht mich eigen, unverwechselbar. Früher wusste man: Der Name ist Programm. Kennung, Schutzschild, Beschwörungsformel. Ein Blick in das Buch der alten Namen verdeutlicht es. Neben allem Glück und aller Freude stehen an der Wiege eines Menschen immer auch die Sorge und Ungewissheit. Wie wird es sein? Werden wir es schaffen? Wird das Kind seine Chancen haben? In Gefahren bestehen? Als wir diesen Tag besprachen, liebe Eltern, liebe Paten, war es Mitte März: Tage zuvor hatte ein Seebeben an der japanischen Küste eine ganze Küste und eine große Atomanlage zerstört, die Region über Jahrzehnte unbewohnbar gemacht. Der Grat, auf dem wir unser modernes, hochtechnologisches Leben führen, ist schmal. Und wenn ich die Namen höre, die ihr für eure Kinder ausgesucht habt, dann klingt da etwas durch: David, Hannah, Andreas, Thomas, Dorothea. Fünf Namen, fünf Gottesgeschichten.

Und dann sprachen wir über den Schlüsselsatz der Taufe: »Ich taufe dich auf den Namen des Vaters und des Sohnes und der heiligen Kraft des Geistes!« Alle sind da: die Eltern, die Patinnen und Paten, die Gäste, die Gemeinde. Alles ist vorbereitet: das Wasser, das Licht, die Texte, die Urkunde. Aber die Initiative übernimmt Gott. Er öffnet seinen Himmel. Und nichts ist jetzt wichtiger als dieses kleine Leben. »Ich habe dich je und je geliebt!«, so Gottes Eröffnung. »Und heute gebe ich dir deinen Namen: Gotteskind! Kind des Lichts! Miterbe! Teilhaber der Herrlichkeit!« Allemal Namen. Und alle mit einer großen Verheißung verbunden. Für einen Augenblick also geht über dem Wasser der Taufe der Himmel auf und Gott betritt die Bühne. Aber die ihn interessieren in seinem Eigentum (Joh 1), das sind nicht die Großen und Starken und Dreimalklugen und Tausendmalverdienten: die ihn interessieren, liebe Taufkinder, das seid ihr! Du, D., und du, H., und du, A., und du, T., und du, D.! So klein, so komplett! So anfänglich, so besonders! So neu, einmalig und unverwechselbar! »Fürchte dich nicht, denn siehe: ich habe dich erlöst, ich habe dich beim Namen gerufen, du bist mein!« (Jes 43,1) Nicht das also ist es, dass euch aus dem Register der Mode oder Wünschbarkeiten etwas zugedacht wird, was ihr nicht schon davon gehabt hättet. Euren Namen werdet auch ihr, schon gleich nach der Geburt, am Arm getragen haben. Nein, in der Taufe geschieht etwas anderes. Für einen Augenblick wird sich dort der Himmel auftun und Gott sich für einen einzigen Moment mit euch zusammentun, seinen Namen mit eurem Namen, und dieses Band zu einer Wucht machen, die auf der Erde ihresgleichen sucht. Nichts auf der Welt, nichts auf ihr, nichts über ihr, nichts unter ihr, keine Angst, keine Sünde, kein Tod soll euch trennen von Gott, der die Liebe ist. Erinnert euch an die Geschichte von eben. Als Jesus von Gott sprach und die Begegnung Gottes mit dem Menschen als »Neugeborenwerden« bezeichnete, verschlug es Nikodemus, dem Meister der Schrift, die Sprache. Nicht zu glauben! Unerhört!

Und doch, so ist es! In der Taufe tauchen wir ein ins ›Wasser der Liebe‹. Es erfrischt uns, es reinigt uns, es umhüllt uns mit ihrem »Kleid«. Die Bilder der Bibel sind voller Facetten. Oft schwer nur zu verstehen, weil sich die Praxis des Taufens über die Jahrhunderte so sehr verändert. Dass es in unseren Kirchen noch »Tauchbäder« gab, ist lange her. Anders in Missionsgemeinden, in Afrika und Asien, wo noch heute an

Flussufern oder in Seen getauft wird. Erläutert werden muss dort gar nichts. Die Sache ist klar: Der sich lange schon vor der Geburt mit diesem kleinen, besonderen Leben zusammengetan hatte, der es genährt hat, beschützt und geborgen hat, nennt es in der Taufe bei seinem Namen, hüllt es in den ›Mantel der Liebe‹ und gibt sich als die Heilige Kraft des Geistes zu erkennen. »Fürchte dich nicht!«, so sein Gruß. »Fürchte dich nicht in Zeit und Ewigkeit!« Alle Welt soll es hören. »Und fragst du, wer der ist? Er heißt Jesus Christ!« weiß Martin Luther im Lied. Ja, so der Glaube: Gott wird Mensch, er kommt dir nahe, wie es näher nicht geht, und schmückt dich mit einem Namen, der dich auszeichnet vor aller Welt!

Der Name aber ist Programm. Und harmlos ist das nicht. Denn mit dem Wasser des Lebens in Berührung zu kommen, hat Folgen. Ist »Abtun des alten Menschen« und »Anziehen des neuen, der nach Gott geschaffen ist in wahrer Gerechtigkeit und Heiligkeit« (Eph 4,22–24), so im Brief an die Gemeinde in Ephesus. Richtungsänderung. Umkehr. Nicht mehr weiter im Blick auf mich selbst. Nicht mehr weiter im Blick auf die Welt. Neue Hoffnung. Mutige Schritte. »Früher wart ihr Finsternis, heute seid ihr Licht. Also lebt auch als Kinder des Lichts!« (Eph 5,8) »Dass ich Liebe übe, wo man sich hasst. Dass ich verzeihe, wo man sich beleidigt. Dass ich die Wahrheit sage, wo der Irrtum herrscht. Dass ich den Glauben wecke, wo Verzweiflung quält!«, betet Franz von Assisi. Ein anderer so: »Lass mich Salz sein, damit die Erde in neuer Hoffnung erstarkt. Lass mich Brot sein, damit die Menschen von neuer Hoffnung sich nähren!« (Anton Rotzetter) Gottes Verheißung und des Menschen Neugeburt: in der Taufe kommen sie zusammen. Haben ihren Anfang im Geheimnis des geöffneten Himmels und beschützen mich und tragen mich und lassen mich hoffen bis in die letzte Sekunde meines Lebens. Und so, liebe Taufkinder, wünsche ich es euch. Und euch auch, den Eltern und Paten. Und euch auch, der taufenden Gemeinde, hier und überall auf der Welt!

Lied: Ins Wasser fällt ein Stein EG Baden 648

Tauferinnern

Anrede

Liebe Kinder! Zum heutigen Gottesdienst wurdet ihr mit Kärtchen und spezieller Post eingeladen. Denn vor drei oder fünf oder zehn Jahren seid ihr in unserer Kirche getauft worden. Die wenigsten von euch können sich selbst daran erinnern. Eure Eltern, Paten, älteren Geschwister und Großeltern aber wohl. Vielleicht haben sie euch von der Taufe schon einmal erzählt. Vielleicht feiert ihr den Tag eurer Taufe sogar und zündet die Taufkerze an. Es sind nicht mehr so viele Taufen wie früher. Unsere Gemeinde ist kleiner geworden. Aber immer, wenn wir es tun, erinnern wir uns an die eigene Taufe. Auch heute wieder. Die Taufe ist einmalig. Man kann sie nicht verlieren. Und sie gilt auf der ganzen Welt. Doch was man nicht pflegt, verliert seine Bedeutung. Worum es ging und geht, kann verblassen. Darum ist es gut, sich an seine Taufe von Mal zu Mal zu erinnern.

Liturg geht zum Tauftisch und gießt Wasser in die Taufschale.

Zur Taufe gehören Zeichen. Das Wasser ist das wichtigste. »Fürchte dich nicht!« sagt Gott in der Taufe. »Ich hülle dich in den Mantel meiner Liebe. Nichts und keinem auf der Welt wird es gelingen, dich daraus zu lösen. Mit meinem Segen will ich um dich sein in Zeit und Ewigkeit!« So oder ähnlich. Gott spricht in vielen Sprachen. Schaut mal gleich in den Taufbriefen nach, die wir für euch geschrieben haben. Dort werdet ihr euren Taufspruch finden. Keiner ist wie der andere.

So also: Gott legt Spuren. Und denen sollen wir folgen. Sie nicht aus den Augen verlieren. Immer neu uns nach ihnen erkundigen. Mit euren Familien, mit euren Patinnen und Paten. In der Schule. In der Kinderkirche. Wo immer ihr die Gelegenheit habt. Auch heute in diesem Gottesdienst. Christen sind Menschen, die sich interessieren und es mit anderen zusammen tun.

Jetzt aber kommt nach vorne, stellt euch vor dem Altar im Halbkreis und fasst euch bei den Händen!

Erinnern

Und sprecht in eurem Herzen:

Ich bin getauft. Ich weiß: Gott sorgt für mich in meinem Leben wie ein Vater, wie eine Mutter. Er tröstet mich und macht mir Mut!

Ich bin getauft. Ich weiß: Gott liebt mich, wie ich bin. Wenn ich traurig bin, ist er da. Wenn ich einen Fehler gemacht habe, verzeiht er mir. Mit vielen anderen gehöre ich zu Gottes Familie!

Ich bin getauft. Ich weiß: Gott begleitet mich mit seinem Segen, damit ich getrost und froh leben und als Gottes Kind meine Wege gehen kann!

Mitarbeitende händigen den Kindern kleine Erinnerungskerzen und die Taufbriefe aus. Der eine und andere Taufspruch wird vorgelesen. Danach wenden sich die Kinder der Gemeinde zu.

Wegesegen

Das Paradies können wir euch nicht versprechen.
Aber eure Eltern und Familien, sie lieben euch sehr.
Aber die Patinnen, Nachbarn und Freunde, sie stehen euch bei.
Aber die Menschen aus dieser Gemeinde, sie gehen mit dir!

Das Schloss aus Gold können wir euch nicht schenken.
Aber den Namen des ewigen Gottes, der will, dass ihr seid.
Aber das Wasser der Taufe zum Leben, das über euch strömt.
Aber das Zeichen der Erlösung, das Kreuz auf der Stirn!

Mitarbeitende zeichnen den Kindern mit dem Wasser der Taufe ein Kreuz auf die Stirn.

So geht eure Wege! Behüte euch Gott!

Die Kinder gehen an ihre Plätze zurück.

Brunnen

Lied

Einsetzung

Taufgebet

Gott des Lebens. Wir danken dir für unsere Kinder. Alles ist gut gegangen. Was für ein Wunder! Was für ein Glück! Hilf uns, sie zu lieben und zu verstehen, wenn sie heranwachsen in einer Welt, die sich so schnell verändert. Lass uns klar sein und mutig, sie auf deinen Weg zu führen, damit sie in den Geschichten und Bildern der Bibel und in den Zeichen gelebten Lebens Kraft und Ermutigung finden!

Taufbekenntnis

(Nach: Credo der Ökumenischen Vollversammlung in Vancouver 1983)

Wir glauben an Gott,
der die Welt geschaffen hat und in ihr wirksam ist,
der in Jesus gekommen ist, um zu versöhnen und neu zu machen.

Wir vertrauen auf Gott,
der uns beruft, Gemeinschaft der Heiligen zu sein,
andere zu lieben und ihnen zu dienen,
Jesus, den Gekreuzigten und Auferstandenen, zu verkünden,
Bösem zu widerstehen und Gerechtigkeit zu suchen.

Im Leben, im Tod
und im Leben danach ist Gott mit uns. Wir sind nicht allein.
Dank sei Gott!

Taufsegen

Segne diese Kinder und hilf uns ihnen zu helfen, dass sie gehen lernen auf ihren eigenen Füßen auf den Straßen der Erde, auf den mühsamen Treppen, auf den Wegen des Friedens in das Land der Verheißung!

Segen für die Eltern und Paten

Liebe Eltern und Paten. Es segne euch Gott. Er behüte Sie und mache Sie stark. Er mache Ihre Liebe kräftig und groß Ihre Geduld. Er schenke Ihnen Zeit und gute Einfälle für Ihre Kinder, Ironie auch und Witz und hüte Sie davor, es zu gut machen zu wollen! »Lasst euch an meiner Gnade genügen, denn meine Kraft ist in den Schwachen mächtig!« Der Apostel wusste, was er empfahl!

Fürbitten

Guter Gott, Zeichen des Lebens setzt du mitten in der Welt. In dir hat das Leben seinen Ursprung, in dir auch sein Ziel. Deshalb bitten wir dich: Lass es uns mit dir wagen, zu Lebenszeichen für andere zu werden: nahe sein denen, die Hilfe brauchen, trösten die, die traurig sind, lieben die, die es nicht wert zu sein scheinen. Wir bitten dich für die Familien, für die Patinnen und Paten der Täuflinge, dass sie ihre Kinder achten, sie ernst nehmen und lieben wie sich selbst. Die Kinder aber, guter Gott, lass die Spuren einst entdecken, die du in ihrem Leben gelegt hast, und selbst mit dir weitergehen auf den Wegen der Verheißung.

Lied: Gott, dein guter Segen
Das Kindergesangbuch, München 1998, 220

Du weißt, wer wir sind
Taufgedächtnis im Gottesdienst mit Abendmahl

Arno Schmitt

Taufgedenken findet in jedem Gottesdienst statt. In Votum, Glaubensbekenntnis, Segen u. a. angedeutet, doch kaum bemerkt. Dabei käme es so sehr darauf an. Denn die Taufe ist einmalig. Wer getauft ist, ist es und bleibt es. Der da handelt, ist Gott. Und Gott hält, was er sagt. Zu wiederholen ist da nichts. Anders der Glaube der Getauften. Der kann sich verbrauchen. Der kann kraftlos und verwechselbar werden. Sich seiner Taufe zu erinnern wäre: sich seines Glaubens zu vergewissern, an seinem Glauben zu arbeiten, neu sich auszurichten, umzukehren. Martin Luther empfiehlt die »tägliche Buße«. In einem Gottesdienst mit Abendmahl kann das vor der Predigt im erweiterten Eröffnungsteil geschehen.

Kyrie

Die Gemeinde erhebt sich.

Liturg:
Wir bekennen dir, Herr, wer wir sind.

Alle:
Wir sind nicht die Menschen, für die wir gerne gehalten werden möchten.
Wir haben Angst, auch nur uns selbst einzugestehen, was in der Tiefe unserer Seele vor sich geht.

Liturg:
Aber wir wollen unser wahres Selbst vor dir nicht verbergen.
Wir sind davon überzeugt, dass du weißt, wer wir wirklich sind.

Alle:
Und dass du uns trotzdem liebst.

Liturg:
Hilf uns, nicht zurückzuschrecken vor unserer Selbsterkenntnis.

Alle:
Zeige uns, wie wir uns um deinetwillen selbst neu achten können.

Liturg:
Lass uns auf deine helfende Kraft vertrauen und hol uns heraus aus lähmender Schuld.

Alle:
In die Freiheit und Tatkraft derer, denen vergeben ist.

Liturg:
Und für alle, die durch lange Gewöhnung es schwer haben, Vergebung anzunehmen, bitten wir dich:

Alle:
Zerbrich ihre Fesseln und befreie sie durch Jesus Christus, unseren Herrn!

Gesang: Kyrie eleison EG 178,9

Liturg geht zum Taufstein und gießt Wasser in die Taufschale.
An der Osterkerze entzündet er eine Kerze, die er auf den Taufstein oder einen kleinen Tisch im Altarraum stellt.

Taufgedächtnis

(Nach der ökumenischen Lima-Liturgie)

Liturg:
Wasser ist ein Element des Lebens und des Todes. Wasserströme verwandeln wüstes Land in einen Garten. Und in der Sintflut fand das Leben sein unwiederbringliches Ende. Im Wasser der Taufe sind wir mit dem Leben und Tod Jesu Christi verbunden. Dafür loben wir Gott:

Alle:
Halleluja EG 182.1

Liturg:
Wasser reinigt uns, wie der Hauptmann Naaman im Wasser des Jordan von seiner Krankheit geheilt wurde. Im Wasser der Taufe wurde alles weggewaschen, was uns jemals von Gott getrennt hat und trennen könnte. Dafür loben wir Gott:

Alle:
Halleluja EG 182.1

Liturg:
Ohne Wasser gibt es kein Leben auf der Erde, so wie im Anfang Gottes lebensschaffender Geist über den Wassern schwebte. Im Wasser der Taufe hat uns Gott seinen schöpferischen Geist geschenkt. Er macht uns neu, lässt uns aufleben zu Gerechtigkeit und zu einem bewussten Leben in der Nähe Gottes. Dafür loben wir Gott:

Alle:
Halleluja EG 182.1

Liturg:
Beim Begießen mit Wasser wird der Name des dreieinigen Gottes auf den Täufling gelegt, so wie die Stimme bei der Taufe Jesu rief: »Du bist mein geliebter Sohn, an dem ich Wohlgefallen habe!« Im Wasser der Taufe wurde unser Leben hineingenommen in die Gemeinschaft mit Gott und seinem weltweiten Volk. Dafür loben wir Gott:

Alle:
Halleluja EG 182.1

Liturg:
Das Wasser, das wir in der Taufe verwenden, weist voraus auf den Strom des lebendigen Wassers in Gottes Welt, dem neuen Jerusalem, dem wir entgegengehen. Im Wasser der Taufe werden wir schon heute in das Leben der kommenden Welt Gottes einbezogen. Dafür loben wir Gott:

Alle:
Halleluja EG 182,1.9

Erneuerung des Taufbekenntnisses

Liturg:
In der heiligen Taufe hat Gott euch angenommen und zu Gliedern seines weltweiten Volkes gemacht. Von seiner großen Verheißung habt ihr gehört und sie an Leib und Seele erfahren. An seinem heiligen Tisch seid ihr genährt und berufen worden, das Evangelium seiner Liebe in der Welt zu bezeugen. Daher bitte ich euch nun, euer Taufbekenntnis zu erneuern.

Alle:
Ich glaube an Gott,
den Vater, den Allmächtigen,
den Schöpfer des Himmels und der Erde.

Und an Jesus Christus,
seinen eingeborenen Sohn, unseren Herrn,
empfangen durch den Heiligen Geist, geboren von der Jungfrau Maria,
gelitten unter Pontius Pilatus, gekreuzigt, gestorben und begraben,
hinabgestiegen in das Reich des Todes, am dritten Tage auferstanden von den Toten,
aufgefahren in den Himmel, er sitzt zur Rechten Gottes, des allmächtigen Vaters,
von dort wird er kommen zu richten die Lebenden und die Toten.

Ich glaube an den Heiligen Geist,
die heilige christliche Kirche, Gemeinschaft der Heiligen,
Vergebung der Sünden, Auferstehung der Toten
und das ewige Leben.
Amen.

Musikalisches Zwischenspiel, Lied, Predigt

Geborgen im Sturm des Lebens
Familiengottesdienst mit Tauferinnerung und Taufe

Micaela Strunk-Rohrbeck

Seit 1990 feiern wir in unserem Pfarrbezirk jährlich einen Tauferinnerungsgottesdienst. Dazu werden mit einem persönlichen Anschreiben sowie über die Presse alle Kinder aus unserem Pfarrbezirk eingeladen, die fünf Jahre zuvor getauft worden sind. Diese Gottesdienste werden von den beteiligten Familien (neben Eltern auch Großeltern und Paten) sehr gut angenommen. Ein großer Teil eines Taufjahrgangs wird angemeldet. In den vergangenen Jahren konnten erfreulicherweise immer Jugendliche des Konfirmandenjahrgangs zur Mitwirkung bei den zahlreichen Aktionsphasen gewonnen werden. Am Eingang erhält jedes Kind ein Fläschchen (praktisch sind ausgediente 200-ml-Zitronensaftflaschen) mit angewärmtem Wasser, das die Eltern bis zur Taufhandlung verwahren. Außerdem wurde im vorliegenden Gottesdienst an jedes Kind ein gefaltetes Papierschiffchen ausgegeben. Die Idee zum Zerlegen und Deuten dieses Schiffchens verdanke ich Kerstin Othmer-Haake (Institut für Aus-, Fort- und Weiterbildung der EKvW).

Musik zum Eingang

Begrüßung:

Herzlich willkommen zu unserem Tauffest hier in der Christuskirche! Besonders begrüße ich die Kinder, die vor fünf Jahren getauft worden sind und die heute zur Tauferinnerung hierhergekommen sind. Aber auch alle anderen Kinder heiße ich herzlich willkommen! Einige von euch haben in den letzten drei Wochen im Kindergarten bei unserem kleinen Taufkurs mitgemacht und schon eine Menge darüber erfahren, was die Taufe bedeutet. An unsere eigene Taufe können sich die meisten von uns nicht erinnern – aber heute wollen wir miteinander feiern, dass Gott uns mit der Taufe zeigt, wie lieb er uns hat.
Deshalb ist es schön, dass wir in diesem Gottesdienst die kleine Lene taufen dürfen. Dazu begrüße ich Familie B. aus W. ganz herzlich in unserer Mitte.

Wir feiern einen Familiengottesdienst, bei dem Erwachsene und Kinder die ganze Zeit über zusammen sind. Deshalb wird es keine ausführliche Predigt geben, und wir werden einige neuere Lieder aus den Liederbüchern singen, die am Eingang verteilt wurden. Die Konfirmandinnen und Konfirmanden werden uns bei verschiedenen Aktionen in diesem Gottesdienst tatkräftig unterstützen.
Heute feiern wir ein Tauffest – deswegen wollen wir das Taufbecken hier vorne festlich mit Blumen schmücken. Dazu bitte ich die Kinder nach vorne, die noch nicht in die Schule gehen. Währenddessen singen die Großen, sozusagen als Ermutigung: »Wir sind die Kleinen in den Gemeinden«.

Lied: Wir sind die Kleinen in den Gemeinden
Mein Liederbuch für heute und morgen, Düsseldorf, C4

Mit Hilfe einiger Jugendlicher schmücken die Vorschulkinder das Taufbecken mit Blüten, die ein örtliches Blumengeschäft für diesen Zweck gespendet hat.

Wie schön der Taufstein geworden ist! Jetzt sieht man, dass die Taufe heute im Mittelpunkt steht. Vielen Dank an alle, die beim Schmücken geholfen haben!
Am Anfang von jedem Familiengottesdienst sprechen wir immer gemeinsam einen wichtigen Satz und machen dazu auch die passenden Bewegungen – viele kennen das schon, aber ich mache es einmal vor:

Wir feiern unseren Gottesdienst
im Namen Gottes,
der uns schützt wie ein Dach (*Hände überm Kopf*),
der uns trägt wie ein fester Boden (*mit Füßen auftreten*)
und der uns nah ist wie liebe Menschen (*Hände zur Seite*).

Die Gemeinde steht auf und wiederholt das Votum mit Bewegungen.

Wir bleiben stehen und sprechen jetzt ein Gebet im Wechsel. Dabei können auch alle mitsprechen, die noch nicht lesen können. Immer wenn ich sage »Doch dann denke ich daran«, sprechen wir alle miteinander: »Geborgen ist mein Leben in Gott. Er hält mich in seinen Händen.«
Kehrvers üben

Liturgin:
Guter Gott –
manchmal habe ich Angst.
Ich fühle mich ganz allein.
Ich frage mich: Wer ist da, der mich tröstet?
Doch dann denke ich daran:

Alle:
Geborgen ist mein Leben in Gott.
Er hält mich in seinen Händen.

Liturgin:
Manchmal bin ich sehr traurig.
Oft weiß ich nicht, warum.
Ich frage mich:
Wer ist da, der mich in den Arm nimmt?
Doch dann denke ich daran:

Alle:
Geborgen ist mein Leben in Gott.
Er hält mich in seinen Händen.

Liturgin:
Manchmal habe ich das Gefühl,
dass niemand mich leiden mag.
Oft mag ich mich selbst nicht.
Ich frage mich: Wer ist da, der mich verstehen kann?
Doch dann denke ich daran:

Alle:
Geborgen ist mein Leben in Gott.
Er hält mich in seinen Händen.

Liturgin:
Manchmal bin ich feige.
Ich traue mich nicht, den Mund aufzumachen.
Ich habe nicht den Mut, das Rechte zu tun.
Ich frage mich: Wer ist da, der mir hilft?
Doch dann denke ich daran:

Alle:
Geborgen ist mein Leben in Gott.
Er hält mich in seinen Händen.

Liturgin:
Manchmal habe ich Angst vor dem Sterben.
Ich versuche, mir das vorzustellen.
Ich frage mich:
Wer ist da, der mich in dieser Angst begleitet?
Doch dann denke ich daran:

Alle:
Geborgen ist mein Leben in Gott.
Er hält mich in seinen Händen.
Nach: M. Decker (Hg.), Mit Kindern Gottesdienst feiern, 129 f.

Guter Gott,
du bist für jeden von uns da und hast uns lieb.
Sei jetzt bei uns,
wenn wir diesen Gottesdienst feiern.
Hilf uns, zur Ruhe zu kommen
und deine Nähe zu erleben.
Lass uns neu spüren,
dass wir zu dir gehören.

Lied: Lieber Gott, ich danke dir
Kommt und singt. Liederbuch für die Jugend, Gütersloh 2015, 457

Thematischer Teil: Geborgen im Sturm des Lebens

Teil 1: Die Sturmstillung (Mk 8,35–41)

Ich möchte euch jetzt eine Geschichte erzählen. Ich finde, sie passt gut zur Taufe, weil sie es mit Jesus und mit Wasser zu tun hat.
Damit wir uns alle die Geschichte gut vorstellen können, brauche ich eure Hilfe.
Zunächst brauchen alle Kinder ein *Schiff* – wir werden gleich erfahren, was dieses Schiff erlebt. *(evtl. noch Schiffe verteilen)*

Dann brauchen wir den *Regen* – den spielen die größeren Jungs und die Männer. Der Regen kann erst leise tröpfeln *(auf die Oberschenkel)*, dann rauscht er herab, und am Ende prasselt er *(ausprobieren)*.
Schließlich brauchen wir noch den *Wind* – den spielen die größeren Mädchen und die Frauen. Der Wind säuselt erst ganz sachte *(vormachen)*, dann pustet er immer stärker, und am Ende heult der Sturm *(Huhu ...)*.

(Im Folgenden mache ich die Bewegungen des Schiffes mit einem größeren Exemplar vorn vor und motiviere auch jeweils die Gemeinde zu den entsprechenden Aktionen.)

Unsere Geschichte beginnt am Ufer vom See Genezareth. Da liegt ein Schiff. Es *schaukelt* ganz sacht auf den Wellen.
Da kommt Jesus mit seinen Freunden. Sie steigen in das Schiff. Dann legen sie ab. Ruhig *gleitet* das Schiff über den See.
Jesus hat den ganzen Tag mit vielen Leuten gesprochen und vielen Menschen geholfen. Jetzt ist er müde. Er legt sich hinten ins Boot und schläft ein.
Der Himmel ist klar, der See ist ruhig.
Plötzlich kommt ein *leichter Wind* auf. Der *bläst* ganz sachte.
Und da ziehen auch schon Wolken auf. Es beginnt zu *tröpfeln*.
Der Wind wird *stärker*.
Die Wellen *kräuseln* sich. Das Schiff *schwankt leicht nach rechts und links*.
Jesus schläft.
Der Regen *rauscht* aufs Wasser herab.
Die Wellen werden *höher*, und das Schiff *schaukelt* jetzt auch *von vorn nach hinten*.
Aber Jesus schläft immer noch.
Der Wind *pustet* jetzt richtig stark.
Die Wellen *schleudern* das Schiff nach oben. Gleich darauf *stürzt* es ins Wellental.
Der Regen *prasselt*.
Der Sturm *heult*.
Aber Jesus schläft.
Das Schiff wird von Wind und Wellen *durchgeschüttelt*.
Da rufen Jesu Freunde: »Hilfe, wir ertrinken! Jesus, hilf uns!« *(Alle rufen)*

Da steht Jesus auf.
Er sagt zu dem Sturm: »Sei still!«
Er sagt zu den Wellen: »Beruhigt euch!«
Da legt sich der Wind, und das Wasser glättet sich.
Das Schiff *schwimmt* wieder *ruhig* über den See.
Jesus sagt: »Ihr braucht keine Angst zu haben. Ihr dürft mir vertrauen.«
Die Jünger merken: Jesus ist ein ganz besonderer Mensch. Er kommt von Gott – damit sich die Menschen nicht mehr fürchten müssen. Jesus ist stärker als alles, was uns Angst macht.

Lied: Halte zu mir, guter Gott
Kommt und singt, Gütersloh 2015, 456

Teil 2: Vom Lebensboot zum Kreuz
Nehmen wir noch einmal unser Boot zur Hand.
Unser Leben ist auch wie solch ein Boot.
Oft schwimmt unser Lebensboot ruhig im Wasser. Dann ist alles in Ordnung. Wir haben Freude am Leben und verstehen uns gut mit den Menschen, die zu uns gehören.
Aber manchmal gerät unser Lebensboot auch in stürmische See. Der Wind bläst uns ins Gesicht, und wir kommen nicht voran. Die See wird kabbelig, es gibt Unruhe, Sorgen und Streit.
Und dann kann im Sturm des Lebens auch mal was kaputt gehen *(Bug abreißen)* – wenn wir zum Beispiel von einem Menschen verletzt werden.
Und wenn der Lebenssturm noch heftiger wird, dann wird ein Leck in unser Lebensboot geschlagen *(Heck abreißen)* – vielleicht durch einen Unfall oder eine schwere Krankheit.
Es kann sogar sein, dass der Mast abbricht *(Spitze abreißen)* – vielleicht, wenn wir einen lieben Menschen verloren haben.
Jetzt ist unser Lebensboot in Seenot geraten. Es hat Schiffbruch erlitten. So kann es uns in unserem Leben manchmal vorkommen. Es scheint, als sei alles aus.
Aber in Wirklichkeit geht es uns wie den Freunden von Jesus. Denn wir sind auf unserer Lebensreise mit Jesus unterwegs. Manchmal denken wir, er merkt gar nicht, wie es uns geht. Er schläft einfach.
Aber Jesus ist bei uns. Er ist stärker als alles, was uns verletzt und uns Angst macht. Daran erinnert uns unsere Taufe.

Wir falten unser kaputtes Boot jetzt einmal ein kleines Stück auseinander. Was können wir entdecken?
Das sieht aus wie ein Hemd. Mich erinnert das an ein Taufkleid. Früher trugen die Babys zur Taufe oft extra ein langes weißes Taufkleid – so wie heute die kleine Lene. Seht euch mal zu Hause Fotos von eurer Taufe an!
Das Taufkleid sagt: Egal wie stürmisch und gefährlich es in deinem Leben wird – durch die Taufe gehörst du zu Gott. Er lässt dich nicht allein. Er ist immer bei dir.
Das verspricht er uns durch Jesus *(Hemd aufklappen)*. Das Kreuz ist das Zeichen für Jesus. Er geht mit uns durch den Tod ins Leben. Wir brauchen uns nicht mehr zu fürchten.
(Durch das Loch blicken) Durch das Kreuz sehen wir Gott neu. Und Gott sieht uns. Und wir können uns gegenseitig sehen *(ausprobieren)*.

Gleich wollen wir die kleine Lene taufen. Wir nehmen sie auf in die Gemeinschaft, die auf Jesus vertraut. Wir freuen uns über jeden, der zu unserer Gemeinde dazukommt. Und deshalb singen wir jetzt für unseren Täufling:

Lied: Einfach spitze, dass du da bist
Kommt und singt, Gütersloh 2015, 193

Überleitung zur Wasserprozession

Im Kindergarten habe ich mich neulich mit einigen von euch über die Taufe unterhalten. Dabei haben wir auch überlegt, was Wasser eigentlich alles kann. Wasser ist ja nicht nur gefährlich, wie in unserer Geschichte. Wasser ist ganz wichtig für unser Leben. Einige von euch haben Bilder dazu gemalt, die wir draußen aufgehängt haben. Darauf können wir z. B. sehen, wie der Regen die Blumen und die Bäume wachsen lässt. Also: Wasser brauchen wir zum Leben. Alles, was lebt, braucht Wasser.
Wenn wir Lene gleich mit Wasser taufen, dann erinnert uns das daran, dass sie fröhlich wachsen und gedeihen soll und dass Gott ihr Leben segnen will.
Ihr Kinder habt am Eingang alle ein Gläschen mit Wasser bekommen. Das brauchen wir gleich zum Taufen. Ich bitte euch, beim nächsten Lied mit eurem Fläschchen nach vorn zu kommen und das Wasser hier in die Taufschale zu gießen.

Einige Jugendliche werden gleichzeitig die Papierabfälle einsammeln. *(Körbe oder Schachteln)*
Während die Kinder mit ihren Wassergläsern nach vorn kommen, singen wir:

Lied: Danke für diesen guten Morgen EG 334
Währenddessen leeren die Kinder ihre Gläschen in die Taufschale, stellen sie auf ein Tablett und setzen sich auf die Altarstufen.

Taufe

Lied: Wenn einer sagt: Ich mag dich, du
Kommt und singt. Liederbuch für die Jugend, Gütersloh 2015, 470

Entzünden der Taufkerzen

Ihr habt es eben alle gehört und gesehen: Als Erinnerung an ihre Taufe hat Lene eine Taufkerze bekommen. Die soll sie jedes Jahr an ihrem Tauftag daran erinnern, dass sie getauft ist und dass Jesus ein Licht auf ihrem Lebensweg sein will. »*Ich* bin das Licht der Welt«, hat Jesus gesagt.
Jesus hat aber noch einen zweiten wichtigen Satz über das Licht gesagt: »*Ihr* seid das Licht der Welt.« Menschen, die zu Jesus gehören, können es für andere Menschen hell machen. Auch daran erinnert uns die Taufkerze.
Viele von euch Kindern haben zur Taufe auch eine Taufkerze bekommen. Vielleicht haben eure Eltern sie schon mal zu eurem Tauftag angezündet. Auf jeden Fall kann sie heute brennen, zur Tauferinnerung. Einige von euch haben ihre Kerze heute zum Gottesdienst mitgebracht. Die bitte ich beim nächsten Lied nach vorn, damit wir eure Kerzen hier an der großen Osterkerze anzünden können. Wer dabei Hilfe braucht, bringt bitte Papa oder Mama mit. Wer jetzt keine Kerze dabeihat, kann die Eltern fragen, ob vielleicht nachher zu Hause die Taufkerze angezündet werden darf.
Gott macht unser Leben hell; er ist Licht auf unserem Weg – davon erzählt auch das Lied »Ein Licht geht uns auf«. Während des Liedes dürfen die Kinder, die ihre Kerzen dabei haben, sich das Licht der Osterkerze holen.

Lied: Ein Licht geht uns auf
Kommt und singt. Liederbuch für die Jugend, Gütersloh 2015, 140

Taufgedächtnis mit den Kindern

Ich bitte jetzt die Kinder nach vorn, die wir zu diesem Gottesdienst besonders eingeladen haben, also die Kinder, die vor fünf Jahren hier oder in einer anderen Kirche getauft worden sind. Bitte lasst dabei eure Kerzen bei euren Eltern.
Ihr seid vor fünf Jahren getauft worden. Damit hat Gott euch gezeigt, dass er euer Freund sein will. Er hat zu jedem von euch bei eurer Taufe gesagt: »Ich will immer bei dir sein und dich begleiten. Du kannst mir alles sagen, und ich höre dir zu. Wir gehören jetzt zusammen: Ich, der große Gott, und du, mein Kind.« So hat Gott zu jedem von euch bei eurer Taufe gesagt.
Und damit ihr das nicht so schnell vergesst, sollt ihr gleich alle ein Geschenk bekommen, das euch an diesen Gottesdienst erinnert: ein kleines Buch mit Geschichten über Gott.
Bevor ich euch aber dieses Geschenk gebe, möchte ich euch einen Segenswunsch zusprechen *(jeweils ein oder zwei Kindern die Hand auflegen):*
Jeden Tag sollst du spüren: Es ist jemand da, der mich sieht; hört; versteht; liebt; in den Arm nimmt; schützt; mir hilft.

Geschenke verteilen

Lied: Gott, dein guter Segen
Kommt und singt. Liederbuch für die Jugend, Gütersloh 2015, 176

Abkündigungen

Schlussgebet

Guter Gott,
danke, dass du uns bis heute behütet hast.

Wir beten heute für Lene,
für die Kinder, die zum Taufgedächtnis gekommen sind,
und für alle anderen Kinder und Jugendlichen:
Lass sie Freude am Leben gewinnen.

Lass sie zu offenen und selbstbewussten Menschen heranwachsen,
die andere lieben können wie sich selbst.
Wir bitten gemeinsam: *Herr, erbarme dich!*

Wir beten für Eltern und Großeltern, Patinnen und Paten,
für alle, die Kinder und Jugendliche erziehen, unterrichten und begleiten:
Gib ihnen offene Ohren für ihre Fragen und offene Herzen für ihre Sorgen.
Hilf ihnen, den Kindern Halt zu geben, ohne sich an sie zu klammern.
Hilf uns Erwachsenen,
dass uns die Liebe zu den Kindern und Jugendlichen nie ausgeht,
auch wenn sie sich anders entwickeln, als wir es uns vorstellen.
Wir bitten gemeinsam: *Herr, erbarme dich!*

Wir bitten dich auch für alle, die es nicht so gut haben wie wir:
für Menschen, die krank sind oder traurig,
für Menschen, die Unrecht und Gewalt erleiden.
Bewahre uns davor, so zu leben, als gäbe es sie nicht.
Zeig uns, wie wir helfen können,
und gib uns den Mut und die Kraft dazu!
Wir bitten gemeinsam: *Herr, erbarme dich!*

Guter Gott, behüte uns heute und alle Tage.
Wir beten weiter mit den Worten Jesu:
Vater unser im Himmel ...

Lied: Geh unter der Gnade, EG Württemberg 543

Segen
Musik zum Ausgang

Liturgische Stücke

Eine Taufliturgie mit Beteiligungsmöglichkeiten

Heinz Behrends

Ein Pate liest Mt 28, 18–20:
Wir taufen nicht, weil wir es waren, die so eine tolle Idee hatten, sondern Christus selbst trägt uns auf, wenn er zu uns spricht:
Lesung

Kinder schmücken den Rand des Taufbeckens mit Blumen:
Wir bringen unsere Freude über N. zum Ausdruck durch den Blumenkranz um die Taufschale. Wir freuen uns über das neue Leben.

Ein Pate oder älteres Geschwister gießt das Wasser aus der Taufkanne in die Taufschale. Wo eine Quelle in der Nähe der Kirche ist, holen Kinder unter dem Eingangslied das Wasser aus Brunnen oder Quelle:
Wir taufen mit Wasser. Die Blumen, die Tiere, wir selbst können ohne Wasser nicht leben. Wasser reinigt. Wir spülen den Schmutz ab und fangen neu an, wir sind nicht festgelegt auf die Vergangenheit. Und im Wasser kann man ertrinken. Wir gehen unter und tauchen wieder auf. So wird es sein bis zu unserer Auferstehung mit Christus.

Ein Pate liest das Evangelium nach Mk 10,13–16:
Wir hören, wie Jesus zu den Kindern steht:
Lesung

Liturg:
Ihr habt euer Kind N. empfangen als Geschenk Gottes und bringt es zurück zu ihm. N. gehört zu Gott und zu unserer Gemeinde, zu der weltumspannenden Kirche Jesu Christi.
Wir loben Gott und beten gemeinsam:
Apostolisches Glaubensbekenntnis

Um euch in eurer Verantwortung für N. zu stärken, frage ich euch: »Liebe Eltern, N. ist euch als Geschenk von Gott anvertraut. Wollt Ihr helfen, dass in ihm das Vertrauen wachsen kann, und wollt Ihr ihn in der Verantwortung vor Gott erziehen, so sprecht: Ja, mit Gottes Hilfe.

Liebe Paten, N.s Eltern wollen euch teilhaben lassen an der Verantwortung für N. So frage ich auch euch:
Stellvertretend für die christliche Gemeinde wollt Ihr das Patenamt an N. übernehmen. Wollt Ihr den Eltern bei der Erfüllung ihrer Aufgaben helfen, Euer Patenkind ins Leben begleiten und für es da sein, so sprecht: Ja, mit Gottes Hilfe.

So lasst uns nun N. taufen in der Hoffnung, dass sich unser Glaube bewährt, unsere Liebe stark wird.

N., ich taufe dich ...

Zur Segnung bitte ich die Paten, mit mir die Hand über N zu halten.

Bei der Taufe geht es ums Ganze. Alle vier Elemente sind herausgefordert. Von den Früchten der Erde leben wir, von der Luft, die wir atmen, von Wasser und vom Feuer, abgebildet in der Taufkerze. Ich übereiche die Taufkerze. Möge sie am Tauftag in eurem Hause leuchten und die Zusage Gottes von heute in eure Gegenwart und Zukunft tragen.

Zur Fürbitte werden Familie und Freunde im Kreis vor den Altar gebeten, ein großes festes Tuch wird in ihrer Mitte ausgelegt. Jeder nimmt einen Zipfel des Tuches und hält fest. Das getaufte Kind wird hineingelegt, es wird im Tuch leicht gewiegt. Wer mag, spricht einen Wunsch für den Täufling aus und hält zeichenhaft die Hand über das Kind im Tuch.
Die Fürbitte schließt mit einem vorbereiteten Gebet und/oder Vaterunser.

Segen

Taufgedanken für Paten

Kurt Rainer Klein

Liebe/r ...
Wenn du Fragen stellst,
wollen wir dir nicht einfach sagen:
»Da kann man nichts dran ändern.«
Wir wollen dir zuhören
und aufmerksam sein.
Wir wollen mit dir nach Lösungen suchen
und Antworten finden
Wir wollen uns mit dir auf den Weg machen
und dir das Leben zeigen.
Am Schatz unserer Erfahrungen
sollst du teilhaben.

Liebe/r ...
Wenn du Kummer hast,
wollen wir dir nicht einfach sagen:
»Weine nicht, es geht auch wieder vorbei.«
Wir wollen deine Tränen trocknen
und deinen Schmerz stillen.
Wir wollen dir unsere Nähe zeigen
und dich in den Arm nehmen.
Wir wollen dich trösten
und dich wieder zum Lachen bringen.
Am Schatz unseres Glaubens
sollst du teilhaben.

Liebe/r ...
Wenn dich Zweifel quälen,
wollen wir dir nicht einfach sagen:
»Kopf hoch, es wird schon werden.«
Wir wollen dich ermutigen,

deine Schritte zu gehen.
Wir wollen dich stärken,
auf das Gelingende zu schauen.
Wir wollen dich bejahen
und dich annehmen, wie du bist.
Am Schatz unserer Hoffnungen
sollst du teilhaben.

Liebe/r ...
Wenn du Liebe brauchst,
wollen wir nicht einfach sagen:
»Das ist verlorene Liebesmüh.«
Wir wollen versuchen zu verstehen
und dir mit Interesse zu begegnen.
Wir wollen uns zurückhalten mit Ratschlägen
und nach hilfreichen Worten suchen.
Wir wollen dich beschenken
mit herzlicher Zuneigung.
Am Schatz unserer Liebe
sollst du teilhaben.

Liebe/r ...
Wenn du den Himmel suchst,
wollen wir nicht einfach sagen:
»Das muss jeder für sich wissen.«
Wir wollen dir Anteil daran geben,
wo wir selbst berührt wurden.
Wir wollen die großen Fragen und Antworten der Menschheit
mit dir teilen.
Wir wollen im Gespräch mit dir sein
und für dich beten.
Am Schatz unseres Segens
sollst du teilhaben.

Eingangsgebete

Christian Schwarz

Jesus Christus, du hast den Erwachsenen die Kinder als Vorbild hingestellt.
Du hast ihnen die Hände aufgelegt und sie gesegnet.
Heute bringen wir unsere Kinder, dass sie durch die Taufe deinen Namen tragen.
In unsere Familie gehören sie schon.
Ab heute gehören sie zur Familie der Kinder Gottes.
Danke für diesen Tag heute, für alle, die mitfeiern.
Begegne uns und lass uns deine Nähe erfahren.

*

Du, unser Gott, wir bringen heute unser Kind zur Taufe.
Wir sind glücklich und dankbar, es zu haben und auf seinem Weg begleiten zu dürfen.
So viele wunderbare Augenblicke haben wir schon mit ihm erlebt.
Manches ist auch anstrengend und fordert uns heraus.
Wir wünschen uns für unser Kind,
dass sein Leben gelingt, dass es einen guten Weg geht, ein zufriedener Mensch wird
und seinen Platz in dieser Welt findet.
Lass uns heute spüren, dass du bei uns bist,
dass du bei N. bist
und wir immer auf dich vertrauen können.

*

Im Sonntagsgottesdienst

Gott, du hast vor Urzeiten diese Welt geschaffen
und noch immer ist dein Werk nicht zu Ende.

Du lässt wachsen und gedeihen,
lässt Leben entstehen und reifen
zu unserer Freude.
Wir danken dir für dieses Kind,
das geboren wurde,
für die Hoffnung, die es in uns weckt,
für die Freude, die sein Lachen in uns auslöst.

Schenke es uns, dass wir uns immer wieder davon berühren lassen,
frei und unverkrampft annehmen, was du uns schenkst,
so wie ein Kind.

In der Stille bringen wir dir unseren Dank für diese Woche,
was uns belastet,
was wir uns jetzt von dir erhoffen.
Stille

Begegne du selbst uns,
damit unser Leben heil wird und gelingt.

*

Taufe Erwachsener

Gütiger Gott,
wir danken dir für diesen Morgen.
Ein neuer Tag hat begonnen,
für uns ein Bild deiner Liebe und Treue,
die jeden Morgen neu ist.

Zwei Menschen kommen heute zu deiner Gemeinde dazu:
Wir danken dir für ihr Leben,
für alles, was sie schon für andere bedeutet haben.

Danke, dass du sie bis heute getragen und bewahrt hast,
manchmal auch ertragen,
wie du uns alle immer wieder erträgst.

Schaffe in uns heute Raum für dich,
für das, was du mit uns vorhast,
nimm weg, was uns davon abhält.

Schaffe etwas Neues,
damit wir werden, was wir sind:
deine Kinder für immer.
Herr, erbarme dich.

Fürbittengebete

Christian Schwarz

Gott, unser Schöpfer,
wir danken dir für N. (und N.).
Du hast sie wunderbar gemacht,
und schon jetzt ist jedes von ihnen eine eigene Persönlichkeit.

Jesus Christus, du guter Hirte,
behüte sie und sorge für sie,
dass sie genug haben für Leib und Seele,
dass sie Antworten finden auf ihre Fragen
und an Herausforderungen wachsen.

Heiliger Geist,
pflanze das Vertrauen zu dir in sie,
dass sie ihre Berufung entdecken
und den Weg mit dir gehen,
und gib Eltern und Paten Liebe und Weisheit,
sie dabei zu begleiten.

*

Das folgende Gebet wurde ursprünglich passend zu den Taufsprüchen der Kinder formuliert, kann aber auch unabhängig davon verwendet werden.

Wir danken dir, dass du unseren Kindern viele Gaben geschenkt hast. Lass sie zu verlässlichen Menschen heranwachsen, denen andere gern vertrauen. Lass sie zu Menschen werden, deren Wort etwas gilt und die Verantwortung übernehmen.
Wir rufen zu dir: *Gebetsruf*

Wir danken dir für die vielen Möglichkeiten, die unsere Kinder haben. Behüte sie auf allen ihren Wegen an Leib und Seele. Lass sie umgehen lernen mit den vielen Chancen, aber auch Versuchungen unserer Zeit

und mach sie stark.
Wir rufen zu dir: *Gebetsruf*

Wir danken dir, dass du unsere Kinder zu einer Beziehung mit dir geschaffen hast. Lass sie aufwachsen mit deinem Namen im Herzen und der Hoffnung, dass du immer bei ihnen sein wirst. Lass in ihnen ein JA wachsen zu dir und deiner Kirche.
Wir rufen zu dir: *Gebetsruf*

Wir danken dir, dass du für unsere Kinder einen Weg hast. Hilf ihnen, ihre Berufung für ihr Leben zu entdecken und diesen Weg dann konsequent zu gehen. Steh ihnen bei in Zeiten der Unsicherheit, schenke ihnen Vorbilder und hilf auch uns, glaubwürdig vor ihnen zu leben.
Wir rufen zu dir: *Gebetsruf*

Wir danken dir, dass es für unsere Kinder immer einen Weg geben wird. Lass sie nicht verzweifeln, wenn es schwierig und mühsam wird, lass sie immer wieder neue Freude am Leben entdecken und mache die Hoffnung stark in ihnen, dass du helfen wirst.
Wir rufen zu dir: *Gebetsruf*

*

Für mehrere Täuflinge:

Gott, Schöpfer des Lebens, wir danken dir für *(Namen der Kinder)*. Wir freuen uns so, dass sie da sind und unser Leben bereichern. Ein Leben ohne sie können wir uns gar nicht mehr vorstellen.
Wir bitten dich: Halte deine Hand über sie, behüte sie vor allem Bösen und lass sie zu fröhlichen Kindern werden.

Jesus, du hast Kinder gern gehabt und sie gesegnet. Begegne auch unseren Kindern, dass sie dich kennen lernen, und mache ihr Leben hell.

Heiliger Geist, erfülle unsere Täuflinge, lass sie ihren Platz in der Gemeinde finden und deine Berufung für ihr Leben entdecken.

Danke – ein neuer Text zur alten Melodie

Christian Schwarz

Die Melodie von Martin Gotthard Schneider (EG 334) ist fast durchgängig bekannt, das prädestiniert sie zum Tauflied; der Text passt hingegen weniger gut zur Taufe. Ein neuer Versuch:

1. Danke für dieses neue Leben,
danke, wir sehen's staunend an,
danke, du willst den Segen geben,
dass es wachsen kann.

2. Danke, wir können auf dich bauen,
danke, du öffnest uns die Tür,
danke, wir leben vom Vertrauen,
bergen uns bei dir.

3. Danke, du schenkst uns viele Gaben,
danke, dass jeder etwas hat,
danke, wir teilen, was wir haben,
alle werden satt.

4. Danke, du rufst uns jeden Morgen,
danke, du bist uns täglich nah,
danke, auch in den größten Sorgen
bist du für uns da.

5. Danke für Liebe und für Treue,
danke, o Herr, bei Alt und Jung,
danke, du weckst in uns aufs neue
die Begeisterung.

6. Danke, wir loben deinen Namen,
danke, das ist, was dir gefällt,
danke, du legst im Lob den Samen
für die neue Welt.

Die Autorinnen und Autoren

Superintendent i. R. Heinz **Behrends,** Göttingen
Pfarrer i. R. Wolfram **Braselmann,** Wölpinghausen
Dekan Markus **Engelhardt,** Freiburg
Pfarrerin Dr. Juliane **Fischer,** Hallbergmoos
Dekan Eckhard **Herrmann,** Regensburg
Pfarrer Kurt Rainer **Klein,** Schornsheim
Pfarrer Dr. Michael **Lapp,** Freigericht-Somborn
Pfarrerin Anja **Lochner,** Sylt
Pfarrer Klaus **von Mering,** Rastede
Pfarrerin Nadja **Papis-Wüest,** Langnau a. Albis (CH)
Pfarrer Jörg **Prahler,** Gusborn
Pfarrer Peter **Remy,** Alsfeld
Pfarrer Arno **Schmitt,** Mannheim
Lena **Schubert,** Gründau
Pfarrer Dr. Christian **Schwarz,** Wiesloch
Pfarrerin Dr. Heike **Springhart,** Heidelberg
Pfarrerin Micaela **Strunk-Rohrbeck,** Rahden
Pfarrer Ulrich **Tietze,** Sarstedt
Pfarrer Martin **Vogt,** Sundern

Güney Dal
Teestunden am Ring

Güney Dal

Teestunden am Ring

Roman

Aus dem Türkischen
von Carl Koß

Piper
München Zürich

Titel der türkischen Originalausgabe: »Aşk ve Boks« bei Sistem Yayınculuk, Istanbul

ISBN 3-492-04116-7

Gesetzt aus der Bauer Bodoni
Gesamtherstellung: Clausen & Bosse, Leck
Printed in Germany

Welchen Tag haben wir heute, Meister?

Das Licht, das ihm auf die Augenlider fiel, war so kräftig, da mußte die Sonne schon irgendwo in der Wohnung sein …

Es hatte keinen Zweck, krampfhaft weiter die Augen zuzupressen, um noch ein wenig weiterzuschlafen.

Schließlich schlug er die Augen auf.

Luise hatte sich auf die andere Seite des Bettes geflüchtet, die Decke über den Kopf gezogen und schlief weiter.

Das beste war, sie nicht zu wecken und sich auf den Weg ins Studio zu machen. Und dort einen Blick in die Zeitungen zu werfen. Was sie wohl über die ungerechte ›Niederlage‹ von gestern abend schreiben würden?! … Er war schon so lange in diesem Beruf, hatte so viel erlebt und erfahren, wie sollte ihm da nicht klar sein, daß niemand den Mut hatte, sich über den anderen zu beschweren; wie sollten die Zeitungen da etwas anderes schreiben?

Selbst wenn man ›Widerspruch‹ gegen die Entscheidung einlegte und man Franz erneut zum Meister erklären würde, war klar, daß die Gegenseite ihr Ziel erreicht hatte: Max Schmeling war Deutscher Meister im Schwergewicht.

Bei einem Widerspruch würde man die Entschei-

dung noch einmal überprüfen, und wenn dann alles klappte, würde der ›fehlerhaft vergebene‹ Meistertitel nach, sagen wir, zwei Monaten durch Gerichtsbeschluß wieder aberkannt werden ... Man würde versuchen, einen geeigneten Termin für ein neues Match festzulegen, der nicht mit den herannahenden Parlamentswahlen kollidierte, und so weiter und so weiter. Der junge Mann galt jetzt nun einmal als Meister im Schwergewichtsboxen, und der geschickte, tüchtige Herr Bülow ...

Oh, fast wäre er wieder eingenickt ... Eigentlich konnte er gut noch ein wenig weiterschlafen und so der eisigen Kälte, die ihm seit Monaten immer tiefer ins Herz eindrang, wenigstens für kurze Zeit entfliehen.

Aber es klappte nicht. Er konnte keinen Schlaf mehr finden.

Die Sonnenstrahlen hatten sich der Wohnung bemächtigt und taten darin, was sie wollten ... Ein Flügel der Schiebetür stand halb offen und ließ Licht aus dem Wohnzimmer herein. Die Strahlen drangen durch die Zierscheiben in der Tür, nahmen verschiedene Farben an und gelangten, nichts ahnend von dem unangenehmen Ereignis des Vorabends, fröhlich und verspielt bis ans Fußende des Bettes. Auf den geschliffenen Scheiben der Zierfenster kauerte, einen Teil des Gesichts dem Licht zugewandt, eine Nixe in dem grünlich-bläulichen, spiegelblanken Wasser mit den fast aufgeblühten Seerosen und kämmte sich das Haar ... Das nach Osten blickende Fenster des großen Wohnzimmers mit der hohen Decke ließ zu dieser morgendlichen Stunde im Frühling die Sonne herein, und ihre Strahlen fielen auf die Nixe. Nun, sie würden

bald wieder verschwinden, und die Nixe mit dem Silberhaar im allmählich immer dunkler werdenden Wasser des Teiches, in dem sie seit Jahren hockte, würde in die halbdunkle Einsamkeit ihrer Selbstgefälligkeit zurückfallen.

Seine Frau sollte nicht aufwachen.

Vorsichtig richtete er sich auf. Er zog den gestreiften seidenen Morgenmantel über, der auf dem in altrosa Samt bezogenen Sessel lag, und stand auf. Bestimmt hatte Rachel, das Hausmädchen, in der ihr eigenen lautlosen Art im Bad und im Salon längst mit dem Aufräumen und Saubermachen begonnen. Sich vor Rachel im Pyjama zu zeigen, diese Vorstellung war selbst nach all den Jahren unerträglich für ihn. In Sabri Mahirs Welt war kein Platz für ein solches Sichgehenlassen …

Er öffnete eines der Fenster im Wohnzimmer. Erst kamen die satten Laute der Hufschläge auf dem Kopfsteinpflaster, dann die Feuchtigkeit des Regens und schließlich der Geruch von Erde herein.

Er reckte seinen Körper, der an einen gewaltigen Baumstamm erinnerte, und atmete ein paarmal tief durch. Schließlich holte er so tief Luft, daß vor dem Fenster eine fast sichtbare Luftleere entstand. Durch dieses unvorhersehbare Vakuum geriet eine zufällig vorbeifliegende Morgentaube in Panik. Sie mußte eine harte Notlandung machen und kam auf den vermoosten, glitschigen Ziegeln des gegenüberliegenden Daches ins Schlittern. Kaum hatte sie Zeit gefunden, über das ihr Widerfahrene nachzudenken, da machten sich zwei Hausmädchen in einem der Innenhöfe daran, wie ein Jazzduo in freien Rhythmen auf Teppiche einzuschlagen, die sie über Stangen geworfen

hatten. Für eine einfache Taube war dieses Durcheinander am frühen Morgen einfach zuviel; sie flog auf, um sich einen Platz zu suchen, an dem sie die Geschehnisse in Ruhe überdenken konnte.

Sabri Mahir sah der auffliegenden Taube nach. Von dort oben mußte der Vogel jetzt die Kirche, das KaDeWe, das Romanische Café und das Gebäude des Neuen Westens sehen können, in dem sich sein eigenes Studio befand.

Als der Vogel verschwunden war, beugte er sich vor und sah auf die Straße hinunter. Die Hufschläge kamen vom Wagen des Milchmanns. Das Pferd vor Bolles Fuhrwerk, das die Milch brachte, kam im Trab heran und blieb in morgendlicher Trägheit vor der Tür des gegenüberliegenden Mietshauses stehen. Der halbwüchsige Milchjunge, der hinten auf dem Wagen saß und die Beine herabbaumeln ließ, sprang mit einem Satz auf die Straße. Um ein Haar hätte er auf dem regenglatten Kopfsteinpflaster das Gleichgewicht verloren. Er stemmte sich einen Korb mit gefüllten Milchflaschen mit beiden Händen vor die gespreizten Beine, geriet dabei ins Schwanken, balancierte sich aber gekonnt wieder aus. Dann ging er unbekümmerten Schrittes auf die Tür des Wohnhauses zu. Er warf sich mit der Schulter dagegen, drückte sie mit Mühe auf und ging hinein. Als er wieder in der Tür auftauchte, waren die Milchflaschen in seinem Korb leer. Er hob die Plane, die den Wagen an allen Seiten umspannte, hinten ein Stück hoch und schleuderte den Korb geradezu hinein. Das Klirren der leeren Flaschen hallte durch die Straße. Der Halbwüchsige sprang mit einem Satz wieder hinten auf den Wagen auf, setzte sich hin und ließ die Beine herunterbaumeln. Er steckte die

Hände in die Taschen seiner weiten, weißen Schürze, in der er aussah wie ein Krankenpfleger oder Schlachterlehrling, und wühlte in ihnen herum. Er zog einen Bleistift und eine Art Heft hervor. Mit der gebrochenen, überschnappenden tiefen Stimme eines pubertierenden Jungen rief er: »Welchen Tag haben wir heute, Meister?«

Diese Frage hatte er dem vorn sitzenden Wagenlenker zugerufen, der ungeduldig darauf wartete, das Pferd wieder auf Trab zu bringen.

»Nun hör dir das an! … Welchen Tag wir heute haben! … Da haben Sie mir also wieder den Bengel mitgegeben, der nicht mal weiß, welchen Tag wir haben …«

Der Kutscher neigte sich halb zur Seite, drehte den Kopf zum Jungen um und sagte ihm, was er tun sollte: »Oben, in die rechte Ecke des Blattes schreibst du 5. April 1928 … Verstanden? Und jetzt, zwischen die Striche auf der rechten Seite, wieviel leere Flaschen du an welcher Tür bekommen hast … Verstanden?«

»Das Frühstück ist angerichtet, mein Herr.«

Als Sabri Mahir hinter sich Rachels Stimme vernahm, wandte er den Blick von der Straße ab und machte das Fenster zu.

Gestern, 4. April 1928

Die Regenwolken fegten über den Himmel von Berlin wie unruhige, unartige Kinder, die sich schmutzig gemacht hatten. Sie waren so nah, daß man meinte, sie berühren zu können. Ab und zu regnete es zwar, aber das bißchen Regen war es nicht wert, den ganzen Tag über einen Schirm mit sich herumzuschleppen, nur um ja nicht naß zu werden.

Der Postbote lehnte seinen Regenschirm vorn beim Umkleideraum gegen die Wand.

»Diesmal habe ich ein Telegramm aus Hollywood für Sie, sehr geehrter Herr Sabri Mahir.«

Das Telegramm war von Emil Jannings, der gerade in Hollywood einen Film drehte.

»Teurer Herr Sabri Mahir, ich bin aus ganzem Herzen davon überzeugt, daß unser Bruder Franz Diener das Match mit großer Überlegenheit gewinnen wird. Diese Überzeugung habe ich nicht zuletzt aufgrund Ihres Trainings, das ich aus allernächster Nähe beobachten durfte, gewonnen. Daß die Lobsprüche auf Herrn Max Schmeling jeweils nichts anderes sind als literarisches Gefasel, wird unser Boxer allen beweisen. In tiefster Zuneigung. Ihr Jannings / Hollywood.«

Zwar war ihm durchaus klar, daß die Spannung bis zum Tag des Kampfes hin allmählich zunehmen würde, daß aber seine Kollegen und Freunde sich so sehr um die beiden Boxer polarisieren würden, daß es manchmal beinah verletzend war, hatte er nicht geahnt. Sogar der weichherzige, von jeder Härte weit entfernte Herr Flechtheim war plötzlich, ohne auch nur darüber nachzudenken, ob Sabri Mahir das ver-

letzen mochte, zu einem eingefleischten Schmeling-Anhänger geworden. Zwar war mit dieser Art ›harter‹ Parteinahme bei diesem Mann, den er schon viele Jahre kannte, und bei ähnlichen Leuten keine offen negative Haltung gegenüber Sabri Mahir verbunden, aber sie verletzte und verbitterte ihn doch. Vielleicht war er es auch selbst, der ›negativ‹ eingestellt war. Vielleicht spiegelten seine emotionalen Enttäuschungen auch nur die zunehmende Verletzlichkeit, die er in letzter Zeit gegenüber allem und jedem empfand ...

Es war, als veränderten sich die Freunde, die Menschen, die sich dem Faustkampf verschrieben hatten; als hörten sie auf, am Boxen Geschmack zu finden, es als ein Spiel zu betrachten, an dem man Vergnügen hatte. Noch nie hatten sie die Parteinahme bis zu einer solchen Heftigkeit getrieben. Wenn sie den Boxer lobten, zu dem sie hielten, wollten sie sich im Grunde nur selbst rühmen ... Der wirkliche Boxer war nicht der im Ring, es waren sie selbst. Ja, gewiß hatten all diese negativen Gedanken über seine Bekannten ihren Ursprung eher in ihm selbst; es hatte sich eine ganze Menge Dinge in seinem Leben angesammelt, die nicht klappten, die ins Stocken geraten waren. Als er die Nachricht vom Tode seiner Mutter erhielt, hatte er nicht nach Istanbul fahren, nicht an ihrem Grabe stehen können. Das kam ihm in den unmöglichsten Augenblicken in den Sinn, und er trug es mit sich herum wie eine Schuld. Und Luises Kälte zog einen immer eisiger werdenden Schleier aus Emotionen zwischen sie beide, den zu überwinden, zu durchlöchern immer schwerer wurde. In einer Laune ihres Unterbewußtseins hatte sie beschlossen, mit ihrer Umgebung

(und auch mit Sabri Mahir) zu brechen, ihnen die kalte Schulter zu zeigen, und das war ihr auch gelungen. Daß sie keine Frau war, die unbedingt Knöpfe annähen und Essen kochen wollte, das war ihm nicht unbekannt gewesen. Solche Erwartungen hatte er auch kaum an sie gestellt. Aber seit Monaten gingen sie auch nicht mehr ins Theater oder in Konzerte oder zu Treffen bei Freunden, wo sie früher gemeinsam Begeisterung und Vergnügen empfunden hatten. Daß sie sich zusammen neue Filme ansahen (man drehte nun auch mit Ton), das war plötzlich äußerst selten geworden, weil Luise ›keinen Spaß daran‹, ›kein Verlangen danach‹, ›keine Lust dazu‹ hatte, und es spielte praktisch keine Rolle mehr in ihrem Leben. Das Vergnügen an ihren halb ernsten, halb scherzhaften Gesprächen nach dem Film, die mit lautem Gelächter endeten, war fast in Vergessenheit geraten. (Luise las die Zwischentitel nie ganz zu Ende, sah oft gar nicht hin, und da sie den Inhalt dann nicht recht begriff, gelangte sie stets zu falschen Deutungen und inkonsequenten Urteilen. Aber sie behauptete immer, alles richtig verstanden zu haben, und wenn man ihr widersprach, so wurde aus dem Scherz plötzlich Ernst, und sie verzog das Gesicht.

Zweifelsohne war es zu dieser Eiszeit zwischen seiner Frau und ihm nicht erst gestern gekommen. Die erste Vereisungsperiode hatte schon vor Jahren begonnen: als Luise, die damals noch das Leuchten kindischer Pubertät in den Augen trug, verlegen und flüsternd gesagt hatte: »Bald sind wir zu dritt.« Das heißt, in der ersten Woche nach ihrem Umzug in die Wohnung in der Bayreuther Straße, in der sie jetzt wohnten.

Gerade hatten sie sich an das Haus ein wenig gewöhnt und schmiedeten Einrichtungspläne, da mußten sie Luise in ein Krankenhaus einliefern. »Unbedingt ins Krankenhaus«, darauf hatte der Hausarzt bestanden. Am zweiten Tag ihres Aufenthalts im Krankenhaus mußten sie das Baby leider aus dem Mutterleib entfernen lassen. Das Kind war schon fast im dritten Monat. Grund war eine ›Unverträglichkeit der Blutgruppen‹.

Luise wurde nicht damit fertig, daß sie das Kind hatte ›abtreiben‹ lassen. Sie fing an, wie eine Schlafwandlerin herumzulaufen. Eine Zeitlang erfand sie sich Erklärungen: »Ich habe große Angst vor dem Tod, müssen Sie wissen. Dies dürfte auch der Grund für meine Zerstreutheit sein.« Und schon fing sie an, auch wenn sie es nicht deutlich aussprach, Sabri Mahir vorzuwerfen, daß sie ›lebenslang kinderlos‹ bleiben würde. In irgendeinem Gespräch hatte sie dann plötzlich gesagt: »Ich möchte, daß Sie wissen, daß ich Sie über alles liebe.« Oder auch: »Es gibt keine Empfindung, Sabri Mahir, die ich nicht auf mich nehmen würde, um mit Ihnen zusammenzusein.«

Auf ihren Lippen setzte sich ein gekränktes Lächeln, auf ihrem Gesicht Erstarrtheit fest. Daß sie auf ihre Kleidung, ihr Äußeres, ihre Haare so übertrieben viel Sorgfalt verwendete, begann damit, daß sie sich ›zur Kinderlosigkeit‹ verdammt fühlte. Sie setzte keinen Fuß auf die Straße, ohne vorher zum Friseur zu gehen und sich die Haare machen zu lassen. Ihre Vorliebe galt einer Frisur, die man ›Windstoß‹ nannte. Sie legte Wert darauf, die Haare von morgens bis abends in derselben Form zu tragen. »Sieh mal, ich habe mir einen Windstoß machen lassen«, sagte sie jedesmal,

wenn sie vom Friseur kam und ihren Mann erblickte, ganz, als sei das etwas Neues. Ob ihre nach hinten gedrückten Haare, die aussahen, als würde sie ständig gegen den Wind anlaufen, noch in Ordnung waren, beobachtete und kontrollierte sie ständig in allen verfügbaren Spiegeln und Schaufensterscheiben, ohne sich dabei um irgend jemanden zu kümmern; und erwartete auch von Sabri Mahir eine Bestätigung: »Sie sind doch noch in Ordnung, oder?« Und Sabri Mahir preßte die Hand seiner jungen Frau liebevoll an seine Brust, führte sie dann vorsichtig zum Mund, küßte sie und sagte zum hundertsten Male: »Ihre Haare sind noch in Ordnung ...«

Auch wenn Rachel außer für die notwendigen Einkäufe ebenfalls nie das Haus verließ, so machte es Sabri Mahir doch Sorgen, daß seine Frau sich in die riesige Wohnung von zweihundert Quadratmetern zurückzog und keinerlei Interesse daran zeigte, allein zu Einladungen, ins Kino oder in ein Café zu gehen. Immer wieder rief er in der Wohnung an, die in der Nähe des Studios lag, ließ alles stehen und liegen, unterbrach seine Arbeit und ging zu ihr. Oft traf er Luise im Badezimmer an, wie sie mit abwesendem Blick oder geschlossenen Augen in der Wanne lag. Sie ließ Wasser einlaufen und kam dann stundenlang nicht mehr aus der Wanne heraus. »Die Leere in meinem Bauch macht mich frieren, wissen Sie. Hier im heißen Wasser fühle ich die Kälte nicht«, sagte sie, wenn man sie fragte. Sie streute alle möglichen Badesalze ins Wasser, die ihm verschiedene Gerüche und Farben gaben. Auf der marmornen Umfassung der Wanne stellte sie ganze Reihen von brennenden Kerzen auf. In greifbarer Entfernung hielt sie eine Tafel Schoko-

lade bereit und in einem Kristallglas Noisette, einen Likör, nach dem sie süchtig war, seitdem sie ihren Mann kennengelernt hatte. Und so nahm sie mal einen Bissen von der Schokolade, mal einen Schluck Likör, und lag stundenlang regungslos in dem warmen, von den Badesalzen aufgeschäumten und rosa gefärbten Wasser.

Sabri Mahir wußte nicht, was er tun oder sagen sollte. »Luise, Ihre immer tiefer werdende Melancholie bereitet mir Sorgen«, sagte er, wenn er früher nach Hause kam, weil sie am Vortag abgemacht hatten, daß er sie ins Konzert oder ins Theater ausführen sollte, und sie so traurig und abwesend inmitten der fast heruntergebrannten Kerzen vorfand. Diese Hilflosigkeit seiner Frau gegenüber machte auch ihm selbst angst. Was konnte er nur noch tun?

Er hielt sie bei der Hand, half ihr dabei, aus der Wanne zu steigen. Mit ihren langflorigen, flauschigen Handtüchern trocknete er sie so vorsichtig ab, als würde ihr Körper sonst zerbrechen, dabei war sie vom wahllosen Essen und hastigen Hineinschlingen ziemlich mollig und massiv geworden. Luise beobachtete die vorsichtigen, liebevollen Bewegungen ihres Mannes mit den ruhigen, gehorchenden Augen eines artigen Kindes, anschließend wollte sie, daß er ihr auch beim Anziehen half. Während sie sich ihr Negligé aus Bamberger Seide anzog, hielt sie sich an Sabri Mahirs Schulter fest, lehnte sich an ihn, stützte sich regelrecht auf.

»Ob wir schnell eine Kleinigkeit essen, bevor wir ins Konzert gehen?« wollte Luise wissen, wenn sie endlich so weit waren, die Wohnung zu verlassen, und aus ihrem unschuldigen Wunsch wurde eine Orgie des

Herunterschlingens, durch die sie zu spät ins Konzert kommen würden. Wenn sie schon kinderlos leben mußte, hatte ›das arme kleine Luischen‹ da nicht wenigstens das Recht, leckere Speisen zu essen und vergnügt zu trinken? …

Er ertrug diese Essensorgien seiner Frau mit der Geduld eines Derwisches.

Wo immer Luise ein Restaurant entdeckte, mußte sie durch das Schaufenster hineinsehen: Sie ließ sich von den gestärkten, schneeweißen Tischdecken bezaubern, den blinkenden Gabeln, Messern und Löffeln aus Alpaka-Silber, die man so hingelegt hatte, als solle demnächst eine Operation stattfinden, sie bemerkte plötzlich, daß sie Hunger hatte, packte Sabri Mahir mit der Liebenswürdigkeit eines verwöhnten Kindes an der Hand und sagte: »Los komm, laß uns eine Kleinigkeit essen.«

Hilflos sah er seiner Frau zu. Luise aß erst einmal Austern und trank als Aperitif ein Glas Sekt, und sie wollte unbedingt, daß man ihr ein tulpenförmiges Glas brachte. Gleich darauf tauchten gekochter Aal, Artischocken, innen noch rosafarbenes Rindfleisch auf … Sie schien jetzt in Stimmung zu kommen, fragte ihren Mann, was er davon hielt, den Kaffee im Capitol einzunehmen. Ob man nicht Carla anrufen solle, damit sie auch dorthin komme? …

Ihre hartnäckige Melancholie langsam in den Griff zu bekommen, das war ihr erst ein Jahr nach der ›Abtreibung‹ gelungen. Nun ging sie allein auf die Straße und zum Einkaufen, konnte mit Freunden, die sie aus dem Studio kannte, in nahegelegene Cafés oder Lokale gehen. Jetzt waren es die russischen Lokale in der Nürnberger Straße nicht weit von ihrer Wohnung,

die sie am häufigsten aufsuchte. Mit Sabri Mahir war sie nie vorbeigegangen, ohne dort eine Tasse Kaffee oder ein Glas Krimsekt zu trinken. Man kannte Luise in diesen Lokalen. Man fühlte sich wohl dort und wie zu Hause. Wie die überwiegend russischen Gäste waren auch die Besitzer zu fast jeder Tageszeit laut und ausgelassen. Für Luise waren es Zufluchtsorte, an denen man sich nie einsam fühlte. Die Wände der Lokale waren bedeckt von Photographien, die Ansichten von Moskau oder Petersburg zeigten, von Ölgemälden in warmen Farben und naiven Formen, wie von Kindern gemalt. Und natürlich fehlte in keinem Lokal an der auffälligsten Stelle eine Ikone der Junfrau Maria mit ihrem Jesus im Arm ...

In diesen Lokalen, wo sich Religion und Alkohol nicht gegenseitig ablehnten, im Gegenteil, miteinander in Freundschaft harmonierten, verlor »die Sünde, ein Kind abzutreiben«, auf der ihre Mutter immer wieder herumritt, ihren Schrecken, und das befreite Luise von dem Schuldgefühl, unter dem sie sonst ständig litt. Gott, von dessen Allmacht und Fürchterlichkeit man Luise seit ihrer Kindheit beständig erzählt hatte, legte hier diese Eigenschaften ab und lächelte ... Gerade wollte sie aufstehen und das Lokal verlassen, da kam der Besitzer oder einer der Kellner und drückte ihr ein blaßgelbes Glas Narsan in die Hand, wollte mit ihr einen Schluck auf die Freundschaft trinken. Auch die jungen russischen Kellnerinnen mit den olivgrünen oder olivschwarzen Augen, in ihren kurzen, engen, pieksauberen weißen Schürzen französischen Mademoiselles nicht unähnlich, standen plötzlich neben dem Tisch und tranken aus ganzem Herzen einen Narsan auf die Freundschaft mit.

Und Luise wunderte sich, daß die Mädchen nach all dem Narsan, zu denen sie nicht nein sagen konnten, stets ein Lächeln auf den fleischigen roten Lippen, noch den ganzen langen Tag über quicklebendig und fröhlich die Gäste bedienten. Die meisten von ihnen waren Töchter vornehmer Familien oder Ehefrauen von Generälen, vom Sturm der Revolution dahergewehte Flüchtlinge aus Rußland. Das Deutsche bekamen sie nicht hin, aber als müsse es jeder verstehen, drückten sie völlig gelassen einfach auf russisch aus, was sie sagen wollten. Sie machten russische Witze und lachten herzlich darüber.

Luise schöpfte Kraft aus der Lage dieser Mädchen: Wenn irgend jemand in diesem endlos weiten Berlin Angst davor haben mußte, allein zu sein, sich einsam zu fühlen, dann doch wohl nicht Luise, sondern sie, deren ganzes Leben sich schlagartig verändert hatte. Und welchen Grund hatte sie denn, sich über ihre Mutter zu ärgern, die aus lauter Gleichgültigkeit schon seit Monaten einfach nicht mehr von sich hören ließ und vor Sabri Mahir immer das Gesicht verzog, als trage er die Schuld an der ›Blutgruppenunverträglichkeit‹; oder sich über ihn zu ärgern, der sich vom ersten Tag an anständig ihr gegenüber verhalten hatte? So war die Welt eben. Wohin man auch blickte, überall herrschte Hast und Eile. Das Leben lief einem davon!

Sie mochte sich zwar irgendwie nicht entscheiden, welche Art von Gefühlen sie für Sabri Mahir hegen sollte, aber sie hatte begriffen, daß sie sich von jetzt an zusammenreißen mußte. Sie machte sich daran, zu dem Leben zurückzufinden, daß sie vor der Abtreibung ihres Kindes geführt hatte.

Von ihrem gekränkten Lächeln, von ihrer Erstarrung blieb in den Falten ihres Gesichts eine kaum bemerkbare, aber doch stets vorhandene Spur zurück. Sabri Mahir hatte beobachtet, wie dafür eine andere Falte im Gesicht seiner Frau verschwunden war: Die halbkreisförmigen Grübchen, die ihrem Mund etwas von einem Kükenschnabel gaben und dazu aufforderten, sie stets zu behüten und zu beschützen, hatten sich aufgelöst …

Luise kam nun gegen Abend wieder unbedingt im Studio vorbei, verfolgte die ›Teestunden am Ring‹, wenn es solche gab. Oder sie zog sich eines ihrer Abendkleider an, von denen sie im Schrank im Büro immer welche hängen hatte, und wartete darauf, daß sie irgendwohin ausgingen. Sabri Mahir gefiel diese jugendliche Dreistigkeit, und wenn er eigentlich eine Verabredung hatte, verschob er sie und versuchte, mit seiner Frau mitzuhalten, legte Smoking, Fliege, schwarze Seidenstrümpfe und Lackschuhe an. Zum Schluß schob er sich ein taubenweißes Seidentaschentuch mit den in gotischer Schrift eingestickten Initialen S. M. in die Brusttasche. Er rückte es mit äußerster Sorgfalt zurecht, ließ die eine Ecke nach unten hängen, wie ein betäubend duftendes Jelängerjelieber, richtete die anderen auf zu einer gerade erblühten, frischen Lilie …

»Ich stehe zu Ihren Diensten«, sagte er dann und machte eine halbe Verbeugung vor Luise.

Der Briefträger hatte ihm das Telegramm übergeben und wollte gerade davongehen, da drehte er sich, als sei ihm etwas eingefallen, noch einmal um und trat an Sabri Mahir heran.

»Entschuldigen Sie, dürfte ich Sie etwas fragen?«

»Bitte sehr.«

Sein Schwager habe schon tagelang vergeblich versucht, eine Karte zu bekommen, er stehe jetzt vor der Tür und warte; ob es wohl eine Möglichkeit gebe, ihm eine Karte oder eine Einladung zu beschaffen?

Daß der Postbote zur Begründung behauptete, es habe ›vergebliche Versuche‹ gegeben, kam Sabri Mahir nicht sehr glaubwürdig vor, dennoch murmelte er etwas wie ›nun gut, weil Sie es sind, will ich mal sehen, werde mir etwas überlegen ...‹, ging zu Schwätzer-Rudolf und gab die Bitte des Mannes an ihn weiter.

Rudolf verließ den Raum und nahm den Postboten dabei mit. Als er wieder hereinkam, hatte er ein Programm-Magazin in der Hand. Er reichte Sabri Mahir die Zeitschrift.

»Wissen Sie, was merkwürdig ist? ...« fragte Schwätzer-Rudolf, froh, endlich den Mund aufmachen zu dürfen, nachdem er so lange hatte schweigen müssen.

In solchen Momenten hatte Sabri Mahir nicht die geringste Lust, auch nur einen Finger zu rühren, geschweige denn, den Mund aufzumachen. Wäre es nach ihm gegangen, er wäre sofort in Berlins abgelegensten Winkel gefahren, hätte diesen Winkel nur verlassen, um den Ausgang des Kampfes zu erfahren und sich dann wieder in seinen Winkel, in seine Höhle verkrochen, als wollte er dort seinen Winterschlaf machen ... Was zu tun war, hatte er bis zu diesem Augenblick wenige Minuten vor dem Match schon erledigt. Ab sofort würde er unter der Herrschaft des ›Schicksals‹ stehen, und Hunderttausende von Zufällen würden sich in seine Angelegenheiten einmischen.

Er hatte es schon immer verabscheut, wenn man während des Kampfes oder in den Pausen zwischen den Runden die Taktik änderte oder eine neue empfahl oder man sich bemühte, ihr eine neue Richtung zu geben. Der Boxer sollte von diesem Augenblick an alle Dynamos in seinem Hirn arbeiten lassen, die höchste Voltzahl, mit der er zuschlagen konnte, für seinen Gegner bereithalten, sollte bereit zum Kampf sein. Im Ring dann ließ der Boxer seine ganze elektrische Energie in einem Leuchten abfackeln, so war das im Kampf.

»Was ist denn so merkwürdig?« fragte er lustlos.

»Die teuersten Karten zu 75 Mark und die für 5 Mark sind schon seit Tagen ausverkauft. Aber von den Karten mit den Preisen dazwischen gibt es eine ganze Menge, die bis gestern noch nicht verkauft waren … Das hat die Frau an der Kasse gesagt … Das bedeutet …«

»Das bedeutet, daß die Anzahl der Leute, die Karten zu mittleren Preisen kaufen, immer weiter abnimmt.«

Rudolf blickte Sabri Mahir immer noch an, als würde ihm ein so kurzes Gespräch, eine solch kurze Antwort nicht reichen. Er trug einen handgestrickten, wollenen roten Troyer. Alle Augenblicke zupfte er sich den Kragen hoch, als wolle er Hals und Kinn darin begraben, warf ein riesiges weißes Handtuch von der einen Schulter über die andere und hoffte auf ein Gespräch. Sabri Mahir machte eine Geste, die bedeuten sollte: »Mehr will ich dazu nicht sagen.« Dann nahm er ihm die Programmzeitschrift aus der Hand und fing an, darin herumzublättern.

In einer Ecke des Raumes übte sich Franz Diener

vor dem Spiegel, überprüfte noch einmal seine Schläge und seine Beinarbeit. Nachdem er seinem Spiegelbild eine harte Rechte mitten aufs Kinn verpaßt hatte, kam auch er herüber und baute sich vor Sabri Mahir auf, der in der Zeitschrift herumblätterte. Wer mochte in der Programmzeitschrift des Sportpalasts diesmal was geschrieben und wer was gezeichnet haben? Sabri Mahir zeigte ihm das Titelblatt. Eine Karikatur, auf der Max Schmeling hünenhafter wirkte und einen größeren Kopf hatte als Franz. Sie standen sich im Ring gegenüber. Auf einem Schemel zwischen den beiden stand ein von hinten zu sehender Ringrichter mit Glatze und ermahnte sie: »Ich bitte Sie, es wird anständig geboxt!! ...« Die Worte des Ringrichters standen in Handschrift unter der Karikatur, und Schwätzer-Rudolf las sie zweimal laut vor sich hin. Er lachte vergnügt auf, ohne daß ganz klar war, ob er sich freute, weil er die Schrift hatte entziffern können oder weil er den Inhalt, den Witz daran begriffen hatte. Sabri holte einen Stuhl, damit auch Franz sich hinsetzte. In der Zeitschrift kamen seine Bekannten zu Wort, fast alle, die er vom Sehen kannte, weil sie zu den ›Teestunden am Ring‹ kamen: Hollaender, Zuckmayer, Kisch, Brecht, Curt Bois ... alle möglichen Leute ... Sogar der stellvertretende Polizeichef von Berlin, Herr Dr. Weis, der kurz zuvor noch den Kopf durch die Tür des Umkleideraums gesteckt und sich mit einem »Wie geht's Ihnen?« nach dem Befinden erkundigt hatte, hatte geruht, seine ›wertvollen‹ Gedanken über das Match darzulegen. »Gut, daß wir vom ›Boxen‹ nicht viel Ahnung haben ...« murmelte Sabri Mahir in gekränktem Tonfall vor sich hin. Was wollte er damit sagen?

»Ob die Ahnung haben oder nicht, was interessiert uns das, Herr Sabri Mahir ...« sagte Rudolf, dem das Gemurmel nicht entgangen war. »Und mich nennen Sie den ›Schwätzer‹. Dabei sind die es doch ...«

Franz war aufgestanden und wieder vor den Spiegel getreten. Er versetzte sich jetzt Fausthiebe, während er redete: Er sprach davon, daß alle Berliner Zeitungen ihn als den Favoriten ansahen. Er setzte ein kindisches Lächeln auf. »Man braucht nur einen Lehrer, Trainer und Manager wie Sabri Mahir ...«, sagte er, dann sei man unschlagbar ... Auch ihm war nicht entgangen, daß bei Sabri Mahir der Ehrgeiz und die Dynamik, die er früher vor einem Kampf zeigte, diese ›Besessenheit von der Aufgabe‹, die ihn blind werden ließ für Freund und Feind, immer mehr abgenommen hatte, ja eingeschlafen war.

»Die Astrologen haben gesagt, du wirst siegen, Bruder Franz«, warf Rudolf ein. »Ihnen habe ich den Artikel doch auch gezeigt, oder nicht, Herr Sabri Mahir?« Auch Rudolf litt unter der seltsamen Schweigsamkeit, die sein Chef an den Tag legte. Er wünschte sich, daß er die abwesende Haltung überwand, die fast wie Traurigkeit wirkte und ihm gar nicht gut anstand.

Aber Sabri Mahir spielte nur mit dem großen, halb dunkelgelben, halb bereits braunen, vom vielen Gebrauch zerfetzten Naturschwamm herum. Er drehte ihn auf der Handfläche zwischen den Fingern hin und her, quetschte ihn, drückte ihn aus. Ihm gingen seltsame Gedanken durch den Kopf: Ob es wohl möglich wäre auszurechnen, wieviel Schweiß dieser Schwamm von all den Faustkämpfern in sich hineingesogen hatte? Oder wieviel Wasser er ihnen in sei-

nem schwächlichen Körper gebracht hatte? ... Er wußte, das war lächerliches, unsinniges Zeug, über das er da nachdachte. Nun, war das, was er in der letzten Zeit erlebt hatte, denn so viel besser? Warum hatte man in letzter Zeit mit einem Male ganz bewußt auf all diesen amtlichen Dingen und sinnlosen Formalitäten, die liegengeblieben waren, beharrt und ihn auf alles andere als nachsichtige Art und Weise angemahnt? Die Handelskammer, die Ausländerpolizei und sogar Polizisten aus dem Viertel, die sich sonst von morgens bis abends im Studio aufhielten und taten, als seien sie alte Freunde, schickten ihnen jetzt knallharte, geradezu gebieterische Schreiben oder kamen mit steinernen Mienen vorbei und taten ihre Befehle persönlich kund. Voller Ungeduld drängten sie auf eine umgehende Antwort ... War ihnen jetzt erst eingefallen, was da in irgendwelchen abseitigen Paragraphen stand?

Meistens waren die Schreiben an Luise gerichtet. Das Studio war unter ihrem Namen eingetragen. Er wollte nicht, daß Luise sich deswegen den Kopf zerbrach oder sich die Laune verderben ließ. Er ging mit ihnen zu Herrn Sefaradim, ihrem Rechtsanwalt. »Kein Grund zur Besorgnis. Das lösen wir, Herr Sabri Mahir«, sagte der dann, liebenswürdig wie immer. Rechtsanwalt Sefaradim behauptete, seine Familie sei vor zwei Generationen aus Saloniki eingewandert. Kaum hatte er Sabri Mahir erblickt, zählte er zwei, drei türkische Wörter auf, die er von seiner Großmutter gelernt hatte, und sagte dann kichernd: »Na, sehen Sie, wie gut ich Türkisch kann?!«

Um die trüben Gedanken beiseite zu schieben, zog Sabri Mahir sich grimmig, als würde er einen Sack

zubinden, den Schlips stramm und sprang auf. Es brachte einfach nichts, jetzt hier über diese Probleme nachzudenken, die dabei waren, sich zu einem Flächenbrand auszuweiten. Ja, es war ihm noch immer nicht gelungen, von dem neuen türkischen Staat einen Ausweis, einen Reisepaß zu erhalten. Sein osmanischer Paß war schon seit Jahren nicht mehr gültig. Deshalb konnte Luise Keil in den verdammten offiziellen Unterlagen nicht zu ›Luise Mahir‹ werden. Alle möglichen Angelegenheiten des Studios liefen auf Luises Namen, und Luise war alles andere als eine Geschäftsfrau. Schon die Papiere abzuzeichnen, die Herr Sefaradim ihr vorlegte, ging ihr unheimlich auf die Nerven. Zum hundertsten Mal kam sie dann zu Sabri Mahir und sagte: »Können Sie nicht noch einmal mit Ihren Freunden in der Botschaft sprechen?«

Ja, er war einer, dessen Existenz sich nach den offiziellen Unterlagen seit Jahren ›im Wartestand‹ befand. Der von ihm und den Zollbeamten bei der Einreise nach Amerika vergossene Schweiß beim tausendfachen Überprüfen seiner ›vorläufigen Ausweispapiere‹, sein Herzklopfen dabei, die Antworten, die er mit seinem beschränkten englischen Wortschatz zu formulieren versuchte, diese das Hirn wegblasende Spannung – das alles durchlebte er in allen möglichen Variationen noch immer im Traum …

Wenn es das Boxen nicht gäbe, wenn es das Vergnügen und das Vertrauen nicht gäbe, die ihm das Boxen trotz dieser ›Situation ohne Papiere‹ verschaffte, wer weiß, wo er da jetzt wäre, was er jetzt machte?

Er blickte auf seine Uhr. Er wollte Franz sagen,

daß es an der Zeit sei, hinauszugehen. Der hatte, bevor er die Handschuhe überzog, zuerst die langen Schnürsenkel an seinen Boxstiefeln losgezupft und dann begonnen, sie zupfend wieder strammzuziehen, um die Anspannung vor dem Kampf abzubauen. Jetzt wollte er gerade die Handschuhe ausziehen und die Bandagen überprüfen, als er sah, daß Sabri Mahir auf die Uhr blickte. Er ließ von seinem Vorhaben ab. »Vierzigtausend Mark ... Kein schlechtes Geld für einen Abend! ... Nun? Was meinst du, lieber Franz?«

Daß sein Manager seine unerschütterliche Schweigsamkeit aufgab und etwas sagte, erleichterte Franz Diener ein wenig. Durch sein Lächeln wirkten seine zusammengepreßten Katzenaugen viel sympathischer.

»Erinnerst du dich noch, wie ich für tausend Mark pro Abend mit Jack Dempsey Schaukämpfe auf dem Jahrmarkt machte? Mensch, du verdienst aber Geld, hast du damals gesagt, was willst du nur mit all dem Geld machen, Franz. Da du dich ja sicher nicht dein ganzes Leben lang davon ernähren willst, daß du Prügel einsteckst, solltest du es irgendwo investieren, hast du gesagt ... Daß man nicht sein Leben lang Prügel einstecken kann, begreife ich mittlerweile besser. Wenn diese Nacht vorbei ist, sollten wir uns zusammensetzen und darüber reden. Vielleicht machen wir ja ein Restaurant auf, aber eins mit einer Bar, na, was meinst du? ...«

Sabri Mahir blickte noch einmal auf seine Uhr. »Komm, laß uns rausgehen und das hier erledigen«, wollte er sagen, da platzte ein Bote herein und teilte ihnen mit, daß man bereits auf sie warte.

Wie hat sich Luise verliebt?

Sabri Mahir kam morgens stets zur selben frühen Stunde in den Laden. Der Laden, in dem Luise arbeitete, war die einzige Bäckerei in der Akazienstraße. Er kam stets zur selben Stunde, und wenn sich Luise gerade um einen anderen Kunden kümmerte, trat er ein wenig zurück, selbst wenn er an der Reihe war, ließ die anderen höflich vor und bat dann unbedingt Luise um drei Brötchen, manchmal sagte er auch: »Ein Eclair, bitte.«

Erst als Sabri Mahir zum wohl zwanzigsten Male in die Bäckerei trat, begriff Luise, daß er nur ihretwegen in den Laden kam. Immer wenn sie ihn erblickte, mußte sie lachen. Er hatte etwas Komisches an sich, etwas von einem Riesenbaby, das einen zugleich denken ließ, der Mann ist harmlos. Mit jedem Tag mußte Luise häufiger darüber nachdenken; nach Feierabend, im Bett, morgens, wenn sie im Stockfinstern aufstand und in die Bäckerei ging, sah sie den jungen Mann ständig vor sich, wie er mit seinen mächtigen, schwankenden Schritten in den Laden kam, wie er ebenso schwankend und leicht verwirrt wieder hinausging ...

Einmal hatte sie daran gedacht, ihrer Mutter von dem Jungen zu erzählen (na, ihn einen Jungen zu nennen, dafür war er zu alt, er war doch schon ein ausgewachsener junger Mann!), aber sich gleich wieder entschieden, daß das eine Torheit wäre. Ihrer Mutter kam immer alles verdächtig vor – sie hatte ihrem Meister so ganz nebenbei und über ihren Kopf hinweg eine Menge Fragen gestellt – und mit ihr über ein Gefühlschaos zu reden, von dem sie selbst noch

nicht recht wußte, was es bedeuten mochte, das war gewiß unvernünftig.

Jeden Morgen wenn sie einander ansahen, neigte er sich leicht vor und machte eine halbe Verbeugung, als wäre er kein Kunde sondern ein Kavalier, der sie zum Tanz auffordern will, sagte: »Guten Morgen!« und fügte dann mit überaus ernster Miene hinzu: »Drei Brötchen, bitte.«

Luise kam jede Bewegung von ihm urkomisch vor. Kaum erblickte sie ihn in der Tür der Bäckerei, biß sie sich, um nicht lachen zu müssen, auf die Lippen, daß es wehtat. Sein Kopf war so riesengroß. Aber er hatte schöne Augen und schöne Lippen. Nur die mitten in seinem Gesicht klebende Nase war irgendwie merkwürdig: Sie war so fleischig und schien zum Mund hin heruntergedrückt ... Immer wenn sie nachts im Bett versuchte, sich an sein Gesicht zu erinnern, es sich vorzustellen, machte die Nase das Bild ein wenig kaputt, und Luise strengte sich an, sich diese Nase wegzudenken. Nun, ein Gesicht ohne Nase war natürlich sehr komisch! Sie fing daher an zu kichern, zog sich die Decke über den Kopf, damit ihre Mutter es nicht hörte ... Ja, das war wirklich ein komischer Mann! Und er hatte einen gewaltigen Brustkorb; unter dem riesigen Kopf.

Der Herbst hatte gerade angefangen, und er betrat den Laden in einem dünnen, kragenlosen Hemd, einer dunkelblauen Weste, aus deren linker Tasche eine Uhrkette herabhing, einer weiten Hose aus schwarzem Stoff, die ein enger Gürtel hoch über der Taille hielt. Der Meister sagte nichts, verzog aber inzwischen unverkennbar das Gesicht, sobald er ihn sah. Ihre Kollegin hingegen, die Bäckergehilfin, mit

der sie zusammenarbeitete, zwinkerte Luise unauffällig zu. Zwar wußte Luise längst, was er Tag für Tag haben wollte, aber sie verkniff sich jedesmal das Lachen und fragte: »Bitte schön, was darf es sein?« Und Sabri Mahir machte seine halbe Verbeugung und sagte mit erschrockener, verträumter Stimme: »Guten Morgen. Äh ... Drei ...«

Luise wußte natürlich, was mit »drei« gemeint war, aber das Gespräch würde so schnell zu Ende sein! Sabri Mahir würde die Bäckerei gleich wieder verlassen, um erst am nächsten Tag wiederzukommen. Mein Gott, was für einen Lärm die Kunden im Laden machten! ... Sie sprachen unnötig laut miteinander und man konnte nicht hören, was der Kunde sagte! ... Wenn es wenigstens etwas sehr Wichtiges gewesen wäre, worüber sie redeten: Man hatte den Preis für eine vierte Klasse bei der Eisenbahn festgelegt, der nur für einen Stehplatz galt ... Eine Karte für Luxusplätze, eine für gepolsterte Sitze, eine für Holzbänke, nun eine fürs Stehen ... War es denn gut,die Menschen in so viele Klassen aufzuteilen?! Dazu kam noch die Inflation ... »Glauben Sie mir, erst heute morgen ist der Preis für Butter ...«

»Ich habe Sie nicht recht verstanden, was möchten Sie bitte, mein Herr?«

Auf diese Weise verlängerte sich die Zeit, die Luise und Sabri Mahir einander in die Augen blicken konnten. Dieses unschuldige Spielchen hatte auch Sabri verstanden, und in seinem seltsamen, zum Lachen reizenden Deutsch wiederholte er seinen Wunsch.

Es dauerte bis in die Wintermonate, bis die Liebe sich ein wenig entwickelte und Form annahm. Jetzt folgte Sabri Mahir Luise nach Feierabend bis zu ihrer

Haustür. Er trug hauchdünne Kleidung, die dem Berliner Winter nichts entgegensetzen konnte, und ob er nun vor irgendwem Angst hatte oder ihm sehr kalt geworden war, während er draußen auf Luise wartete, hielt er den Kopf stets tief im Mantel vergraben, wenn er hinter Luise herging. Dabei lag zwischen ihnen ein Abstand von wenigstens zehn, fünfzehn Häusern. Wenn Luise bei ihrem Haus ankam, konnte sie ihn da hinten gerade noch ausmachen, sie machte die Haustür absichtlich langsam auf und winkte ihm aus dem halbdunklen Eingang zu. Und eben in diesem Augenblick streckte Sabri Mahir den Kopf aus dem Mantel hervor, wandte sich zur Tür hin, in der er Luise undeutlich erkennen konnte, und machte seine übliche Verbeugung.

Bis es soweit war, daß sie einander an einem Tisch gegenübersaßen, war das Ende des Winters da. Sie hatten sich bei dem Spiel von Käufer und Verkäuferin kennengelernt und machten sich mit diesem Treffen nun daran, vertrauter miteinander zu werden. Ihre Liebe währte bereits länger als drei Monate (daß es Liebe war, das entschieden sie erst später), daher mußten sie jetzt andere Dinge angehen.

Luise war es, die die erste Frage gestellt hatte: »Wer sind Sie?«

»Ich bin ein Prinz«, hatte Sabri Mahir geantwortet, wieder ein wenig schüchtern aber doch mit einer Bestimmtheit, die keinen Zweifel daran ließ, daß er ein Prinz war.

»Etwa ein russischer Prinz?«

Jetzt war Sabri Mahir an der Reihe, verwirrt zu sein. »Ein russischer? Wie kommen Sie denn darauf?« hatte er gefragt.

Luise hatte auf seine Frage keine Antwort gegeben. Genauer gesagt, sie hatte entschieden, daß es von nun an das Beste war, zu schweigen. Zum ersten Mal saß sie einem Mann so nah gegenüber und unterhielt sich mit ihm, und schon blamierte sie sich durch komische Fragen. »Sind Sie ein russischer Prinz?« Mußte sie gerade jetzt eine so dumme Frage stellen? Was hieß denn das? Würde ein russischer Prinz mit dem Bäkkerlehrling Luise an einem Tisch sitzen und mit ihr plaudern?! ... Es war typisch für sie, eine so dumme Frage zu stellen. Sie wäre am liebsten gestorben! Gleich an Ort und Stelle! Da könnte sie dann ihre Dummheit mit ins Grab nehmen. Nun, sie lag aber noch nicht im Grab. Sabri Mahir hatte die riesigen, wie geschminkt wirkenden Augen aufgerissen und wollte wissen, warum man ihn fälschlich für einen russischen Prinzen hielt.

Sie hatten sich im Café gegenüber dem Anhalter Bahnhof in die Ecke gesetzt, wo die großen Fenster in die Wand übergingen. Luise hatte diesen Platz gleich beim Eintreten ausgesucht. Es war eine Ecke, die sich von draußen nicht einsehen ließ, von der sie aber auf die vielen Menschen auf der Straße blicken konnten, auf den riesigen Bahnhof – ein größeres Gebäude konnte man sich gar nicht vorstellen –, und auf die Engelsstatue mit den ausgebreiteten Flügeln auf dem Dach des Bahnhofs, die wie eine gewaltige Mücke wirkte.

Luise bat den Kellner um ein Getränk, das ›Noisette‹ hieß und dessen Reklame sie immer auf der Straße gesehen hatte. »Der Schokoladenlikör, den die Frauen mögen«, stand unter der Flasche auf den Plakaten. Sie hatte sich lässig auf dem Stuhl zurückge-

lehnt und zum Kellner gesagt: »Einen Noisette, bitte.«

Und jetzt trank sie ihn. Er war äußerst lecker. Sie nahm immer nur kleine Schlückchen, wollte nicht, daß er so schnell zu Ende ging. Ganz wie die Damen an den Tischen vor dem Café zeichnete sie mit der Hand, in der sie das winzige Glas hielt, einen Halbmond in die Luft, bevor sie es an den Mund führte, berührte es mit den Lippen und stellte es mit der gleichen Bewegung wieder auf den Tisch.

Sie hatte die Erlaubnis bekommen, zu dem Café zu fahren, um eine Bestellung zu erledigen, eine bestellte Torte abzugeben. Es war eine riesige Torte. Sie sei schwer zu tragen, Luise werde aufpassen müssen.

Gab es eine bessere Gelegenheit, sich mit Sabri Mahir zu treffen? Wenn es nach ihrer Mutter ginge, die würde ihre Tochter niemals in einen so weit entfernten Teil Berlins schicken. Gewiß teilte auch Luise die Befürchtungen ihrer Mutter. Sie wußte aus den Zeitungen und auch aus dem, was die Kunden erzählten, was für eine gefährliche Stadt Berlin in den letzten Jahren geworden war. Jeden Morgen fand man irgendwo in der Stadt zehn, oder auch hundert, vielleicht auch tausend herrenlose Leichen! ...

Fragte man ihre Mutter, so begingen junge Mädchen unaufhörlich Dummheiten. Sie müsse es wissen, schließlich sei sie selbst einmal ein junges Mädchen gewesen ... Luise solle ihr nur nicht widersprechen und sagen: Mutter, mir passiert schon nichts. Vor allem denen, die sagten, mir passiert schon nichts, passierten alle möglichen Mißgeschicke und schlimmen Dinge!

»Wer war heute alles im Laden? Hast du die Bestel-

lung weggebracht? Wohin? ... Ich frage das doch nicht in böser Absicht. Weißt du, junge Mädchen machen solche Dummheiten ...«

Natürlich hatte sie ihrer Mutter nicht gesagt, daß sie sich mit Sabri Mahir treffen würde. Ohnehin traf sie sich zum ersten Mal mit einem Mann, schaute zum ersten Mal aus solcher Nähe einem Mann in die Augen. Zwar war es immer nur ein kleiner Schluck, aber der Noisettes fing an, ihren Hals von innen zu erwärmen, und erzeugte irgendwo in ihrem Bauch eine Reihe lauwarmer Empfindungen. Nun, warum sollte dieser Mann ein russischer Prinz sein? Komm, nun sag doch mal, Luise! Er saß mit aufgerissenen Augen da und wartete auf eine Antwort. Je mehr Sabri Mahir sie so ganz aus der Nähe über die Nase hinweg anblickte, desto mehr gerieten die warmen Säfte dort unten in ihrem Bauch in Bewegung, stieg deren Temperatur. Von der Angst, die sie gequält hatte, bevor sie hierher ins Café gekommen war, und die in ihr den Wunsch geweckt hatte, nach Hause zu laufen und sich dort zu verstecken, fand sich in ihrem Herzen jetzt praktisch keine Spur mehr. Da saß nun Sabri Mahir neben ihr. Wenn er sie umarmen würde, um sie zu schützen, würde sie an seiner breiten Brust einfach verschwinden. Immer noch blickte er sie an wie ein neugieriges Kind. Der Likör setzte ihr Inneres in Flammen. Die Ängste wurden eingelullt und liefen davon ...

Es hatte schon vier Tage vorher festgestanden, daß Luise die riesige Geburtstagstorte an den angegebenen Ort bringen sollte. Die Gehilfin, die solche Dinge sonst erledigte, war krank geworden. Der Meister hatte Luises Mutter gefragt, und die hatte gesagt:

»Aber warum denn nicht!« Ihre Tochter sollte alle Arbeiten erlernen. Außerdem gaben die Besteller von Torten ein nicht unbeträchtliches Trinkgeld. Die Preise stiegen ohnehin stündlich, das Leben wurde immer teurer. »Ich weiß wirklich nicht mehr, wo ich noch was einsparen soll, um auszukommen«, wiederholte ihre Mutter täglich tausend Mal. Wenn es so weiterging, konnte man in Berlin bald nicht mehr leben. »Notfalls ziehen wir eine Zeitlang zu Oma nach Kolberg raus. Die Seeluft würde uns auch guttun ...«

Die Mutter sprach auch ständig davon, daß wegen der sogenannten Inflation alle nur noch dahinvegetierten. Die Inflation lauerte überall: »Wenn das Wetter so bleibt, dreht die Inflation durch«, sagte sie und riß dabei vor Sorge die Augen weit auf. Sie habe noch am Morgen mit eigenen Augen gesehen, daß man jetzt 28 Mark für ein Pfund Butter zahle. Und fügte hinzu: »Wenn das Wetter weiter so bleibt ...«

Um die Besorgnis ihrer Mutter teilen zu können, versuchte Luise den Zusammenhang zwischen Wetter und Inflation zu verstehen. Immer wenn sie herausgefunden und für sich bestimmt hatte, wodurch die Inflation entstand, wurden wieder andere Ursachen genannt, über die man sich den Kopf zerbrechen mußte. Es gab Leute, die erklärten so überzeugend, als hätten sie es mit eigenen Augen gesehen, daß Minister Dr. Geyer der wahre Grund für die Inflation sei. Zu diesen Leuten gehörte auch ihre Mutter.

Nun, nach einiger Zeit hatte Luise es aufgegeben, über die Inflation und ihre Gründe nachzudenken. Es war schwierig, sich um Liebe und Inflation zugleich zu kümmern, das brachte sie nur völlig durcheinander. Als sie es das letzte Mal aufgegeben hatte, waren

es gerade ›die Juden‹ gewesen – an ihnen war die Ursache der Inflation hängengeblieben. Es hieß, sie zahlten selbst ihren untauglichsten Dienstmädchen noch 100 Mark im Monat. Das hatte auch ihre Mutter ein paarmal gesagt und betont, daß das wirklich kein gutes Beispiel für das Volk sei. Sie wollte nicht, daß ihre Mutter sich grämte. Wenn ihr irgendwann einmal ein Jude begegnete, würde sie ihn einfach fragen: »Können Sie nicht Ihren Dienstmädchen ein bißchen weniger Monatslohn zahlen? Damit meine Mutter sich nicht grämt?«

Wieviel Trinkgeld sie wohl bekommen würde? »Das kann man nie wissen«, hatte ihre Mutter gesagt, »aber wie auch immer, wir werden das Loch, das die Inflation reißt, damit ein bißchen stopfen können ...« Da haben wir es! Die Inflation riß sogar Löcher auf ...

Als die Märzsonne die Wolken abstreifte und durch die Scheiben ins Café schien, bemerkte Luise, daß sie richtig ins Schwitzen geraten war. Ihr ganzer Körper war warm geworden, sie verspürte jetzt so etwas wie Selbstvertrauen, und die Ängste, die sie auf dem Weg hierher verfolgt und sie überfallen hatten, hatten sich verkrochen oder waren anderswohin abgezogen. Und da beschloß sie, Sabri Mahir zu erzählen, was sie gesehen hatte.

»Ich komme gerade aus der Linienstraße.«

»Was haben Sie denn da gemacht?«

Wie hätte sie sich sonst wohl ohne Wissen ihrer Mutter und dazu noch während der Arbeitszeit hier mit Herrn Sabri Mahir treffen können?! ...

»Daran habe ich nicht gedacht«, sagte Sabri Mahir. »Wir hatten eine Tortenbestellung ... Da habe ich

mir gesagt, auf dem Rückweg kann ich mir ohnehin so viel Zeit nehmen, wie ich will, und die Verabredung mit Ihnen angenommen ... Ich treffe mich zum ersten Mal mit einem Mann, müssen Sie wissen ... Ich habe die Torte weggebracht, aber ich habe auch schreckliche Dinge gesehen, die Sie sich gar nicht vorstellen können, wie in einem Alptraum. Heute nacht werde ich bestimmt von all dem träumen ... Von dem, wovon ich träumen will, träume ich nie, nur immer von so schrecklichen ... Wissen Sie, es ist gut, daß ich mich hier mit Ihnen getroffen habe ... Sie haben mich mit der Torte zu einer Wohnung im vierten Stock an der Ecke Linienstraße und Tilsiter Straße geschickt. Ich bin zum ersten Mal allein auf dieser Seite der Stadt. Ehrlich gesagt, sie gefällt mir sehr gut, es hat mir Spaß gemacht. Ich weiß auch nicht, aber ich habe richtig Vertrauen zu mir selbst bekommen. Um hinzukommen, mußte ich erst den Omnibus und dann die Untergrundbahn nehmen. Ich bin in den Omnibus der Linie 4 gestiegen. Auf dem Arm hatte ich ein riesiges Tortenpaket. Ich dachte, ich würde mit der Torte irgendwo anstoßen und sie zerquetschen; ich bin nach oben gegangen und habe mich auf dem offenen Oberdeck hingesetzt.«

»Bei dieser Kälte?«

»Wissen Sie, ich friere nie. Nachts, wenn ich mich hinlege, macht meine Mutter die Fenster in unserem Schlafzimmer immer einen Spaltbreit auf; vielleicht friere ich deshalb nie, wissen Sie. Ich habe das Paket neben mich auf die Bank gestellt und mich ausgeruht; ich hatte so eine Freude in mir ... Ich liebe ohnehin die frische Luft. Wie viele Sportwagenfahrer es in Berlin gibt, die sofort die Planen und Lederver-

decke aufmachen, wenn sich nur kurz einmal die Sonne sehen läßt! Ich hätte nie gedacht, daß es so viele sind. Auf den Köpfen hatten sie lederne Fliegerkappen, auf der Nase Brillen, die aussahen wie Schweißerbrillen, und dazu trugen sie hautenge Mäntel aus Leder oder Pelz. Na, da frieren sie natürlich nicht. Sie beachteten uns überhaupt nicht, die Leute im Omnibus und drum herum, sie redeten und lachten ständig miteinander. Säße ich in so einem Auto, da würden mich die Leute im Bus auch nicht interessieren, wissen Sie.«

»Bei dieser Kälte frieren einem ja die Knochen ab da oben im Freien …«

»Mir nie … Auch die Verkehrsampeln haben mir sehr gut gefallen. Werden sie plötzlich rot, bleiben zack alle Fahrzeuge einfach stehen. Wissen Sie, diese Verkehrsampeln sind irgendwie geheimnisvoll …«

Luise führte erneut das Likörglas an die Lippen und schwieg, um die Aufmerksamkeit ihres Gegenübers richtig auszukosten; dann stellte sie das Glas mit einer halbkreisförmigen Armbewegung wieder auf den Tisch und fuhr fort.

»Als ich an der Linienstraße ankam, habe ich Tote gesehen – das Blut war noch frisch, noch nicht getrocknet.«

»Tote?«

»Vielleicht sage ich das auch einfach so; vielleicht waren sie auch noch gar nicht tot … Ein paar Männer und Frauen standen da und blickten sie an. Zuerst verstand ich überhaupt nichts. Ich fühlte mich wie im Traum. Ich dachte einen Moment lang nach, es war durchaus kein Traum. Plötzlich bekam ich große Angst. Ich bin ganz schnell zwei Straßen zurückge-

laufen, wissen Sie? ... Und stehengeblieben, oh, ich hatte ja das riesige Tortenpaket in der Hand. Erst da fiel mir ein, daß ich es abgeben mußte. ›Das ausgewachsene Mädchen hat es nicht geschafft‹, würden der Meister, die Gesellen und auch meine Mutter sonst sagen. Es ging nicht anders, ich mußte umkehren. Ich versuchte, nicht zu den auf dem Boden liegenden Menschen hinzusehen. Ich stellte mir vor, sie würden gar nicht dort liegen, würden nicht bluten. Ich bin an ihnen vorbeigegangen. Die Häuser in der Straße sahen in manchen Stockwerken aus wie nach einem Brand. Die Fensterläden waren verkohlt, die Kinderköpfe und Blumenreliefs aus Gips über den Eingangstüren waren verbrannt und zu kohlschwarzen Klumpen geworden. Ich habe dem Kunden im vierten Stock von Haus 12 die Torte übergeben. Es war ein weißhaariger Mann mit traurigem Gesicht. Er schien in Gedanken ganz woanders zu sein, gerade irgendwas zu träumen, während er mir freundlich zulächelte. Er hat sich bedankt. Er hat mir das Geld für die Torte und auch noch – ich will ihnen jetzt nicht sagen wieviel, das gehört sich nicht – ein ziemlich gutes Trinkgeld gegeben. Und gesagt: ›Das war sehr mühevoll für Sie, mein Kind. In dieser Gegend geht heute alles ein bißchen durcheinander. Es hat Zwischenfälle auf der Straße gegeben. Wenn Sie mit der Untergrundbahn fahren wollen, nehmen Sie besser die Seitenstraße da‹, hat er mir noch geraten.«

Sabri Mahir hörte ihr aufmerksam zu. Als sie mit der mädchenhaften Koketterie einer halb ausgereiften Frau sagte: »Ich hatte Angst. Wissen Sie, ich hatte solche Angst, Herr Sabri Mahir«, da streckte ihr Gegenüber seine riesigen Hände aus und legte sie auf die

ihren. Sabri Mahir hatte ganz warme Hände, in denen man das Pochen seines Herzens spürte. Oder war es etwa Luises Herz, das da so wild schlug?

»Sie brauchen keine Angst mehr zu haben. Ich bin bei Ihnen!« sagte Sabri Mahir und drückte, die Arme über den Tisch gestreckt, wie zum Beweis Luise fest die Hände. Fast hätte Luise aufgeschrien vor Schmerz!

Am Tag nach diesem ersten Treffen waren Massen von Menschen auf der Hauptstraße an der Bäckerei vorbeigezogen, die, so hatte man Luise gesagt, mit den Spruchbändern und Schildern, die sie trugen, gegen die Ermordung eines berühmten Mannes und einer berühmten Frau protestierten.

»Sie haben recht, wenn Sie sich fürchten«, sagte Sabri Mahir, »in der letzten Zeit laufen in Berlin ziemlich undurchsichtige Dinge ab. Wollen Sie nicht noch einen Likör?«

Luises Hände lagen immer noch in den seinen. Er hatte zwei Tassen Kaffee getrunken und fragte Luise, als er sich einen dritten bestellte. Luise wollte keinen Likör mehr. Ihr Meister sollte nichts merken. Aber der Noisette hatte ihr gutgetan. Er hatte ihre Ängste vertrieben ... Es war ihre Mutter, die sie so verwirrt hatte! Immer wieder hatte sie gesagt: »Wenn du nur einen russischen Prinzen fändest, da wärst du gerettet. Und ich würde schon allein zurechtkommen. Vielleicht zu meiner Mutter ...« Sie sei nun groß genug, hatte die Mutter gesagt, die Hüften, ihre Brüste seien gut entwickelt, und die Rede dann, halb im Spaß, halb im Ernst, auf den ›russischen Prinzen‹ gebracht, ›mit dem sie fortgehen‹ sollte. Luise hatte diese Worte so oft gehört und so oft darüber nachge-

dacht, daß sie sich durchaus vorstellen konnte, daß von den Zehntausenden von Russen, die Berlin bevölkerten, am Ende vielleicht einmal ein Prinz in den Bäckerladen kam. Ja, das sollte sich ihre Mutter dann nur ansehen! ...

»Als Sie sagten, Sie seien ein Prinz, wissen Sie, da habe ich das im Scherz gemeint. Das mit dem russischen Prinzen ...«

»Ach, tatsächlich? Dabei bin ich ein türkischer Prinz«, hatte Sabri Mahir zum Scherz gesagt, und dann gelacht. Luise lachte mit, dachte aber sofort, daß sie das eigentlich nicht dürfte. Sie saß zum ersten Mal einem Mann gegenüber, gestattete ihm, ihre Hand zu halten, und als er nun lachte, lachte auch Luise. Hatte sie sich da nicht falsch verhalten? Wie mochten sich die anderen Mädchen, die schon viele Geliebte gehabt, schon viele Männer kennengelernt hatten, in dieser Situation verhalten? Ach, man mußte so viel wissen! ... Sabri Mahir würde sie deswegen womöglich sehr unerfahren und unwissend finden. Es war schlimm, wenn man nicht wußte, wie man sich den Männern gegenüber zu verhalten hatte.

»Ein türkischer Prinz, tatsächlich?« fragte sie, nachdem sie aufgehört hatte zu lachen. Ja, sie wußte gerade so viel: Es gab irgendwo auf der Welt Leute, die man Türken nannte. Im Krieg hatten sie mit ihnen gegen die Engländer und Franzosen gekämpft ... Nun, und weiter? ... Neun Tage später hatte ihr Sabri Mahir beim Bezahlen seiner Brötchen einen Brief zugesteckt, in dem er sie bat, sich mit ihm noch einmal im selben Café zu treffen. Luise beschloß, sich diesmal vorher zu informieren, und fragte ihren Meister, wo genau auf der Welt die Türken lebten.

»Früher lebten sie im Osmanischen Reich, aber jetzt nennen sie ihr Land ›Enverland‹«, lautete die Antwort.

Sie kannte eine Zigarettenmarke, die ›Enver Bey‹ hieß; auf den Omnibussen wurde dafür in riesigen Lettern Reklame gemacht, aber ›Enverland‹ hatte sie noch nie gehört.

»Sie sind also aus ›Enverland‹?«

Mit dieser Frage hatte sie bei ihrer zweiten Verabredung das Gespräch begonnen, um mit ihrem Wissen zu prunken. Sabri Mahir sollte sehen, daß sie auch etwas über die Türken wußte!

»Woher haben Sie denn diesen Ausdruck? Wir sind Osmanen. In der letzten Zeit haben die Deutschen unserem Land diesen Namen gegeben, wegen Enver Pascha, der ihr Mann ist ...«

Der Name des Landes der Türken war also erstmal schwierig. Das machte nichts; sie hatte sich ihren Noisette bestellt und trank ihn nun. Wenigstens sein Geschmack hatte sich seit dem letzten Mal nicht verändert, war noch derselbe ... Sie hörte Sabri Mahir zu. Was er sagte, verstand sie nicht völlig, aber seine Stimme war warm und sein Deutsch merkwürdig. Ohnehin war Luise von Dingen, die sie nicht verstand, stets mehr beeindruckt. Lag es nun daran, daß er die Wörter auf ungewohnte Weise betonte, oder an dem, wovon er sprach – kaum schien sie zu verstehen, was ihr Gegenüber meinte, entglitt ihr der Sinn auch schon wieder. Nun, für sie wurden Sabri Mahirs Äußerungen dadurch nur noch interessanter. Unbegreifliche, zum Lachen reizende, schrecklich interessante Dinge waren es, die dieser Mann mit den geschminkten Augenbrauen da erzählte. Es klang fast

wie ein Märchen ... Ach ja, jetzt fiel es ihr wieder ein! Waren die Türken nicht für ihre Märchen berühmt? Auch Sabri Mahir erzählte Sachen, die wie Märchen klangen. Daß er ein guter Maler sei, von einem berühmten Meister in Paris Unterricht erhalten habe, seine eigenen Bilder eines Tages unbedingt in Berlin ausstellen wolle, aber zuerst mit dem Direktor vom Zirkus Busch reden müsse ...

»Frau Luise, ich werde mit Ihnen alle Bildergalerien Berlins ansehen. Ich kann Ihnen über die berühmten Gemälde sehr viel erzählen. Allerdings muß ich in den nächsten Tagen noch zum Zirkus Busch gehen ...«

Ob Frau Luise Französisch könne? Nein, das konnte sie nicht! Warum stellte er ihr jetzt diese Frage? Und hatten die Franzosen den Deutschen im Krieg nicht genug angetan? Wie konnte es angehen, daß Herr Sabri Mahir das nicht wußte? Ja, nach dem, was ihre Mutter gesagt hatte, waren die Franzosen die Hauptursache für die Inflation und sogar dafür, daß die Menschen so viel Läuse hatten ...

»Frau Luise, als ich Sie fragte, ob sie Französisch können, meinte ich damit, ob Sie Baudelaire kennen, ich meine, ob Sie schon einmal Gedichte von ihm gelesen haben?«

Nach dem zweiten Glas Noisette begann sie, Baudelaire kennenzulernen. Sabri Mahir sagte Verse auf, und Luise sprach sie nach: Mon enfant, ma sœur, Songe à la douceur, D'aller là-bas vivre ensemble! Aimer à loisir, Aimer et mourir, Au pays qui te ressemble! ...

Ja, an jenem Tag hatte sie sich entschieden: Sie liebte diesen Mann. Und wollte nie mehr von ihm ge-

trennt sein. Und heute saßen sie noch immer einander gegenüber, und sie hatte nie auch nur einen Augenblick lang das Gefühl gehabt, daß von ihm etwas Schlechtes ausgehen könnte. Was brauchte man mehr, um einen Mann zu lieben? Außerdem kam Sabri Mahir ihr so witzig vor, er hatte Luises Herz so ruhig gemacht, daß sie gar nicht bemerkt hatte, wie die Zeit verstrichen war ... Draußen vor dem Café war es stockfinster. Der Engel auf dem Dach des Bahnhofs war nicht mehr zu sehen. Es hatte zu schneien angefangen, und die Zahlen auf der beleuchteten Bahnhofsuhr waren nicht mehr genau zu erkennen. Sie würde zu spät nach Hause kommen! Aber mein Gott, dann würde sie eben einmal ein bißchen zu spät kommen. Sollte ihr doch passieren, was wollte! Draußen schneite es, aber Luise war am ganzen Körper warm, sie schwitzte. Sie fühlte sich jetzt so stark, daß sie jeder Gefahr trotzte. Bestimmt würde ihre Mutter sie fragen, warum sie erst im Dunkeln heimkam, warum sie ihren Meister nicht benachrichtigt hatte. Sollte sie doch fragen! Sollte sie doch die Hand gegen sie erheben. ›Ich habe auch ein Recht auf mein eigenes Leben, Mutter, wie die anderen Mädchen!‹ würde sie sagen. ›Das ist mein Privatleben, Mutter ...‹ Außerdem könnte sie ihr sagen, sie habe gelernt, daß die Franzosen mit der Inflation nichts zu tun haben, sie fragen, ob sie Baudelaire kenne, ihr das Gedicht, das Sabri Mahir ihr beigebracht hatte und das mit »Mon enfant, ma sœur ...« begann, von Anfang bis Ende auswendig aufsagen! ...

Als sie dann gegen halb elf nach Hause kam, hatte ihre Mutter sie überhaupt nichts gefragt.

Sabri Mahir bestand wie ein Kind darauf, noch zu

dieser späten Stunde mit hinaufzugehen, die Mutter um Luises Hand zu bitten und ihr mitzuteilen, daß die Eheschließung binnen kurzem stattfinden könne. Wußte dieser ausgewachsene, um so viel ältere Mann denn nicht, daß man so etwas so nicht machen konnte? Mensch, wenn sich Herr Sabri Mahir weiter so kindisch benahm, dann war dieses Treffen ihr letztes! ...

Als sie sich an jenem Abend widerwillig voneinander trennten, küßte Sabri Mahir Luise die Hand, ganz wie im Film.

Ihre Mutter fragte am nächsten Tag überhaupt nichts. Anschließend machte sie eine ganze Woche lang den Mund nicht auf, sprach mit ihrer Tochter kein Wort.

Und Luise sprach eine Woche lang nicht mit Sabri Mahir. Und die Zettel, die er ihr zuzustecken versuchte, nahm sie nicht an.

Als Sabri Mahir dann einmal in die Bäckerei kam, beweisen wollte, daß er keineswegs irgendein unbedeutender Kunde war, und erklärte: »Ich möchte bitte zehn Eclairs«, da sagte der Meister: »Ihr Wunsch wird ausgeführt, mein Herr, nur, bitte, tragen Sie Ihre persönlichen Angelegenheiten nicht in unseren Betrieb hinein«; und das hatte Sabri Mahir zum Anlaß genommen, genau zwei Tage nicht im Laden vorbeizuschauen.

In jenen zwei Tagen glaubte Luise vor Neugier zu sterben. Sie hatte diesen Mann, den sie schon so lange liebte, noch nicht mal gefragt, wo er wohnte! Mein Gott, wie kindisch hatte sie sich benommen! Wie unerfahren! Luise mußte schleunigst den Schaden beheben, den ihr kindisches Verhalten und ihre Uner-

fahrenheit angerichtet hatten, mußte sich beeilen damit.

Es kamen einige Beschäftigungen von Sabri Mahir dazwischen, die Luise nicht recht verstand.

Ihr Meister ließ Luise keine Zeit zum Aufblicken.

Das dritte Treffen fand in Sabri Mahirs Junggesellenzimmer statt. Luise wollte wissen, wo und wie er wohnte; sie würde ihre Neugier stillen. Aber an jenem Tag ist sie nicht schwanger geworden. Das sollte erst später geschehen.

Sie hatten das Wohnhaus durch den Dienstboteneingang betreten, um zu Sabri Mahirs Dachkammer zu gelangen. In dem Zimmer herrschte eine merkwürdige Art von Ordnung: Es kam Luise zugleich durcheinander und aufgeräumt vor. Mochte es die sorgfältige Anordnung von nicht zusammenpassenden Gegenständen sein, die einem das Gefühl von Unordentlichkeit gab? ... Im Zimmer befanden sich eine Menge bemalter und auch leerer Leinwände. Auf dem Tisch standen sorgfältig angeordnet ein halbfertiges Frauenportrait in Öl auf einer kleinen Staffelei (daß es ihr eigenes Gesicht werden sollte, erfuhr Luise erst später) und gläserne Gefäße mit Pinseln und Farbtuben, und daneben lagen Kohleskizzen auf dickem Papier. An den Haken an der Wand dagegen hingen ein Paar Boxhandschuhe, ein birnenförmiger Lederball, eine merkwürdige Art Stiefel mit vielen Bändern und so dünnen Sohlen, daß sie keine zu haben schienen – Luise kamen sie so komisch vor, daß sie sehr darüber lachen mußte (später sollte sie erfahren, daß es Boxschuhe waren, die im Ring getragen werden) –, und schließlich mitten in diesem dazu gar nicht passenden Zimmer ein gewaltiger, mit Perlmutt

beschlagener Koffer aus Walnußholz. Und natürlich ein hölzernes Pensionsbett ... Auf der Konsole gleich neben dem Bett geöffnete und gelesene Briefe, die mit einer grünen Kordel zu einem Bündel zusammengeschnürt waren ... Noch bevor Luise danach fragen konnte, erklärte Sabri Mahir, daß sie von seiner Mutter seien.

Sie hatten das einzige, auf die Dächer blickende Fenster geöffnet, den intensiven Geruch der Akazienblüten in ihre Lungen gesogen und Knie an Knie stundenlang regungslos auf dem Bett gehockt und einander in die Augen gestarrt. Na, das konnte man doch auch ›Liebe‹ nennen!

Einführung in den 4. April

Sabri Mahir beobachtete den von Herrn Bülow entdeckten Max Schmeling schon seit langer Zeit. Herr Bülow hatte einen guten Riecher und war einer, der sich im Getriebe des Boxgeschäfts auskannte. Offen gesagt, er beneidete ihn sogar ein wenig. Herr Bülow hatte sich fest vorgenommen, aus dem Provinzjungen Max in kurzer Zeit einen kultivierten, höflichen Boxer zu machen, der sich in Berlin einfügte, und von Tag zu Tag hatte seine Arbeit reichere Früchte getragen. Er hatte den jungen Mann in den letzten drei Jahren in annähernd zwanzig Kämpfe geschickt, und sie hatten damit eine ganze Menge Geld zusammengebracht.

Von Anfang an hatte er den Jungen nacheinander alles gelehrt, was er wissen mußte. Nicht mit Gewalt

und Paukerei, sondern er hatte ihn überzeugt. Nach und nach hatte er dem jungen Mann mal eben beigebracht, daß man nur mit eiserner Arbeitsdisziplin Meister werden konnte, daß ein Boxer unbedingt vierundzwanzig Stunden lang an das Boxen denken mußte, daß er, und hätte er auch den stärksten, am besten durchtrainierten Körper auf der Welt, niemals ein guter Boxer werden konnte, wenn er sich nicht bemühte, ein kultivierter Mann zu werden, sich nicht dafür interessierte, was in der Welt vor sich ging, und wenn er keine Ziele hatte. Ja, genau, ein Boxer nahm Wörter wie ›Zigaretten‹ oder ›Alkohol‹ nicht einmal in den Mund! (Hierbei mußte Sabri Mahir an Franz' Trinkabenteuer in Amerika denken und geriet ins Schwitzen.) Und ein Boxer, der nicht wußte, was Ernährung und Diät bedeutete, der konnte gleich gehen und mit Kindern in der Sandkiste boxen ... Ja, Herr Bülow hatte ein Bravo verdient. Er beglückwünschte ihn, war aber nicht neidisch auf ihn; ja, so war das! Das war alles ... Nur wäre es natürlich gut, wenn er selbst nicht nur Franz, sondern auch Max entdeckt hätte. Damit hätte er Freund und Feind bewiesen, daß Sabri Mahir jemand war, der sich mit dem Boxen und den Boxern auskannte, und sich ein für allemal einen Namen gemacht.

Kurz vor Beginn des letzten Jahres hatte Herr Bülow den Jungen zum Deutschen Meister im Halbschwergewicht gemacht. Ehrlich gesagt, er hatte sich sehr klug verhalten; erst hatte er ihn abnehmen lassen und zum Meister im Halbschwergewicht gemacht, und dann sollte er zunehmen und im Schwergewicht kämpfen ...

Er kannte so viele Journalisten, dieser Herr Bülow,

die den jungen Mann beim geringsten Erfolg in den Himmel lobten. Während er selbst Schweiß vergoß und Franz Diener mitnahm, um ihn in Amerika zum Weltmeister zu machen, hatte Herr Bülow längst begonnen, zu Hause die Groschen einzusammeln. Fast jeder ihrer Kämpfe brachte ihnen unerwartet viel Geld und Ruhm ein. Na, ein so schneller Ruhm raubt einem natürlich den Verstand, wer wüßte das nicht. Eines Morgens bemerkte Sabri Mahir, daß sich vor dem Gebäude des Neuen Westens, in dem sich sein Studio befand, eine Menschenmenge angesammelt hatte, und als er dann auch herantrat, sah er die Harley Davidson mit dem Beiwagen. Als er in sein Studio kam, erfuhr er, daß sie Max Schmeling gehörte. Franz und Max Schmeling hatten Frau Carola Neher in ihre Mitte genommen und brachten ihr Boxen bei. Und vor der Tür stand diese irre Harley Davidson. Das Motorrad hatte bestimmt einen Haufen Geld gekostet. Er würde sich sofort zu Herrn Bülow begeben, um ihm zu sagen, paß auf diesen Jungen auf, er soll nicht gleich zu Beginn seiner beruflichen Karriere das Geld zum Fenster hinauswerfen. Nun, es war gar nicht nötig, daß er das sagte, denn dem jungen Mann wurde durch ein schreckliches Erlebnis klar, daß man sich nicht plötzlich alles Mögliche zulegen sollte. Es waren kaum zwei, drei Monate vergangen, da hatte er diesen grausigen Unfall: Er hatte seine Mutter in den Beiwagen der Harley gesetzt, seine Schwester saß auf dem Sattel hinter ihm. Jugendlicher Leichtsinn eben, bestimmt wollte er den Seinen Vergnügen bereiten mit dem teuren, vom eigenen Geld gekauften Spielzeug. Er soll mit ihnen losgefahren sein, um ihnen die grüne Umgebung Berlins zu zeigen. Und hat auf die-

ser Höllenmaschine von Harley, die die Straße nur so in sich hineinfrißt, ordentlich Gas gegeben! In einer Kurve lag Sand von einer Baustelle oder ähnliches. Er verlor die Kontrolle über die Harley und als sie ins Schleudern gerieten, stürzte seine Schwester vom Sattel. Es hieß, sie sei mit dem Kopf auf einen Pflasterstein geschlagen. War blutüberströmt ... Das arme Mädchen verstarb vier Stunden später im Krankenhaus ... Der Junge hatte Mühe, sich wieder zu fangen, aber ganze fünf Tage nach diesem Unfall errang Herr Schmeling einen Sieg, von dem alle, die etwas von dem Geschäft verstanden, sprachlos vor Staunen den Hut zogen: Mit einem blitzsauberen Boxstil zwang er den Amerikaner Jack in die Knie ...

Sabri Mahir wußte auch, daß der junge Mann eines Tages in sein eigenes Terrain eindringen würde. Aber bevor er im Schwergewicht Ansprüche anmelden konnte, mußte er noch ein Hindernis überwinden: Der italienische Herr Bonaglia wollte gegen Max Schmeling kämpfen und ihm den Titel im Halbschwergewicht abnehmen. Dieses Match hatte Herrn Bülow und denen, die es finanzieren und vorbereiten sollten, so manche Kopfschmerzen bereitet. In letzter Zeit brachte nicht jede Begegnung unbedingt viel ein, manche kosteten die Veranstalter sogar Geld, und sie kamen mit Verlusten heraus. Daher wollten die Burdas und Koslowskis, die ihr Geld investierten, bei den Begegnungen eine Menge Dinge selbst entscheiden. Sie nahmen damit Einfluß auf Sabri Mahir, auf Herrn Bülow und auf alle anderen Manager. Ehrlich gesagt, bei dieser Inflation mochte sich keiner über den anderen beschweren. Um den Preis für die Eintrittskarten wenigstens eine Woche oder zehn Tage halten zu kön-

nen, den Zuschauer nicht kalte Füße bekommen oder ganz im Regen stehen zu lassen, waren alle, die am Boxsport verdienten, zu Opfern gezwungen.

Allerdings hatten sich die Investoren dieses Mal klüger verhalten und sich abgesprochen; in das Match zwischen Bonaglia und Schmeling hatten sie hineingesteckt, was sie konnten. Die Werbekampagne war nicht zu überbieten gewesen. Die Inflation war völlig vergessen. Von überallher strömten die Leute in überfüllten Zügen nach Berlin. Die Potsdamer Straße mit dem Sportpalast, wo die Begegnung stattfinden sollte, lief vom einen Ende bis zum anderen über von Menschen, so daß keine Stecknadel hätte zu Boden fallen können. Sogar Sabri Mahir mußte mit Franz an seiner Seite vier Stunden vor Beginn des Match hineingehen. Der Saal war gerammelt voll, und alle Eingänge sollten gesperrt werden.

Drinnen herrschte wilder Lärm, alles schrie durcheinander in ausgelassenem Getöse. Dabei oblag die Aufgabe, die Zuschauer anzuheizen und sie bis zum Kampf zu unterhalten, im allgemeinen einem hinkenden Mann, den man Herrn Krücke nannte. Er übernahm diese Aufgabe jedes Mal gern. Und war auch erfolgreich darin. Ein Sprachrohr vor dem Mund, erzählte er Witze, hatte für jeden die passende Antwort und stellte sich manchmal an das Mikrophon vor dem Orchester, steckte sich die Finger in den Mund und pfiff Märsche. Die Krücke, die er wegen der Lähmung in seinem Bein benutzte, war bei dem Mann zu einem Körperteil geworden. Ob mit ihm bekannt oder nicht, alle nannten ihn nur Herrn Krücke. Er war so berühmt, daß es inzwischen sogar Firmen gab, die ihn bei seinen belustigenden Auftritten ihre Trainingsan-

züge tragen ließen, um damit zu werben. Auch in Sabri Mahirs Studio schaute er alle paar Tage herein, setzte seine Krücke, während er herumlief und überall herumspionierte, absichtlich hart auf das Parkett, spach jeden an, ob er ihn kannte oder nicht, brachte ihn zum Lachen, sammelte mehr oder weniger geheime Neuigkeiten und tauschte die, die er schon gesammelt hatte, gegen neue Informationen. Er war bekannt als Quelle erster Hand für Journalisten und für alle Leute, die von Neuigkeiten lebten, und wurde darum überall umsorgt. Wenn manchmal absichtlich falsche Meldungen ausgegeben oder richtige sofort und weit verbreitet werden sollten, suchte man Herrn Krücke auf, damit der sie weitergab, bewirtete ihn und ließ ihn dann loslaufen wie einen öffentlichen Ausrufer.

Herr Krücke war nirgends zu entdecken gewesen. Nun, ohnehin hatte niemand ein Bedürfnis nach ihm, danach, in Stimmung gebracht zu werden. Von der Arbeitslosigkeit, der Börsenkrise, der Inflation oder von Mussolini wurde zwar mit keinem Wort gesprochen, aber irgendeine Bemerkung, irgendeine Bewegung und schon platzten die Leute vor Lachen. Da viele Leute Stühle in die Luft hielten – wahrscheinlich waren sie nicht zu dem Platz durchgekommen, wo sie sitzen wollten, sondern irgendwie in der Menge steckengeblieben – fühlte man sich wie in einem Wald aus Stühlen.

Es war eine Menschenmenge, die anders war als alles, was Sabri Mahir bis dahin gesehen hatte: Wie von einer Krankheit befallen, verkrampften sich alle einträchtig, entspannten sich wieder, lachten zusammen, und da sie sich in keiner Weise verständigen

konnten, schrien sie einfach alle durcheinander. Ein Mann wie Sabri Mahir, der in Amerika gewesen war, hätte darüber nicht erstaunt sein dürfen, aber dieser Tumult war doch etwas anderes. Die aus Tausenden von Menschen bestehende Menge hatte etwas von der krankhaften Zittrigkeit eines Epileptikers. Passierte da mit den Menschen etwas, was sich nur schwer beschreiben ließ? Er erinnerte sich an etwas, was in letzter Zeit zum Modewort geworden war, und fragte Franz Diener, der neben ihm saß und aus seinen Katzenaugen irritiert in die Gegend blinzelte, ob es vielleicht das war, was man ›Tohuwabohu‹ nannte? Mit einem Blick, der genauso verwirrt war wie der, mit dem er zuvor in den Saal gestarrt hatte, drehte Franz sich zu Mahir um. Und dabei kam von vorn und hinten eine alptraumhafte Menschenmenge schwankend wie eine riesige Medusa auf sie zu.

Zwei Minuten und dreißig Sekunden nach Beginn des Kampfes fiel der langbeinige Italiener mit dem wohlproportionierten Körper, nach einer rechten Geraden von Herrn Schmeling, klatschbums auf den Boden des Rings, war k. o.

Tausende begriffen zunächst nicht, was passiert war. Sie waren verwirrt. Sagten einen Augenblick keinen Ton. Und schon zählten Tausende von Stimmen Bonaglia mit dem Ringrichter zusammen aus: »... fünf ... sechs ... sieben ...« und kaum waren sie mit dem Auszählen fertig, setzte ein »Deutschland, Deutschland über alles ...« ein.

Wohl weil die Leute nicht damit gerechnet hatten, daß das Ganze so schnell zu Ende sein würde, wollten sie sich einfach nicht vom Fleck rühren, noch nicht gehen. Herr Bülows junger Boxer wußte nicht mehr,

was er machen sollte. Irgendwann hatte er die Arme hochgehoben und die verdiente Freuden- und Siegerpose eingenommen, er hatte ein paar Bewegungen gemacht, wie sie ihm gerade eingefallen waren, war dann mitten im Ring einfach stehengeblieben und hatte sich mit der Oberseite seiner behandschuhten Hände Schweiß und Freudentränen abgewischt.

Rufe, furchterregende, hysterische Schreie ertönten und schwollen zu einer Lawine an. Man ballte Fäuste gegen einen unsichtbaren Feind, schwankte, schimpfte, und plötzlich setzte ein Riesenapplaus ein. Und dann stimmte man noch einmal aus voller Kehle ein »Deutschland, Deutschland über alles …« an. Und Max Schmeling stand noch immer in seinen blauen Boxershorts mitten im Ring herum …

Sabri Mahir war nach dem Match geradewegs ins Studio gegangen und hatte der Sekretärin eine Notiz mit dem Vermerk ›eilig‹ hingelegt, in der er darum bat, alle Filme aufzutreiben, in denen Max Schmeling im Kampf zu sehen war.

Umgekleidet verließ er sein Büro. Luise war nicht zum Match mitgekommen und wollte nach dem Kampf in der Bar des Eden Hotels auf ihn warten. Auch Frau Carola Neher war bei ihr, und sie warteten auf Nachrichten von der Begegnung. Franz Diener, der keine Lust hatte, nach Hause zu gehen, um sich in Smoking und Fliege zu werfen, wollte nicht mitkommen. Auch er war von einer seltsamen Unruhe befallen, er mußte immer noch an den Kampf denken.

Sabri Mahir erzählte Frau Carola und auch Luise, was er gesehen und dabei gedacht hatte. Luise konnte sich auf die besorgte, nachdenkliche Haltung ihres Ehemannes keinen Reim machen. Kurz nach Mitter-

nacht gesellte sich auch Carolas Ehemann, der Dichter Klabund, zu ihnen. Auch er hatte vom Taxifahrer vom Ausgang des Kampfes erfahren. Der Fahrer hatte ihm auch die Menge beschrieben, wie sie, tosend wie von der Kette gelassen und Märsche singend, auseinandergegangen war. Herr Klabund klagte immer wieder über Schweißausbrüche, und wenn er redete, schien er manchmal keine Luft zu bekommen. Er gab sich alle Mühe, vergnügt zu wirken. Er wollte nicht, daß man über die Krankheit sprach, die ihm die Lungen zerfraß. Er erzählte von einem sympathischen Gigolo, der seine Frau Carola am Abend zuvor zum Tanzen aufgefordert hatte. Er sei gerade aus Wien gekommen. Eigentlich sei er Journalist, habe aber noch keine Zeitung gefunden, um seine Artikel zu veröffentlichen. Er versuche sich vorerst damit über Wasser zu halten, daß er in gemietetem Smoking Frauen beim Tanzen Gesellschaft leistete. Wenn sein Zimmergenosse morgens zur Arbeit gehe, komme der Knabe gerade von seiner Arbeit zurück, und so hätten sie vorerst keine Probleme damit, sich das Zimmer zu teilen. Carola hatte ihnen den etwas entfernt an einem Tisch sitzenden jungen Mann gezeigt und dann ihren Gatten gefragt, ob er für ihn vielleicht einen Job bei einer Zeitung finden könne. Als drücke ihn die Fliege in seinem schmalen Nacken, hatte Klabund die Hand an den Hals geführt und getan, als ob er sie lokkere, den jungen Mann, der inzwischen mit einer Frau tanzte, die viel größer war als er selbst, eine Zeitlang beobachtet und dann gesagt: »Er soll ein ›Tagebuch eines Gigolos‹ führen. Vielleicht können wir das veröffentlichen …« Der Saal wurde immer voller, und sie blieben nicht lange dort sitzen. Auf

Vorschlag des Dichters, dessen Lungen unter dem Qualm und Staub arg litten, stand man auf und verließ das Eden. Man wollte sich eine Bar suchen, wo die Luft besser war.

Einige Zeit später hatte Sabri Mahir gehört, daß der junge Gigolo seine Artikel nun in einer Berliner Zeitung veröffentlichen konnte, und bei seiner Frau eine Nummer der Zeitung gefunden, die Luise auf Carolas Empfehlung hin zu lesen begonnen hatte. Er hatte sie sich angesehen. Der junge Journalist setzte einen englisch klingenden Namen unter seine Artikel: War es ›Billy Walder‹ oder ›Wilder‹ gewesen? So ähnlich jedenfalls; vielleicht war es auch ein Pseudonym …

Zwar hatte Herr Bülow es noch nicht öffentlich bekanntgegeben, aber Sabri Mahir hatte gehört, daß er den goldene Eier legenden Max Schmeling jetzt mästen und dann im Schwergewicht herausbringen wollte. Er würde das Huhn tüchtig füttern, und dann würde es noch mehr goldene Eier legen. Darin bestand nun einmal der Job eines Managers; jeder mußte sich um sein eigenes Huhn kümmern.

Aber Sabri Mahirs Huhn, Franz Diener, war für ihn so etwas wie ein Bruder oder sogar wie ein zweites Ich. Er war ihm auf eine Weise verbunden, die er nicht recht beschreiben konnte, die er auch gar nicht beschreiben wollte. Insbesondere das Amerika-Abenteuer hatte diese Verbundenheit gefestigt. Franz Diener wiederholte bei jeder möglichen und unmöglichen Gelegenheit, daß er, wieviel Geld auch immer irgend jemand ihm anbieten würde, sich nicht im Traum vorstellen konnte, sich von Sabri Mahir zu trennen. Auch auf seiner Seite waren da Gefühle im Spiel, die

über die berufliche Verbundenheit hinausgingen. Als er zu Sabri Mahir kam, da war er kein Huhn gewesen, das goldene Eier legte, ja, noch nicht einmal ein Hähnchen. Im Beruf war er noch ein Küken gewesen, das gerade seinen ersten Flaum verloren hatte.

Als man Sabri Mahir sagte, es sei jemand aus Duisburg gekommen und wolle ihn sprechen – das lag nun vier Jahre zurück – hatten Luise und er sich gerade entschlossen, in ihre jetzige Wohung in der Bayreuther Straße umzuziehen. Sie suchten damals nach einer Wohnung in der Nähe seines Studios, weil sie umziehen mußten. »Bald sind wir zu dritt, Sabri Mahir«, hatte Luise in ihrer schüchternen Liebenswürdigkeit gesagt und ihm damit die gute Nachricht von ihrer Schwangerschaft mitgeteilt.

Als er ihn an jenem Tag zum ersten Mal sah, hatte sein Schüler auf einer hölzernen Bank gesessen, bereit aufzuspringen, bedrückt und unruhig.

»Ich gehe mir eine Wohnung ansehen. Wenn Sie wollen, können Sie mitkommen, wir unterhalten uns dann unterwegs ...« hatte Sabri Mahir gesagt, während er dem jungen Mann die respektvoll vorgestreckte Hand drückte.

»Ich heiße Franz Diener«, hatte er gesagt und seinen Text heruntergespult, als habe er ihn auswendig gelernt. »... Ich bin letztes Jahr Deutscher Amateurmeister im Schwergewicht geworden. Schon lange wollte ich nach Berlin kommen und hier boxen. Wenn du nach Berlin gehst, mußt du unbedingt Schüler von Herrn Sabri Mahir werden, so hat man mir gesagt, mein Herr ... Daher ...«

Den Namen des jungen Mannes hatte er schon mal irgendwo gehört oder gelesen. Man sprach in den üb-

lichen Klischees von seiner glänzenden Zukunft. Das hörte sich alles so leicht an! ... Erst mal sehen, ob er einer war, der den langen Weg zum Boxer schaffen und sich vom knochenharten Training nicht würde abschrecken lassen. Sie waren zu Fuß bis zur Bayreuther Straße gegangen und auf dem ganzen Weg hatte Sabri Mahir den jungen Mann mit dem bäuerlichen, schaukelnden Gang gemustert. Er hatte sich alles genau angesehen, seinen Körper, sein Gesicht, seine Arme, die unkontrolliert herumruderten, als seien sie nicht Teil seines Körpers, seine behaarten, rauhen Hände, die an große Bauernbrote erinnerten. Schüchtern wie ein junges Mädchen hatte Franz auf dem ganzen Weg nur zweimal hochgeblickt und Sabri Mahir ins Gesicht gesehen.

Vor dem Haus Nr. 21 trafen sie die wartende Luise. Er hatte dem jungen Mann noch keine eindeutige Antwort gegeben. Er stellte ihm Luise vor. Er wollte ihn ja nicht nach oben zur Wohnungsbesichtigung mitschleppen! ...

»Gut, dann komm einfach morgen mit deinen Trainingsklamotten mal im Studio vorbei«, wurde ihm gesagt. Im Gefühl der Verantwortung, die er mit dem Amt des Trainers für den jungen Mann übernahm, hatte Sabri einen sehr befehlsmäßigen Ton angeschlagen.

Er und Luise bemerkten, daß der junge Mann vor lauter Aufregung ganz rot geworden war.

Ihre Zusammenarbeit dauerte nun schon fünf Jahre. Und es gab zwischen ihnen mehr Gemeinsamkeiten als zwischen ihm und Luise ... Vielleicht ließ sich seine Zuneigung, seine Liebe zu Franz, mit der Liebe zu einem kleinen Bruder vergleichen. Und er

fand bei diesem großen Kind auch noch eine andere Wärme als bei Luise. Das wurde ihm mehr und mehr klar. Die beiden waren für ihn ein Schutz gegen die schwer zu beschreibenden, schwer zu überwindenden Ängste einer fern vom eigenen Land geführten, ›heimatlosen‹ Existenz, die einen nachts aus dem Schlaf hochschrecken ließen und einem den Atem raubten. Wenn er in seiner auf merkwürdige Weise fortschreitenden Verbannung nicht einfach den Verstand verlor, so lag das daran, daß es die beiden gab …

Drei Wochen sah er sich mit Franz alle Filme mit Max Schmeling an, die die Sekretärin hatte auftreiben können, und sie diskutierten darüber. Sabri Mahir machte sich seitenweise Notizen.

Wer ist dieser Sabri Mahir?

Seitdem er nach Berlin gekommen war, hatte er keine Lust mehr, über Bilder nachzudenken, Bilder zu malen.

Den ganzen Tag über begnügte er sich mit ein paar Happen, mit denen er seinen Hunger gerade unterdrücken konnte, und überlegte, was für eine Arbeit für ihn in Frage kam.

Es gab da etwas, was man ›Boxen‹ nannte, etwas, wovon alle redeten. Es hieß, es sei etwas Ähnliches wie Ringen; wie Ringen, ohne List und Tücke. Man könne selbst sehen, wer der Stärkere und wer der Schwächere sei, könne es selbst entscheiden. Alles hänge nur von der Kraft des Körpers und der Fäuste ab …

Sabri Mahir hatte Vertrauen in seinen Körper. Als er noch in Istanbul war, hatte er sogar in der ersten osmanischen Fußballmannschaft gespielt, ohne je zu ermüden, und – unter anderem, um seinem Großvater eine Freude zu machen – sich auch beim Ringen nicht zurückgehalten. Und jetzt konnte er mit dem, was man ›Boxen‹ nannte, durchaus eine Weile Geld verdienen, und später einmal mit dem Malen fortfahren. Allerdings mußte er seinen Körper gut ernährt und trainiert halten. Er war zwar durchtrainiert, aber sein Körper war mit seiner sogenannten Ernährung in den letzten Wochen, die aus drei Brötchen und ein bißchen Aufschnitt bestand, nicht sehr zufrieden. Wenn er sich abends ins Bett legte, hörte er ihm zu und gab ihm recht bei seinen Klagen. »Sabri Mahir, so geht das nicht weiter«, beschwerte sein Körper sich kraftlos …

Ganz klar ein Sport für ›Männer‹; niemand konnte sich vorstellen, wie man dabei betrügen sollte. Gut, aber von wem sollte er das Boxen erlernen?

Wen er auch fragte, jeder nannte ihm den Namen einer englischen Insel und sagte, dort habe er es gelernt. Was war das für eine Insel? Mußte man für diese Sache erst dorthin fahren? Aber nein, so war es nun auch wieder nicht: Die Engländer hatten während des Krieges sämtliche deutschen Gefangenen auf eine Insel westlich von Britannien gesteckt. Um diese Insel ging es, und um das Boxen zu erlernen, mußte man nicht unbedingt Gefangener sein, nicht unbedingt auf diese Insel fahren … Auch Curt und Hans, mit denen er sich später sehr anfreundete, hatten das gesagt. Es gab auch welche, die das Boxen in Südafrika gelernt hatten, aber sie behaupteten, daß die

›richtigen‹ Boxer Neger seien, und waren nicht sehr stolz auf ihre eigenen Faustkämpfe. In den ersten Tagen seiner Faustkämpferei war Sabri Mahir selbst Zeuge der ›Behendigkeit‹ geworden, die Neger beim Boxen an den Tag legten. Damals sah er, begriff er, daß beim Boxen nicht unbedingt der Stärkere gewinnt; ein schwarzer Boxer namens Michael hatte den berühmten Boxer Curt Prentzel zu einem Match herausgefordert, und dann den Ausrichter des Kampfes darauf hingewiesen, daß er auf dem Wettmarkt hoch im Kurs stand, und dadurch einen recht hohen Vorschuß von ihm erhalten. Der Tag des Kampfes kam. Curts Spitzname war ›die Katze‹. Wie eine Katze wollte er sich auf den Neger stürzten ... Er war überzeugt, er würde den Kerl besiegen! Der Gong ertönte! Aber ach ... was machte der Neger? Mit der Miene eines netten kleinen Jungen ging er zu Curt Prentzel hin, packte das rechte Handgelenk der ›Katze‹, hob es in die Höhe und rief mit einer hohen, etwas weiblich klingenden Stimme: »You are the better man, you won! ...« Er setzte ein Lächeln auf, sah sich nach allen Seiten um, sprang dann wie ein Panther in einem flinken Satz vom Ring herunter und verschwand in Richtung der Umkleideräume ...

Am nächsten Tag stand in der Zeitung, daß der Mann sich mit dem ganzen Vorschuß aus dem Staub gemacht hatte ...

Sabri Mahir hatte gerade noch den Absprung aus Paris geschafft, jetzt aber war er hier in Berlin hängengeblieben.

Wegen des Krieges waren nun alle nur erdenklichen Wege abgeschnitten. Man konnte nicht einfach von einem Land zum anderen überwechseln. Sobald es

einem gelang, eine Staatsgrenze zu überschreiten, ohne gefragt zu werden, welcher Nation man angehörte, wurde man in die Armee eingeschrieben, in deren Land man eingereist war, man wurde in irgendeine Uniform gesteckt, und schon ging's ab an die Front.

Bald würden auch die letzten Groschen in seiner Tasche ausgegeben sein. Von der Botschaft des Osmanischen Staates in Berlin konnte man eine ›Soforthilfe‹ bekommen. Aber was für eine Hilfe und bis wann?

Im letzten Brief seiner Mutter, den er vor seiner Abreise aus Paris erhalten hatte, stand, sie könne ihm noch etwas Geld schicken, er müsse ihr aber zunächst eine feste Anschrift mitteilen. Das Zimmer unter dem Dach in der Akazienstraße hatte er dank der Hilfe des Botschafters Hakkı Pascha gefunden, er hatte die Anschrift sofort seiner Mutter mitgeteilt, aber von dem Geld, das er erhalten sollte, hatte er immer noch nichts gehört. Ohnehin gab es Monate, in denen er aus Istanbul, von seiner Mutter, kaum eine Nachricht erhielt. In ihrem letzten Brief hatte sie geschrieben, daß die Osmanen auf eine Katastrophe zutreiben würden, keiner mehr Mitgefühl zeige, Religion und Gottesfurcht weitgehend verlorengegangen seien. Plötzlich seien rücksichtslose Händler und Halsabschneider aufgetaucht. Reis, Zucker, Öl hortende Halsabschneider schlügen dicke Gewinne heraus. »Weil wir keinen Zucker mehr auftreiben können, haben wir den Most, den die Bauern mitgebracht haben, in zwei großen Fässern in den Keller gebracht, den benutzen wir jetzt als Zucker, ganz sparsam … An bedruckten Kleiderstoff oder Weizen zum Brot-

backen zu kommen, davon kann man nur noch träumen. Man sagt, das Lebensmittelgeschäft in diesem gewaltigen Land liegt inzwischen in der Hand von zwei Männern. Und das sollen welche von Enver Paschas Leuten sein! ... Mein geliebter Sohn, paß Du nur auf und mische Dich dort nicht in die Politik ein. Politik bringt Unglück. Sonst wärst Du nicht jetzt dort, fern von mir, und ...«

Das brauchte seine Mutter nicht zu betonen. Sabri Mahir hatte sich ohnehin noch nie für Politik interessiert. Zweifellos spielte dabei der Einfluß des Großvaters eine große Rolle. Als sein Vater starb, waren sie zu seinem Großvater ins Herrenhaus gezogen und Großvater ließ es nicht zu, daß Politik im Haus auch nur mit einem Wort erwähnt wurde. Erst viel später hatte er aus dem Geflüster hinter verschlossenen Türen herausgehört, daß die Enver-Anhänger etwas gegen seinen Großvater hatten, und erfahren, daß sie ihn unter einer Art Hausarrest hielten. Und das Merkwürdige war, daß er gerade wegen der von ihm ›ungeliebten‹ und ›unbegreiflichen‹ Politik solch ein Leben führte, ›immer vom Wind vor sich her getrieben wie ein Blatt‹.

Tâlat und Enver Pascha hatten die Hohe Pforte gestürmt, Kriegsminister Nâzım Pascha ermordet und Şevket Pascha zum Großwesir gemacht. Damals hatte sich Sabri Mahir für all das wirklich nicht interessiert. Es waren widerwärtige Zeiten, in denen jeder, der einem begegnete, irgendwelche Dinge redete und einem glänzende Gedanken zur ›Rettung des Landes vor dem Untergang‹ vortrug, aber niemand sich zu Arbeiten herabließ, die ihren Mann ernährten, alle nur von morgens bis abends den ›Retter‹ spielten. Auf

der Akademie der Schönen Künste, die er zwei Jahre besucht hatte, waren alle Studenten und auch alle Lehrer in Gruppen gespalten, und anstatt sich mit Kunst zu beschäftigen, machten auch sie Politik und retteten das Vaterland. Und Sabri Mahir suchte sich eine stille Ecke, versuchte Stilleben oder Landschaften zu malen oder zu zeichnen und strengte sich an, den ›Rettern‹ gegenüber auf Distanz zu bleiben.

Als dann plötzlich Envers Gegner ein Attentat auf den von ihm an die Regierung gebrachten Mahmut Şevket Pascha verübten und ihn in seinem Auto töteten, war es vorbei damit, sich in stille Ecken zurückzuziehen und Bilder zu machen. In der Nacht des Anschlags kam sein Großvater, der ihm nie grundlos etwas gesagt und, wenn er ihm wirklich etwas sagen wollte, seine Mutter eingeschaltet hatte, geradewegs zu Sabri Mahir und eröffnete ihm, daß man ein Tikket für das Dampfschiff gekauft habe, das zwei Tage später vom Kai in Karaköy ablegen sollte, und daß er zum Studium der Malerei nach Paris geschickt würde.

Sabri Mahir war vor den kleinsten Reisen, ja selbst wenn er nur einen Nachbarn im Viertel besuchen wollte, stets von einer großen Anzahl Hausangestellter verabschiedet worden und man hatte dabei von ihm nur wohlwollend und unter tausendundeinem Gebet geredet, und jetzt wurde er zum Kai von Karaköy, von wo das Dampfschiff der Levante-Linie ablegen sollte, nur von seiner Mutter und dem Kutscher Süleyman Ağa geleitet.

Süleyman Ağa hatte das Pferdefuhrwerk langsam und mit Bedacht gelenkt, damit die Hufe der Pferde auf dem Kopfsteinpflaster nicht zu viel Lärm mach-

ten, und zudem, als sei die zu dieser Morgenstunde einsetzende erdrückende Junihitze noch nicht genug, das Verdeck des Wagens luftdicht geschlossen, so daß Sabri Mahir und seine Mutter drinnen ganz in Schweiß gebadet waren. Er fuhr durch die Nebenstraßen zum Hafen hinunter. Er hielt mit dem Wagen nicht auf dem Kai, sondern in einer Gasse in der Nähe. Er murmelte, man habe ihm eingeschärft, daß er nicht weiter heranfahren solle, und in seinen Augen blinkten Tränen. Der alte Mann machte Anstalten, Sabri Mahirs Hand zu umfassen und sie zu küssen. Doch Sabri Mahir entzog seine Hand dem ihm vertrautesten und herzlichsten Menschen seiner Kindheit und umarmte ihn. Wäre seine Mutter nicht ungeduldig an sie herangetreten und hätte gesagt, man würde das Dampfschiff verpassen, sie hätten noch lange, umarmt wie Vater und Sohn, dagestanden ... In ebendiesem Augenblick hatte ihn das Gefühl befallen, etwas würde ihn für immer verlassen, niemals zu ihm zurückkehren, und diese einer Angst nahekommende Empfindung hatte er nicht einzuordnen vermocht.

In der Kabine war seine Mutter schluchzend in einen Weinkrampf ausgebrochen, der nicht enden zu wollen schien. Während Sabri Mahir den heiligsten Menschen in seinem Leben zu trösten versuchte, hatte er selbst weinen müssen ... Noch heute stand er unter dem seelischen Eindruck dieses viele Jahre zurückliegenden Tages, an dem er düsteren Gedanken nachging und glaubte, ganz allein auf dieser Welt zu sein und in einen bodenlosen Abgrund zu fallen ...

Er blieb in seiner Kabine, bis der Dampfer sich von Istanbul entfernt hatte. Er legte sich aufs Bett und

hatte eine Reihe von merkwürdigen Zitteranfällen, und sein Körper wollte nicht auf ihn hören. In seinem Herzen waren alle möglichen Gefühle, die er bis dahin nie erlebt hatte, stärker und stärker geworden, er hatte sich hingelegt und war schließlich zu dem Schluß gekommen, daß die Zitteranfälle von einer Empfindung herrühren mußten, die man ›Angst‹ nannte. Und da hatte er begriffen, da war ihm klargeworden, daß seine Kindheit frei und fern von Ängsten jeder Art verlaufen war. Als er darüber nachdachte, woraus und aus welchen Leuten der schützende Vorhang, der ihn umgeben hatte, bestanden haben mochte, fiel ihm natürlich zu allererst sein Großvater ein. Durch seine unauffällige, nicht sofort zu bemerkende Macht hatte der Großvater es dem Enkel ermöglicht, ein in jeder Hinsicht sorgloses Leben zu führen, er hatte Sabri Mahir, ohne ihn irgendwie merken zu lassen, wie er sich für ihn aufopferte und was er für ihn tat, seine naturbedingte Liebe bewiesen.

Man hatte ihm gesagt, sein Vater sei in Tripolis gefallen, aber warum und wie das geschehen war, sollte er erst später von Türken erfahren, die dem Hof nahestanden und ins Hotel Adlon kamen. Daß er ein Mann gewesen war, der das Vertrauen des Hofes genoß, im Auftrag des Großwesirs nach Tripolis gegangen war und aufgrund eines Komplotts des englischen Geheimdienstes, der seine Aktivitäten genau überwacht hatte, ermordet worden war, all das erfuhr Sabri Mahir von den Türken, die zum Abendtee ins Adlon kamen. Und auch, daß sein Großvater, weil er sich mit dem Hof überworfen hatte, von Geheimpolizisten bespitzelt wurde und in seiner bescheidenen

Strandvilla am Bosporus in einer Art Verbannung lebte ...

Während er in seiner Kabine lag und ihn die Ängste und Zitteranfälle plagten, wurde ihm klar, daß seine schöne Kindheit in dem hölzernen Haus am Rande des Meeres mit all den Kindermädchen, Dienerinnen, Bootsleuten und Kutschern ein Geschenk Gottes gewesen war. Von den griechischen Hausangestellten lernte er Griechisch, die von seinem Großvater engagierten Lehrer gaben ihm Unterricht in Französisch, und später dann nahm er, wohl weil die deutschfreundlichen Enver-Anhänger an Einfluß gewannen, bei einem im Deutschen Krankenhaus arbeitenden jüdischen Hygieniker Deutschstunden. Manchmal wurden die Schulferien für ihn zu Sommermonaten voller Qual, in denen sich die Wörter aus den verschiedenen Sprachen in bedrückenden Träumen immer wieder vermischten und ineinander verhakten ...

Am folgenden Tag geriet das Schiff in einen heftigen Südwest-Sturm. Stundenlang wurde es von den gewaltigen Wellen umhergeworfen wie eine Walnußschale. Und dieser Südwest-Sturm, dieses Erbrechen erzeugende Schwanken, erfüllte seine Seele mit einer ›Todesangst‹, deren Eindruck Sabri Mahir in all den langen Jahren fern der Heimat nicht hatte loswerden können, wie eine Art unheilbarer Krankheit ... Diese Angst hatte damals zweifellos nicht nur er. Der mit einem Sommerregen einsetzende und dann volle anderthalb Tage dauernde Sturm hatte fast alle Passagiere – größtenteils Europäer und Levantiner – erledigt. Jeder klammerte sich an irgend etwas und erging sich in flehentlichen Gebeten, die von Würge-

anfällen unterbrochen wurden. Und in eben dieser Zeit hatte Sabri Mahir darüber nachgedacht, was es bedeutete, wenn jemand in jugendlichem Alter verstarb, und verblüfft festgestellt, daß er eine Menge Wünsche hatte, die er noch nicht hatte ausleben können, aber gern ausleben wollte ... Er mußte unbedingt ein großer Maler werden! Was immer die anderen auch sagten, von diesem Ziel würde er keinen Deut abrücken. Wollte der von ihm so geliebte und geachtete Großvater das nicht auch? »Du wirst nach Paris gehen und dort die Malerei studieren«, hatte er gesagt, in seiner lakonischen Art, die jede weitere Diskussion überflüssig machte ...

Allerdings erfuhr Sabri Mahir später, daß ein ›Studium der Malerei‹ für seinen Großvater im Grunde keinen rechten Sinn machte. Ja, er war Hals über Kopf nach Paris geschickt worden, man hatte ihm auch ein nicht unbeträchtliches Bündel Geld in die Hand gedrückt. Aber seinem Großvater war es um etwas anderes gegangen. Die üblen Intrigen und Machtkämpfe am Hofe drohten sich auch auf die Familie und den Großvater auszuwirken. Nach der Ermordung von Mahmut Şevket Pascha hatte man den Großvater informiert, daß die Gegner Envers verhaftet werden sollten. Und da hatte er sich Sorgen um die Zukunft seines Enkelsohnes gemacht und trotz der immer kritischer werdenden Finanzlage die letzten paar Sachen verkauft, die er noch besaß, die meisten seiner Angestellten entlassen und mit dem Geld, das ihm geblieben war, hatte er es seinem Enkel ermöglicht, nach Paris zu gehen. All das sollte Sabri Mahir erst später erfahren.

Die unangenehme und unerfreuliche Reise mit dem

Dampfschiff, das im starken Südwestwind schaukelte wie eine Wiege, hatte ihn auf den Gedanken gebracht, im ersten Hafen von Bord zu gehen und auf dem Landweg nach Paris weiterzufahren. Allerdings wußte er nicht einmal, welches der nächstgelegene Hafen war. Würde es Triest sein? Marseille? Oder brachte das Dampfschiff der Deutschen Levante-Linie die Reisenden geradewegs nach Hamburg? ... Diese Frage allein reichte aus, daß er sich kraftlos und von allen möglichen Ängsten bedrängt fühlte. Er kam voran, aber wohin? Auf dieser Reise wurde ihm klar, wie wenig er über das Leben wußte. Je länger das Schiff auf den gewaltigen Wellen dahinstampfte, desto weiter entfernte sich Sabri Mahir unwiderruflich von seiner noch so jungen und kurzen Vergangenheit. Sein Großvater, seine Mutter, die Dienerin Fesleğen mit der pechschwarzen Haut, in deren Armen er seine Kindheit verbracht hatte, sein Vater ... sie alle blieben zurück, und er schien nie wieder zu ihnen gelangen zu können. Besonders sein Vater verschwand regelrecht hinter dem Schleier, im Nebel der Erinnerungen, war schon fast ausgelöscht. Er befand sich an der Grenze zwischen Wirklichkeit und Traum ... Er war jemand, der leicht fror, daran erinnerte Sabri Mahir sich ... Er trug stets einen ärmellosen Umhang aus glatter Wolle in der Farbe eines Soldatenmantels, der ihm fast bis an die Knie reichte und mit weißem Schafspelz gefüttert war. Den zog er selbst im Sommer nicht aus. Wenn er zu Hause war, verbrachte er den ganzen Tag in dem Zimmer mit den Büchervitrinen, umgeben von drei Kohlebecken aus Messing, deren Inhalt stets glühend gehalten wurde. Er setzte sich auf das Sitzkissen an dem aufs Meer

hinausgehenden Fenster, legte sich ein großes Buch auf das Lesegestell, von dem er sagte: »Sieh mal, Sabri Mahir, das ist die Geschichte Cevdets«, und obwohl er es fast auswendig kannte, blätterte er unentwegt darin herum und las sich selbst laut daraus vor. Und wenn er sich schlafen legte, nahm er ein Buch namens *Battal Gazi* mit und las wiederum laut daraus vor, unter allerlei Ohs und Ahs, die anzeigten, daß er sich wohl fühlte, ganz so, wie wenn er seinen opiumhaltigen Schlaftrunk eingenommen hatte. Wenn Sabri Mahir nachts aus tiefem Schlaf erwachte und lauschte, erschreckte ihn das laute Lesen seines Vaters mitten in der Nacht, doch dann fühlte er die Wärme der Dienerin Fesleğen neben sich und fiel wieder in süßen Schlaf zurück.

Als er in Marseille von Bord ging, hatte er sie gar nicht recht bemerkt, aber als er in Paris ankam, war die Hitze unerträglich geworden. Es war ein Junitag, an dem sich kein Lüftchen regte, und die Stadt glühte förmlich.

Herumwandernd wie ein Schlafwandler, der nicht weiß, wohin er geht, verbrachte Sabri Mahir seine Tage auf der Straße und in den Cafés. Paris hatte nicht die vergnügte Atmosphäre, von der man ihm erzählt hatte, war keine Stadt, in der das Leben Spaß machte. Irgend etwas mußte sich hier wohl verändert haben oder sich gerade verändern. Vielleicht war er auch noch nicht reif genug, noch zu unwissend, um die Stadt zu genießen.

Er klapperte all die Malerateliers und Lehrer ab, deren Adressen man ihm in Istanbul gegeben hatte. Er schleppte die riesige Mappe mit seinen Arbeitsproben mal hierhin, mal dorthin. »Lassen Sie die Mappe

hier, in ein paar Tagen wird der Meister Ihnen sagen, was er davon hält«, hieß es dann. Er machte Tage voll anstrengenden Wartens durch, in denen er kaum zum Schlafen kam. Es hieß, wenn er nur erst von einem Atelier akzeptiert worden und dort ein wenig reifer geworden sei, würde es ein Leichtes sein, sogar in die Pariser Akademie der Schönen Künste aufgenommen zu werden; und voller Ungeduld träumte er nur noch von jener Zeit. Das Atelier von Jean Paul Laurens war das letzte, das er aufgesucht und wo er dann die Hoffnung restlos aufgegeben hatte. Auch dort hatte man Sabri Mahir als ›vielversprechenden Anfänger‹ bezeichnet, als einen Kandidaten, der doch noch in anderen Ateliers sein Glück versuchen solle, und ihn in die chaotischen, im Hitzefieber liegenden Straßen und Cafés von Paris zurückgeschickt. Obwohl er es überaus sparsam ausgab, schmolz sein Geld beunruhigend schnell dahin. Und was würde er tun, wenn es so gut wie verbraucht war? Man hatte ihm den Namen eines Bekannten seines Großvaters genannt, der bei der Osmanischen Botschaft in Paris beschäftigt war; damit er sich bei Bedarf von ihm etwas Geld leihen konnte. Aber die Lage wurde von Tag zu Tag unruhiger und unsicherer, und der Gedanke, daß in einer solchen Atmosphäre niemand dem anderen helfen würde, bereitete Sabri Mahir geradezu Alpträume.

Wenn er den ganzen Tag hilflos durch die Gegend gelaufen war, warf er sich in seinem Hotelzimmer in einer Seitenstraße am Place de la Republique müde und abgekämpft auf das Bett und starrte stundenlang an die Decke. Und hätte ihm nicht der Magen geknurrt und sich mit unerträglichen Krämpfen gemel-

det, weil er die Mahlzeiten zusammengestrichen hatte, er wäre nicht wieder auf die Straße gegangen, nicht einmal, um schnell eine Kleinigkeit zu essen …

Schon bald wurde offen ausgesprochen, was die Menschen so bedrückte und der Stadt die Ruhe raubte: Ja, man sprach davon, daß ein Krieg unvermeidbar war! … Es würde ein sehr großer, ein gewaltiger Krieg werden … Das sei schon daran abzulesen, wie sehr sich der Horizont verfinstert habe, wie viele dunkle Wolken sich zusammengebraut hätten! … Die weltpolitischen Probleme ließen sich nun nicht mehr durch Reden und Verständigung lösen! Es herrschte Chaos. Nur der Gott des Krieges mit seinem scharfen Schwert war in der Lage, den unauflöslichen Knoten durchzuhauen und einen neuen zu schlingen …

Die ungewohnte Aufregung und Eile um ihn herum und auf den Straßen, die Zukunftsangst, die man plötzlich in allen Gesichtern lesen konnte, all das vertiefte noch die Angst in Sabri Mahirs Herz. Er hätte nie gedacht, daß er die Ruhe und die schützende Atmosphäre ihres Istanbuler Hauses einmal so sehr vermissen würde.

Die Besitzerin seines Hotels, eine alte Dame mit freundlichem Gesicht, hatte ihn schon mehrfach gefragt, immer so ganz nebenbei, ob er wirklich einen gültigen Paß besitze und dann wissen wollen, ob er nach wie vor den Wunsch habe, nach Deutschland, nach Berlin zu fahren. Er hatte der Madame kurz nach seiner Ankunft erzählt, wenn alles laufe wie geplant, wolle er, ohne sein Zimmer aufzugeben und aus dem Hotel auszuziehen, für eine Weile nach Berlin gehen und sich dort ein bißchen unter den Künstlern umtun. Aber nun hatte die Angst, die man

überall in Paris spürte, auch die Madame ergriffen, und ihre Vornehmheit war bereits ein wenig angegriffen. Und so höflich, als wolle sie sich für etwas entschuldigen, hatte sie ihn gebeten, sein Zimmer nicht monatlich, sondern wochenweise zu bezahlen, so ihm dies möglich sei, und ihm anschließend einzeln aufzuzählen versucht, worüber sie beunruhigt war.

»... Wissen Sie«, hatte sie gesagt, »Paris kocht mittlerweile wie ein Hexenkessel. Die Preise ändern sich jeden Tag, sie steigen und steigen, Monsieur ... Da werden wir unseren Gästen leider in Zukunft weder ein Frühstück noch warmes Wasser anbieten können ... Es ist wirklich schlimm. Ich sage Ihnen das, Monsieur, weil ich auf Ihr Verständnis hoffe. Sie sollen wissen, daß es mir sehr leid tut. Von Tag zu Tag mehr. Es passieren gräßliche Dinge hier bei uns in Paris. Ich weiß nicht, ob Sie wissen, wer das ist, aber sie haben Jaurès erschossen. Während er im Café saß ... Mit seinen Ideen war ich zwar nicht einverstanden, aber er war ein Herr, der sehr schön reden, dem man stundenlang zuhören konnte. Zweifellos war er ein echter Franzose. Ich begreife nicht, wie man so jemand erschießen kann. Manche sagen auch, die Deutschen hätten es getan. Denken Sie immer noch daran, nach Berlin zu fahren? Ich glaube nicht, daß die Deutschen Jaurès erschossen haben. Aber warum sollten denn Franzosen einen Franzosen erschießen, meinen Sie nicht auch, Monsieur? Ach ja ... Die Zeiten haben sich sehr geändert. Vielleicht gibt es jetzt viel mehr schlechte Franzosen? Sie haben das bestimmt auch gehört: Letzte Woche hat eine Frau mit einem Revolver den Chefredakteur des *Figaro* erschossen. Und das Gericht hat die Frau auf freien

Fuß gesetzt! ... Ich verstehe das nicht, wie kann eine Frau einen Mann erschießen?! ... Ich habe das Gefühl, Monsieur, der Menschheit stehen noch sehr schlimme Dinge bevor. Auf der Waage unserer Welt hat das Schlechte die Oberhand bekommen. Denken Sie immer noch daran, nach Berlin zu fahren? ...«

Die Madame stellte diese Frage mit jedem Tag häufiger. Sie schien Sabri Mahir davon abbringen zu wollen, nach Deutschland, nach Berlin zu fahren. Wenn Sie die Frage stellte, machte sie immer die besorgte Miene einer Mutter, die keinerlei Hintergedanken hat und ihren Sohn nur von einer gefährlichen Reise abhalten will. Sie fing mit einem ›Aber‹ an und gab sich alle Mühe, Dinge zu finden, die dagegen sprachen. Und die übertriebene Mimik ihres überaus faltigen, üppig gepuderten Gesichts ließ erkennen, daß sie meinte, was sie sagte, daß man ihre Worte ernst nehmen mußte ...

Sabri Mahir brauchte nicht lange, um zu begreifen, wie ernst die Lage geworden war und daß eine Reise nach Berlin, nach Deutschland nun keine Freude und kein Vergnügen mehr sein würde. Wenn irgendwo etwas auf deutsch geschrieben stand, zog es den Zorn der Bevölkerung auf sich. Vor deutschen Geschäften wurde demonstriert. Dabei nahm die Zahl derer, die zu Plünderung und Zerstörung übergingen oder die in den Läden Arbeitenden mit Beleidigungen überhäuften, von Tag zu Tag zu. (Später, in Berlin, sollte Sabri Mahir erleben, wie dasselbe diesmal den Franzosen widerfuhr, er sollte Zeuge davon werden, wie französische Kinderfrauen und Hausmädchen auf der Straße geschubst und mißhandelt wurden.)

Und schon begann man, an den absurdesten Orten ›Freiwillige‹ in Listen aufzunehmen. In Bistros, beim Bäcker, beim Kohlenhändler, auf den Bahnhöfen, an allen möglichen und unmöglichen Stellen tauchten plötzlich Rekrutierungsbeamte mit einem Tisch und einem Stuhl auf.

»Dieses Mal nehmen wir Rache für den Krieg von 70«, hieß es. An den Tischen der Rekrutierer erzählte man sich Erinnerungen an den ›Krieg von 70‹. Man hatte romantische Vorstellungen, träumte davon, schnell mal in den Krieg zu ziehen, Rache zu nehmen und wieder heimzukehren, ganz so wie man schnell mal auf den Markt ging, um etwas einzukaufen. Leute, deren Geschäfte schlecht liefen, Ehemänner, die ihre Frau satt hatten, Verliebte, die ihre Geliebte beeindrucken wollten, Leute, die auf mehr Ansehen in der Nachbarschaft hofften, Schriftsteller, denen keine Geschichten mehr einfielen, Maler mit Mangel an Themen und Farben, Dichter auf der Suche nach Reimen für ihre Verse ... Hunderte, ja Tausende von Ungebildeten und Studierten, Berühmten und Namenlosen stürzten an die Tische der Rekrutierer, standen in der Schlange, ließen ihre Namen und Anschriften aufschreiben, erfuhren, bei welcher Einheit sie sich melden sollten, und machten sich dann lachend und tanzend auf den Weg ...

Jeder, der ein Transportfahrzeug besaß, alle Einrichtungen, alle Firmen brachten ihre Wagen an die ihnen mitgeteilte Adresse oder führten die nötigen Transporte gleich selbst aus.

Erst viel später wurde Sabri Mahir klar, daß er die Geschehnisse unbeteiligt und von außen verfolgt hatte wie ein Theaterstück. Er hatte mitten im Ge-

schehen gelebt, und doch in seltsamer Gleichgültigkeit zugesehen wie bei einem Schauspiel, das bald vorüber sein würde. Wie nur kam man nach Berlin? Das war es, was ihn beschäftigte. Die Züge wurden nur für Kriegsmaterial und militärische Transporte aller Art benutzt. Nirgendwo im Lande hielt man sich mittlerweile noch an Abfahrts- oder Ankunftszeiten oder an die Fahrpreise. Was sollte Sabri Mahir tun? …

Lustlos und ohne Begeisterung besuchte er die beiden Ateliers, die ihn für den Spätsommer aufgenommen hatten … Dort lernte er doch nichts Vernünftiges, und auch vom wilden Durcheinander in Paris hatte er die Nase voll.

Das Schlimmste war, mehr als die Hälfte seines Geldes hatte er der nun schon recht entkräfteten Madame geben müssen, für ihr von Tag zu Tag mehr herunterkommendes Hotel, das Zimmer ohne Warmwasser und ohne Frühstück.

Paris, Berlin, die Malerei, das alles war ihm inzwischen gleichgültig. Er saß hier fest in einer Stadt, in der das Chaos herrschte, kam nicht weg, und das bedrückte ihn immer mehr. Ganz gleich, was ihm dort passieren würde, er wollte nach Istanbul zurück! … Doch in ihrem letzten Brief war seine Mutter diesem Wunsch entschieden entgegengetreten. Solange sich ›die Lage nicht beruhigt‹ habe, werde sie nie in seine Rückkehr einwilligen. Sie würde es ihm ›nie verzeihen‹, wenn er zurückkäme. Ihr Brief enthielt besorgniserregende, bedrückende Neuigkeiten über die auch in Istanbul immer spürbarer werdenden Kriegsvorbereitungen.

Als der erste Herbstregen fiel, teilte Madame Sabri

Mahir mit, die Polizei habe nach ihm gefragt und suche ihn. Man habe ihr gesagt, als ›Ausländer‹ müsse er sich eine ›Aufenthaltsgenehmigung‹ besorgen.

»Sie sind jung und stark wie ein Apoll, Monsieur. Womöglich geht sonst noch was schief, und dann werden auch Sie an die Front geschickt, um gegen die Deutschen zu kämpfen!« Und mit einem leisen Kichern, das sich anhörte wie klirrend zerbrechendes Kristall, hatte die Hotelbesitzerin über ihren eigenen Witz gelacht.

Vor der Polizeiwache in der Gegend des Hotels stand eine immer länger werdende Warteschlange. Bürger aller Schichten wollten ihre Angelegenheiten bei der Polizei so schnell wie möglich hinter sich bringen und gerieten dabei ab und zu in ein Wortgefecht mit den Gendarmen am Eingang.

Es kostete ihn einen halben Tag, bis er die ›Aufenthaltsgenehmigung‹ hatte. Er zeigte seinen überdimensionalen osmanischen Paß vor, bei dem man immer das Problem hatte, daß er in keine Tasche paßte. »Hmm ... Ja ... Sie sind also in Konstantinopel geboren? Hmm ...«, murmelte der zuständige Beamte verlegen und undeutlich vor sich hin. Er ging im Zimmer auf und ab und musterte Sabri Mahir aus dem Augenwinkel. Nach einiger Zeit sah man durch die offenstehende Tür, wie er im Nebenraum ein wenig theatralisch mit Händen und Füßen Kreise in die Luft malte und die Sekretärin anwies, für »den Monsieur eine Aufenthaltsgenehmigung und Freizügigkeitsgarantie« auszustellen ...

Mit dieser Genehmigung lief er dann noch zwei Tage in Paris herum. Er hatte sich entschlossen, auf jeden Fall nach Istanbul zurückzugehen, falls sich

keine andere Lösung finden würde. Wie viele, die das Land verlassen wollten, würde auch er versuchen, so schnell wie möglich in den Süden, nach Marseille zu kommen und dort an Bord eines Dampfschiffs zu gehen, um so aus Frankreich herauszukommen, am besten nach Italien. Wen er auch gefragt hatte, fast alle hatten sie ihm diesen Weg empfohlen. Und hinzugefügt, von Italien aus nach Istanbul zu kommen sei dann weder auf dem Landweg noch über das Meer ein Problem …

Aber Sabri Mahir entschied sich anders.

An einem Pariser Morgen voller regenschwerer Wolken am pechschwarzen Himmel klopfte er bei der Madame, deren Rheumatismus inzwischen schlimmer geworden war und die bei jeder Bewegung sagte: »In meinem Gehirn blitzt es, Monsieur.« Er bedankte sich für die Gastfreundschaft und Freundlichkeit, die sie ihm in ihrem Hotel erwiesen habe, und küßte ihr die Hand. Verschlafen und mit müder, trauriger Stimme sagte Madame: »Sie gehen am Ende also doch nach Berlin? Wenn ich jung wäre, würde ich ja auch einfach das tun, was ich wollte, und hinfahren … Alles Gute!«

Er verließ das Hotel und machte sich nicht nach Süden auf, sondern nach Norden, wollte über Antwerpen nach Utrecht fahren. Über einen Chauffeur, der bei Madame im Hotel wohnte, hatte er einen jüdischen Geschäftsmann aus Holland kennengelernt, der die französische Armee mit Waren belieferte. Dieser hatte zwar gesagt, er werde den hünenhaften jungen Mann mit den breiten Schultern aus Interesse an der Kunst, oder besser an der Malerei, gern in seinem Wagen mitnehmen, im Grunde ging es aber keines-

wegs um sein Interesse an der Malerei. Einen jungen Mann mit kräftigen Oberarmen bei sich zu haben, das war in dieser chaotischen Zeit der Mobilmachung eine nicht unbedeutende Sicherheitsvorkehrung. Der Mann hatte also sofort eingewilligt, Sabri Mahir bis Utrecht mitzunehmen.

Danach müsse er dann selbst sehen, wie er weiterkomme.

So hatte er sich wieder auf eine Reise, diesmal mit unbekanntem Ausgang begeben. Im Hotel von Madame hatte er schon seit längerem so gut wie vergessen, daß er sich in der Fremde befand. Das Gefühl der Einsamkeit hatte sich, nicht zuletzt wegen der mütterlichen Art von Madame, in einen dunklen Winkel seiner Seele zurückgezogen ... Doch als er jetzt neben diesem Geschäftsmann saß, der in gebrochenem Französisch beständig auf ihn einredete, begann dieses Brechreiz erzeugende Angstgefühl wieder zwischen Kehle und Magen hin und her zu wandern; er spürte, wie es alles andere überlagerte und erdrückte. Während sie durch die Außenbezirke von Paris fuhren, wo die Kriegshysterie weniger ernst genommen wurde, überlegte er hin und her, ob er nicht irgendwo einfach aussteigen und zum Hotel von Madame zurückkehren sollte. Er könnte bei dem Plakatkleber dort vorn aus dem Wagen springen und ihn fragen, wie man durch das komplizierte Gewirr der Straßen wieder zurückkam. Mit einem Kleister, der irgendwie nicht kleben wollte, mühte sich der Mann ab, über ein riesiges, buntes Plakat zu Lecocqs Operette *Die Tochter von Madame Angots* eines mit dem neuesten Mobilisierungsbefehl zu kleben, das offenkundig in aller Eile und mit schlechter Farbe gedruckt worden war.

Aber was sollte er machen, wenn er wieder bei der Madame war? Die meisten der Malerkollegen, die er aus den Ateliers kannte, hatten Leinwand und Farben längst beiseite gelegt und sich voller Ungeduld in den nächsten Zug an die Front gequetscht. Paris war so leer wie ein Handschuh, den eine vornehme Hand abgestreift hat, war in sich zusammengesunken, und seine Seele hatte sich an die Front aufgemacht …

Unterwegs redete der Mannn pausenlos davon, daß auch er Ölgemälde sehr schätze und ein gutes Bild auf den ersten Blick erkenne, daß er sehr bald eine Sammlung aufbauen werde, ›überwiegend aus der Moderne‹, ja, sogar gedenke, sich ganz dem Kunsthandel zu widmen, vorausgesetzt, daß seine Frau da mitspiele. Zu Hause habe er einen von seinem Großvater geerbten echten Steindruck von Rembrandt, der ihm sehr viel bedeute. Er zeige Mutter Maria auf einem Esel mit dem kleinen Jesus im Arm, und Joseph ziehe den Esel am Halfter hinter sich her …

Von diesem jüdischen Herrn, der ihn in seinem Wagen nach Utrecht mitnahm, erfuhr Sabri Mahir, daß die Türken auf der Seite der Deutschen gegen die Engländer und Franzosen in den Krieg eingetreten waren. »Schade um die Türken«, sagte der Mann irgendwann.

»Warum?« glaubte Sabri Mahir fragen zu müssen.

»Wilhelm der Zweite ist clever. Mit Hilfe des Barons von Wagenheim, den er ins Osmanische Reich geschickt hat, setzt er euch, ich meine die Türken, wie ein Kolonialvolk ein.«

Er wußte nicht, was er darauf sagen sollte. Es war ohnehin alles so kompliziert, und es ging mittlerweile alles so schnell – wie sollte er es da schaffen, das alles

zu verstehen? Wie sollte er wem die passende Antwort geben?

»Wissen Sie, ich interessiere mich nicht sehr für Politik. Eher für Kunst, für Malerei …«, stammelte er herum.

Aus irgendeinem Grund machte der Mann eine spöttische Miene. »Sie sind noch ziemlich jung«, sagte er, »aber eines Tages werden Sie das verstehen. Wenn Sie sich nicht für die Politik interessieren, kommt die eines Tages zu Ihnen und interessiert sich für Sie, da brauchen Sie sich nicht drum zu sorgen.«

Als sie in Utrecht waren, kam Sabri Mahir auf den Gedanken zu fragen, wo, in welchem Hotel man in Berlin wohnen könne. Das hänge wie überall vom Geldbeutel ab, sagte der Kaufmann. Er würde meist im Esplanade oder im Adlon übernachten. Dort würden auch viele aus Istanbul stammende Türken verkehren.

Einer allein gegen vier im Zirkus Busch: Sabri Mahir

Zirkusdirektor Paul Busch saß voller Ungeduld hinter seinem Schreibtisch, als würde er jeden Moment aufspringen. Ab und zu zwirbelte er an seinem dunkelblonden Schnauzbart herum. Er hörte einem durchtrainierten jungen Mann zu, der auf der anderen Seite des Tisches stand.

»Solche Oberarme, mein Herr, wie Sie sie hier sehen, hat nicht mal Sigismund, der einen Stier mit einem

Fausthieb töten kann! ... Was meinen Sie? Wer könnte mich mal eben besiegen? Was denken Sie, nicht gegen einen, gegen zwei, gegen drei, sogar gegen vier zu boxen ist für mich ein Kinderspiel! ...«

»Fassen Sie sich kurz«, hatte der Mann gesagt und ihm fünfzehn Minuten Zeit gegeben, und Sabri Mahir überlegte, was er dem Mann noch sagen könnte. Plötzlich legte er das Jackett ab, dann die Weste, aus der links eine Uhrkette herabhing, zog sein kragenloses Hemd und dann das Athletentrikot aus und stand mit bloßem Oberkörper da.

»Bitte, sehen Sie sich das mit eigenen Augen an. Das ist mein Körper, auf den ich mich stets verlassen konnte und der mir noch niemals Schande gemacht hat! Ich ...« An dieser Stelle schickte sich Sabri Mahir an, seinen entblößten Oberkörper vorzuführen, als sei es der eines anderen. Er drückte sich mit dem Zeigefinger mitten auf die Brust. »Ich habe ihn erzogen, wie ein Vater sein Kind erzieht, diesen Körper. Ich habe ihn wie verrückt geliebt und, wenn nötig, auch geprügelt! Mein Herr, bitte seien Sie jetzt besonders aufmerksam. Ich ...«

Der Direktor betrachtete den jungen Mann, der da vor ihm stand. Es war wirklich erstaunlich, wie enorm sich der Brustkorb ausdehnte, wie ein Blasebalg in der Schmiede, sobald der Mann tief einatmete. Er war schon seit vielen Jahren Zirkusdirektor, aber einen so stark anschwellenden Brustkorb hatte er wirklich selten gesehen. Nun, der junge Mann hatte eine sympathisch wirkende, nicht zu bändigende Lebenskraft und durch sein Deutsch mit der seltsamen Betonung auch etwas von einem Schauspieler – das war eine Besonderheit, die in der Branche durchaus

nicht nebensächlich war. Wenn der junge Mann behauptete, er könne ›gegen vier Leute boxen‹, dachte er wohl an eine Art Schauboxen.

»Was ist das für ein Deutsch? Woher kommen Sie? Aus einer Kolonie oder so?«

»Nein, aus dem Osmanischen Reich. Aus Istanbul …«

»Sind Sie etwa Türke?«

Der Direktor hatte diese Frage merkwürdig aufgeregt gestellt, und das war Sabri Mahir sichtlich unangenehm. Die Sache würde auf Nationalismus hinauslaufen, und am Ende würde er sagen: »Für Leute wie Sie haben wir keine Verwendung in unserem Zirkus«. Ohne es für nötig zu halten, auf die Frage zu antworten, fing Sabri Mahir mit gekränkter Miene an, die Kleidungsstücke, die er neben sich über den Stuhl geworfen hatte, wieder anzuziehen.

Herr Busch hatte aufgehört, an seinem Bart herumzuzwirbeln, die ungeduldige Haltung, die sein Gegenüber aufzufordern schien, zum Ende zu kommen und zu gehen, war verschwunden; er war an Sabri Mahir herangetreten. Er wiederholte seine Frage in einem netteren, sanfteren Ton. Sabri Mahir antwortete mit einem kurzen »Ja«. Während er sich der Tür zuwandte, um zu gehen, zog er die Uhr aus der Westentasche und blickte drauf.

»Es tut mir leid, mein Herr, daß ich Ihnen fünfzehn Minuten Ihrer Zeit gestohlen habe.« Er versuchte zu lächeln, machte aber eher die gekränkte Miene eines Kindes, dem man den Spaß verdorben hat. Dabei könnte er hier durchaus Geld verdienen und so die Miete bezahlen, mit der er schon einen Monat im Rückstand war; und wenn sie sparsam waren und ein

wenig zurücklegten, würde er mit Luise sogar in eine geräumigere Wohnung umziehen können ...

Der Direktor tat etwas, was man nach der gebieterischen Haltung, die er bis dahin an den Tag gelegt hatte, durchaus nicht erwartet hätte. Er hakte sich bei Sabri Mahir, der schon halb draußen war, unter und sagte: »Bitte gehen Sie nicht ... Bitte sehr, setzen Sie sich doch und lassen Sie uns über Ihren Vorschlag reden. Sie sind also Türke?! ... Toll! ... Alles, aber auch alles paßt zusammen. Haargenau! ... Ihr Körper, Ihre Oberarme, Ihr Gesicht und daß Sie Türke sind ...«

Eine Zeitlang wußte sich Sabri Mahir auf die Begeisterung des Mannes keinen Reim zu machen. Ganz verlegen setzte er sich auf den ihm angebotenen Sessel. Wieso sagte der Mann plötzlich: »Toll?« Und warum strahlte er mit einem Male so?

»Ich werde überall in Berlin Reklametafeln anbringen lassen. Auf bunten Plakaten wird Ihr Gesicht zu sehen sein. Und darunter wird in riesigen, dicken fetten Lettern stehen: ›Der schreckliche Türke ist da!‹ Oder auch ›Der furchterregende Türke Sabri Mahir boxt gegen vier Männer!‹ ... Ach, ich sehe die Plakate schon vor mir, und wie angetan die Leute sein werden! ... Wie finden Sie das?«

»Gut«, sagte Sabri Mahir nur. Er war völlig verblüfft darüber, daß sein Vorschlag so plötzlich und unerwartet mit so viel Begeisterung aufgenommen worden war, doch er fragte lieber nicht nach. Jetzt war es erst mal das beste, abzuwarten, wie sich die Sache entwickeln würde. Aber was sollte das heißen, der ›schreckliche Türke‹? Der Ausdruck kam ihm unschön, oder besser unpassend vor. Aber das sagte er

dem Herrn Direktor nicht. Schließlich konnten sie ihm selbst die Einzimmerwohnung wegnehmen! Nein, er mußte den Mund halten, durfte nur nichts Negatives sagen; alle Einwände, die ihm durch den Kopf gingen, waren reiner Luxus ... Und was wollte er mehr: Durch die Bekanntmachungen, die überall in Berlin aufgehängt würden, könnte sich für ihn auch eine vielversprechende Zukunft als Boxer ergeben. Das war doch denkbar?! ...

Die Bezeichnung ›der Schreckliche‹, die er an jenem Tag widerspruchslos akzeptierte, wurde er so schnell nicht wieder los. Sie sollte ihn bis nach Amerika begleiten. »The Terrible Turk« ...

Wer würden seine Gegner sein, gegen wen würde er boxen? Herr Sabri Mahir solle sich um diese Seite der Sache keine Sorgen machen. In dieser Hinsicht könne er ganz ruhig sein. Der Herr Direktor würde die geeigneten Kontrahenten selbst auftreiben und persönlich aussuchen. Gewiß, natürlich könnten sie die Auswahl auch zusammen durchführen. Herr Busch fand es allerdings nicht angebracht, daß Sabri Mahir sich mit solchen Dingen beschäftigte, wenn das erforderliche Training darunter litt. Man werde sich in jeder Weise um ihn kümmern, er zähle jetzt zur Familie des Zirkus. Ob er schon mal in ihrem Zirkus gewesen sei und sich die Vorstellung angesehen habe?

»Ja«, sagte Sabri Mahir. Er habe sich die Pantomime »Die untergehende Stadt« angesehen. Für 60 Pfennig habe er irgendwo hinten in dem riesigen Zirkusrund mit der hohen Kuppel gesessen und sich das Stück angesehen. Erstaunt und aufgeregt habe er mitangesehen, wie die Stadt in der Manege – so habe es das Stück verlangt – mit all den Menschen und Tie-

ren darin im Wasser untergegangen sei. Vor den Augen von Hunderten von Zuschauern sei es zu einer unglaublichen Sintflut gekommen. Blitze seien aufgezuckt, Sternschnuppen herabgefallen, es habe in Strömen geregnet und die gewaltige Stadt auf der Zirkusbühne sei mit all ihren Menschen und Tieren in den aufsteigenden Wassern versunken. Es sei ein schreckliches Schauspiel gewesen, sie seien tatsächlich untergegangen, mitten auf der Bühne ertrunken. Es habe so echt gewirkt, daß manche Zuschauer in die Manege springen und ihnen hätten helfen wollen, aber man habe sie davon abgehalten ...

Und am Ende des Stücks sei die Sonne aufgegangen, der Himmel sei strahlend blau geworden, die im Wasser versunkene Stadt sei mit all ihren Dächern, Straßen, Bäumen, Vögeln und Menschen langsam wieder aufgetaucht, und man habe das Leben an der Stelle fortgesetzt, wo es unterbrochen worden sei, und sich aufgemacht zu schöneren und glücklicheren Tagen. Sabri Mahir hatte das Stück in seinen ersten Tagen in Berlin gesehen, und daß er so in Erregung geriet, während er davon erzählte, mußte Herrn Busch sehr unterhalten haben; jedenfalls schien er sein Gegenüber noch anspornen zu wollen: »Auch Ihre Vorführungen werden die Menschen in ein solches Erstaunen versetzen, glauben Sie mir ...«

Gut, wenn er wolle, könne er sogleich zur Zirkuskasse gehen und sich so viel Geld als Vorschuß holen, wie er brauche.

Daß alles plötzlich wie geschmiert lief, beunruhigte Sabri Mahir ein wenig. Machte er womöglich etwas falsch? Als er sich überlegte, was er gegen die Geldknappheit unternehmen könnte, hatte er auch an die

›Boxerei‹ gedacht, von der alle dauernd redeten, und sogar mit Luise ein paarmal darüber gesprochen. Aber ehrlich gesagt, er hatte nicht erwartet, daß diese Idee so schnell und auf einen Schlag Wirklichkeit würde. In der letzten Zeit waren ihm seine Hoffnungen und Wünsche stets vorausgeeilt, und er selbst lief mit hängender Zunge hinterher …

Es waren noch keine vier Tage seit dem Gespräch vergangen, da wurde ganz Berlin mit Plakaten behängt, auf denen stand: »Der schreckliche Türke ist da!«

Man gab bekannt, daß ein türkischer Boxer namens Sabri Mahir gegen vier Mann kämpfen würde – überall war es in dicken fetten Lettern zu lesen. Nun, die die Plakte sahen oder in der Zeitung davon lasen, verstanden es gleich falsch: Es hieß, Sabri Mahir wolle gegen vier Männer gleichzeitig boxen. Ja, war denn das die Möglichkeit?

An diesem ›Mißverständnis‹ hatte Herr Busch – der alte Fuchs war ein guter Vermarkter – gewiß einen nicht unbedeutenden Anteil. »Konzentriere dich auf das Training, und überlaß den Rest nur mir«, hatte er gesagt und alle erforderlichen Regelungen selbst getroffen, ohne Sabri Mahir auch nur eine Frage zu stellen, und schließlich war der Abend gekommen, an dem das Match stattfinden sollte.

Zum erstenmal sollte Sabri Mahir die sehen, gegen die er kämpfen würde. Der gewaltige Bau des Zirkus Busch mit der hohen Kuppel war gerammelt voll: Von der Manege, in der der Ring aufgebaut war, bis in die hintersten Reihen hätte keine Stecknadel zu Boden fallen können.

Ein Dröhnen, eine Welle unverständlicher Worte

breitete sich aus bis hin zum Umkleideraum und schwappte wieder zurück.

Sabri Mahir wußte ganz genau, was er vorgeschlagen und was der Herr Direktor dann daraus gemacht hatte. Vor allem hatte er nie an eine solche Menschenmenge, derartige Massen von Zuschauern gedacht. Und jetzt wußte er vor lauter Aufregung nicht, was er tun sollte. Er ging in dem engen Umkleideraum auf und ab und stellte sich selbst Fragen, laut schreiend, um das durch die Tür hereindringende Getöse zu übertönen: »Wer bist du, Sabri Mahir? Was hast du hier zu suchen?! … Wer sind diese Menschen? Und was soll jetzt bitte werden, Sabri Mahir?! … Wenn diese Sache hier zu Ende ist, Sabri Mahir, wirst du aber wenigstens viel Geld haben! …«

Der junge Bursche, den Sabri Mahir angeheuert hatte, damit er ihm im richtigen Moment half, ihn in den Pausen zwischen den Runden mit einem Lappen und Wasser aus einem vom Zirkus geborgten Eimer das Gesicht abwischte und kühl hielt, stand mit neugierig aufgerissenen Augen da und beobachtete Sabri Mahir. Wahrscheinlich fand er es lustig, daß der Mann da im Raum auf und ab lief und in einer ihm unverständlichen Sprache herumbrüllte, jedenfalls konnte er, in der einen Hand den Eimer, die andere fest auf den Mund gepreßt, nur mit Mühe verhindern, daß sein Gekicher zu lautem Gelächter wurde. Sabri Mahir hatte ein-, zweimal mit einem Seitenblick registriert, daß der Junge sich den Mund zuhielt, nur um nicht über das ganze Gesicht zu lachen; in der letzten halben Stunde war Sabri Mahir fünfmal zum Pinkeln gegangen, und beim letzten Mal hatte er dem Jungen in leicht gekränktem Ton und seinem durch die Auf-

regung noch seltsamer klingenden Deutsch gesagt: »Hier geschieht in diesem Augenblick eine Tragödie, und Sie, gewiß aufgrund Ihrer jugendlichen Unerfahrenheit, sehen ihr lachend zu wie einer Komödie!«

Und nach diesen Worten Sabri Mahirs, die einen ins Herz treffen mußten oder von denen er wenigstens annahm, daß sie eine solche Wirkung auf den jungen Mann haben würden, war dieser in ein schreckliches Gelächter ausgebrochen, und da es ihm nicht gelang, wieder aufzuhören, hatte er den Umkleideraum für eine Weile verlassen. Als er wieder hereinkam, bat er Sabri Mahir tausendmal um Verzeihung. Und dankte ihm außerdem dafür, daß er ihm eine solche Arbeit gegeben habe. Nur habe er, und der Herr Boxer dürfe das bitte nicht übelnehmen, etwas an sich, das einen zum Lachen bringe, ja, er habe, aber das dürfe er bitte nicht falsch verstehen, etwas von einem Clown, also etwas sehr Menschliches.

»Wissen Sie, daß ich bei jeder Bewegung von Ihnen lachen muß?«

Sabri Mahir hielt es nicht für angebracht, sich noch länger mit dem jungen Mann zu unterhalten.

Beim dritten Gang zum Pinkeln hatte er durch einen Spalt im Vorhang zu den Zuschauern hinausgeblickt. Er hatte Luise ganz vorn und allein auf dem für sie reservierten Platz sitzen sehen. Die Angst, ganz allein zu sein, die ihm in allen Gliedern saß, hatte sich verflüchtigt, und eine beruhigende laue Wärme hatte sich in seinem Herzen ausgebreitet. Dort saß ja Luise und blickte, die riesigen kindlichen Augen aufgerissen, erstaunt um sich!

Als sie an der Wand direkt gegenüber des Ladens, in dem sie arbeitete, zum ersten Mal das Plakat gese-

hen und die Aufschrift »Sabri Mahir, der schreckliche Türke, ist da!« gelesen hatte, war Luise von einer unbeschreiblichen Furcht ergriffen worden. Hatte sich das jemand ausgedacht, um Luises Beziehung zu Sabri Mahir an den Pranger zu stellen, sie einzuschüchtern und zur Vernunft zu bringen? Nannten Sie ihn »furchtbar« oder »schrecklich«, um Luise von Sabri Mahir abzubringen?

Als sie sich zwei Tage später trafen, hatte sie von dem Plakat gesprochen wie von einem Alptraum. Ihn gefragt, ob er mit dem Sabri Mahir auf dem Plakat etwas zu tun oder irgendeine Ähnlichkeit habe. Seine Antwort hatte sie nicht recht verstanden, doch eben deshalb war sie ihr ausreichend und befriedigend erschienen: Mit dem Faustkampf, den er ein wenig gelernt habe, würde Sabri Mahir Geld verdienen. Diesen Faustkampf nenne man »Boxen«. Wegen bestimmter unschöner Machenschaften, mit denen man ihm übel mitgespielt habe, könne sein Erfolg als Maler sich etwas verzögern. Auf den Körper, den Luise da vor sich sehe – hier ballte er eine Hand zur Faust und schlug sich damit leicht gegen die Brust –, könne er sich voll verlassen. Er habe ihn bisher noch nie in Verlegenheit gebracht …

»Ja, Frau Luise, der Name Sabri Mahir, den Sie da auf den Ankündigungen gesehen haben, das ist mein Name. Er bezeichnet den Menschen, den Sie hier vor sich sehen. Dieser Mensch wird auch auf dem Gebiet des ›Boxens‹ seine Erfolge so fortführen, daß Sie sich seiner niemals schämen müssen. Wenn Gott hilft, werden auch Sie an meiner Seite erleben und Zeuge davon werden, wie das, was ich Ihnen gesagt habe, Wirklichkeit wird …«

Nach dieser Rede Sabri Mahirs, von der sie einen Teil verstanden zu haben glaubte, zum Teil jedoch kein Wort begriffen hatte, war ihre Liebe zu diesem Mann noch tiefer geworden. Ja, wenn er auch kein russischer Prinz war, sie konnte nicht anders, sie liebte diesen Mann. Sie hatten ihn als ›schrecklich‹, als ›furchtbar‹ bezeichnet, aber das war er überhaupt nicht! … Gut, er hatte einen riesigen Kopf, eine Nase, die einem Eclair ähnelte, hatte Segelohren, aber ihn deswegen ›schrecklich‹ zu nennen, das war eine Ungerechtigkeit. Unter den Kunden, die in die Bäckerei kamen, gab es so viele, die wirklich schrecklich waren; von denen man nachts träumte, die einen aus dem Schlaf hochschrecken ließen …

Der Herr Zirkusdirektor Busch klopfte an die Tür des Umkleideraums und kam mit vergnügter Miene herein. Er hatte vier Männer bei sich. Sie hatten freie Oberkörper, trugen Boxerhosen, die ihnen bis an die Knie reichten, hatten sich Boxhandschuhe übergezogen.

»Damit Sie die Vorbereitung auf den Kampf und Ihre Gedanken ungestört genießen können, habe ich die anderen sich nebenan umziehen lassen. Ich denke, in fünfzehn oder zwanzig Minuten können wir hinausgehen. Wissen Sie, daß draußen vor dem Zirkus noch haufenweise Leute stehen, die hineinwollen? Alle sind neugierig auf Sie. Nun, leider können wir keine Karten mehr verkaufen. Gleich wird …«

Herr Busch hatte noch nicht zu Ende gesprochen, da kam ein Zirkusmitarbeiter herein und flüsterte ihm etwas ins Ohr. Und er entschuldigte sich bei den Anwesenden und verließ eilig den Raum.

Da standen nun vier ihm unbekannte Kerle in einer

Reihe vor Sabri Mahir, halbnackt, wie aus dem Dampfbad weggelaufen. Sollte er sein Geld verdienen, indem er auf die einboxte? Gut, er würde auf sie einschlagen, aber wäre er ihnen nur vor Beginn der Vorführung nicht begegnet! ... Wenn er jetzt mit ihnen redete, würde er die Männer näher kennenlernen. Würde wissen, was sie empfanden, erfahren, warum sie gekommen und bereit waren, sich schlagen zu lassen oder selbst zuzuschlagen, wie »ausgehungert« sie waren, und im Ring würde er an all das denken, es würde ihm die Glieder lähmen, und er würde nicht richtig zuschlagen können ... Aber er fühlte sich doch verpflichtet, irgend etwas zu tun, ihnen irgend etwas zu sagen ... Die Männer standen vor ihm, starrten ihn voller Unruhe und Ungeduld an, als wollten sie möglichst bald auf ihn einschlagen, ihr Geld kassieren und wieder gehen.

Ihm war, als sei er der Hausherr und sie wären bei ihm zu Gast; sein orientalisches Blut kam durch, und mit der Gelassenheit eines Menschen, der seine Gäste bewirtet, bot er ihnen die drei Stühle an, die es im Zimmer gab: »Bitte sehr, setzen Sie sich«, sagte er. »Setzen Sie sich doch ... Wir müssen jetzt einfach warten, bis man uns ruft ...« Und wie um sich zu entschuldigen, fügte er hinzu: »So ist das nun mal in diesem Geschäft ...«

Drei von ihnen setzten sich hin. Sabri Mahir ging ein paarmal im Zimmer auf und ab und machte dabei Beinübungen. Die fünfzehn, zwanzig Minuten, von denen Herr Busch gesprochen hatte, wollten einfach nicht vorbeigehen. Und die Männer starrten ihn unverwandt an. Der eine, der keinen Stuhl abbekommen hatte, lehnte mit vor der Brust verschränkten

Armen an der Wand. Sabri Mahirs junger Helfer hockte, das Handtuch über die Schulter geworfen, mit dem Eimer voll Wasser in der Ecke neben der Tür. Alle lauschten sie dem Dröhnen, das von draußen hereinkam; ab und zu drangen ihnen die scharfen Aufrufe aus den Sprachrohren in die Ohren, mit denen irgendwelche Mitarbeiter versuchten, Ordnung herzustellen. Sabri Mahir dachte wohl, es wäre besser, nicht nur so dazustehen oder herumzulaufen und damit den Männern zur Belustigung zu dienen, und so trat er an den stehenden Kontrahenten heran: »Darf ich Sie fragen, wie Sie heißen?«

»Das dürfen Sie«, antwortete der Mann lakonisch.

»Und ...?«

»Wie und? ... Ingo! Ich heiße Ingo!«

Er hatte ein knochiges Gesicht mit tiefsitzenden Augen, seine Haut hatte die Farbe von Rohleder, und an seinem Körper sprangen die Muskeln hervor.

»Sie haben einen ziemlich durchtrainierten Körper, Herr Ingo. Haben auch Sie das Boxen im Exil, auf der Insel der Engländer erlernt?«

Was redet der nur, schien Ingo mit seinem knochigen Gesicht sagen zu wollen, und starrte Sabri Mahir eine Zeitlang an.

»Ich bin nicht im Krieg gewesen oder so. Ich bin doch kein Idiot.«

»Gut, und das Boxen ...?«

»Das habe ich gelernt, als ich bei Siemens war.«

»Bei Siemens?«

Sabri Mahir hörte zum erstenmal, daß man in der Fabrik Boxen lernen konnte. Da brauchte er vor dem furchterregenden Gesicht des Mannes ja keine Angst zu haben: Von einem, der das Boxen in der Fabrik ge-

lernt hatte, würde er bestimmt keine Prügel einstekken! ... Der erste von seinen Kontrahenten, dem er es zeigen würde, hieß also Ingo!

»Ja, da in der Fabrik. Von einem Arturo Cravan, der bei den Werner-von-Siemens-Werken als Fahrer gearbeitet hat.«

»Aus Italien?«

»Er war kein Italiener, er war waschechter Engländer!«

»Aber er hieß doch Arturo, oder?«

»Oder so ähnlich. Er sagte immer, in Deutschland hat es keinen Sinn, Engländer zu sein. Vielleicht ließ er sich deshalb auch Arturo nennen ... Sein Onkel soll ein berühmter Kerl gewesen sein, ein gewisser Oscar Wilde. Manchmal war er voll auf Stoff, und dann haben wir über diesen Onkel geredet. Er hat Gedichte und so was gelesen. Du tust mir einen Gefallen, hat er eines Tages gesagt, und ich gebe dir dafür Boxunterricht. Einverstanden, habe ich gesagt; ich war ohnehin gerade gut drauf ...«

»Sie haben ihm also einen Gefallen getan?«

»Ja, so ungefähr ... Er war ein toller Bursche. Er fürchtete sich vor nichts. Er mochte Jungen, er mochte Frauen, er mochte Schnee, er mochte Schnaps. Den Schnee, das Kokain, habe ich ihm immer besorgt; schließlich war er doch Ausländer. Ich habe Ausländern wirklich immer geholfen!«

Das war ein interessanter Mann. Sabri Mahir wollte Ingo noch weitere Fragen stellen, als völlig außer Atem Herr Busch hereinkam. Er habe sich verspätet und bitte um Entschuldigung. Er habe die Herren nicht miteinander bekannt gemacht, so plötzlich habe er hinausgehen müssen. Er entschuldigte sich erneut.

Der Beginn sei um fünfzehn, zwanzig Minuten verschoben worden. Es würden noch einige Zuschauer fehlen, mit Karten für die besten Plätze gleich am Ring, und zwar mehr als fünfundzwanzig oder dreißig. Möglicherweise kämen sie von außerhalb.

»Alles ist gerammelt voll, nur diese Plätze sind noch leer. Die Kassiererin hat gefragt, ob sie sie verkaufen soll. Das geht doch nicht, habe ich gesagt. Die haben doch bezahlt für ihre Karten. Finden Sie nicht auch? ...«

Während Herr Busch redete, zeigte sich bei Sabri Mahir eine merkwürdige Unruhe. Obwohl ihn das eigentlich nichts anging, murmelte er so etwas wie: »Wir müssen doch nicht unbedingt warten ...« Der Direktor erklärte sich diese Worte damit, daß Sabri Mahir aufgeregt war und unter Anspannung stand.

Als er das letzte Mal zum Pinkeln gegangen war, hatte auch er betrübt festgestellt, daß die vordersten Plätze leer waren. Kerzengerade und angespannt hatte Luise ganz allein mitten zwischen diesen freien Plätzen gesessen, die vor dem dichten Gedränge dahinter wie ein großer freier Fleck wirkten.

»Sie alle kennen Sabri Mahir, kennen seinen Namen ... Dies hier ist Herr Ingo. Und neben ihm, das ist Herr Adolf ...«

Herr Busch hatte schließlich doch angefangen, Sabri Mahir die Männer vorzustellen. Als der Direktor ins Zimmer kam, hatten sie sich erhoben und in einer Reihe aufgestellt ...

Nun, sie sollten sich jetzt nicht noch mehr verspäten. Der Direktor trat zur Seite und hielt ihnen die Tür auf. Er musterte die vor ihm Stehenden einen nach dem anderen.

»Darf ich in die Manege bitten? Viel …«

Zwar sagte der Direktor noch etwas, das sah man daran, daß sich seine Lippen bewegten, aber in dem dröhnenden Lärm hörten die Männer es nicht mehr.

Sie waren bis zum Vorhang hinter der Manege gekommen, da bemerkte Sabri Mahir, daß ihm alle vier Männer folgten und mit ihm zusammen hinaustreten würden. Was mochte Herr Busch ihnen gesagt haben, was hatten sie abgemacht? Bei dem ganzen Durcheinander war es ihm nicht in den Sinn gekommen, danach zu fragen. Oder wollten sie Sabri Mahir tatsächlich in die unangenehme Situation bringen, gegen die vier Kerle zugleich boxen zu müssen, wie viele Leute es erwarteten? Das durfte doch nicht wahr sein! … Man mußte das den Männern, die hinter ihm aufgereiht waren wie eine lebendige Wand, sofort erklären!

Gerade wollte er sich umdrehen und seine Besorgnis zum Ausdruck bringen, da zogen zwei hünenhafte Zirkusmitarbeiter geschwind den schweren Samtvorhang beiseite. Als die schon so lange ungeduldig wartenden Zuschauer plötzlich die fünf Männer sahen, sprangen sie unter ohrenbetäubendem Lärm auf, klatschten, pfiffen und schrien ihnen zu.

Auf einmal verspürte Sabri Mahir in der Mitte seiner Wirbelsäule eine brennende Hitze; er wollte einen Schritt nach vorn machen, schaffte es aber kaum. Er bewegte sich so verkrampft auf den Ring zu, daß es aussah, als würden die vier Männer ihn vor sich her schieben. Auch als sie in den Ring stiegen, sah es so aus, als schöben sie ihn.

Jeder der Boxer begrüßte die Zuschauer auf seine eigene Weise, indem er sich verbeugte oder die eine

Faust oder auch beide in den Boxhandschuhen in die Höhe streckte; sie ließen einen von ihnen vor Sabri Mahir stehen und kletterten aus dem Ring. Ob das nun eine Idee von Herrn Busch gewesen war oder ob sie es selbst so abgemacht hatten – Sabri Mahir erfuhr es nie.

Wie auch immer, die Zuschauer machten sofort deutlich, daß ›einer gegen einen‹ nicht das war, was sie wollten. Sie wollten, daß der Werbeslogan verwirklicht würde: »Einer allein gegen vier, der schreckliche Türke Sabri Mahir«.

Er glaubte taub zu werden von all dem Gepfeife. Nur mit Mühe konnte er sich auf den Beinen halten. Hätte er sich nicht zusammengerissen, hätte er sich gehen lassen, er wäre mitten im Ring zusammengebrochen. Und das versetzte ihn in Panik: Sein Körper, auf den er sich stets verlassen hatte, war also doch bereit, ihn zu verraten?! ...

Inmitten all der Spannung und des Lärms fiel ihm gerade noch ein, daß ihm als erster Boxer Ingo entgegentreten würde. Im selben Augenblick erwischte er sich dabei, wie er sich selbst auf türkisch fragte, was er dort mache, und was er nur tun solle? Hilflos sah er zu Luise hinüber. Auch sie hatte das Gepfeife und Gebrülle in Angst versetzt; sie saß zusammengekauert zwischen den immer noch leeren Stühlen, und schien ihn mit verängstigtem Blick zu bitten, ihr zu helfen. Und gleich würde der Gong ertönen und Ingo sich mit seinem Schlangenkörper auf ihn stürzen ... Luises Augen ruhten auf ihm! Sollte Ingo nur angreifen ... Sabri Mahir würde die Fäuste vor das Gesicht heben und Deckung nehmen. Er würde sich doch vor Luise nicht vermöbeln lassen! An dieser Stelle nahm Sabri Mahir sich das völlig verwickelte Knäuel seiner

ineinander verhakten Gefühle vor, um es neu zusammenzubinden. Sein Selbstvertrauen hatte gerade angefangen, allmählich wieder zuzunehmen, da näherte sich eine Gruppe von annähernd dreißig merkwürdigen Leuten den freien Plätzen vorn am Ring und stürzte sich, einander stoßend und schubsend, geradezu auf sie. Die vielen, unaufhörlich schreienden und zappelnden Menschen in dem gerammelt vollen Zirkusbau erstarrten angesichts des absonderlichen Anblicks dieser Leute, die auf die freien Plätze losstürmten, und verfielen in absolutes Schweigen. Die Männer trugen alle möglichen weiten Kleidungsstücke aus feiner Wolle und Seide, die flatterten, wenn sie sich bewegten. Wer konnte das sein? Durch verschiedene Eingänge hereingekommen, waren sie plötzlich aus allen Richtungen vor dem Ring aufgetaucht. Sie trugen schwarze, grüne, schneeweiße oder ziegelrote Gewänder. Und manch einer hatte einen nagelneuen Fes oder auch einen blitzsauberen weißen Turban auf dem Kopf. Diejenigen von ihnen, die europäische Hemden, Binder und Gehrockhosen trugen, hatten Schnauzbärte wie Kaiser Wilhelm; sie hatten sie bis zu den Ohren hochgezwirbelt.

Auf der Skala von Sabri Mahirs mit mäßiger Geschwindigkeit steigenden Selbstvertrauen kam es mit der Ankunft dieser Männer zu einem deutlichen Sprung nach oben: Ohnehin hatten alle gestaunt, als sie plötzlich hereinkamen, und nun beehrte sie Sabri Mahir auch noch einzeln mit einem Lächeln und brach dann in lautes Gelächter aus, so daß eine Situation entstand, auf die sich Herr Busch ebensowenig einen Reim machen konnte wie die Zuschauer, die aber zugleich sehr spaßig war …

Die Hereingekommenen hielten gewaltige Gebetsketten mit neunzig Gliedern in den Händen; viele hatten auch Gebetsbücher unterschiedlicher Art oder in Leder gebundene Korane unter dem Arm, die manche von ihnen, kaum saßen sie auf ihrem Platz, aufschlugen und zu lesen begannen. Und schon fingen sie an, mal durcheinander, mal im Chor mit lauter Stimme Verse und Gebete zu sprechen. Sie streckten die geöffneten Hände zur Kuppel hinauf und beteten, bliesen ihren Atem dann in Richtung Ring und strichen sich mit den Händen übers Gesicht ... Dann blickten sie einander für kurze Zeit an und fingen mit dem Ganzen wieder von vorn an ...

Die Verwirrung unter den Leuten, die gekommen waren, um einen Boxkampf zu sehen, verwandelte sich, ohne daß sie etwas dagegen tun konnten, nach einiger Zeit in Gekicher, dann in Gelächter, Gebrüll, Gepfeife.

Aus der Osmanischen Botschaft, wo er ein paarmal hingegangen war, kannte Sabri Mahir İsmail Rahmi Bey, und dem hatte er mitgeteilt, daß er im berühmten Zirkus Busch am Ufer der Spree an Faustkämpfen teilnehmen würde, die man ›Boxen‹ nannte. Nicht einfach so, er würde gegen genau vier Leute boxen. Wenn es Landsleute gebe, die einem jungen Osmanen bei seinem einsamen Kampf ums Dasein in der Fremde den Rücken stärken wollten, so sollten sie ihn im Zirkus Busch beehren. Er werde stolz sein, sie als seine Gäste begrüßen zu dürfen. Sie sollten nur kommen, er übergebe dem Herrn Beamten hiermit dreißig Eintrittskarten. Die solle er Leuten, die in der Botschaft etwas zu erledigen hätten, in die Hand drükken, und wenn es ihm möglich sei und er geruhen

würde, selber zu kommen, so würde das Sabri Mahir sehr glücklich machen und ihm viel Kraft geben! …

Von dem Vorschuß, den er sich mit Herrn Buschs Erlaubnis vor dem Match von der Kasse geholt hatte, war fast die Hälfte für die dreißig Eintrittskarten weggegangen; als er sah, daß die reservierten Plätze leer geblieben waren, hatte er nicht gewußt, ob er sich eher wegen des vielen Geldes oder wegen der Treulosigkeit seiner Landsleute ärgern sollte. Und gerade in dem Augenblick, in dem er überlegte, wie er seine Kraft einteilen sollte, um Ingo zu Fall zu bringen (denn es sollte ja auch für die anderen Männer noch etwas übrigbleiben), waren seine Landsleute plötzlich aufgetaucht.

Sabri Mahir ließ Ingo und den Ringrichter verwirrt stehen, wo sie waren, und kletterte auf die den Ring straff umspannenden Seile. Er balancierte sich aus wie ein geschickter Seiltänzer und entbot seinen Gruß mit einer gekonnten Verbeugung. In der gebieterischen Haltung eines Dirigenten hob er die Hand in die Höhe und forderte die Neuankömmlinge und die Zuschauer zum Schweigen auf. In einem Deutsch, bei dem die Anwesenden sich fragten, welcher Dialekt das war, fing er zu reden an:

»Sehr verehrte Damen und Herren! … Wie Sie sehen, haben meine treuen Landsleute geruht, hierherzukommen, um mich durch ihre Gebete und durch ihre Anwesenheit zu unterstützen und mir den Rükken zu stärken. Genau wie Sie befinden sie sich jetzt hier, um begeistert Zeuge eines Wunders zu werden, das in das Goldene Buch der Boxgeschichte eingehen wird. Wenn Sie erlauben, werde ich, Sabri Mahir, dieses Wunder heute abend vor Ihren Augen in die

Tat umsetzen, indem ich gegen vier meiner Boxerbrüder kämpfe! ...«

Nachdem er von den Seilen heruntergestiegen war, entbot Sabri Mahir noch einmal einen Gruß, indem er sich in alle Richtungen verneigte. Er trat vor Ingo hin, der hilflos in einer Ecke des Rings stand, weil ihm bewußt war, daß er niemals begreifen würde, was da passiert war, dann hob er die Arme, um seine Dekkung aufzubauen.

Während der Herr Zirkusdirektor Busch sonst nicht tolerierte, daß auch nur das Geringste geschah, das sich seiner Kontrolle entzog oder so nicht im Programm stand, so hatte er Sabri Mahir jetzt mit spürbarer Bewunderung zugesehen und sich nicht vom Fleck gerührt: Dieser junge Mann wußte genau, was zu tun war! ...

Nach Sabri Mahirs Ansprache war Luise zu dem Schluß gekommen, daß sie sich vor den plötzlich um sie herum auftauchenden bärtigen Männern, die so merkwürdige Laute hervorbrachten und sich so seltsam bewegten, nicht zu fürchten brauchte, und hatte sich einigermaßen beruhigt. Sie verstand zwar nicht ganz, was da vor sich ging, aber es war anscheinend etwas Vergnügliches ... Sie setzte ihr kindliches Lächeln auf und fing an, das Ganze beinah zu genießen. Ohnehin hatte Sabri Mahir ihr während seiner Ansprache zweimal ernst und verstohlen zugelächelt und ihr einmal sogar zugezwinkert, und ihr war ein Stein vom Herzen gefallen: Es war also alles nur Scherz! Es war nur ein Scherz ... Oder doch so etwas ähnliches ...

Im weiteren Verlauf des Abends ging alles seinen ›normalen Gang‹. Als die beiden während des Boxens

einmal mit den Köpfen nah beieinander waren, bat Sabri Mahir Ingo, sich möglichst bald auf den Boden zu werfen, um die Sache rasch zu beenden. Dafür würde er ihm zu dem Geld, das er von Herrn Busch erhalten sollte, noch etwas für Kokain drauflegen. Ingo hörte nicht auf oder er war dagegen. Er war ein Spielverderber und wollte unbedingt den Boxer spielen. Er zog die Sache hin, so gut er konnte. Dabei war unter den Zuschauern nach dem Vorgefallenen Unzufriedenheit entstanden. Sabri Mahir entschloß sich, die Sache zu beschleunigen. »Sie müssen für Ihr Kokaingeld kämpfen, aber ich muß Luise Strümpfe kaufen«, erklärte er ihm, gab den Gedanken auf, mit seinen Kräften hauszuhalten, und stürzte sich auf ihn. Und dann passierte es: Er lockte Ingo näher an seinen klotzigen Körper heran, um den Mann dann einen Haken, zwei Aufwärtshaken und eine kurze rechte Gerade direkt auf das Kinn zu verpassen. Ingo strauchelte vor Sabri Mahirs Füße und blieb dort zusammengekrümmt liegen. Als Ingo dann nach dem Auszählen noch immer nicht aufstehen konnte, griffen ihm auf einen Wink von Herrn Busch zwei für den Vorhang zuständige Zirkusmitarbeiter unter die Arme und holten ihn aus dem Ring in die Manege. Als er auch dort nicht auf eigenen Beinen stehen konnte, faßten sie ihn am Oberkörper und schleppten ihn hinter den Vorhang und zu den Umkleideräumen …

Sabri Mahir verspürte nicht den Wunsch, sich mit den nächsten beiden Männern länger aufzuhalten, um die Vorführung auszudehnen und das schwer zufriedenzustellende Publikum noch weiter zu belustigen. Er setzte seine ›Ochsentöter‹ – Rechte ohne Hemmungen ein. Dennoch gab er sich alle Mühe,

seine Kontrahenten auf eine ungefährliche Art zu besiegen. Geschickt schlug er an Stellen, die keinen Arzt erforderlich machen würden. Denn es hätte ihm Gewissensbisse bereitet, wenn sie das Geld, das sie bekommen würden, für einen Dummkopf von Arzt ausgeben müßten! ...

Der vierte Boxer war der, der Adolf hieß. Tatsächlich versetzte er Sabri Mahir nicht schlecht in Erstaunen: Gleich nach der ersten Runde war er bereit, zu glauben, daß Adolf ein guter Boxer war, hielt es dann aber für angemessen, erst mal die zweite abzuwarten. Würde er sich nach ein, zwei Ausweichschritten und einer verwirrenden Kombination einen Schlag ins Gesicht verpassen lassen oder nicht? Er nahm sich vor, Adolf einer kurzen Prüfung zu unterziehen. Und führte sie dann auch durch. All die Ausweichschritte und Schlagverbindungen, die sich Sabri in langen, anstrengenden Stunden antrainiert hatte, durchschaute Adolf sofort; er parierte mit Schlagkombinationen, die aus Überraschungsschlägen und sparsamen Bewegungen bestanden ... In der zweiten Runde wollte Sabri Mahir es seinem Gegner zeigen, doch statt dessen zeigte dieser es ihm! Wegen eines Fausthiebs, der ihn über der linken Braue traf, konnte Sabri Mahir auf dem Auge immer schlechter sehen. Und in der dritten Runde (nach all den Jahren kann man es wohl zugeben) bekam er von Adolf regelrecht Prügel ...

Man kam zur fünften Runde, und Adolf nahm die Sache immer noch ernst und setzte sich gegen Sabri Mahir, der doch gegen die drei anderen mehr oder minder gut gekämpft hatte, weiterhin stur zur Wehr. Das sein Gegner ihm so lange Widerstand geleistet

hatte, daß er dazu in der Lage war, hatte auch die Zuschauer beeindruckt, und sie beklatschten Adolf und spornten ihn begeistert an.

Offen gestanden hätte man auch den Zuschauern erklären müssen, was hier eigentlich vor sich ging! Denn diese trauten ihren Augen nicht: Mitten in dieser heißen Phase des Kampfes, setzte Sabri Mahir, anstatt auf den Gegner loszugehen, mit seiner lauten, vollen Stimme wieder zu einer Ansprache an.

»Sehr geehrte Damen, sehr geehrte Herren! Ich sehe, ich habe mich davon überzeugt, daß mein Gegner, mein teurer Boxerbruder eine glänzende Zukunft in diesem Beruf vor sich hat. Allerdings, wie Sie selbst mitansehen konnten, habe ich mir erlaubt, mir Mühe zu geben, jemanden mit einer so glänzenden Zukunft nicht gleich zu Beginn seiner Laufbahn allzu übel zuzurichten und nicht zu verstümmeln. Ich werde ihn von jetzt an unter meine fürsorglichen Fittiche nehmen und versuchen, anhand einiger Beispiele zu demonstrieren, was ein guter Boxer sonst noch alles können muß …«

Sabri Mahir fing nach der Rede sofort an, sehr hart zu boxen. Er hetzte den quicklebendigen, beweglichen Jungen zunächst so sehr herum, daß ihm die Luft wegblieb. Und dann verpaßte er ihm plötzlich eine seiner gefürchteten Rechten. Adolf geriet ins Schwanken und fiel um. Der Ringrichter zählte den jungen Mann bis acht aus und schlug ihm dann vor, den Kampf an dieser Stelle aufzugeben. Ohne seine Antwort abzuwarten, hielt er Sabri Mahirs Arm in die Höhe und erklärte ihn zum Sieger …

Ungeduldig wartete Sabri Mahir nach dieser Nacht auf den Morgen und lief mit einem ziemlich zuge-

schwollenen linken Auge in das riesige Berliner Kaufhaus KaDeWe. Er kaufte drei Paar Damenstrümpfe aus reiner Seide und, nachdem er eine Verkäuferin, die ihm Luises Größe zu haben schien, gebeten hatte, es anzuprobieren, ein Chiffonkleid mit Falten und viel Rosa, um seiner Geliebten ein Geschenk zu machen. Vor dem riesigen, prächtigen Eingang zum KaDeWe. stand ein Portier in pompöser Aufmachung, die der Uniform eines Paschas ähnelte, und paßte auf die Hunde der Kunden auf, und davon angeregt dachte Sabri Mahir daran, auch Luise einen Hund zu kaufen, ließ es dann aber sein, weil ihm einfiel, daß sie zunächst eine geeignete Wohnung finden mußten. Er wollte Luise seine Geschenke so schnell wie möglich überreichen, und so strebte er im Laufschritt der auf der anderen Straßenseite liegenden U-Bahnstation zu, die etwas von einem Mausoleum oder einem Tempel hatte.

Adolf wurde tatsächlich ein sehr guter Mittelgewichtsboxer. Er errang die deutsche Meisterschaft, und seine Freundschaft mit Sabri Mahir vertiefte sich noch. Doch er sollte eines Tages in jugendlich zartem Alter sterben ...

Und als Sabri Mahir schon keine rechte Lust mehr hatte, den ›schrecklichen Türken‹ zu spielen, hatte er plötzlich die Faust dieses Bären von dänischem Boxer im Gesicht, der aussah, als sei er mit einem fahrenden Eisenbahnzug zusammengeprallt. Zum erstenmal zählte der Ringrichter ihn selbst an! Das hätte nicht passieren dürfen! Das konnte Sabri Mahirs Stolz nicht verkraften. Tatsächlich konnte es, wenn Sabri Mahir jetzt aufstand, durchaus passieren, daß dieser Riesenkerl von einem Dänen ihm noch einen Faust-

hieb verpaßte und er, Gott bewahre, zum Behinderten würde, der sein Leben lang auf alles mögliche angewiesen war. Er stand auf, bevor der Ringrichter ihn ausgezählt hatte, behielt den Dänen im Blick, fixierte aber zugleich den Schemel in der Ecke des Rings, sprang plötzlich zu ihm hin und stieg darauf. Die Zuschauer klatschten und pfiffen voller Freude darüber, daß ›die Bestie‹ am Ende doch den Boden des Rings hatte lecken müssen (unter ihnen waren manche, die schon länger Tag für Tag in den Zirkus kamen, um zu sehen wie Sabri Mahir zu Boden gehen würde), und nach dem gerade eingesteckten Schlag noch immer nach Luft ringend, erklärte Sabri Mahir dem Publikum mit kraftloser Stimme:

»Meine sehr verehrten Damen und Herren ... Liebe Boxfreunde. Eine bittere Nachricht, die ich erhalten habe, hindert mich daran, Ihnen den Faustkampf zu bieten, nach dem Sie sich sehnen. Diese Nachricht, die mir die Glieder lähmt und mich in unsäglicher Trauer ertränkt, hatte mich schon erreicht, als ich noch im Umkleideraum war, aber wegen des Respekts, den ich Ihnen und dem Boxen gegenüber empfinde, war es mir unmöglich, gar nicht erst in den Ring zu steigen. Ich will Ihnen die Nachricht mitteilen, damit Sie meinen Schmerz nachfühlen können: Gestern nacht gegen Morgen, noch bevor die Hähne den Anbruch des Tages verkündeten, hat sich der wichtigste Mensch in meinem Leben, meine geliebte Mutter, auf ihre letzte Reise begeben. Ich kann Ihnen hier nicht beschreiben, wie erschüttert ich bin. Aber, müssen wir nicht alle eines Tages diesen Weg gehen? Nun, worum ich Sie jetzt bitten möchte, ist die Erlaubnis, mich sofort zurückziehen und den Ring

verlassen zu dürfen. Ich habe begriffen, daß ich nicht für Sie boxen und zugleich mit dem brennenden Schmerz in meinem Herzen fertigwerden kann ... Ich muß diese Begegnung an dieser Stelle abbrechen ... Meine Hochachtung. Leben Sie wohl! ...«

Gut, bei der Suche nach einer Begründung war er ein wenig voreilig gewesen: Seine Mutter war gar nicht gestorben. Aber die Zuschauer hatten auch nicht gerade so viel Feingefühl gezeigt, wie es Boxfreunden geziemt, wenig von dem Verständnis, das man menschlichem Schmerz entgegenbringt (hier ist nicht der Schmerz nach einem Fausthieb gemeint!). Hunderte von Leuten rund um die Manege hatten gebrüllt, geschimpft und, was das Schlimmste war, erbarmungslos alles, was ihnen in die Finger kam (auch Holzlatten, die manche von ihren Bänken abbrachen), in den Ring und auf alle geschleudert, die sich darin oder in seiner Nähe aufhielten, und zwar eindeutig in der Absicht, sie zu verletzen ...

Während Sabri Mahir sich eilig umwandte und zu seinem Umkleideraum lief, hatte einer der Zuschauer ihm zweimal hintereinander aus ganzer Kraft mit einer Bierflasche auf den Kopf geschlagen, und die Flasche war dabei zerbrochen.

Natürlich war nicht nur die Flasche in Scherben gegangen; Sabri Mahir mußte lange Zeit mit bandagiertem Kopf herumlaufen. Er schämte sich vor den Leuten. Dabei fand Luise den Verband am Kopf lustig. »Meine Mutter müßte Sie in diesem Zustand sehen, Herr Sabri Mahir, sie würde denken, ich hätte anstelle des russischen Prinzen einen indischen Maharadscha gefunden! ...« sagte sie und brach in ihr pubertäres Gelächter aus ...

Sein aufgelaufenes Geld wurde ihm zwar von der Kasse ausgezahlt, aber Herrn Busch sah er nach diesem Ergebnis nicht wieder.

In den Zeitungen las er, daß die aufgebrachten Zuschauer an ihren Plätzen und beim Hinausgehen das Eigentum des Zirkus auf alle möglichen Weisen schwer beschädigt hatten.

Ja, er hatte etwas auf die Seite legen können, aber er griff sich immer wieder an den schmerzenden Kopf und machte sich doch ein wenig Gedanken, wie lange er wohl noch würde ›Prügel einstecken‹ müssen, um sein Geld zu verdienen. Inzwischen gab es immer mehr Leute, die von ihm Boxunterricht erhalten wollten. Seine Bewunderer, Leute, die Loblieder auf ihn sangen, wollten wissen, wo sie ihn künftig würden sehen können. »Mit diesem Kopf?« fragte er sie und lachte …

Und damals war er auf den Gedanken gekommen, er könnte ein ›Studio für Boxen und Leibeszucht‹ aufmachen, damit Geld verdienen und zugleich Spaß an seiner Arbeit haben. Er hatte ja inzwischen so viele Bekannte, Kollegen und Freunde, und es tauchten jetzt so viele Leute auf, die Lust zum ›Boxen‹ hatten! … Ja, er konnte auf diesem Gebiet jetzt etwas machen, ohne selbst in den Ring steigen zu müssen …

Von den Fronten hörte man von einer Niederlage nach der anderen, und niemand hatte mehr die Hoffnung, daß man den Krieg gewinnen würde. Überall in Berlin sah man nur Überdruß. Die in den Krieg gesetzten Hoffnungen hatte man aufgeben müssen; statt dessen herrschten Orientierungslosigkeit und Zukunftsangst.

Und dann kam auch noch eine Grippewelle und suchte die ganze Stadt heim.

Erst siechte Luise, dann Sabri Mahir in der Einzimmerwohnung wochenlang im Fieber dahin. Es hieß, Tausende von Menschen in der Stadt seien bereits an der Grippe gestorben. Niemand machte jetzt mehr Witze über die Inflation oder lachte darüber. An der Inflation war nichts mehr zum Lachen. Sabri Mahir hörte auf den Rat eines Bekannten und kaufte Gold für die paar Groschen, die er angespart hatte. Er tat gut daran; als er sich entschloß, das Studio zu eröffnen, kam ihm das Gold, das die Inflation nicht hatte schmelzen können, sehr gelegen …

Auf jede Nacht, die Luise während der Zeit, als Sabri Mahir seine Vorführungen im Zirkus hatte, bei ihrer Mutter zubrachte, kamen drei Nächte, in denen sie in seiner Dachkammer schlief. Luises Mutter konnte nicht verstehen, warum ihre Tochter sich unter Millionen von Habenichtsen ausgerechnet einen mittellosen Türken ausgesucht hatte. Sie versuchte alles mögliche, um ihre Tochter aus den Fängen des türkischen ›Kameltreibers‹ zu befreien. Sie hätte nie gedacht, daß ihre Tochter, ein Wesen, das doch aus ihrem eigenen Bauch gekommen war, so stur sein könne. Ständig redet sie von ›Liebe‹. »Dann sieh zu, was du davon hast!« hatte die Mutter schließlich gesagt. Sie selbst werde ohnehin sobald wie möglich für einige Zeit zu ihrer Schwester nach Pommern ziehen. Und dort bleiben, bis Berlin wieder in Ordnung gekommen sei und man dort wieder leben könne …

Nach all dem hatte Luise Keil ihre Siebensachen gepackt und war richtig in Sabri Mahirs Junggesellenzimmer umgezogen.

Auf in den Ring – am Abend des 4. April

Er würde Franz begleiten und sie würden zusammen in den Ring steigen; wie jedesmal für die Photographen posieren. In alles weitere würde sich Sabri Mahir in keiner Weise einmischen.

Er rückte seinen Schlips gerade und zog ihn stramm. Es schien ihn zu stören, daß er so lang herabhing, jedenfalls steckte er die Krawatte gleich unter dem zweiten Knopf unterhalb des Kragens ins Hemd. In der einen Hand hielt er immer noch den Schwamm, und wenn er ihn zusammendrückte und wieder locker ließ, schien er auch ein wenig von seiner inneren Anspannung aufzusaugen, und das beruhigte ihn. Den Bauch ein wenig einziehend, trat er zu Schwätzer-Rudolf und Franz und flüsterte ihnen zu: »Auf geht's!«

Seit langem, seit dem Beginn der Vorbereitungen zum Match, hatte er weder Herrn Bülow noch Herrn Schmeling gesehen. Gleich würden sie im Ring zusammen posieren …

Herrn Schmeling hatte er zum erstenmal in Treptow an dem Ring unter freiem Himmel gesehen, den man für das Match zwischen Franz Diener und Paul Samson-Körner aufgebaut hatte. Diener und Paul Samson-Körner waren damals die Boxer, die am meisten im Gespräch waren. Franz hatte Paolina, den baskischen Stier, und danach den Blonden Hans bezwungen und damit seinen eigenen Namen und auch den Sabri Mahirs so berühmt gemacht, daß jeder Dreikäsehoch sie im Munde führte. Seit damals hatte Sabri Mahir Vertrauen in Franz, seinen ›Widder‹. Er würde Samson auf seine Hörner nehmen und den

›alten Knaben‹ zu Boden werfen, der nach Amerika gegangen und zurückgekommen war, ohne richtig berühmt geworden zu sein. Und im Vertrauen darauf hatte er sich zu seinem Managerstuhl in der vordersten Reihe begeben und wartete auf den Gong.

Als er sich irgendwann zu der Reihe hinter sich umdrehte, erkannte er dort Max Schmeling, Herrn Bülows Jungen. Aus diesem Burschen mit dem riesigen Kopf und den Löffelohren, der ängstlich, angespannt und aufmerksam um sich schaute, wollte Herr Bülow unbedingt einen ›Champion‹ machen. Und warum sollte ihm das nicht gelingen, wenn er genügend Arbeit hineinsteckte?! Gleich neben ihm saß ein gewisser Felix; der Felix, der später zu einem von Luises und auch seinen engsten Freunden werden sollte. Dieser Herr Felix beugte sich während des Kampfes immer wieder über Sabri Mahirs Schulter vor, wollte Antwort auf alle möglichen und unmöglichen Fragen haben und ging ihm damit sehr auf die Nerven. Er wollte auf der Stelle alles wissen, was man brauchte, um Boxexperte zu werden; ob das eben ein Aufwärtshaken gewesen sei? Ob es das war, was man einen ›doppelten Haken‹ nannte? Mit solchen Fragen raubte er Sabri Mahir den letzten Nerv. Dasselbe machte der hagere kleine Mann auch mit dem neben ihm sitzenden Jungen von Herrn Bülow, auch ihn ließ er das Match nicht in Ruhe genießen. Am Ende des Kampfes, der ein wenig unangenehm ausging, begleitete er Sabri Mahir bis zum Umkleideraum, erzählte ihm, er heiße Friedrich Hollaender und habe beschlossen, einen Boxroman zu schreiben, und bat ihn, so liebenswürdig zu sein, ihm dabei zu helfen. Dafür sei dies hier nicht der Ort; wenn Herr

Hollaender wirklich etwas über das Boxen lernen wolle, so solle er doch ins Studio kommen! Daß er den freundlichen, neugierigen jungen Mann an jenem Tag ein wenig abweisend behandelte, gab Sabri Mahir später selbst zu, und er fügte seinen einer Entschuldigung gleichkommenden Worten hinzu: »Was sollte ich machen, mir steckte damals doch noch dieser unangenehme Ausgang des Kampfes in den Knochen.« Es waren nur zwei Tage vergangen, da tauchte Herr Hollaender im Studio auf. Er fragte alles, was er fragen wollte, und sah auch, wie die anwesenden Boxer es umsetzten. Später sollte er ein richtiger Stammgast im Studio werden. Bald schon war er gern bei den Teestunden am Ring dabei. Er brachte ein kleines, elfenschlankes Mädchen namens Blandine mit. Blandine und Luise verstanden sich prächtig. Und bald brachten sie auch noch eine junge Frau namens Marlene mit. Auch die hatte etwas für Luise übrig. Mit dieser, der Frau Marlene, arbeitete Herr Hollaender später bei einem Film zusammen. Da er die Aufgabe übernommen hatte, die Musik für den Film zu schreiben, hatte er die Arbeit an dem Boxroman notgedrungen zurückgestellt. Es hieß, in dem Film, in dem auch Marlene eine Rolle hatte, ginge es um die traurigen Ausschweifungen eines Gymnasialprofessors, besser gesagt um sein Liebesleben. »Die Fertigstellung meines Romans verzögert sich, Herr Sabri Mahir, aber glauben Sie mir, wenn es soweit ist, werden Sie der erste sein, der ihn lesen darf«, sagte Herr Hollaender. Er summte dauernd Melodien aus dem Film vor sich hin. Ohnehin kamen damals viele Leute ins Studio, die Boxromane schrieben oder schreiben wollten. So hatte etwa die

Schauspielerin Frau Carola, die immer um Sabri Mahir herumschwirrte, um von ihm Boxen zu lernen, einen Freund mit einem Eichhörnchengesicht, der Dichter und Theatermann zugleich war. Auch der wollte alles über das Boxen wissen. Er träumte davon, einen Boxroman zu schreiben, und zugleich erklärte er, er denke an eine musikalische Boxparodie für das Theater. Sabri Mahir sollte dann von Luise erfahren, daß dieser junge Mann namens Bertolt, der mehr im Studio von Herrn Bülow verkehrte, Carola in Herzensdingen ziemlich betrübt hatte. Es war wahrscheinlich Frau Marlene Dietrich, die Luise von diesen Dingen erzählt hatte. Sie wohnte in der Nähe des Studios und brachte ab und zu ihr kleines Baby vorbei, damit Luise darauf aufpaßte. Auch sie gehörte zu den Frauen, die im Studio verkehrten und glaubten, sie müßten unbedingt selbst in den Ring steigen und boxen wie die Männer. Trotz seiner klaren Einstellung dazu fing sie Sabri Mahir gegenüber immer wieder davon an. Mal kam sie zum Boxen, mal zur Massage, mal zog sie die Handschuhe an und machte Schattenboxen ... Sabri Mahir hatte viel Zeit damit verbracht, ihr zu erklären, daß Boxen nichts für Frauen sei. Hätte er ihre kämpferische Natur nicht gemocht, nichts an ihr gefunden, was ihm lag, er hätte sich vielleicht nicht so lange mit ihr abgegeben und das Ganze nicht so ernst genommen. Sie sollte ruhig Handschuhe anziehen und auf die Sandsäcke einprügeln, sollte ruhig Seilspringen machen, er würde jedoch nie zulassen, daß jemand im Studio von Sabri Mahir die Boxhandschuhe anzog und auf die von Gott geschenkten, schönen, zarten Knochen eines Frauengesichts einschlug! ...

Bei jenem Match in Treptow hatte Sabri Mahir mit Samson-Körner geradezu ein wenig Mitleid gehabt. Er stand vor Franz wie ein Gentleman, der in den Laden eines Metzgers tritt. Und Franz mit seinem grobknochigem Körper, den kurz rasierten Haaren und dem Kopf mit den Katzenaugen auf dem breiten Nacken sah aus wie ein gut im Futter stehender Stier, der im Begriff war, ihn mit den Hörnern aufzuspießen. Allerdings schien Herr Samson-Körner von diesem unerfahrenen jungen Mann nicht sehr beeindruckt zu sein. Er wehrte Franz' Schläge ab, schien im voraus zu wissen, wie der zuschlagen würde. Aus einer Position, bei der klar war, daß er Punkte machen würde, schlug er dann Franz plötzlich die Faust ins Gesicht! Er konnte seine Überlegenheit allerdings nicht allzu lange aufrechterhalten. Der ehemalige Metzger Franz Diener, der schon so viele Tiere geschlachtet und ihr bitteres Gebrüll gehört hatte, ging plötzlich zum Angriff über. Volle sieben Runden. Wie ein Stier fiel er über den ›Gentleman‹ her. Trotz aller Ermahnungen Sabri Mahirs, trotz all seiner Ratschläge ließ er sich von seiner Angriffswut nicht abbringen. Und was passierte dann? Was hatte er auf einmal? Wie ein durstig gewordener Hund ließ er die Zunge heraushängen und schnappte nach Luft. Herr Samson-Körner wußte genau, daß er den hünenhaften jungen Mann nicht zu Boden strecken konnte, er reizte ihn und ließ ihn angreifen. Und fing an, ihm die Fäuste ins Gesicht prasseln zu lassen, er brauchte die Punkte nur aufzusammeln wie vom Baum gefallene Birnen … Volle fünfzehn Runden! Sabri Mahir redete sich den Mund fusselig: Schlag weniger zu, weich aus! Aber nimm die Rechte! Wenn er ihm mit

seiner Rechten, diesem Ochsentöter, zwei, drei verpaßte, wäre sein Gegner k.o. Nur woher die Luft nehmen?! ...

Nanu ...! Was war das? Nach fünfzehn Runden erklärte der Ringrichter Franz zum Sieger! Na, um ganz ehrlich zu sein: Auch Sabri Mahir war damals über diese Wertung völlig verblüfft gewesen!

Brüllend schrien die Tausende von Zuschauern um den auf einer Radrennbahn aufgebauten Ring ihren Protest heraus. Im Nu versank alles im Chaos. Alles tobte und schrie. Na, ein solches Erdbeben hatten sie nun aber auch nicht verdient... Sabri Mahir wäre am liebsten in den Ring gestiegen und hätte den Leuten erklärt, daß alles falsch war, was sie da machten. Den Zuschauern, dem Ringrichter und den Punktrichtern, die alles direkt unterhalb des Rings mitangesehen hatten! Es hatte natürlich keinen Zweck, so vielen durchgedrehten Leuten das alles erklären zu wollen. Franz in den Umkleideraum zu schmuggeln war schon ein Akt für sich gewesen, ein wahres Abenteuer.

Das Merkwürdige an der Sache war: Samson-Körner, der an jenem Tag durch die Entscheidung der Richter verloren hatte, war Ringrichter bei der Begegnung am 4. April! ...

Neon

Wenn jemand wissen wollte, wo das Studio lag, gab man ihm die Anschrift und sagte: »Sie erkennen es sofort, an der Tür ist ein sehr auffälliges Schild.« Es

zeigte sich aber, daß die meisten das Studio fanden, ohne das Schild überhaupt zu bemerken.

Als man das Schild mit der Aufschrift Studio für Boxen und Leibeszucht am Haupteingang des berühmten Gebäudes anbrachte, hatten Luise und Sabri Mahir eine ganze Woche lang davor gestanden, es aus verschiedenen Blickwinkeln betrachtet und darüber diskutiert, wie sichtbar oder auffällig es war. Am Ende waren sie zu dem Schluß gelangt, daß das Schild ein unattraktives Etwas war, das nicht einmal aufmerksame Betrachter bemerkten.

Man probierte alle möglichen Formen von Werbung aus. In solch einer berühmten Straße mußte man schon etwas Besonders machen, um die Aufmerksamkeit der Vorübergehenden zu erregen.

Drei Wochen lang fanden drei Arbeitslose bei ihnen Beschäftigung; Schilder mit der Aufschrift Studio für Boxen und Leibeszucht und der Anschrift auf dem Rücken und vor der Brust, marschierten sie zwölf Stunden täglich den Kudamm auf und ab …

Und immer noch kamen alle möglichen Leute und hielten ihnen Vorträge darüber, wie wichtig Werbung sei, nannten ihnen Beispiele und maßten sich an, ihnen gute Ratschläge zu geben.

Aber was wäre außergewöhlich genug? Sie stellten sich vor, man könnte einen riesigen Boxhandschuh anfertigen lassen und ihn so aufhängen, daß er bedrohlich über den Passanten schwebte wie ein Damokles-Schwert. Doch von den zuständigen Beamten bekamen sie zu hören, das könne die Fußgänger gefährden. Und außerdem konnte sich jederzeit jemand an den leicht erreichbaren Handschuh hängen und ihn – wie gut er auch befestigt sein mochte – herun-

terreißen und damit Sabri Mahir natürlich wieder eine Menge Kosten verursachen …

Dennoch gab man den Plan mit einem Boxhandschuh zu werben, nie ganz auf. Man ging verschiedene Varianten durch, entwickelte die Idee weiter. Schließlich fand man eine passendere Form: Der Handschuh sollte beleuchtet sein, genauer gesagt, aus Neonröhren bestehen. Diese sollten Tag und Nacht eingeschaltet bleiben und Freund und Feind auf die Existenz eines ›Studios für Boxen und Leibeszucht‹ hinweisen. Sie waren begeistert von dieser Idee und wunderten sich, daß sie nicht eher darauf gekommen waren. Schließlich waren doch die vielen Schilder, an denen sie Tag und Nacht vorbeikamen und an denen sie Spaß hatten, weil sie bunt waren und leuchteten – Schilder wie Odol, Allianz, Ford oder Cafe … –, auch alle aus Neonröhren. Sie überschwemmten die Gegend mit Tausenden von Formen in einer Orgie aus allen erdenklichen Farben; ganz besonders an regnerischen Tagen … Dann wirkten der Asphalt und die Bürgersteige wie von bunten Seidenstoffen überzogen …

›Neon‹, das war eine kleine Revolution in Sabri Mahirs und Luises Welt. Ja, sie würden den Namen des Studios in Neonbuchstaben über den Eingang schreiben. Nun gut, aber welche Schrifttype sollte man nehmen? Und welche Farbe für den Schriftzug und den Boxhandschuh? Ginge es nach Luise, so würde sie sagen, jeder nimmt jetzt für alles Rosa, und auch hier Rosatöne haben wollen. Sabri Mahir würde das auf jeden Fall ablehnen: »Meine liebe Luise, ist das hier ein Tanzsaal oder ein Boxstudio?« Oder vielleicht sagen: »Dann denken die Leute noch, wir würden hier eine Revue veranstalten, mein Schatz.«

Es war Luise, die nachgab. »Lassen Sie es machen, wie Sie es für richtig halten, mein lieber Sabri«, sagte sie. Und griff sofort zum Telefon, um sich bei der Neon-Abteilung der Firma Philips zu erkundigen. Wie ein sprechender Papagei gab ihr der zuständige Mann die neuesten Informatioen über ›Neon‹ durch. »Vielen Dank, meine Dame, daß Sie sich in einer so wichtigen Angelegenheit an uns wenden ...«, sagte er mit einer etwas zwitterhaften Stimme. Und dann: »... werte Dame, wie Sie sehen werden, wenn Sie sie erst einmal benutzt haben, weisen die Neonröhren unserer Firma eine deutlich längere Lebensdauer auf als die anderer Hersteller. Unsere Neonröhren sind auf der ganzen Welt bekannt für ihre Qualität und ihre moderne Bauweise. Ihre Leuchtkraft, ihre strahlenden Farben, ihre Haltbarkeit und ihre Wetterbeständigkeit sind das Ergebnis unserer zehnjährigen Erfahrung in der Neonproduktion, das heißt in der Fertigung! Wir verwenden in unseren Neonleuchten ausschließlich reines Neongas und haben damit in einer Zeit, in der die Menschen der Werbung bereits sehr kritisch gegenüberstehen, ein unangefochtenes Vertrauen erworben! ... Während ich, werte Dame, Ihnen dies alles erkläre, hat sich längst ein Mitarbeiter von uns auf den Weg zu Ihnen gemacht, um Sie in Sachen Neon vertrauensvoll zu beraten und Ihre Bestellung entgegenzunehmen, vielleicht ist er auch bereits im Begriff, auf ihren Klingelknopf zu drücken. Ich wünsche Ihnen Erfolg bei Ihren Geschäften, entbiete Ihnen meine Hochachtung ...«

Tatsächlich hatte Luise die monotone Stimme des Mannes noch im Ohr, da kam auch schon Schwätzer-Rudolf, der sich im Studio um alles kümmerte, und

kündigte einen Herrn an, der Neonfachmann sei. Der Mann schlug einen Katalog auf und hielt eine lange Rede über das, was er ›die reiche Welt des Neons‹ nannte. Sabri Mahir und Luise hörten ihm gespannt zu und gerieten völlig durcheinander dabei: Welche Schriftart, welche Farbabstimmung? Sollte die Schrift scharfe, gerade Formen haben oder ovale mit weichen Übergängen? ... Offenbar war das eine schwierige und komplizierte Sache, diese Neonreklame! ...

Der Herr Neonfachmann wurde um eine Bedenkzeit gebeten. Er müsse sie entschuldigen, aber sie würden ihn demnächst wieder anrufen ...

Also berieten sie sich wieder mit allen möglichen Bekannten, kamen jedoch nur, was die Schrift anging, zu einer Entscheidung. Die vorherrschende Farbe sollte Rosa sein, doch Sabri Mahir bat sich aus, die die Schrift umrahmenden Linien giftgrün zu machen ... So wurde bei der Firma ein STUDIO FÜR BOXEN UND LEIBESZUCHT in Schreibschrift bestellt.

Niemand sollte mehr sagen können, er hätte es übersehen: Das STUDIO FÜR BOXEN UND LEIBESZUCHT leuchtete ständig, an dunklen Wintertagen, in den regnerischen Monaten des Frühjahrs, Tag und Nacht ...

Hätte es da nicht einen Maler ungarischer Abstammung gegeben, der zu den Teestunden am Ring zu kommen pflegte, so hätte die pompöse Neonschrift, die ihre Umgebung in ihre seltsame Harmonie aus Rosa und Giftgrün tauchte, womöglich noch lange Zeit allein dort gehangen. Dieser junge Mann namens Biro behauptete aber, die Neonschrift am Eingang besitze keinesfalls die durchschlagende Werbewirkung und Attraktivität, die Sabri Mahirs Boxstudio ver-

diene, und das »konkrete, sprechende Symbol«, das man dort anbringen müsse, sei eine geballte Faust. »Ach, Herr Biro, lassen Sie uns bloß nicht wieder mit der Beschriftung am Eingang anfangen! War das nicht schon teuer genug? ...« Herr Sabri Mahir solle sich nicht gleich querstellen und ihn lieber erst mal anhören! ...

Sabri Mahir hörte ihn an. Herr Biro vertrat seine Idee so überzeugend, daß Sabri Mahir sich ärgerte, nicht selbst darauf gekommen zu sein, er nahm seinen Vorschlag an und drückte dem Mann anerkennend die Hand.

Ganz in der ursprünglich geplanten Größe und Form wurde eine von Herrn Biro eigens gezeichnete, riesige Faust aus Neonröhren nachgebildet, geliefert und über der Neonschrift STUDIO FÜR BOXEN UND LEIBESZUCHT angebracht.

Die Faust war so schön gezeichnet, daß jeder, der sie sah, in das im Untergeschoß liegende Studio herunterkam und fragte: »Ist diese Faust von Biro?« Die Leute interessierten sich weniger für das, was im Studio gemacht wurde, als für die Faust am Eingang. Sabri Mahir erfuhr zu seinem Erstaunen, daß der junge ungarische Maler mit einer ganz anders gearteten Faust berühmt geworden war. Tatsächlich verstand keiner es besser, für alle möglichen Linken und Kommunisten eine geballte Faust so zu zeichnen und auszumalen, daß sie die von ihnen gewünschte Aussagekraft bekam. Bei den Demonstrationen all dieser Gruppen und Grüppchen wurden zu neunzig Prozent Fäuste von Biro eingesetzt. Und er bestritt damit seinen Lebensunterhalt. Sabri Mahir staunte nicht schlecht, als er erfuhr, daß der eigentliche Name des

Malers längst in Vergessenheit geraten war und man ihn nur noch ›Herrn Faust‹ nannte. Aber als man dann einen anderen Vorschlag von Herrn Faust in die Tat umsetzte, versetzte das Sabri Mahir weniger in Erstaunen, als es ihn in Bedrängnis brachte. Sabri Mahir wußte noch nichts von der ›Macht der Faust‹ dieses Mannes, als er kurz nach dessen Vorschlag mit der Neonfaust in viele Schaufenster in ganz Berlin Pappschilder stellen ließ, die eine von Herrn Biro gezeichnete Faust zeigten, unter der die Anschrift des Studios stand. »Wenn Sie heutzutage in Berlin nicht die Schaufenster nutzen und dort unter die Leute bringen, was Sie machen, Herr Sabri Mahir, dann wird aus Ihrem Geschäft nichts«, hatte Herr Biro gesagt, und Sabri Mahir hatte ihm Recht gegeben und – unter Einsatz seiner Beziehungen, wenn nötig auch gegen Zahlung von Miete – einhundert großformatige Schilder mit einer Faust in den vorgesehenen Schaufenstern aufstellen lassen. Und wegen dieser Schilder hatten sie nun die unmöglichsten Probleme und Unannehmlichkeiten. Bei den Teestunden am Ring kam es zu einer gewissen ›Proletarisierung‹. Sabri Mahir hatte das anfangs nicht weiter ernst genommen, aber als dann alle, die die Faust sahen und die Adresse darunter lasen, ins Studio strömten in der Annahme, es ginge um eine ›Demonstration‹, sah man ein, daß die Sache nicht so ganz leicht genommen werden durfte. Die Leute, die zu den Abenden kamen, hatten sich von ihrer Kleidung, ihren Reden und ihrem Charakter her von Anfang an stark unterschieden, ohne daß sie sich gegenseitig gestört oder beeinträchtigt hätten. Und wenn an einem Abend ein bestimmter Gedanke die Oberhand gewann, so war es beim näch-

sten Abend ein anderer. Es war also durchaus nicht nötig, den ›Ring‹ unbedingt unter Kontrolle zu halten, was die Ansichten oder Reden anging. Als nun aber die Pappschilder mit der Faust auftauchten, war es, als hätten sich alle verabredet, und alle Arten von Linken und Kommunisten betrachteten das Studio, mit dem Sabri Mahir doch seinen Lebensunterhalt verdiente, als ihre eigene Einrichtung. Na, das war dann wirklich ein bißchen zu viel!

Es dauerte nicht lange, und Sabri Mahir ließ alle Fäuste von Herrn Biro wieder einsammeln. Zwar mochte er sich eine Zeitlang nicht dazu durchringen, auch die Neonfaust am Eingang abnehmen zu lassen, aber auch das mußte er schließlich tun. Politik, das war nicht Sabri Mahirs Sache! …

Die Neue Sachlichkeit

Man sprach von ihr mit geheimnisvoller Miene und redete sehr viel davon. Sabri Mahir hatte die beiden Wörter zuerst aus dem Munde von Intellektuellen vernommen, die häufig aus dem Romanischen Café ins Studio herüberkamen: Neue Sachlichkeit. Wer nicht wußte, was die Neue Sachlichkeit war, der war erledigt, der hatte den Zug ins zwanzigste Jahrhundert verpaßt: so wichtig war sie!

Gut, aber was war das nur, diese Neue Sachlichkeit?

Sabri Mahir fragte jeden, der ihm über den Weg lief. Er wollte feststellen, wie weit ihm der Zug ins

zwanzigste Jahrhundert schon davongefahren war. Jeder beantwortete ihm die Frage auf seine eigene Art. Jeder hatte also seine eigene Neue Sachlichkeit!

Nun gut, aber konnte im Stil der Neuen Sachlichkeit vielleicht auch geboxt werden? Wenn ja, wurden die Gegner dabei schneller besiegt, gingen sie schneller k.o.?

Wohin der berühmte Boxer Paul Samson-Körner auch ging, immer lief ein junger Mann hinter ihm her. Auch der redete ständig von der Neuen Sachlichkeit. Eines Tages kam er wieder mit Herrn Samson-Körner ins Studio, und als auch dieser junge Mann mit dem Eichhörnchengesicht ihnen Vorträge über die Neue Sachlichkeit halten wollte und dabei ohne Rücksicht auf seine schwächliche Statur den starken Mann spielte, fragte Sabri Mahir ihn: »Herr Brecht, nun sagen Sie doch mal, kann man im Stil der Neuen Sachlichkeit boxen?« Und ohne die Zigarre aus dem Mund zu nehmen, antwortete der: »Das kann man. Das wird auch bereits gemacht, Herr Sabri Mahir. Der erste Boxer, der beim Boxen die Neue Sachlichkeit praktiziert, ist für mich« – hier zeigte er auf den neben ihm stehenden Herrn Samson-Körner – »Paul! ...« und zur Begründung setzte er hinzu: »Sein Boxstil hat eine ›plastische Liebenswürdigkeit‹.«

Dieser Bert Brecht hatte zwar irgendein Problem mit der Theaterschauspielerin Frau Carola, die ein ständiger Gast im Studio war und eine Freundin von Luise, aber das kümmerte Sabri Mahir nicht, und er hatte nie weiter darüber nachgedacht. Er tat wohl irgendwas, was Carola traurig machte? Wie dem auch sei, sagte Sabri Mahir sich, er konnte ihn zwar nicht recht einordnen, aber was er sagte, mochte

richtig sein, und er war ganz Ohr, als der junge Mann von der Neuen Sachlichkeit redete. Er sprach davon, daß Paul einen Boxstil entwickelt habe, der »nicht deutsch, sondern universal« sei. Sabri Mahir kam es ein wenig wirr vor, was der Mann redete. Da er aber glaubte, seine eigene Theorie des Boxens im Stil der Neuen Sachlichkeit entwickeln zu können, verfolgte er die Kämpfe von Samson-Körner nun mit noch mehr Interesse. Nahm dieser Brecht ihn auf den Arm, oder war an seinen Worten etwas Wahres dran? Er ging zu den Kämpfen, verfolgte sie aus seiner eigenen Perspektive, oder besser gesagt (nach dem, was er darüber in Erfahrung bringen konnte) aus der Sicht der Neuen Sachlichkeit, hatte Papier dabei, machte sich Notizen und zeichnete alle möglichen Skizzen ...

Als Herr Samson-Körner allerdings in dem Match in Dortmund geschlagen wurde, verdammten alle Journalisten und Schreiberlinge den Mann plötzlich in Grund und Boden. Natürlich bekam dabei auch Herr Brecht, sein ständig hinter ihm her laufender Helfer, allerhand Hohn und Spott ab. Nach diesem Match gab Sabri Mahir seine Bemühungen um das ›Boxen im Stil der Neuen Sachlichkeit‹ auf; er ließ diese ›vergebliche Liebesmüh‹ sein, ja versuchte, das Ganze zu vergessen und auch seine Umgebung nicht mehr daran zu erinnern. Allerdings konnte niemand so tun, als habe er nicht bemerkt, wieviel Ehrgeiz und Eifer er dabei bis dahin an den Tag gelegt hatte. Bei fast allen Schülern und Mitarbeitern des Studios war etwas von der Neuen Sachlichkeit, so wie Sabri Mahir sie verstand, zurückgeblieben. Und am deutlichsten war dies zweifellos bei İsmayil und Herbert, an denen

man das ›Boxen im Stil der Neuen Sachlichkeit‹ ausprobiert hatte.

Als man zuerst von der Neuen Sachlichkeit hörte, war İsmayil ein junger Mann, der gerade aus Istanbul nach Berlin gekommen war. Vielleicht hatte er ihn irgendwie an seine eigene Jugend erinnert, jedenfalls konnte Sabri Mahir nicht anders, als ihm eine helfende Hand zu reichen. Er übertrug ihm die Verantwortung für alle im Studio anfallenden Besorgungen und ging zugleich daran, ihn auszubilden. »Ich werde aus ihm einen guten Federgewichtler machen«, sagte er, wenn man ihn fragte.

İsmayil war ein junger Mann mit rundlichem Bauerngesicht und dunkelblondem Haar und ein wenig schwer von Begriff. Hatte er eine ihm übertragene Aufgabe erledigt, verzog er sich in die nächste dunkle Ecke, rollte sich zusammen und nickte ein. Er hatte schlaffe Gesichtszüge, die den Eindruck erweckten, er würde ständig lächeln. Bei keiner Sache zeigte er irgendwelche Eile. »Was soll dir nur an dem Jungen ähnlich sein?« fragte Luise immer wieder. Doch Sabri Mahir ließ auf seinen Schüler nichts kommen, bemühte sich, ihn in Schutz zu nehmen: Das Tempo in Berlin habe ihn umgehauen. In einer instiktiven Abwehrhaltung verlangsame der junge Mann daher alle seine natürlichen Bewegungen! … Er glaubte selbst nicht recht an die Erklärungen, die er sich da ausdachte und vortrug. Einige Zeit später allerdings fing er an, Luise Recht zu geben. Irgendwie stimmte es: Dieser langsame junge Mann mit dem schlaffen Gesicht taugte nicht zum ›Boxen im Stil der Neuen Sachlichkeit‹, er eignete sich bestenfalls als Diener in einem Derwischkloster.

Ohnehin hielt İsmayil die Neue Sachlichkeit nicht lange aus; er suchte sich eine andere Arbeit, die seiner eigenen Sachlichkeit besser entsprach. Eines der Revue-Girls, die zur Massage ins Studio kamen, nahm ihn zu sich, für alle anfallenden Arbeiten. Sabri Mahir schwieg dazu, mischte sich nicht weiter ein. Er kannte seine Landsleute: Mit der ›Schnelligkeit‹ und den ›Prinzipien‹ standen sie auf dem Kriegsfuß! …

In seinen Augen hatte İsmayil es schon recht lange ausgehalten. Monatelang hatte er ihn die Handschuhe anziehen lassen und ihn in den Ring gestellt. Ständig ließ er den jungen Mann gegen ehrgeizige Jugendliche und alte Hasen kämpfen, die ins Studio kamen. Seine Bewegungen, seine plötzlichen Einfälle sollten der ›Theorie der Neuen Sachlichkeit‹ entsprechen, und mit der Sorgfalt eines Wissenschaftlers im Labor wollte Sabri Mahir sie gleich am Ring festhalten. Was immer İsmayil mit dem Gegner machte, Sabri Mahir skizzierte es auf dem Papier, schrieb alles mit, machte sich seitenlange Notizen. Nach diesen Notizen war İsmayils Verhalten im Ring zumeist das einer widersprüchlichen ›Versuchsperson‹. Für Sabri Mahir mußte zum Beispiel ein Boxer, wenn er nach der Neuen Sachlichkeit boxen wollte, zuallererst so ›kalt‹ und ›gefühllos‹ sein, daß ihn all das Geschrei der Zuschauer, die Größe des Saals, in dem er sich befand, das Durcheinander der herumlaufenden Menschen in keiner Weise beeinflußten. Denn wie in der ›Moderne‹ stellte man auch in der ›Neuen Sachlichkeit‹ eine Kühle in den Vordergrund, die fast Eiseskälte war. Dabei hatte İsmayil nicht einmal das Gesicht dazu, um dieses Merkmal umsetzen zu können. Sein Gesicht drückte eher eine jesushafte Hingabe aus: ›Wer mir

auf die eine Wange schlägt, dem halte ich auch noch die andere hin.‹ Es war ein Gesicht, das seine Empfindungen sofort verriet. Keine Rede von dem ›kühlen‹ Gesicht, das für die Neue Sachlichkeit charakteristisch war! ... Dabei hatte der junge Mann eine Menge Erfahrungen gemacht, die sehr gut den Grundstein für die Neue Sachlichkeit hätten bilden können: Als er über Bari nach Berlin gekommen war, hatte er in seiner Not auf dem Anhalter Bahnhof lange Zeit als Lastenträger geschuftet. Solche Erfahrungen im Leben eines jungen Mannes waren Gold wert, wenn er Boxer werden wollte. Hätte İsmayil sich nur ein wenig bewußter umgeschaut, er hätte es selbst gesehen und begriffen: Fast alle berühmten Boxer waren Schiffsjungen oder Schwarze, die nichts anderes zu verlieren hatten als ihr Sklavendasein, und die an sich gearbeitet hatten, um aus dem Heer der Tellerwäscher, Lastenträger, Zwiebelschneider und nur ihren Schwänzen gehorchenden, auf Hintern versessenen Matrosen herauszukommen ... Alle hatten sie die Sprengkraft des Hungers tief in ihrem Innern gespürt wie eine chinesische Rakete, sich entsprechend ehrgeizig geschlagen, gesiegt und Meisterschaften errungen ... Anders war an das tonnenweise Geld, die Frauen, den Ruhm und die Ehre nicht heranzukommen. Die Meisterschaft fiel nicht vom Himmel; İsmayil sollte Sabri Mahir endlich einmal richtig zuhören und sich anstrengen.

Jedesmal hatte İsmayil mit seinem starren Blick an Sabri Mahirs Tisch am Ring gesessen, sich angehört, was der ihm, aufgeregt, als hielte er eine Ansprache, aus seinen Notizen vorlas, und sich bemüht herauszufinden, was es bedeuten mochte. Daß man boxte, daß

man auf den Gegner einschlug, dagegen war nichts einzuwenden, aber daß man die Sache immer gerade dann, wenn der Kampf hitzig geworden war, abbrechen und sich zwischendurch diese Reden anhören mußte, darüber ärgerte er sich, und ein wenig langweilte es ihn auch. Dennoch wäre er nie auf den Gedanken gekommen, sich Sabri Mahir zu widersetzen.

Und plötzlich war İsmayil schon eine Woche ohne jeden Grund nicht ins Studio gekommen und hatte sich auch nirgends blicken lassen. Da es ihm peinlich war, schickte er über die Freundin des Revue-Girls, mit der er davongelaufen war, einen Brief, in dem er schrieb, daß er das Boxen aufgebe und um Verzeihung bitte. Da Sabri Mahir niemals und niemand gegenüber lange gekränkt oder beleidigt sein konnte, verzieh er İsmayil nach einiger Zeit, daß er ihm ›Unrecht‹ getan, ihn ›verlassen‹ hatte. Er nahm es hin, daß İsmayil gerade in dem Augenblick mit einem naiven Revue-Girl davongelaufen war, als er die Früchte all der Arbeit auf dem Gebiet des ›Boxens im Stil der Neuen Sachlichkeit‹ ernten wollte. Er solle ruhig ins Studio kommen, sich einfach wieder einmal sehen lassen, was er auch tat, nachdem ihn das Revue-Girl Gabriella verlassen hatte. Er hatte sich jetzt auf ein anderes Gebiet verlegt: Er arbeitete als Gigolo. Und erklärte, daß er gut dabei verdiene. Bald gehörte er zu denen, die ständig zu den ›Teestunden am Ring‹ kamen. »Ich habe begriffen, daß man in Berlin eine gewisse Bildung braucht«, gab er als Begründung an. Und er brachte immer ein paar Frauen mit, von denen er sagte, sie gehörten zur besseren Gesellschaft.

Obwohl İsmayil ihn einfach im Stich gelassen hatte, fiel es Sabri Mahir schwer, von seinen For-

schungen über ›Die Neue Sachlichkeit und das Boxen‹ zu lassen ... Insbesondere unter den Malern, Journalisten, Schriftstellern, Schauspielern und Opernleuten aus dem Romanischen Café, kurz allen, von denen er welche bekommen zu können glaubte, sammelte er Informationen über die Neue Sachlichkeit. Und diese ›Strömung‹ hatte etwas von einem frisch aus dem Meer kommenden Fisch, sie glitt einem mit jedem Tag leichter aus der Hand. Auch den Maler Kokoschka, dessen Bilder er kannte und den er zum erstenmal sah, als er eines Tages ins Studio kam, um die Körper von Boxern zu skizzieren, befragte Sabri Mahir über die ›Neue Sachlichkeit‹. »Man sagt von Ihnen, sie malten ihre Bilder nach der Neuen Sachlichkeit. Aber nun sagen Sie mir doch, ich flehe Sie an, was ist das nur, diese ›Neue Sachlichkeit‹?« Und der Maler erwiderte: »Die Neue Sachlichkeit, das ist nichts anderes als die Realität der Seele! ... Das heißt, eine Art ›magischer Realität‹ ...« Dabei wurde sein wie aus Stein gemeißeltes, viereckiges Gesicht noch ein wenig kantiger ...

Diese Antwort, diese ›Definition‹ war ihm sehr einleuchtend erschienen nach all dem, was er bis dahin herausbekommen und erfahren hatte, und er erzählte auch Herrn Bert Brecht davon, als der einmal mit Boxer Paul ins Studio kam. Auf diese Weise konnte er ihm zeigen, daß er in der Zwischenzeit nicht tatenlos gewesen und mit der Neuen Sachlichkeit ein gutes Stück vorangekommen war. »Wer immer das gesagt hat, er hat die Neue Sachlichkeit sehr treffend definiert, Herr Sabri Mahir.« Als Sabri Mahir ihm den Namen des Malers nannte, als er »Kokoschka« sagte, hatte Brecht gesagt: »Ein Maler? Kokoschka? Aber

was ist denn das für ein Name, Herr Sabri Mahir? Das klingt ja wie der Name einer neuen Droge oder so« und dann häßlich aufgelacht ... Nein, wie sich dieser junge Herr Brecht immer grundlos aufspielte, daran konnte er sich einfach nicht gewöhnen!

Die Neue Sachlichkeit war ein solch dehnbarer Begriff, es trieb sie mal hierhin, mal dorthin, sie hing in der Luft wie ein Nebel und wartete darauf, endlich verdichtet und in einen festen Zustand gebracht zu werden. Immer noch fehlte etwas. Vielleicht gelang es Mahir deshalb nicht, das Boxen und die Neue Sachlichkeit in eine Form zu gießen und daraus eine feste Theorie zu machen. Auch die Experimente mit Herbert, den er nach İsmayils Weggang fand, waren negativ ausgegangen.

Herbert war ein fliegender Händler, der an der Ecke Tauentzienstraße und Nürnberger Straße je nach Tag und Jahreszeit irgendwelche Kleinigkeiten verkaufte. Mit einem ziemlich breiten Tragebrett, das er sich um den Hals hängte, das aber auch mit Beinen versehen und ausklappbar war, stand er, die Waren sorgfältig und ordentlich darauf ausgebreitet, am Rande des Bürgersteigs. Er war keiner, der seine Waren anpries oder viel redete. Über alles, was ihm auf dem Weg von zu Hause ins Studio merkwürdig vorkam, machte sich Sabri Mahir seine Gedanken, und so beschäftigte ihn auch dieser schweigsame Händler, und trotz seines mürrischen Gesichts kaufte er ihm immer irgend etwas ab. Der arme Mann sollte ein bißchen Geld verdienen; so schweigsam wie er war, konnte sein Leben als Geschäftsmann nicht lange dauern, er würde wohl bald bankrott gehen! ...

Ungefähr ein Jahr, nachdem Herbert sein ›Han-

delsgeschäft‹ dort an der Straßenecke aufgemacht hatte, lud Sabri Mahir ihn zu einer ›geschäftlichen Unterredung‹ ins Studio ein. Und Herbert konnte das seinem ständigen Kunden schlecht abschlagen. Als das Geschäft eines Abends nicht gut lief, hängte er sich das Brett um und ging zum Studio. In dem riesigen Trainingssaal im Untergeschoß war kein Mensch. Als er Sabri Mahir plötzlich in Abendkleidung und mit Fliege vor sich sah, drehte er sich wieder um und wollte das Studio verlassen. Aber Sabri Mahir faßte ihn freundlich unter und führte ihn zu seinem Tisch am Rand des Rings. Erst jetzt bemerkte Herbert Luise, die in einem Abendkleid mit glänzenden Pailletten und mit einem Federhut auf dem Kopf im fahlen Licht des Büros stand und zu ihm herunterblickte. Und ein fünfzehn, sechzehn Jahre altes Mädchen lief flink und geschickt herum und machte sauber.

»Wenn Sie wollen, komme ich morgen früh wieder?« »Aber nein, es ist niemand da, der nicht mithören dürfte«, sagte Sabri Mahir in sanftem, beruhigendem Tonfall. Herbert stand immer noch verwirrt da und schien am liebsten gehen zu wollen. »Luise – das ist meine Gattin – und ich wollten ins Theater gehen, aber wir haben noch Zeit ... Und diese Dame, vor der brauchen Sie sich nicht zu genieren, das ist Rachel, sie ist für uns wie unsere eigene Tochter.«

Rachel kam zum Putzen ins Studio. Abends, wenn die Massagen und das Training zu Ende und alle weggegangen waren, reinigte sie sorgfältig den großen Saal, den Korridor mit den Umkleideschränken, die Toiletten und die Schränke und einmal in der Woche auch alle Boxutensilien, brachte alles auf Hochglanz. Während der Arbeit sang sie sanfte jiddische Lieder,

deren Klänge und Melodien Sabri Mahir durchaus nicht fremd vorkamen. So hatte sie auch gesungen, als sie und ihr Vater in den ersten Tagen nach Eröffnung des Studios Hand in Hand die Treppe zum Büro heraufgekommen waren und nach dem ›Chef‹ gefragt hatten.

»Gibt es bei Ihnen Arbeit für sie, oder vielleicht auch für mich?« hatte der Vater gefragt, völlig außer Atem, als hätten die paar Stufen ihn erschöpft. Sabri Mahir hatte eine Arbeit für beide. Sie übernahmen die Reinigung des Studios. Nach kurzer Zeit war der Vater nicht mehr zur Arbeit erschienen. »Er ist krank«, hatte Rachel gesagt. Erst dachten sie, es sei eine vorübergehende Krankheit, aber der Mann wurde einfach nicht wieder gesund. Eines Abends war Sabri Mahir mit Luise den Vater besuchen gegangen. Rachel hatte ihnen den Weg gezeigt. Sie waren durch Gegenden gekommen, die weder Luise noch Sabri Mahir kannte. Sogar der Taxifahrer verirrte sich und wußte nicht mehr, welche Straße er entlangfahren sollte.

Die Wohnung von Rachels Familie befand sich im Dachgeschoß eines Hauses in der Grenadierstraße. ›Wohnung‹ war gut gesagt: Es war eine Art Grotte unter dem Dach, eine Höhle. Ein Vorhang in der Mitte teilte die ›Höhle‹ in zwei Teile. Beim Anblick der Gasse hatte Sabri Mahir den Taxifahrer gebeten, zu warten, sie würden gleich zurückkommen. Es waren sieben Personen in dem einen Teil des Raumes, fünf von ihnen Kinder, und Sabri Mahir fragte, was der Arzt dem Kranken geraten habe. Sie blickten einander an, als habe er etwas Unverständliches gefragt. Einer der Erwachsenen, ein bärtiger Mann

mit einem Judenkäppchen aus Samt, murmelte lustlos vor sich hin: »Wir machen uns unsere Medizin selber. Ein Arzt ist nicht nötig ... Außerdem wollen die viel Geld ...«

Der Vater lag auf einer schmutzigen Matratze und wirkte völlig abwesend. Einer Frau mit Kopftuch, die Rachel als ihre Mutter vorgestellt hatte, gab Luise einen Korb mit Obst und erklärte den Kindern, die sich für die Uhr an ihrem Arm interessierten, wofür die gut sei. »Gute Besserung«, sagten sie, und dann schwiegen alle ... Nachdem sie eine Weile so dagestanden hatten, wandte sich Sabri Mahir zur Tür, um zu gehen.

Einen Monat später erfuhren sie von Rachel, die immer zur Arbeit gekommen war und nie gefehlt hatte, daß der Vater gestorben war. Sie gaben dem Mädchen ein eigenes Zimmer in ihrer Wohnung, wo sie schlafen konnte. An den Wochenenden fuhr sie zu ihrer Mutter und ihren Geschwistern.

Jetzt arbeitete sie nur noch bei ihnen zu Hause; außerdem hatte sie die Aufgabe, Luise Gesellschaft zu leisten ...

Den Bauchladen vor der Brust, wurde Herbert von Sabri Mahir an den Ring geführt.

»Ziehen Sie die mal über?« fragte Sabri Mahir und zeigte auf ein Paar Boxhandschuhe, die von den Seilen herabhingen. War Herbert das Brett vor dem Bauch zur Seite gerutscht, als er nach den Handschuhen greifen wollte, oder war er damit gegen das Podest oder die Seile gestoßen? Wie auch immer, alles war plötzlich auf den Boden gefallen. Herbert sah Sabri Mahir an wie ein Kind, das etwas ausgefressen hat, und begann dann so schallend zu lachen, wie

man es bei seinem mürrischen Gesicht niemals erwartet hätte. Als er sich wieder beruhigt hatte, schien seine Scheu verflogen, und er machte sich daran, seine auf dem Boden verstreuten ›Waren‹ einzusammeln. Merkwürdigerweise spielte er jetzt aber den Marktschreier: Während er die Sachen auf das Brett zurücklegte, gab er laut bekannt, um was es sich handelte und wozu es gut war. Er machte sich über sich und sein Gewerbe lustig, wie um den Anwesenden zu beweisen, daß er es nicht wirklich ernst nahm. Als dann auch Sabri Mahir mitspielte und mithalf, die Gegenstände aufzulesen, konnte sogar Rachel nicht anders, als von ihrer Arbeit aufzublicken und den beiden lärmenden großen Jungen zuzusehen. Herbert pries brüllend die Sachen an, die er in der Hand hielt; und wenn er verstummte, sprang Sabri Mahir ein:

»Was Sie hier sehen, meine Damen und Herren, ist ›Ascaridin‹. Es führt Ihnen ihre Spulwürmer und Bandwürmer ab! Wenn Sie es oral einnehmen wollen, bekommen Sie es als Tabletten, wenn Sie es sich ins Gesäß reiben wollen, als Salbe ...«

»›Weiße Nächte‹!! ... Ein großartiges Geschenk der russischen Staatsbürger, von denen Berlin voll ist, an unsere Stadt: die ›Weißen Nächte‹. Ein echt russisches Kölnisch Wasser. Die Flasche... (Sabri Mahir hatte Herbert vorher nach dem Preis gefragt) für nur vier Mark! ...«

»Cosmos-Seife ist das genau richtige für Ihr rosarotes Gesicht! ...«

»Fallen Ihnen Ihre falschen Zähne heraus, wenn Sie fest zubeißen? Benutzen Sie ›Apollo-Pulver‹ mit der besonderen Haftwirkung! Dann kann Ihnen

selbst ein Fausthieb des besten Meisterboxers nichts mehr anhaben. Und wenn Ihnen das Kinn abfällt, Ihre Zähne bleiben fest darin sitzen! … Die Garantie finden Sie in der Verpackung.«

»Meine Damen, meine Herren, gehen Sie nicht vorbei, bleiben Sie eine Minute stehen. Zeigen Sie Interesse für unser geschätztes Geld, unsere geliebte Mark. Hier haben wir eine Sammlung von Geldscheinen, ein ganzes Album voll. Inflationslappen von 1919 bis 1923! … Von einer Mark bis zu Milliardenscheinen ist alles dabei, alles in einem Album! Es sind Dokumente unserer Geschichte …«

»Kommen wir nicht zu spät?«

Hätte Luise nicht aus dem Bürofenster heruntergerufen, die erwachsenen Männer hätten immer weitergespielt. Als sie sich von dem Bauchladen erhoben, neben dem sie gehockt hatten, sagte Herbert: »Wissen Sie, es gibt so gut wie keinen in dieser Straße, der Sie nicht kennt. Alle reden davon, was für ein guter Boxer und Lehrer Sie sind.«

»Ich freue mich, daß man mich kennt …« sagte Sabri Mahir und machte eine etwas verschämte Miene, vielleicht, weil er von einem Straßenhändler gelobt wurde, vielleicht auch, weil er gerade festgestellt hatte, daß es Menstruationswatte der Marke Hartmann war, was er da in der Hand hielt.

Von diesem Tag an spielte Herbert in ihrem Leben eine immer wichtigere Rolle. Bald war er der Liebling des Studios. Er stand nicht mehr an der Straßenecke und verkaufte seine Waren. Die fast ein halbes Jahr dauernde zweite Phase seiner Untersuchungen über ›Die Neue Sachlichkeit und das Boxen‹ führte Sabri Mahir mit Herbert durch. Er war

unvergleichlich begabter als İsmayil und bei der Arbeit überaus anpassungsfähig. Mühelos begriff er alle kulturellen Entwicklungen auf dem Gebiet der Neuen Sachlichkeit, und ohne daß Sabri Mahir etwas sagen mußte, schaffte er es, sie auf die Kunst des Boxens zu übertragen. Wenn er in Handschuhen im Ring stand, brachte er zum Beispiel die ›Sorglosigkeit eines mit sich selbst versöhnten Menschen‹ zum Ausdruck, ›der gerade Jazzmusik gehört und in seiner Seele weite, ihm bis dahin unbekannte Bereiche entdeckt hat, die ihm eine große innere Ruhe verleihen!‹ Ja, das Bestrickende an seinem Stil entsprang einer Haltung, die genau diesen Formulierungen aus Sabri Mahirs Notizen entsprach! … Und kurz darauf stieg er als Sieger aus dem Ring, zog einen sportlichen Abendanzug an, ging in die Bristol Bar und trank dort seinen alkoholfreien Aperitif. Dabei mußte er dann Frauen, die mit ihren schlanken Beinen und kleinen Brüsten aussahen wie Fritzi Massary, seine Gedanken zu den neuesten Theaterstücken erläutern. Allerdings durfte er sich auch dort nicht allzulange aufhalten. Er mußte hinausgehen und nachsehen, was in der Eden Bar los war. Er mußte hören, was dort geredet wurde, mußte wissen, was in Amerika passierte, wer gerade aus den Kolonien gekommen war und was er dachte. Die Haltung eines guten Boxers im Ring mußte eben jederzeit so viel Reife ausdrücken, daß sie dem Zuschauer und dem Gegner sogleich deutlich machte, daß er alle Feinheiten des gesellschaftlichen Lebens beherrschte.

Sie hatten noch nicht einmal einen Monat zusammengearbeitet, da war diese Haltung bei ihm schon

voll entwickelt und ausgereift, so begabt war Herbert. Allerdings zeigt er, so jung er war, auch schon sehr deutliche Abnutzungserscheinungen. Offensichtlich war er nicht sehr sparsam mit sich umgegangen. »Wo hast du denn diesen alten Knaben her?« fragte man Sabri Mahir immer wieder. Gewiß war er nicht der Typ, der ein Star werden würde. Es dauerte allerdings nicht lange, da hatten alle begriffen, daß Herbert für die ›Untersuchungen‹ ausgebildet worden war. Herbert fiel es leicht, mit allen im Studio vorbeischauenden Intellektuellen ins Gespräch zu kommen, und mit seinen dichten, nach hinten gekämmten, pomadisierten Haaren hatte er keine Mühe, die Aufmerksamkeit von Frauen aller Art auf sich zu ziehen. Sogar zwischen ihm und Luise entstand eine enge, harmlose und dauerhafte Freundschaft. Das Seltsame war, daß diese Freundschaft, diese Annäherung der beiden bei Sabri Mahir keinerlei Beunruhigung hervorrief. Dabei wurde er, der in allen gesellschaftlichen Beziehungen Wert darauf legte, als ›Europäer‹ aufzutreten, wenn es um Leute ging, die sich für Luise interessierten, zu einem ›besitzergreifenden, von blinder Eifersucht getriebenen Orientalen‹! ... Ein echter *tête* de Turc. Wer ins Studio kam, konnte tun, was er wollte, aber wenn er sich Luise näherte, mußte er ›vorsichtig‹ sein! Nun, er selbst sah ein, daß er in diesem Punkt ›Orientale‹ war und keinen Spaß verstand ...

Herbert war jemand, der fast nie von sich und seiner Vergangenheit sprach, aber manchmal schüttete er Luise sein Herz aus. Bei einem der Essen in größerere Runde im kleinen Speisesaal des Adlon war er, zumal er nicht viel Alkohol vertrug, Luise gegenüber

gesprächiger geworden als gewöhnlich und hatte ihr sehr viel von sich selbst erzählt. Er kam aus einer Familie, die man großbürgerlich nennen konnte. In seiner Kindheit hatte es ihm an nichts gefehlt, man hatte ihn auf die Militärschule geschickt; er sollte Offizier werden. Und als der Krieg ausbrach, hatte er sich freiwillig an die Front gemeldet. Schon bald sah er nur noch Blut und Leichen; er geriet in Kriegsgefangenschaft, verbrachte einige Zeit in Lagern. Als Sabri Mahir das alles von Luise erfuhr, verstand er diesen jungen Mann mit dem alten Gesicht besser, konnte ihn besser einordnen. Nach allem, was er gehört und erfahren hatte, war der Krieg für die, die an die Front gingen, ein großer Lehrmeister; offensichtlich hatte Herbert deshalb keine so ehrgeizigen Erwartungen. Er wollte einfach nur leben ... An jenem Abend hatte Herbert Luise das erste Mal zum Tanzen aufgefordert. Sabri Mahir hatte keine Einwände. »Warum denn nicht ... Aber bitte sehr ...« hatte er leichten Herzens gesagt, als Herbert ihn um Erlaubnis fragte. Was sollte das bedeuten? Liebte er sie, seine Luise, denn nicht mehr? War er denn nicht mehr eifersüchtig? Als sie vom zweiten Tanz mit Herbert zurückkam, hatte sie ihrem Mann ein unverkennbar beleidigtes Gesicht gezeigt, und als Sabri Mahir nicht einmal den Grund dafür wissen wollte, hatte sie allen weiblichen Stolz und alle Ziererei aufgegeben und ihm die Frage gestellt, die an ihr nagte: »Ich habe den Eindruck, daß Sie mich nicht mehr lieben? ... Streiten Sie das bitte nicht ab! ...«

Wie Luise jetzt nur darauf komme? Sabri Mahir liebe seine Frau tausendmal mehr als früher ... Mit jedem Tag ein wenig mehr ... Wenn sie ihm jetzt sol-

che grundlosen Vorhaltungen mache, müsse er auch das zweite Angebot aus Amerika ablehnen. Man wolle, daß Franz in Amerika kämpfe, seit zehn Tagen liege das Angebot auf seinem Tisch. Da er jedoch Luise nicht einfach allein lassen und ihr auch noch das Studio anvertrauen könne, habe er bisher nicht zugesagt. Dabei wisse er, daß diese Einladung, dieser ›Vertrag‹ eine Chance sei, die man nicht so leicht bekomme. Wenn alles klappe, könnten sie sich sogar in Amerika ansiedeln, könnten ebensogut auch dort leben …

Nachdem Luise all das aus dem Munde ihres Ehemannes vernommen hatte, überfiel sie in der Nacht ein leichtes Angstzittern, das sie sich selbst nicht recht erklären konnte. Ihr Mann war nicht mehr eifersüchtig, liebte sie nicht mehr, und nun war da plötzlich auch noch die Sache mit Amerika, die er so lange vor ihr verheimlicht hatte! … War Sabri Mahir erst einmal so weit weg – das war nicht Berlin, dort gab es Millionen von schöneren Frauen –, würde er Luise ganz schnell vergessen …

Als Herbert gerade einmal zur Bar gegangen war, um Getränke zu holen, hatte Sabri Mahir seiner Frau angedeutet, daß er keinen Grund habe, eifersüchtig auf den jungen Mann zu sein. Herbert sei homosexuell. Ob Luise das noch nicht bemerkt habe? Das wisse doch jeder. Herbert sage sogar selbst, daß er seit seiner Kindheit eine homosexuelle Neigung habe. Daß er sich so verhalte, wie er fühle, und darin für sich nie ein Problem gesehen habe. Daß er deswegen aber auch eine Menge unangenehmer Sachen erlebt habe. Bei einer passenden Gelegenheit habe Herbert selbst erzählt, wie er sich einmal erst im allerletzten Mo-

ment aus den Klauen einer Bestie namens Haarmann habe retten können, der Homosexuelle mit zu sich nach Hause genommen, sie dort geschlachtet, aus ihrem Fleisch Bouletten gemacht und diese auf den Bahnhöfen verkauft habe. Selbst an der Front habe er nicht so viel Angst gehabt wie bei diesem Mann in der Wohnung …

Als sie schon länger als ein Jahr zusammen waren, lief auch Herbert Sabri Mahir (obwohl dieser ihn so sehr mochte und achtete) davon. Er war plötzlich von der Bildfläche verschwunden. Lange Zeit konnte sich Sabri Mahir nicht daran gewöhnen, daß er nicht mehr da war. Und auch Luise nicht. Dauernd mußte man hinter Leuten herforschen, die von der Bildfläche verschwunden waren, das war nicht leicht … Da taucht jemand auf, ist gern mit Ihnen zusammen, und auch Sie haben Freude daran, profitieren davon, und dann zieht er sich zurück, verschwindet ganz langsam oder auch plötzlich … Es bleibt eine Leere zurück, an die Sie sich in Ihrem Leben mittlerweile gewöhnt haben. Was soll man machen? So ist Berlin eben, dachte Sabri Mahir.

Und so war eben auch Herbert einfach fortgegangen, ohne es jemandem zu erklären.

Es verging eine lange Zeit, und eines Tages erzählte Sabri Mahir Luise, er habe ihn gesehen. Er stehe irgendwo am Alexanderplatz und verkaufe ›Nadeln und Rosetten für Kragen‹ von einem kleinen Brett. »Nadeln, Rosetten, bunte und einfarbige … Ich habe Hakenkreuzabzeichen in Golddublee und vernikkelte, die aussehen wie echtes Silber! …« – mit solchen Worten preise er den Vorübergehenden seine Waren an. Er trage einen bis zu den Knöcheln rei-

chenden Mantel aus schwarzem Rohleder. Als Sabri Mahir sich vor ihm hingestellt habe, habe er erst getan, als sehe er ihn nicht, und ihm dann mit verquältem Lächeln die Hand gegeben. »Ich vermisse euch alle sehr«, habe er gesagt, »ich komme auf jeden Fall irgendwann vorbei, das verspreche ich.« Und hinzugefügt: »Ich praktiziere die Neue Sachlichkeit jetzt in allen Lebensbereichen, verstehen Sie?« Von einem hünenhaften Mann neben ihm habe er gesagt, das sei jetzt sein bester Freund, und ihn vorgestellt: »Mein Freund Franz Biberkopf ...«

»Es vergeht kein Tag, an dem er nicht von Ihnen spricht, der Herbert«, habe Franz Biberkopf gesagt. »Ich sehe Ihr Gesicht zwar zum ersten Mal, aber glauben Sie mir, wir reden ständig von Ihnen, Herr Sabri Mahir.«

Herbert war mit seinem Freund Franz Biberkopf ein paar Mal bei den ›Teestunden am Ring‹ erschienen.

Beim letzten Mal waren sie hinter zwei Ärzten hereingekommen, die noch nie dagewesen waren und auch nie wieder gesehen wurden. Die beiden Ärzte waren vor ihnen gegangen und hatten am Ring Platz genommen, Herbert und Franz aber hatten sich in die Nähe des Eingangs gesetzt und die beiden voller Unruhe beobachtet. Luise, die Herbert trotz allem immer noch mochte, war irgendwann zu ihnen gegangen und hatte sich neben sie gesetzt. Sie hatten sich leise unterhalten, sich an die Vergangenheit erinnert. Dabei hatte Luise erfahren, daß Herberts guter Freund ein ehemaliger Strafgefangener war, der gerade erst aus dem Gefängnis gekommen und entschlossen war, von nun an ein anständiges Leben zu führen. Als die Ärzte dann zum Ausgang gingen, waren Herbert und sein

hünenhafter Freund aufgesprungen, um hinter ihnen herzulaufen. Der eine Arzt trug eine Fernbrille im hageren Gesicht. Herbert hatte seinen Namen genannt, aber Luise hatte ihn vergessen. Es war der andere mit dem pausbäckigen Gesicht, an dessen Namen Luise sich erinnerte: Doktor Benn. Dieser im Westen Berlins als Arzt tätige Herr Benn hatte Franz Biberkopf versprochen, ihm eine vernünftige Arbeit bei reichen Leuten zu besorgen …

Sifflet

La rythme de l'océan berce les transatlantiques,
Et dans l'air où les gaz dansent tels des toupies,
Tandis que siffle le rapide héroique qui arrive au Havre.
S'avançant comme des ours, les matelots athlétiques.
New-York! New-York! Je voudrais t'habiter!

Arthur Cravan

Amerika

Vom Dampfschiff Colombos

Meine liebe Luise,
mein Daseinsgrund. Meine Einzige. Ich weiß, unser Dampfer hat gerade erst abgelegt. In diesem Moment; von der Anlegebrücke, die man im Augenblick als kurze, dicke Linie sieht ...

Wie schwer es mir doch fällt, mich an den Gedanken zu gewöhnen, ein, zwei Monate von Ihnen getrennt zu sein, wie schrecklich sind schon diese ersten Minuten der Trennung! ... Ich weiß, daß Abhängigkeit krankhaft ist. Aber in meinem Fall ist sie nicht krankhaft, sondern heilsam. Wenn der Tag anfängt, möchte ich ihn auf keinen Fall beginnen, ohne Ihr Gesicht zu sehen; daß das schon seit Jahren so ist, ist keine Abhängigkeit wie die von Drogensüchtigen. Ich brauche Sie, wie meine Lunge Sauerstoff braucht! ... Sie wissen das genau so gut wie ich ... Ach, ich denke

hier an Sie auf einem Dampfer, der sich immer weiter von Ihnen entfernt, und der Gedanke, daß ich für Tage, ja Monate von Ihnen getrennt sein werde, er ist wie ein Dolch, den man mir ins Herz bohrt!

Ich sagte Ihnen ja vor unserem Abschied, ich werde versuchen (auch wenn das nicht genügt), Ihnen durch das Zittern meiner Feder zu übermitteln, in welchem Zustand sich mein Herz befindet. Ich glaube, daß ich der feindlichen Empfindung, ohne Sie zu sein, die meine Seele ergriffen hat und mich erwürgen will, nur so Herr werden kann. Und ich werde mir Mühe geben, wenigstens ein Tröpfchen des Glücks zu genießen, auf einem so prächtigen Dampfschiff reisen zu können, doch Ihnen zugleich für dieses schuldhafte Glück Rechenschaft ablegen und mein Blutgeld dafür entrichten, meine geliebte Frau ...

Diesen ersten Brief schreibe ich Ihnen im Schreibsalon der Colombos. Wie Sie sehen, steht der Name unseres Dampfschiffes in sehr eindrucksvollen und eleganten gotischen Lettern auf dem Umschlag und dem Kopf des Bogens. Im Schreibsalon unseres Dampfschiffes sind außer dem, an dem ich sitze, noch vier weitere Schreibtische vorhanden. Zwei vor mir gekommene Personen haben sich angeschickt, wie ich schon jetzt einen Brief zu schreiben. Wer weiß, vielleicht glüht auch in ihren Herzen das Feuer einer Liebe, die wie die meinige nicht erlöschen wird, solange diese Welt besteht?! Vielleicht haben sie aber auch einen Kranken, der auf Trost wartet, und sie haben die Feder so zeitig ergriffen, um ihm ein klein wenig Mut zu machen? ... Selbst wenn es so wäre, so wäre ich ihnen doch in einem ähnlich: Denn bin ich nicht krank nach Ihrer Liebe? Ein Kranker, der sei-

nen Schmerz nur vergessen, Trost nur finden kann, indem er Ihnen schreibt! ... Ich weiß nicht, habe ich mich verständlich ausgedrückt?

Man hat die Schreibtische der Breite nach zweigeteilt, durch eine hölzerne Erhebung von etwa dreißig Zentimetern. Ich teile Ihnen das mit, um Ihnen erzählen zu können, daß gerade ein Herr gekommen ist und sich auf die gegenüberliegende Seite meines Tisches gesetzt hat, um etwas zu schreiben. Der Herr hat mir höflich »*Morning*« gewünscht. Ich glaube, es ist ein Amerikaner, der in seine Heimat zurückkehrt. Der Herr und ich sitzen uns jetzt gegenüber und schreiben unsere Briefe. »Ich glaube, es ist ein Amerikaner«, habe ich geschrieben, und ich habe richtig vermutet. Denn soweit ich sehen konnte, hat er hintereinander drei sehr kurze Geschäftsbriefe geschrieben. »Ich muß mich schnell in die Schlange vor der Telegraphenkabine einreihen«, hat er mit erklärt, sich verabschiedet und ist gegangen. Nun, in solchem Tempo und so ökonomisch nutzen doch nur Amerikaner die Zeit, oder?

Meine Seele, meine liebe Frau Luise, kaum hatte unser Dampfschiff abgelegt, da gab es schon den ersten Ansturm auf die Telegraphenkabine. Auch ich wollte Ihnen in einem Telegramm mitteilen, daß wir sicher in die Weiten des Ozeans aufgebrochen sind; noch bevor Sie nach Hause kommen, wollte ich Ihnen eine Überraschung bereiten, die Ihr Herz beruhigt. Damit wollte ich Ihnen beweisen, daß auch ich als Reisender in die Neue Welt zur Schnelligkeit fähig bin, und ein wenig wollte ich auch Ihre Bewunderung erringen. Es wurde nichts daraus. Vor der Telegraphenkabine hatte sich schon eine solche Schlange gebildet, daß ich mir sagte, hier kannst du nicht warten

(Sie wissen ja, wie spontan und ungeduldig ich bin) ... Aber ich bin nach vorn gegangen, habe die Dame an der Spitze der Schlange und auch den freundlichen Herrn Telegraphenbeamten um ihre Erlaubnis gebeten und mal kurz den Kopf in die Kabine gesteckt. Mein Gott, liebe Luise, was haben sie da für unbeschreibliche, geheimnisvolle Geräte! ... Kupferdrähte, wie ein Kunstwerk elegant um schneeweiße Porzellantassen gewickelt, kleine und große Glühbirnen, die eine Art Licht ausstrahlen ... Das Ticken des Telegraphen. Lautsprecher wie Kellen, die man sich über die Ohren zieht, das Radio können fast alle mithören, die in der Nähe sind ... Liebe Luise, glauben Sie mir, als ich all das sah, wurde mir klar, was ›Zivilisation‹ bedeutet. Und daß wir mit diesen Zaubergeräten jeden Winkel unserer Erde erreichen, mit den Menschen dort zusammenwachsen, überall auf der Welt zugleich sein können ...

Sie können sich gar nicht vorstellen, wie stolz ich auf die Menschheit war, als ich den Kopf wieder aus der Telegraphenkabine zog!

Ach ja, und wissen Sie was, es heißt, die von den hochentwickelten Geräten in dieser Kabine aus aller Welt zusammengetragenen Nachrichten werden uns während der zehn Tage, die wir auf diesem Schiff verbringen werden, als eine Art Zeitung, als ›Journal‹ auf den Frühstückstisch gelegt! ... Wie fabelhaft! Eine sehr schöne Sache, nicht?! Wir, die glücklichen Passagiere auf diesem Dampfer, werden uns mitten auf diesem endlosen Meer überhaupt nicht verlassen fühlen, nicht allein und von Gefahren umgeben. Wenn ich ›wir‹ sage, meine ich natürlich nur die Passagiere der ersten Klasse. Nicht die auf den unteren Decks

unseres Dampfschiffes. Gewiß versetzt mich diese unterschiedliche Behandlung der Menschen in Betrübnis. Aber es ist klar, daß meine Briefe an Sie natürlich nicht der Ort sein können, um sich über ›soziale Fragen‹ zu verbreiten …

Meine Liebe, nette Luise, ich habe Ihnen von Anfang an immer wieder gesagt, daß ich nur mit der Kraft, die mir Ihre Liebe gibt, auf diese Reise gehen kann. Und ich möchte, daß es jeder weiß: Es ist nur die Macht Ihrer Liebe, die mich die Ozeane überwinden läßt! Und mir auch die erforderliche unermeßliche elektrische Energie in die Adern spritzt, die wir für den Sieg in Amerika, dieser auf der ganzen Erde beneideten ›Neuen Welt‹, brauchen werden …

Meine liebe Luise, erlauben Sie mir, diesen ersten, hingekritzelten Brief an Sie hier zu beenden. Denn die Stewards laufen mit Glocken herum, um den Passagieren mitzuteilen, daß sie sich für das Mittagessen bereit machen sollen. Außerdem muß ich sofort nachsehen, wo Franz steckt. »Haben Sie jetzt schon Sehnsucht nach Frau Luise?« hat er gesagt, als ich losging, um Ihnen diesen Brief zu schreiben, und es mir ein wenig vorgehalten, daß ich ihn allein ließ.

Liebe Luise, ich kann Ihnen niemals dankbar genug dafür sein, daß Sie mir mit Ihrer Liebe eine Zuneigung schenken, in der die Kraft von Millionen von Volt steckt. Wenn Sie erlauben, verabschiede ich mich jetzt von Ihnen (vielleicht für eine Stunde, vielleicht auch nur für eine Minute), stecke meinen Brief in den Umschlag mit der Aufschrift Colombos und klebe ihn zu …

Ihr stets zu Ihren Diensten stehender Sabri Mahir.

September 1926 / Colombos

Zweiter Brief von der Colombos

Meine teure Luise,
wie nur kann ich meine Liebe zu Ihnen, nein, meine Leidenschaft, in diesem Wald von riesigen Dynamos ins rechte Licht setzen? Ich möchte nicht, daß das, was ich Ihnen schreibe, wie die umständlichen, jämmerlichen, weinerlichen Worte unserer Vorfahren klingt. Aber wenn ich Ihnen das Glück, das mir unsere Liebe schenkt, zu Füßen legen will, das Beben, das mein Herz zerreißt, sobald ich an Sie denke, die heftigen Gewitterstürme in meinem Herzen, die mich um den Verstand bringen, so muß ich mich doch der Wörter bedienen – kümmerlicher Hülsen und Hüllen, denen ich Gewalt antue!

Heute ist schon der dritte Tag, an dem wir auf dem endlosen Wasser dahinfahren, ohne irgendwo ein Stück Land zu sehen. Und vielleicht werden Sie sagen, es ist noch zu früh, aber glauben Sie mir, von dem Leben auf diesem Dampfer, der einer großen Stadt gleicht, in der es an nichts fehlt, bekomme ich langsam genug. Gewiß, wenn ich behauptete, ich hätte keine Maßnahmen dagegen ergriffen, so wäre das eine Lüge. Sie wissen, wie stark meine ›teuflische Neugier‹ ist: Wenn ich sage, auf dem riesigen Dampfer gibt es nicht einen einzigen Winkel, den ich nicht schon betreten habe, so können Sie mir das glauben ... Je näher man sich unseren mit fabelhafter, atemberaubender Technik ausgestatteten Überseedampfer ansieht, desto mehr verfällt man in verrückte Träume, in denen das Geschöpf Mensch durch nichts mehr aufzuhalten ist, eines Tages zu den Sternen fliegt, sich dort niederläßt, Häuser baut und Dampf-

schiffe herumfahren läßt. Was für ein Maschinenraum, mein Gott! Riesige Dinger; nicht durchschaubare, unergründliche Anlagen ... Passen Sie auf, ich will mal eine von diesen Anlagen erklären, soweit ich das selbst verstanden habe. Unser Überseedampfer kann in noch so heftige Wellen geraten, trotzdem schwankt und stampft er nicht, fährt weiter, als führe er auf dem Berliner Asphalt. Und warum? Weil man eine Anlage gebaut hat, den ganzen Dampfer entlang, in Höhe der Wasserlinie an beiden Seiten, wie soll ich das beschreiben, so etwas wie Kanäle aus gewaltigen Rohren ... Die von vorne kommenden heftigen Wellen gelangen in diese Kanäle und fließen in der Mitte des Schiffs und hinten am Schiff wieder hinaus, ohne dem Dampfer geschadet zu haben. Und was bedeutet das? Man hat damit eine Anlage, die dafür sorgt, daß einem der Magen nicht im geringsten durcheinandergerät, einem nicht übel wird, man keinen Brechreiz bekommt. Das heißt, selbst wenn das Dampfschiff durch Wellen fährt, die hoch sind wie Berge, meinen die Passagiere, sie gingen auf einer Blumenwiese spazieren, und bekommen es gar nicht mit.

Ich hatte gesagt, auf unserem Dampfschiff fehlt es an nichts; gestern kurz nach dem Frühstück haben Franz und ich auf dem Sportplatz an Deck ein Netz aufgespannt und als Training ungefähr eine halbe Stunde Tennis gespielt. Wir hatten so viele Zuschauer, bekamen so viel Beifall, daß ich sagen kann, seitdem gibt es niemanden mehr auf dem Dampfer, der nicht unsere Namen kennt und weiß, wer wir sind. Denn die Passagiere haben sich ein harmloses Spiel ausgedacht, haben sich rasch eine Passagierliste besorgt und finden jetzt sehr schnell heraus, wer in welcher

Kabine untergebracht ist. Ich denke, so haben sie auch herausbekommen, wer wir sind. Ohnehin hatte der Kapitän die Höflichkeit, uns in der zweiten Nacht auf dem Schiff zu sich an den Tisch einzuladen. Nach dem Abendessen bot er uns Kaffee, Likör und eine Upmann-Zigarre an. Und ich habe die bescheidene, vornehme Art des Kapitäns ausgenutzt und ihm die Erlaubnis abgerungen, alle Ecken und Winkel des Dampfschiffes ausspionieren zu dürfen. Und auch die Informationen über die Colombos bekommen, die ich zum Teil an Sie weitergegeben habe. Während wir uns unterhielten, spielte das Orchester eine leichte, verdauungsfördernde Musik, merkwürdige Klänge, die man ›Jazz‹ nennt. Und ausgerechnet bei dieser Musik springt der Franz auf und sagt: »Ich will auch tanzen!« Ich habe zwar nicht recht begriffen, wie man zum Jazz tanzen kann, aber Franz hatte wohl ein bißchen zuviel von dem Likör getrunken, und lange Zeit führte er da mit einer Dame so eine Art Tanz auf. Über manche Dinge muß ich mit ihm noch einmal genauer reden. Wenn wir uns in Amerika behaupten wollen, dann darf er weder trinken, noch eine Frau berühren – er darf nicht mal im Traum daran denken! Wir hatten uns bei der Abreise unser Boxerwort, unser Sportlerehrenwort gegeben: Training, Training, und nochmals Training! …

Meine liebe Luise, ich wünsche mir, daß dieser Metzger mich in dieser Sache nicht weiter betrübt. In jener Nacht habe ich außerdem einen anderen Gast am Tisch des Kapitäns, den Journalisten Herrn Henry, kennengelernt. Mit aufrichtigem Lob teilte er mir mit, er kenne mich schon ziemlich lange und freue sich sehr, daß ich nun neben ihm säße. »Daß ich

neben Herrn Sabri Mahir, dem Terrible Turk, sitze, finde ich wirklich aufregend«, sagte er. Er habe mir im Oktober 1924 beim Kampf gegen Louis Clèment zugesehen. »Sie waren ganz wie Ihr Ruf, eine richtige Bestie ... Verzeihen Sie, aber wenn ich ›Bestie‹ sage, so ist das als freundliches Lob gemeint ... Das Match fand im Sportpalast statt, ich erinnere mich noch ganz genau. Es fing um 19.30 Uhr an. Der Omnibus, in dem ich saß, war auf dem Alexanderplatz steckengeblieben, und um das Match gegen den Schweizer nicht zu verpassen, bin ich ausgestiegen, ein bißchen gelaufen und habe dann in einer Nebenstraße ein Taxi zum Sportpalast genommen. Ein Mann mit einer Krücke rief Ihren Namen in die Menge und heizte die Zuschauer an ... Wenn ich nicht irre, kämpften Sie mit 80 Kilo?« Ich erklärte Henry, daß er sich irren müsse. Mein Gewicht, liebe Luise, war damals nämlich 78 Kilo. Und Louis kam auf 77 Kilo. Dieser Irrtum war natürlich nur zu verzeihlich; es ist schon so lange her, wie soll sich der Mann daran noch erinnern?

Mein blonder Seidenkokon, bis mir das Glück widerfährt, Sie wiederzusehen, werde ich gezwungen sein, solche Sie langweilenden, ja vielleicht überaus langweilenden, unbedeutenden Dinge wieder durchzustreichen. Und wie schade, daß ich von Ihnen keine Antwort werde bekommen können, bis ich in Amerika eine fest Anschrift habe. Glauben Sie mir, an eine solche Entbehrung auch nur zu denken, bereitet mir Höllenqualen. Tagelang nicht einmal einen Brief zu haben, den Ihre Hand berührt hat? Mein Gott! ...

Wissen Sie, bei meinem amerikanischen Freund, dem Herrn Journalisten, habe ich mich in großer Ver-

bundenheit zweimal hintereinander bedankt. Denn mitten auf dem grenzenlosen Wasser, das man Ozean nennt, wo einen die Nebel völlig einhüllen, wo Schauer und Hagelkörner von der Größe von Fäusten herunterprasseln als trachteten sie einem nach dem Leben, so bedrohlich, daß selbst die von den Abfällen unseres Überseedampfers lebenden Albatrosse und Möwen nicht damit fertig werden und tot auf die endlosen Decks unserer Colombos klatschen – mitten auf dem Ozean jemanden zu treffen, der meine Wenigkeit kennt, das hat mich tief beglückt. In der Hoffnung, daß Sie mir dies erlauben, wollte ich auch dieses unbedeutende Glücksgefühl mit Ihnen teilen.

Ich küsse Ihre schönen, ozeanblauen Augen und versichere Sie meiner heißesten Sehnsucht, meine liebe Luise …

September 1926 / Colombos

Dritter Brief von der Colombos

Luise, mein Schatz. Meine geliebte Frau.
Sie wissen, ich lasse mich nicht leicht entmutigen, wenn ich etwas will, gebe nicht so leicht auf. Besser gesagt, ich habe bisher immer angenommen, daß es so ist. Diese Annahme mußte ich gestern nacht gründlich revidieren. Der Sturm, der seit zwei Tagen andauert und uns alle ziemlich mitnimmt, hat sich gestern nacht in eine orkanartige Naturkatastrophe verwandelt. Das führte dazu, daß alle auf der Colombos aus ihren warmen Betten aufstanden und zu beten begannen. Das waren keine Wellen, liebe Luise, wie man sie kennt, sie waren hoch wie Berge! Immer höher klet-

terten sie an dem viele Meter hohen Schiff hinauf, bis auf die Kommandobrücke … Der riesige Dampfer schaukelte hin und her wie eine Walnußschale. Fast alle (ehrlich gesagt auch ich) mußten an das vor mehr als zehn Jahren untergegangene Dampfschiff Titanic denken. Während all der Stunden voller Angst und Sorge lief jeder von Gruppe zu Gruppe, erzählte, was er über die Titanic wußte, was er darüber gehört oder gelesen hatte, woran er sich noch erinnern konnte, und alle diskutierten darüber. Manche wollten gar unbedingt den Rettungsbooten nahe sein, legten sich eine Decke um, guckten sich ein Boot aus und suchten Schutz direkt daneben oder in der Nähe. Tagelang hatten wir alle auf unser Schiff nichts kommen lassen, es immer nur gelobt, und mit einem Male hatte uns nun Mißtrauen befallen. Ständig quälten uns Zweifel, bekamen wir Angst, die Colombos könnte, trotz all der überaus hochentwickelten Maschinen, all der Monstren von Dynamos womöglich doch unzulänglich sein und uns den kalten, dunklen Wassern des Ozeans übergeben … Jetzt gegen sechs Uhr abends, da ich Ihnen diesen Brief schreibe (wir haben unsere Uhren längst auf amerikanische Zeit umgestellt) haben fast alle von uns begriffen, daß dieses Mißtrauen unbegründet war, und wir machen wieder fröhliche Mienen und strahlen Gelassenheit aus. Die Passagiere lächeln einander noch ein wenig gequält an. Ich denke allerdings, unter dem gequälten Lächeln verbirgt sich auch ein wenig Scham darüber, daß wir der ›Technik des zwanzigsten Jahrhunderts‹ und unserem Dampfschiff Mißtrauen entgegengebracht haben.

In diesem Augenblick sind alle auf das Deck des Überseedampfers geeilt; jeder versucht, die seit einer

halben Stunde immer deutlicher durch den Nebel und den Rauch dringende Silhouette von New York zu erkennen, bis in die feinsten Einzelheiten wahrzunehmen und zu beschreiben und den Umstehenden seine Kenntnisse vorzuführen: Sehen Sie, das da ist Manhattan! ... Sehen Sie, dort drüben, das ist der und der Wolkenkratzer! ... New York liegt in einem seltsamen Abenddunst. Jeder strengt sich an, das New York, das er im Kopf hat, mit dieser ersten Silhouette zu vergleichen und in Einklang zu bringen ... In meinem Herzen jedoch ist eine schwer zu beschreibende Furcht. (Ich habe keine Bedenken, Ihnen das hier zu schreiben, denn außer Ihnen habe ich keinen Menschen, dem ich meine Ängste offenbaren könnte, ohne daß er mich deswegen verachtet!) Dieses Gefühl der Angst könnte auch eine Art von Bedauern sein, daß ich bis hierher gekommen bin ... Natürlich werde ich Franz oder den Freunden von diesen Empfindungen nichts erzählen. Auf dem Meer meiner Seele hat sich der Sturm irgendwie noch nicht gelegt, er dauert an; vielleicht möchte ich das Ihnen gegenüber auch nur herausstellen. Ich frage mich, ob es nicht besser gewesen wäre, wenn der Überseedampfer untergegangen und das Auf und Ab meines mir selbst unbegreiflichen, ›unsinnigen‹ Nomadenlebens ein Ende gefunden hätte? In meinem Herzen wirbeln alle möglichen Gefühle herum, als sehnte ich mich nach dem Tod ...

Nun ja, ich sagte ja schon, daß ich das alles nur Ihnen mitteile. Ich weiß natürlich, wie aufregend und schön es ist, wenn man sein Leben trotz allem fortführt und im Meer des Lebens weiterschwimmt, ohne zu wissen, was in einer Stunde, in einer Minute geschehen wird! ... Ach, bitte nehmen Sie die dunklen Gedan-

ken, die ich Ihnen da einfach hingeschrieben habe, nicht so ernst, daß sie Sie traurig machen! Ich möchte keinen einzigen meiner Gedanken vor Ihnen verbergen; es soll kein einziger Gedanke in mir aufblitzen, von dem Luise nichts weiß, nur darum ging es mir …

Je näher wir dem Ufer kommen, desto deutlicher erkenne ich durch das große, breite Bullauge des Salons, in dem ich Ihnen diesen Brief schreibe, was für einen riesigen Hafen New York hat. Welch ein Hafen ist das, in den wir hier schaukelnd einlaufen, gegen den von Hamburg! … Er ist fünf, ja vielleicht fünfzehn Mal so groß wie unser niedlicher kleiner Hafen in Hamburg …

Liebe Luise, es gehen hier Gerüchte um, die Formalitäten für die Landung des Schiffs würden heute nicht mehr durchgeführt, da es jetzt schon ziemlich dunkel ist. Ich denke, wenn das stimmt, ist das für mich um so besser. Wenigstens werden wir dann nicht im Dunkel der Nacht ins ›unbekannte Amerika‹ eintauchen.

Das Gerücht hat sich bewahrheitet: Bis zum Morgen, bis die Arbeitszeit im Hafen beginnt und die Quarantänebeamten uns kontrollieren können, werden wir auf dem Dampfschiff bleiben. Aber vor kurzem ist (plötzlich und sehr aggressiv) eine Gruppe von Reportern und Photographen in privaten Motorbooten aufgetaucht, wahllos haben sie jeden, der ihnen über den Weg lief, photographiert, mit allen gesprochen, Interviews und Reportagen gemacht, und sind dann in derselben Windeseile und schnell wie die Feuerwehr, wieder abgezogen … Dabei waren sie auf unserem Schiff auf einer Art Jagd nach Berühmtheiten … Nun gut, aber sie haben gedacht, vielleicht

ist der ja berühmt, und jeden photographiert, vom Jüngsten bis zum Ältesten, haben sich alle Lebensgeschichten angehört ... Wie Sie sehen, meine liebe Luise, gibt es schon, bevor wir einen Fuß an Land gesetzt haben, die ersten Anhaltspunkte und Beweise für das ›Erstaunliche‹ an diesem Land.

Wie gut, daß es Sie gibt auf dieser Welt, Luise: Sonst würde ich in diesem Meer der Verwirrung einfach verlorengehen. Wenn ich meinen Kompaß auf Sie ausrichte, rettet mich das vor diesem Alptraum; vor einem Alptraum, in dem ich in ein schwarzes Loch falle und einfach verschwinde ...

Wie immer er darauf kam, ein sehr junger Photograph, fast noch ein Kind, ist auch zu uns gekommen und hat von uns, besser gesagt, von mir ein paar Aufnahmen gemacht. »Nicht ich, Franz Diener ist jetzt wichtig«, habe ich gesagt, und da hat er auch ihn photographiert und uns stolz verkündet: »Wir bringen das Bild in unserer Zeitung unter der Überschrift ›Berühmter deutscher Boxer in New York‹.« Wie ich aus den ahnungslosen Fragen des Jungen allerdings heraushörte, hat der Schlingel sich an uns gehängt, weil er dachte, wir sind die richtigen! Sehr berühmte Leute verstecken sich ja meist, und der junge Mann mit dem Milchbart hielt uns womöglich für solche. Ja, das ist eben Amerika! ... Am meisten wunderte sich Franz über die Fragen. »Ich höre, Sie kommen aus Deutschlands Hauptstadt, aus Wien. Und sind dort ein berühmter Schwergewichtsboxer? Dann...« Als der so zu fragen anfing, sah mich unser komischer Metzger verwirrt an, als wenn er sagen wollte: »Was soll ich denn antworten?« Wir gestatteten ihm, noch ein paar weitere Aufnahmen von uns zu machen, und

sind den aufdringlichen jungen Burschen schließlich nur mit Mühe losgeworden.

Liebe Luise, mit Ihrer Erlaubnis möchte ich diesen Brief hiermit beenden.

Ihr ewig Ihnen gehörender Sabri Mahir ...
September 1926 / Schreibsalon der Colombos

Erster Brief aus New York

Liebe Luise Mahir,
damit wirklich nichts bleibt, das ich vor Ihnen verberge, damit ich nicht vergesse, Ihnen hier davon zu erzählen, schreibe ich Ihnen diesen Brief kaum, daß ich New York betreten haben.

Ich habe alle Briefe, die ich während der Reise schrieb, aber nicht an Sie absenden konnte, auf dem Zollpostamt sogleich mit Marken versehen und eingeworfen. Wissen Sie, ich hatte vor, das, was ich Ihnen während der Reise schrieb, vom Telegraphenamt der Colombos jeweils taufrisch als Telegramm zu schikken, aber das ging nicht. Die ganzen zehn Tage über ist die Schlange der Wartenden vor der Telegraphenkabine einfach nicht kürzer geworden. Was sollte ich machen? ... Und ich hatte den ganzen Tag mit dem Training zu tun, um den Körper frisch zu halten: Franz und ich haben im Sportsalon gerudert oder sind Veloziped gefahren. An den Nachmittagen haben wir uns in einer Ecke des Salons mit Tauen einen Ring aufgebaut und bestimmte Boxübungen gemacht. Dabei habe ich mich besonders um Schnelligkeit in der Beinarbeit und darum bemüht, auf die springenden Punkte beim ökonomischen Atmen hinzuweisen. Da-

mit Franz sich ganz in seinen Bewegungen zu Hause fühlt und sie wie im Schlaf ausführt, wiederhole ich diese Übungen immer wieder mit ihm.

Liebe Luise, alles ist sehr teuer hier! Sie wissen ja, ich bin keiner, der dauernd vom Geld redet, aber wenn wir nicht sparsam haushalten, werden wir in den nächsten Tagen wohl recht unangenehme Geldprobleme bekommen. Der nicht unbeträchtliche Markbetrag, den ich gleich nach Besteigen des Dampfers getauscht hatte, war dahingeschmolzen, lange bevor wir New York aus der Ferne erblickten. Ich hatte auch Franz strengstens eingeschärft, auf keinen Fall überflüssige Ausgaben zu machen, weil wir dann nicht zurechtkämen. Damals hatte man uns den Dollar für dreieinhalb Mark gegeben; und hier im Hotel wollen sie jetzt schon drei Mark fünfundsiebzig für einen Dollar. Wie ich schon sagte, ich hätte nie gedacht, daß das Geld so sehr zum Problem werden könnte …

Wir wurden von einem Mitarbeiter der Türkischen Gesandtschaft empfangen, dem ich noch aus Berlin ein Telegramm geschickt hatte. Gott sei Dank hat der uns bei den Zollangelegenheiten im Hafen sehr geholfen. Er hat den Beamten gesagt, ich sei früher ein namhafter Boxer gewesen und jetzt Manager, und der Freund an meiner Seite sei »der berühmte deutsche Schwergewichtsmeister Franz Diener«. Als die Beamten das hörten, bezeigten sie uns eine ganz andere Aufmerksamkeit; mit freundlichen Gesichtern halfen sie uns bei der Prüfung unserer Papiere. Mein Englisch ist nicht gut, aber wenn ich auch französische und deutsche Wörter zu Hilfe nehme, habe ich keine allzu großen Schwierigkeiten. Von Franz dasselbe zu sagen fällt ein wenig schwer; schon als wir noch auf

dem Dampfschiff waren, habe ich ihn ein paar Wörter aus einem Englischlehrbuch üben lassen, aber als wir ins Hotel kamen und ich ihn prüfen wollte und danach fragte, hatte er kein einziges mehr davon im Kopf!

Meine Seele, meine schöne Luise Mahir, Sie ahnen nicht, wie sehr ich mich nach Ihnen sehne! Meine Leidenschaft für Sie und für das Boxen hat mir stets die Kraft gegeben, alle Schwierigkeiten zu überwinden und zu besiegen. Aber jetzt ist der unschätzbar kostbare Stein, der die Waage im Gleichgewicht hält, so fern von mir, daß es in den letzten Tagen schrecklich schwierig für mich war, dieses Gleichgewicht zu halten! Wir stehen ja noch am Anfang unseres Amerika-Abenteuers – ich muß immer wieder denken, daß es von nun an noch schwieriger werden wird, und ich weiß nicht, was ich tun soll ...

Der Freund, der uns abholte, ging voraus und fand uns ein ziemlich günstiges Hotel, in dem wir in New York wohnen können. Ich schreibe Ihnen jetzt aus dem Zimmer dieses Hotels, in das wir gerade eingezogen sind. Gleich werde ich nach unten gehen, die Anschrift erfragen und Sie Ihnen mitteilen. Ich werde Sie bitten, Ihre Briefe, die mir ungeheure Kraft geben werden, künftig an diese Adresse zu schicken. Unser Hotel befindet sich in der 84. Straße. Ich habe den Mann an der Rezeption gefragt, ob es in der Nähe einen Park gebe, in dem ich Franz laufen lassen kann, und er hat ja gesagt. Fast gleich vor unserem Hotel soll es einen Park geben, der ›Central Park‹ heißt. Wohl weil ich mich auf englisch falsch ausgedrückt habe, dachte der Mann offenbar, was ich da spazierengehen oder laufen lassen wollte, sei eine Katze oder ähnliches, ein Geschöpf, das ab und zu frische

Luft braucht. »Nein, es ist nicht, wie Sie denken«, habe ich gesagt. »Ich will mit meinem Freund und Schüler, dem berühmten Boxchampion Franz Diener im Park Trainingsläufe machen.« Als der Mann das Wort ›boxen‹ hörte, Luise, da strahlten seine Augen plötzlich. Er machte uns die erfreuliche Mitteilung, daß er uns einen Gefallen tun und uns in dem einzigen Abschnitt des Hotels unterbringen könne, der mit Bädern ausgestattet sei. Dann könnten wir uns nach dem Training nach Herzenslust mit heißem Wasser waschen. Als er uns das als Freund des Boxens anbot, haben wir, ich und auch Franz, uns wirklich sehr gefreut, es hat uns gerührt.

Meine liebe Frau Mahir Bey, so viel erstmal für heute ... Der Mann an der Rezeption ist später gesprächiger geworden und hat uns Dinge erzählt, die ein wenig entmutigend waren. »Wissen Sie eigentlich, daß viele bedeutende europäische Faustkämpfer wie Sie in unser Hotel kommen?« sagte er. »Aus Spanien, aus England, aus Frankreich ... Sehr viele. Sie versuchen, hier an Fights mit amerikanischen Champions heranzukommen. Na, sie haben ja recht; wenn sie sich hier bei uns erstmal durchgesetzt haben, machen sie ja auch schrecklich viel Geld, verstehen Sie? Meist bleiben sie allerdings erfolglos und reisen mit gebrochenem Herzen wieder ab. Das Boxgeschäft ist hier anders, als man in Europa meint; wissen Sie, das bekommen Sie anfangs nicht mit ... Wenn Sie mir sagen, wo Ihre Kämpfe stattfinden, gehe ich gerne hin und sehe Sie und Ihren Meister an ...«

Meine liebe Gebieterin, mit Ihrer Erlaubnis ...
Ihr Diener Sabri Mahir Bey!
September 1926 / New York

Nachtrag: Wir werden erst hinuntergehen, wenn wir unsere Koffer ausgepackt und uns ein bißchen eingerichtet haben. Ich schreibe die Adresse erst im morgigen Brief. S. M.

Zweiter Brief aus New York

Mein blondes Mohnfeld, meine Luise mit dem Nelkenhaar …
wissen Sie, wenn ich dies schreibe, bin ich auf alles eifersüchtig, auf die Tinte, die mir ständig den Finger färbt, auf das Papier, die hingekritzelten Worte, die Kommas, Punkte und Abstände dazwischen … Weil sie eher bei Ihnen sein werden als ich, weil Ihre Hand, das Licht Ihrer Augen, Ihr Geruch sie eher berühren werden als mich, bin ich auf all die Briefe, die ich Ihnen schreibe, eifersüchtig! …

Gestern haben wir mit dem Freund zusammem zu Abend gegessen, der uns vom Überseedampfer abgeholt hat, Sie erinnern sich, dem Mitarbeiter der Botschaft. Genauer gesagt, um ihm für die Freundlichkeiten zu danken, die er uns erwiesen hat, haben wir ihn zu einem bescheidenen Abendessen eingeladen. Und das war auch gut so: Denn als ich das Problem anschnitt, wo wir in dieser Stadt in Ruhe trainieren könnten, hat er von einer Dame erzählt, die Madam Bey genannt werde und mit der er uns bekannt machen könne. Er habe ihr ohnehin schon von mir erzählt und davon, daß ich aus Istanbul sei. Er sei nämlich überzeugt davon, daß diese Dame uns nützlich sein könne …

Heute früh bin ich mit Franz dann zu der Madam

hingegangen. Und, meine kleine Luise, über all das, was wir um uns herum sahen, sind wir aus dem Staunen gar nicht mehr herausgekommen. Wenn es Sie langweilt, lesen Sie bitte nicht, was ich jetzt schreibe, überspringen Sie es einfach; ich kann aber nicht anders, als Ihnen kurz zu berichten, was ich erlebt habe.

Meine liebe Gebieterin, meine geliebte Sultanin, diese Dame, die man Madam Bey nennt, ist keine so ganz leicht zu beschreibende Person; sie ist lebhaft, überschwenglich, unbändig, stürmisch … Wie soll ich sagen, wenn man ihr Alter, ihre gepflegte Kleidung betrachtet, ist sie eine Dame, aber sobald sie zu reden, zu erzählen anfängt, wird sie zu einem brodelnden Vulkan und ist mit Herz und Seele dabei! Sie ist wie ein fünfzehnjähriges, verrücktes Mädchen, dabei sagt man, sie habe die fünfundsechzig schon hinter sich. Ich bat sie um Verzeihung und fragte sie, warum man sie ›Bey‹ nenne. Sie sei einmal die Ehefrau eines früheren osmanischen Botschafters in Amerika gewesen. Und der Titel ›Bey‹ sei an ihr hängengeblieben.

Diese tüchtige Dame hat uns zu einem Trainingsgelände gebracht, das sechzig Kilometer von New York entfernt in einem Gebiet liegt, das man New Jersey nennt. Mein Gott, meine Luise, einen so ordentlichen, so viel Disziplin ausstrahlenden Trainingsort habe ich noch nie gesehen! Auch Franz war von allem begeistert. Sobald wir wieder in Berlin sind, so habe ich zu ihm gesagt, werden wir alle Neuerungen, die wir hier sehen, auch in unserem Studio umzusetzen versuchen … Wohin man auch blickt, alles ist neu; glaub mir, Amerika ist voll von verblüffenden Dingen … Überall sieht man gepflegte, sorgfältig angeordnete Bäume

und Pflanzen. Überall stehen Häuser, die aussehen wie die in den Kolonien (diese riesigen, in Weiß, Rosa und Hellblau gestrichenen Holzhäuser, die aussehen, als seien sie aus Zucker gemacht). In manchen von ihnen wird übernachtet, andere sind drinnen mit allen möglichen Trainingsgeräten und Utensilien ausgestattet. Und dann gibt es eine sehr lange Bahn zum Laufen aus roter Erde. Ich habe zwei aufgebaute Boxringe gesehen, der eine war im Freien, der andere in einem großen Saal. Bestimmt gibt es in diesem riesigen Park, der einem Frost ähnelt, noch andere Stellen, an denen man einen Ring oder mehrere aufgebaut hat. Und das Ganze ist wie eine Kaserne, so hart und diszipliniert. Ein Arzt steht ständig bereit, Masseure, die verschiedene Techniken beherrschen... Nun gut, ich will Sie nicht weiter langweilen und höre jetzt auf, über dieses Trainingslager, dieses Boxcamp zu schreiben ...

Liebe Luise, Madam Bey erklärte uns, wir könnten so lange im Camp bleiben, wie wir wollten (aber dafür natürlich Miete zahlen!), und ihre Leute würden uns bei allem behilflich sein. Außerdem sagte sie (und jetzt wundere dich bitte nicht!): »Wenn Sie schon Türke sind, möchte Ihnen einen guten Rat geben. Lassen Sie uns Ihren Namen ändern, er soll von nun an ›Sally Mayer‹ lauten.« Ich staunte nicht schlecht darüber, daß diese sympathische, reife ältere Dame mir aus heiterem Himmel vorschlug, den Namen, den ich schon ewig und drei Tage trage, auf einmal zu ändern ... Ich wußte nicht, was ich machen, wie ich mich verhalten sollte, ich wollte nicht unhöflich sein. Als sie sah, daß ich nicht reagierte und ein verwirrtes Gesicht machte, bestand sie auf ihrem Vorschlag und erklärte

mir, warum das besser sei: »Das ist nun mal so, wenn Sie hier in Amerika Fuß fassen wollen, müssen Sie den Namen ›Sabri Mahir‹ ein wenig abwandeln. Hier hat keiner die Zeit, alles andere warten zu lassen, nur um Ihren Namen zu buchstabieren und zu üben, damit er die Aussprache hinbekommt. Sogar Leute, deren Name eigentlich leicht auszusprechen ist, wollen, daß man nur die Anfangsbuchstaben benutzt. Und warum? Damit er einem sofort im Gedächtnis haften bleibt. Also kommen Sie und lassen Sie sich in Amerika von nun an ›Sally Mayer‹ nennen. Nun, was meinen Sie? Hören Sie, ich verlange für den Namen, den ich für Sie gefunden habe, nicht mal Patentgebühren von Ihnen. Ich habe einen Namen für Sie gefunden, den selbst die Kinder auf der Straße nicht vergessen werden; viel Spaß damit! …«

Liebe Luise, zwar hat mich dieser Vorschlag sehr verwirrt, und ich habe nur so etwas antworten können wie: »Mal sehen, warum eigentlich nicht?« Aber er kommt mir immer einleuchtender vor, dieser Vorschlag der Türkenfreundin Madam Bey … Denn sollte mein lieber Schüler Franz Diener hier Weltmeister im Schwergewichtsboxen werden, könnten wir unser Berliner Geschäft durchaus auch nach Amerika verlegen. Nun, und warum sollte ich dann nicht Sally Mayer heißen?

Mein geliebtes Gänseblümchenfeld, wenn Sie es wünschen, so können Sie mich, wenn dieser neue Name Ihre Zunge irritiert, natürlich weiterhin Sabri Mahir nennen. Das muß ich wohl gar nicht erst sagen.

Man könnte denken, Frau Madam Bey sei nur darauf aus, uns Gutes zu tun. Wenn Sie fragen, warum, nun, sie sagt, in »diesem Boxdschungel hier«

(Dschungel soll so eine Art Urwald sein) bräuchten wir »unbedingt einen Impressario«, und sie hat uns auch schon mit einem Herrn namens Tex Rickart bekannt gemacht.

Es ist plötzlich kalt geworden. Wie mag es jetzt wohl in Berlin sein? Frieren Sie? Dabei habe ich hier ein so großes Bedürfnis nach der Wärme Ihres Körpers! …

Alle hier, meine liebe Luise, sind irgendwie merkwürdig: Ständig laufen sie aufgeregt hin und her, als wollten sie an einem Wettbewerb teilnehmen oder seien schon mittendrin. Und ich habe inzwischen begriffen, daß all das, von dem ich mir zu Beginn der Reise gedacht hatte, ach, irgendwie schaffst du das schon, ganz anders ist, als es von Berlin aus aussah. Wahrscheinlich bin ich alt geworden; früher haben mich solche ganz normalen Dinge, für die man Kraft braucht, nicht so leicht abgeschreckt … Aber glauben Sie mir, meine liebe Luise, ich werde mich mit meinem Können nicht zurückhalten und alles tun, damit ich Ihnen von hier die Freudenbotschaft unserer Erfolge übermitteln kann.

Ich küsse Ihre ozeanblauen Augen und entbiete Ihnen meine wärmsten und, so Sie dies gestatten, feurigsten Grüße! …

Ihr stets Ihnen gehörender Sally Mayer
Semptember 1926 / New York

Dritter Brief aus New York

Mein blonder Seidenkokon,
ich habe Ihnen über vorgestern und gestern nichts schreiben können. Ich fand mich Ihrer nicht würdig, daher mein zweitägiges Schweigen ... Ich will es kurz erzählen, aber bitte verachten Sie mich nicht gleich; wegen der Neuigkeit, die ich Ihnen mitteilen werde ...

Vor zwei Tagen wurde ein Boxer namens Bud Gorman als Gegner für Franz gefunden. Nur damit sich Franz ein wenig an die hiesigen Boxer, an die hiesigen Gepflogenheiten gewöhnt. Zudem sollte dieser junge Mann namens Gorman ziemlich untrainiert sein und keine gute Technik haben; wenn Sie das Match gewinnen, so sagte man uns, bedeutet das für Sie auch eine finanzielle Stärkung, durch die Sie viele Ihrer Ausgaben hier decken können.

Volle vier Tage und Nächte sind wir keinen Schritt aus Madam Beys Boxerzuchtbetrieb herausgekommen. Obwohl Franz Diener weiß, für welch ›bestialische‹ Disziplin ich stehe, und gegen meine Härte kaum etwas sagt, hat sogar er sich irgendwann gegen unsere Trainingmethoden aufgelehnt. Aber ich hatte ihm erklärt, daß uns keiner in diesem Land als Boxer ernst nehmen wird, wenn wir das vor uns liegende Match nicht durch K. o. gewinnen. Daß sie uns nicht mal irgendwelche lokalen Boxgrößen als Gegner anbieten würden. Und ich habe gesagt: »Dabei träumen wir hier von der Weltmeisterschaft, vergiß das nicht! Ich will dich von hier als Weltmeister im Schwergewichtsboxen nach Deutschland, in deine Heimat zurückbringen ...«

Wie auch immer, das Match hat vor zwei Tagen

stattgefunden. Franz hat nach Punkten verloren. ›Verloren‹ mag ich das gar nicht nennen. Sie haben ihn verlieren lassen, den Jungen! … Er hat nämlich mit großem Eifer gekämpft. Sein Gegner, dem hatten sie wohl Opium gegeben, der hat Franzens rechte Gerade, die jeden Ochsen umhaut, und all seine vielen Aufwärtshaken von rechts und links weggesteckt wie nichts. Die Arme unten, hat er sich nicht mal dazu herabgelassen, seine Deckung aufzubauen, er hat nur mitten im Ring herumgestanden. Dieser Ochse (verzeihen Sie mir, meine liebe Luise) hatte weder Technik, noch hatte er jemals etwas von dem raffinierten schönen Boxen gehört, wie wir es bei uns in Europa praktizieren! Aber er hat uns nach Punkten besiegt! Wissen Sie, trotz alledem, was ich in den vielen Jahren in meinem Beruf erlebt habe, kann ich Niederlagen einfach nicht gelassen und gleichgültig hinnehmen. Ich weiß, in meinem Alter müßte ich das können, schon um der seelischen Gesundheit willen … Glauben Sie mir, ich habe mich die letzten zwei Tage schwarz geärgert. Ohnehin war im Saal keine solche Zuschauermenge, daß man etwas hätte sagen können. Wer weiß, entweder hatten sie es nicht gut bekanntgemacht, oder sie dachten: »Was soll's, die kommen aus Europa, da haben sie im Lager die Lasten geschleppt, jetzt denken sie, wenn das mit Boxen klappt, werde ich Dollarmillionär! …« Ich möchte niemandem unrecht tun, aber es war offensichtlich, daß man uns für Trottel hielt. Bud Gorman hielt den Fäusten von Franz Diener volle zehn Runden stand; dann zog er mit dem Geld ab, das uns zustand … Na, wenigstens kann man sagen, wir haben auf diese Weise wieder etwas über den amerikanischen Box-

sport gelernt(!). Meine liebe Luise, Spaß beiseite, sie boxen hier schrecklich hart und lassen bis zum letzten Augenblick in der Konzentration nicht nach …

»Seien Sie nicht traurig, Herr Sally Mayer«, sagte Tex Rickart, »ich verschaffe Ihnen noch ganz andere Gelegenheiten und organisiere das für Sie«; er war sichtlich bemüht, uns wieder Mut zu machen.

Während ich mich vor Wut fast zerfleischt hätte, hat der Franz doch tatsächlich gesagt: »Wären wir bloß nicht hierher gekommen, Sabri Mahir.« Ach, irgendwie konnte ich dem Jungen wegen seiner Naivität noch nie böse sein. Hätten wir diesen Bud besiegt, hätten sich uns mit einem Schlag viele Türen von allein geöffnet. Doch es ist nichts daraus geworden …

Wissen Sie, ich bin ein wenig müde. Ich sehne mich nach Ihrem Körper, Ihrer Wärme!

Ihr ewiger Bewunderer Sally Mayer
16. September 1926 / Neww York

Vierter Brief aus New York

Meine Liebe Sultanin,
mein Schicksal will es offenbar, daß ich Ihnen in diesen Tagen nur unangenehme Dinge schreiben kann!

Gestern bin ich mit Franz zum Match von Jack Dempsey gegangen. Sie wissen, wie sehr ich Dempsey bewundere. Mein Gott, meine Sultanin, das hätten Sie sehen, miterleben müssen; ganz Amerika war schon tagelang in heller Aufregung. Den Kampf sehen wir uns auf jeden Fall an, hatte ich zu Franz gesagt. Auf dem schwarzen Markt wechselten die Karten zu unglaublichen Preisen den Besitzer. Würde es leicht

sein, noch eine Karte für einen Platz aufzutreiben, an dem man den Fight auch richtig mitbekam? Es mußte nicht unbedingt direkt am Ring sein, aber man sollte schon irgendwo unterkommen, von wo aus man Dempseys tänzelnder Beinarbeit genüßlich zusehen konnte, und wie er zur Seite und nach hinten ausweicht wie ein Schlittschuhläufer, ohne den Fuß vom Boden zu heben ...

Schließlich erreichten wir unser Ziel: Dank des Einflusses von Madam Bey wurden für uns zwei Stühle aufgestellt, in der Reihe gleich hinter einem der Punktrichter. Das ist ja phantastisch, hatten wir uns gerade gesagt, da setzten sich plötzlich sieben, acht Personen um uns herum, die Brillantringe trugen und mehr Italienisch als Amerikanisch sprachen. Ab und zu traten kräftig gebaute Herren ehrerbietig an sie heran, flüsterten ihnen etwas ins Ohr und gingen dann wieder. Einer von ihnen beugte sich zu meinem Ohr herab und sagte: »Ah, Turco! Bene, bene ...« Und dann noch einmal laut: »Ah, Madam Bey Turco! Ha? ... Bene ... Bene ...« Er schlug mir und Franz freundschaftlich auf die Schulter.

Gegen Mittag waren wir mit dem Zug dort angekommen, in Philadelphia. Wir sind ein bißchen im Stadtzentrum herumgelaufen, haben schnell etwas gegessen, und ab ging's in den Saal, in dem das Match stattfinden sollte ...

Liebe Luise, stellen Sie sich vor, dieser Boxer der Boxer, der Unbesiegbare der Unbesiegbaren sollte besiegt werden, und ausgerechnet ich sollte zu denen gehören, die dieses Match, diesen Fight sehen mußten! ... Es tat mir in der Seele weh, es war, als ob ich selbst oder als ob Franz besiegt worden wäre. Ich

konnte nicht ruhig sitzen, wollte dauernd aufspringen. Den Italienern gefiel meine Parteilichkeit offenbar weniger! Erst blickten sie mich mit finsteren Mienen an, dann forderten sie mich etwas grob auf, doch endlich stillzusitzen. Nun ja, ich habe ihnen nichts erwidert ...

Als die Richter Gene Tunney alle Punkte gaben, waren Sie meiner Meinung nach im Recht. Denn der Mann führte einen Faustkampf, als trüge er Gedichte vor; so vornehm, mit so viel Abstand zur Menge. Und unser Mann, also Jack, hatte sich von der fünften Runde an verabschiedet. Ab und zu sah man ihn noch; er wich aus, so gut er konnte. Dennoch gab ich die Hoffnung nicht auf; wäre ihm nach Geraden auf beiden Seiten eine Kombination aus zwei Aufwärtshaken gelungen, hätte er seinen Gegner k. o. geschlagen, und alle hätten seine bisherige Darbietung, die so fehlerhaft und schwach war, wie nicht einmal Kinder boxen, schnell wieder vergessen ... Dazu kam es aber nicht!

Wie wir dann aus dem Saal gestürzt sind, wie wir der Menge entkommen sind und plötzlich wieder im Zug nach New York saßen, daran kann ich mich immer noch nicht recht erinnern. Wegen dieser dummen Niederlage habe ich im Zug vor Wut geweint. Und Franz sah dabei zu und wußte vor lauter Verwirrung nicht, was er tun sollte. Irgendwann bekam er dann einen Lachanfall; er starrte mich immer nur an und kicherte. Er sagte, mein Zustand erinnere ihn an seine Kindheit. Vielleicht wollte er mich trösten, vielleicht wollte er auch Kraft daraus schöpfen in diesem fernen Land, jedenfalls dachte er plötzlich an seine Kindheit. »Hätte man in meiner Familie gesehen«,

sagte er, »daß du über einen solchen Mist (verzeihen Sie, Luise) Tränen vergießt, die hätten dich aber ganz schön auf den Arm genommen, Sabri Mahir! Wir waren drei Brüder, weißt du das? ... Mein Vater versuchte uns mit seiner Arbeit als Maurer satt zu kriegen. Der arme Mann mühte sich ab – aus uns sollte mal was werden, wir sollten was lernen, da sollte es uns an nichts fehlen ... Trotzdem hatten wir meistens nicht mal trocknes Brot im Haus. Und da vergießt du jetzt Tränen wegen diesem Scheißkampf ... (verzeihen Sie) Wär ich nicht von der Schule geflogen und Metzgerlehrling geworden, wär ich da jetzt in Amerika?! ... Wäre doch nie bis Philedelfija oder wie das heißt gekommen, wär nix mit diesen Luxuszügen, nix mit schöne Frauen sehen! ... Was ich meine, Sabri Mahir, du weißt, ich mag dich sehr. Wenn du weinst oder so, da wird mir auch ganz komisch, weißt du? Zum Teufel (verzeihen Sie mir) mit solchem Geflenne um nichts ... Ich sage mir dann immer, ach, jetzt müßte man in Bebra, bei uns in der Kleinstadt sein; ein Würstchen vom Grill, ein Bierchen dazu, da würden wir schon in Stimmung kommen, denke ich ...«

Meine liebe Gebieterin, meine Luise, was bin ich doch für ein Dummkopf, daß ich nicht daran gedacht habe: Der Junge behauptete nämlich, durch meine eigene Schwäche hätte ich ihn seelisch belastet! Ich bat ihn um Entschuldigung. »Der Idiot bin ich«, sagte ich ihm. Und da war Franz völlig verwirrt. »Mensch, du nimmst aber auch alles ernst«, sagte er und machte eine Handbewegung, die Hilflosigkeit ausdrückte ... Es stimmt, was soll ich machen, ich nehme alles geradezu krankhaft ernst. Ich fühle mich sehr müde, seelisch meine ich. Vielleicht sollte ich es die

›Müdigkeit eines Heimatlosen‹ nennen; oder so ähnlich ... Ich bin auf die Toilette gegangen und habe mir gründlich das Gesicht gewaschen. Was bedeutete das schon, wenn Dempsey geschlagen worden war? ... Ich bin in unser Abteil zurückgegangen und habe (natürlich in einer etwas orientalischen Sentimentalität) Franz die Wangen geküßt und gesagt: »Mein Weltmeister, das bist du!« Er hat mich nur angestarrt. Und ich habe hinzugefügt: »Wir sollten uns zurücklehnen und ein bißchen schlafen bis New York ...«

Während ich dem eintönigen, einschläfernden Geratter des Zuges lauschte, ging mir durch den Kopf, daß ich Sie sehr, wirklich sehr vermisse.

Bleiben Sie gesund, meine liebe Luise mit den ozeanblauen Augen.

Ihr Sally Mayer, der stets Ihnen gehören wird. (Oder besser: Ihr russischer Prinz Sabri Mahir!)

Oktober 1926/Im Zug Philadelphia – New York

Fünfter Brief aus New York

Meine liebe Gebieterin, meine herzlich geliebte Frau Luise,
ich werde Ihnen jetzt von einer freudigen Nachricht berichten, die mich augenblicklich in den Himmel aufsteigen ließ: Gestern, am 20. Oktober also, hat Franz Diener eine der Chancen, die sich uns geboten haben, auf die beste Art genutzt und einen Sieg errungen, dessen Wert uns von Tag zun Tag deutlicher werden wird.

Vor Tausenden von Menschen haben wir denjenigen unter den Anwärtern auf die Weltmeisterschaft

im Schwergewicht besiegt, der am meisten im Gespräch ist, und zwar gestern! ... Voller Erstaunen haben wir miterlebt, welch ungeheure Wirkung ein solcher Sieg in Amerika hervorruft und was für Hoffnungen er erweckt, Hoffnungen, so groß wie dieses Land selbst; und wir erleben es immer noch ...

Luise, mein Schatz, hier wurde seit Tagen so viel Werbung gemacht (in den Zeitungen, im Rundfunk, mit Neonreklamen und Plakaten), daß ich mir schließlich schon Sorgen machte, Franz könnte womöglich überschnappen. Ich habe mir in den letzten Tagen den Kopf darüber zerbrochen, wie wir es schaffen können, irgendwohin zu gehen, ohne gesehen zu werden. Denn wir fanden einfach keine Möglichkeit, den ständig hinter uns herlaufenden Reportern und Photographen zu entwischen. In gewisser Hinsicht ist das natürlich gut, für unser Boxgeschäft ja auch erforderlich. Je mehr Leute von uns hören, auf uns neugierig sind, je mehr Leute zu der Veranstaltung kommen, um so besser, zweifellos. Nun ist in unserem Beruf der ›Ruhm‹ jedoch ein zweischneidiges Ding; verstehen Sie nicht, damit umzugehen, verletzen Sie sich selbst am meisten damit. Sie schneiden sich irgendwo, verletzen sich, verlieren Blut und Ihre Kraft ... Ich weiß das von mir selbst im Guten wie im Bösen: In unserem Beruf verheißt es nichts Gutes, bringt es kein Glück, wenn man sich auf den ›Ruhm‹ verläßt und sein Leben genießt und sich vergnügt. Das haben wir doch gesehen, für Dempsey gab es drei Jahre lang nichts als Ruhm, Geld, Frauen, Alkohol, auch wenn er nur mal dran genippt hat, und ein bißchen Tabak, um anzugeben, und schon ist er mit einem solchen Glanz, daß einem davon die Augen schmerzten, vom

Himmel des Faustkampfs herabgestürzt ... Dabei hatte ich, als ich ihn in Bücherstadt im Match gegen Tunney sah, gesagt: »Diesen jungen Mann wird noch zehn Jahre lang keiner besiegen, keiner zu Boden zwingen.« Und sehen Sie, meine liebe Luise, da haben wir es! ... Ist nicht Carpantier in die gleiche Falle gegangen? Sich in Paris mit Filmschauspielerinnen amüsieren, im Training nur halb dabei sein, statt Boxhandschuhen den Frauen die Seidenstrümpfe vom Bein ziehen (verzeihen Sie, liebe Luise) und sich über die Hände streifen ...

Sie wissen, bei uns ist die berühmteste Stadt für den Boxsport Dortmund. Deshalb sagt man ja auch, was für Amerika Philadelphia, ist für Deutschland Dortmund ... Nun gut, meine liebe Gebieterin; gestern abend war der riesige Saal im Madison Square Garden gerammelt voll. Das hätten Sie sehen müssen; ich wollte, sie hätten auch nur ein Quentchen von all dem Getöse, all dem Schweiß, all den pochenden Herzen miterlebt. Volle zehn Runden boxte unser lieber Franz auf den aalglatten Dänen Hamsun ein, diesen nur aus Muskeln bestehenden Kerl, der sich einfach nicht vom Fleck rühren wollte.

In unserem Beruf darfst du nie jemandem den Rükken zuwenden, sonst macht der hinter deinem Rükken, was er will. Du darfst nie irgend etwas anderen überlassen, du mußt alles selbst erledigen; mußt immer noch einmal überprüfen, was die anderen gemacht haben ... Ich schreibe Ihnen das, weil Franz Diener und ich hier wie die Tiere gearbeitet haben, und alle sagten: »Mensch, was nehmen die sich hier in Amerika wichtig! Sehen Sie nicht den großen Abstand bei den Wetten, der Deutsche verliert doch so-

wieso!« Aber was passierte dann? Alle Punktrichter haben Franz jedesmal mehr gegeben. Und... ja! Unser Franz wurde zum Sieger erklärt, Luise! ... Sie hätten sein Lächeln sehen sollen, als Franz Diener, dessen Augen nach all den Fausthieben ziemlich zugeschwollen waren, die Siegesfaust in die Höhe streckte, meine Einzige, meine kleine Prinzessin Luise! ... Und in dem Augenblick wurde mir klar, daß auch ich nicht irgendein ganz gewöhnlicher Mensch bin. Ich weiß, dieser Gedanke war nicht sehr bescheiden, aber ganz falsch war er auch nicht.

Das hieß doch, daß Gott neben der, daß Sie mir gehören, noch andere Gaben und Freuden für mich bereithielt! In jenem Augenblick lief ich (noch vor Franz) in den Umkleideraum und machte die Tür hinter mir zu. Vor Freude weinte ich ein wenig; und dankte Gott. Niemand hat es gesehen oder bemerkt; als ich mir die Tränen abwischte, dachten sie, es sei Schweiß. Als Franz in den Raum kam, fiel er mir sofort um den Hals. Er konnte vor Freude nicht sprechen. Schließlich fiel ihm nichts besseres ein, als sich zu beschweren: »Wohin bist du nur verschwunden, anstatt auf mich zu warten? Du hast mich allein zurückgelassen in dem riesigen Schuppen. Am liebsten hätte ich mich in Nichts aufgelöst. ›Huis Sabri? Huis Sabri?‹ habe ich den Amerikaner neben mir gefragt. Er hat mich nicht verstanden. Und wie die Haie sind die Photographen über mich hergefallen ... Mußte einem Hamsun da nicht leid tun? Er ist zu mir gekommen, hat mich geküßt und mir gratuliert. Und hat gesagt, ›Ich verstehe einfach nicht, wie du so viele Punkte bekommen hast.‹«

»Was hat er denn daran nicht verstanden? Wir sind

hier nicht auf Mutters Schoß. Du hast gut gekämpft und gewonnen. Ganz einfach.«

Vor Aufregung habe ich die ganze Nacht nicht geschlafen. Ich hoffe auf Ihre Nachsicht, wenn ich diesem Match, durch das wir der Zukunft in finanzieller Hinsicht gelassener entgegensehen, ein wenig mehr Platz eingeräumt habe. Ich weiß, es gibt auf der Welt noch andere Dinge als Boxen; bitte verzeihen Sie mir meinen ungehörigen Egoismus.

Ich hoffe doch, Sie sind den trockenen Husten, den Sie noch am Tage unseres Abschieds hatten, inzwischen losgeworden? Mein Schatz, da sehen Sie es, Ihr mißratener Ehemann wollte unbedingt nach Amerika reisen, und während er sich Gedanken machte, wie er dort ungeschoren davonkommt, hat er sogar die Krankheiten seiner kleinen Luise vergessen! …

Ich weiß, daß ich Ihnen unrecht getan habe. Nur Ihnen? Franz sagt: »Es reicht jetzt, wir haben doch genug verdient, laß uns nach Deutschland zurückkehren.« So gesehen habe ich also auch ihm unrecht getan. Habe ihn überfordert, ihn geradezu ausgelaugt. Klar, daß er da irgendwann zu maulen anfängt. Aber unser Ziel war es doch ursprünglich nicht, viel Geld zu verdienen; das weiß er selbst. »Du wirst Boxweltmeister im Schwergewicht werden«, hatte ich ihm damals gesagt. »Die ganze Welt wird dich beneiden! … Was hast du denn schon zu verlieren?«

Ist es denn nicht so, Luise? Er war Metzger, und nun applaudieren ihm Tausende und er verdient Tausende von Dollars … Und jetzt, wo wir gerade in Fahrt kommen … Wieso muß er gerade jetzt Sehnsucht haben nach dem beengenden Fanatismus, der Nüchternheit, der Fadheit von Bebra?

Ich muß den Jungen ganz neu aufbauen! Er darf keinen Augenblick lang vergessen, daß auf dem Weg zum elektrischen Menschen, zum Neonmenschen, zum Wolkenkratzermenschen, kurz gesagt zum modernen Boxer noch eine lange Strecke vor uns liegt ... Anders kann man hier in Amerika nichts werden.

Ich weiß, Luise, dieser Brief ist sehr trocken ausgefallen! Sie brauchen ihn auch nicht Zeile für Zeile zu lesen, nehmen Sie ihn in die Hand und überfliegen Sie ihn nur, das ist für mich schon mehr als genug. Wenigstens berührt dann das, was ich hier hingekritzelt habe, Ihre Augen, wird von ihnen liebkost ...

Voller Sehnsucht küsse ich Ihre umwölkten blauen Augen. Sie wissen ja nicht, wie sehr ich mich nach den Tagen sehne, in denen ich wieder in den Genuß komme, Sie zu umarmen!

Ihr Ihnen auf ewig gehörender Sally Mayer
21. Oktober 1926/New York

Sechster Brief aus New York

An meine sehr schweigsame Dame mit den schönsten strohblonden Haaren der Welt.

Sie schreiben: »Ich bin das Briefeschreiben nicht gewöhnt.« Und sagen, daß Sie deswegen Hemmungen haben, mir des öfteren zu schreiben. Ja, meine liebe kleine Luise, es stimmt, Ihre Briefe befriedigen mich in keiner Weise. Sie schicken mir so etwas wie Notizen, die den kleinen Zettelbriefen aus der Zeit ähneln, als ich Sie gerade kennengelernt hatte. (Seien Sie mir nicht böse, aber es ist wirklich so.)

Ich weiß, unsere Amerikageschichte zieht sich schon viel länger hin, als man voraussehen konnte. Sie müssen mir unbedingt glauben, daß ich Sie nicht einen einzigen Augenblick aus meinem Gedächtnis, aus meinen Gedanken verbannt habe. Die Briefe, die Sie mir hierher geschickt haben (sehen Sie, ich sage nicht ›Zettel‹, das nehme ich zurück), trage ich ständig mit mir herum. Zwei der Innentaschen meines Jacketts (links und rechts) sind für Ihre ersten Briefe reserviert; die später eintrafen, befinden sich in meinen Hosentaschen, und die neuesten halte ich ständig in der Hand. Wann immer mich eine seelische Schwäche, ein Verlangen nach Herzenswärme überfällt, sage ich mir: »Ach, zu meinem augenblicklichen seelischen Zustand passen diese Briefe von meiner lieben Luise am besten; da will ich sie mal gleich hervorziehen und lesen.« Und so lese ich immer wieder, was Sie mir geschrieben haben. Und jedesmal finde ich einen anderen, überaus tiefen Sinn in ihnen, als seien es Verse in einem heiligen Buch. Und jedesmal befällt mich Herzklopfen, als hätte ich sie gerade in der Post entdeckt. Meine trüben Gedanken verfliegen und ich bekomme wieder Kraft. Ich kann es nicht oft genug wiederholen: Sie sind ein in meinem Herzen verborgener Dynamo, der mich mit Tausenden von Volt Energie speist! ... Sie verstehen doch, was ich meine?

Seit zwei, drei Wochen hat meine innere Anspannung nachgelassen, und ich fühle mich sicher. Dies Gefühl mag eng damit zusammenhängen, daß wir jetzt mehr Geld, daß wir jetzt mehr Spielraum haben. Auch meine Freizeit habe ich jetzt besser im Griff: Ich bin in ein paar Bilderausstellungen und Museen gegangen. Ich habe Ihnen ja oft erzählt, wie

ich damals in Paris morgens in den Louvre gegangen und mit hungrigem Magen von einem Bild zum anderen gelaufen bin, bis er am Abend geschlossen wurde. Die Bilder aus unserer ›modernen‹ Zeit, die ich hier gesehen habe (wie schön, daß wir Zeugen dieser Zeit sein dürfen!) haben mich sehr beeindruckt. Meine liebe Luise, es kommt mir vor, als ob der Mensch hier die Schranken, die er sich selbst gesetzt hat, auch selbst wieder aufhebt, als ob er geradezu die Schrankenlosigkeit ausprobieren will. Es ist, als sollte eine bestimmte Art von Schrankenlosigkeit erlernt und unterrichtet werden. Wohl deswegen ist hier fast alles auch ein wenig kindisch. Selbst die allergewöhnlichsten Sachen werden mit einer Begeisterung gemacht, als hätte man sie gerade erfunden …

Ich habe in den Museen manches Bild gesehen, das einem das Gefühl gibt, man könnte es auch ohne weiteres selbst malen. Vielleicht ist es mir auch nur so vorgekommen? …

Liebe Luise, es vergeht kein Tag, an dem nicht irgendwo auf den Sportseiten der Zeitungen, mal kurz, mal ausführlich, über uns berichtet wird. Mich nennen sie dabei stets ›Sally Mayer‹. Nur neulich in einem Artikel über mich in einer jüdischen Zeitung war die Rede von ›Sabri Mahir‹. Ich war neugierig und habe herausbekommen: Der Autor des Artikels ist bei uns in Istanbul geboren!

Wenn wir hier ein bißchen Fuß fassen können, mit einem Bein also in Amerika stehen, dann würde ich hier gern ein etwas größeres, solides Boxstudio aufmachen – es muß ja nicht gleich so groß sein wie das von Madam Bey. Und eine stille Ecke darin will ich für ein Atelier reservieren, um dort zu malen.

Bis ich mich eines Tages ganz der Kunst widme, will ich dort an meinen Bildern arbeiten. Damit würde zugleich auch ein Versprechen eingelöst, das ich meiner Mutter in meiner Jugend, ja schon in meiner Kindheit gegeben habe. Selbst wenn es mir nicht gelingt, ein guter Maler zu werden, werde ich mich in der Herzensruhe, die mir ein Dasein in Ihrer Nähe gibt, der Malerei widmen. Was könnte ich mir noch wünschen? …

Frau Luise, mein Schatz, Sie haben meiner Wenigkeit noch immer nicht mitgeteilt, ob das Geld, das ich Ihnen vor einer Woche schickte, in Ihre Hände gelangt ist. Es ist zwar nicht so wichtig, ich erinnere Sie nur daran, damit ich, falls es beim Transport des Geldes unterwegs zu irgendeiner Störung gekommen sein sollte, von hier Nachforschungen einleiten kann. Lassen Sie doch von einem der bei uns arbeitenden jungen Leute mal ein Telegramm schicken, damit ich Bescheid weiß … Doch wenn es Ihnen Mühe macht, wenn Sie keine Lust dazu haben, dann lassen Sie es einfach bleiben! …

Sie wissen nicht, wie sehr ich mich nach Ihnen sehne. Daß Sie schon seit Monaten nicht bei mir sind, hat das Feuer des Verlangens nach Ihrem wohlriechenden Körper so sehr angefacht, daß ich inzwischen an Schlaflosigkeit leide. Wenn ich mich nachts ins Bett gelegt habe, drehe ich mich nur immer hin und her. Ich kann einfach nicht einschlafen. Mitten in der Nacht springe ich aus dem Bett und dusche mich kalt ab … Und tröste mich damit, daß jede Qual einmal ein Ende hat.

Ach! Warum sind Sie nur jetzt nicht hier bei mir?

Ich habe auf meine Uhr gesehen, während ich

Ihnen schrieb: Wie schnell doch die Zeit vergeht, wenn ich mit Ihnen zusammen bin!

Geliebte Dame, ich breche diesen Brief hier ab, ich werde mich mit dem Journalisten aus Istanbul treffen und irgendwo mit ihm essen gehen. Er hat angerufen und mich dazu eingeladen. Ich habe mich gefreut, wir werden die Sprache unserer Heimat sprechen und Erinnerungen austauschen. »Hätte ich gewußt, daß wir uns hier kennenlernen«, habe ich ihm am Telefon gesagt, »ich hätte einen Liter Raki nach New York mitgebracht; dann wäre unser Glück vollkommen.« Das hat ihm sehr gefallen.

Mit der tiefsten Hingabe meines Herzens küsse ich Ihre umwölkten Augen und die wärmsten Stellen Ihres Körpers!

Ihr Diener Sabri Mahir
19. November 1926 / New York

Siebenter Brief aus New York

Frau Luise, mein Feld voll blonder Weizenähren,
Sie sind offenbar gekränkt, wenn ich sage: »Sie schreiben so kurze Briefe.« Und behaupten: »Ich kann nicht so schöne Briefe schreiben wie Sie.« Ich sage das nicht, um Sie zu verletzen oder zu kränken. Ich werde niemals bestreiten, daß Sie mir sehr scheu formulierte, verliebte Kleinodien schreiben, die doch das Bestreben verraten, Ihre Zuneigung auch zu zeigen. So schreiben Sie zum Beispiel: »Ich habe die Stürme der Liebe vergessen, ihr Feuer in meinem Herzen zu Asche erstickt, aber mit Ihren Briefen wühlen Sie alles wieder auf!« Mein Gott! Wie kommt

man auf ein solch köstliches Wort, auf einen so herrlichen Satz? Es ist mehr als lyrisch, wie Sie sich ausdrücken ... Den Brief, in dem diese Worte standen, habe ich tagelang nicht aus der Hand gelegt. Ich wäre dafür, Ihren Satz an alle Straßenecken New Yorks zu schreiben! Anstatt einer seelenlosen Nummer würden die Menschen Worte von Ihnen lesen, wenn Sie in eine Straße einbiegen; und sie würden die Leute finden, nach denen sie suchen ...

Liebe Luise, ganz gleich, wie lang der Brief ist, den ich von Ihnen erhalte, und hätte er den Umfang eines Romans, glauben Sie mir, meine Sehnsucht nach Ihnen ist so groß, daß er mir stets zu kurz vorkommen wird. Dabei sind Seiten, die Ihren Händen entstammen, und seien sie nur mit Punkten bedeckt, für mich immer eine Quelle der Kraft, eine Quelle der Liebe. Ich würde den Punkten selbst einen Sinn geben und mich damit trösten. Ich möchte, daß Sie das wissen!

Sie schreiben, daß Sie letzte Woche mit Frau Carola Neher in den Gloria-Palast gegangen sind und sich den neu auf den Spielplan gekommenen Film *Tartuffe* angesehen haben. Sie sagen auch, daß Ihnen der Film sehr gefallen hat, Frau Neher aber den Pianisten, der den Film musikalisch begleitete, erbarmungslos kritisiert hat. Unsere Freundin Carola habe sich die ganze Zeit darüber geärgert, daß der Mann nicht genügend verschiedene Melodien in seinem Repertoire gehabt habe, um alle Szenen damit auszufüllen, daß er nur eine Ouvertüre, gerade mal ein Potpourri und eine Phantasie gespielt und dann einfach wieder von vorn begonnen habe ... Dabei sagen Sie, wegen des spannenden Themas sei Ihnen das gar

nicht so aufgefallen. »Zu wie verschiedenen Empfindungen Menschen selbst dann kommen können, wenn sie dasselbe betrachten«, haben Sie geschrieben und zu Recht Ihre Verwunderung geäußert …

Nun, wenn ich sagte, ich sei auf Frau Carola Neher nicht neidisch, so wäre das gelogen. Wollten wir nicht zusammen in die neu herausgekommenen Filme und Theaterstücke gehen, sobald ich wieder in Berlin bin? Hatten wir das nicht so abgemacht? Nun, ich gebe Ihnen vollkommen recht; ich hatte mir wirklich nicht vorstellen können, daß eine so lange Trennung, genauer gesagt, daß das, was man ›zwei Monate‹ nennt, in unserem Leben so schwer ins Gewicht fallen würde. Ich erkenne jetzt, wie relativ die Bedeutung oder die Dimensionen dessen werden, was man Zeit nennt, wenn Sie nicht da sind! …

Sie haben also, bevor Sie ins Kino gingen, noch im Romanischen Café gesessen, auf den Beginn des Films gewartet und beide etwas getrunken. Frau Carola hatte dort auf sie gewartet; als Sie eintrafen, hatte sie mit ihrem Mann Klabund zusammen schon eine Flasche Söhnlein-Sekt geleert. Sie schreiben, der Dichter habe bleich und mürrisch ausgesehen. Als Sie an den Tisch traten, habe er sich entschuldigt, sei aufgestanden und gegangen. »Carola macht den Dichter traurig«, haben Sie hinzugefügt. Meine liebe Luise, Sie wissen, wir hatten von Anfang an abgemacht, daß wir uns in die beiderseitigen Gefühle, in die Herzensangelegenheiten unserer Freunde und Bekannten nicht einmischen und sie nicht beurteilen wollen. Denn wie sehr eine dritte Person mit ihrem Urteil auch recht zu haben scheint – wenn das Verhältnis zweier Menschen gestört ist und sie sich eines Tages

wieder versöhnen, verliert diese ›Richtigkeit‹ des Urteils auf einen Schlag ihren Sinn und ihre Grundlage. Die dritte Person wird dann als schuldig oder gar (verzeihen Sie) als unverschämt betrachtet. Der Grund, warum ich das sage, nun, ich meine, daß weder die Gefühlsgewitter des jungen Herrn Brecht noch die des Herrn Klabund, noch die unserer zwischen den beiden festsitzenden Freundin Carola Neher uns etwas angehen. Und Ihnen ist auch bekannt, daß ich für Herrn Klabund eine besondere Sympathie hege. Ich glaube, als er letztes Jahr wegen seines Stücks *Der Kreidekreis* so derb kritisiert und angegriffen wurde, habe ich mich darüber mehr geärgert als er selbst. Glauben Sie mir, heutzutage ist doch jeder gegen jeden, und alles, was ihm nicht gefällt, stempelt er als ›bolschewistisch‹ ab, doch ich bringe es auch heute noch nicht über mich, dieser Mode zu folgen und ein so schönes Stück auf diese Weise abzustempeln … Wie dem auch sei, Sie hatten dann noch von der »seltsamen Musik im Café« gesprochen … Sie finden es befremdlich, wenn dort derartige Musik gespielt wird. Sie beklagen sich, daß der sogenannte ›Charleston‹ sich plötzlich über ganz Berlin ausbreitet wie eine Seuche, und sogar merkwürdig zappelnd dazu getanzt wird. Selbst die schöne, entspannende Musik, die man immer dort im Café gespielt habe, wo zu Abend gegessen wird, habe dem (wie Sie sagen ›barbarischen‹) Charleston weichen müssen! …« Und was soll man zum Foxtrott sagen? Wenn die Leute sich auf die Tanzfläche stürzen und anfangen, dort herumzuhüpfen, als seien sie von einer Tarantel gestochen, da möchte ich am liebsten sofort aufstehen und das Lokal verlassen, Sabri Mahir …«, schreiben

Sie, und darüber habe ich wirklich sehr gelacht. Mein Gott! Berlin verändert sich demnach mit Lichtgeschwindigkeit! Wenn wir zurückkommen, wird weder jemand uns dort wiedererkennen, noch werden wir Berlin wiedererkennen! … Aber nein, ich scherze nicht, es stimmt: Wo immer auf der Welt etwas plötzlich in Mode kommt, schon am nächsten Tag macht Berlin es nach. Wie erfahren die Leute nur so schnell davon?! Berlin ist wirklich wie ein Rennpferd mit fliegender Mähne: Wenn irgendwo am Horizont etwas Neues, etwas Originelles auftaucht, galoppiert es ihm in Windeseile entgegen! Selbst ich hier in New York habe von diesem Charleston, von dem Sie da sprechen, erst vor zwei, drei Tagen gehört, und zwar wegen einer Boxnachricht. Was ist denn das, habe ich gedacht, überall herumgefragt und es halbwegs herausbekommen. Denn Tex Rickard, unser bisheriger Veranstalter (man nennt ihn hier Impresario), hat gesagt, Franz könne gegen Jim Maloney boxen, der den früheren Schwergewichts-Weltmeister Jack geschlagen hat, er könne das arrangieren. »Wenn Ihr Deutscher dieses Match gewinnt, steht seiner Weltmeisterschaft nicht mehr viel im Wege«, hat er hinzugefügt. Diese Bemerkung und alles, was Herr Rickard sonst noch gesagt hat, wird hier seit einigen Tagen in den Zeitungen besprochen und diskutiert. Und (langer Rede kurzer Sinn) eben dieser Jim soll eine solch schnelle Beinarbeit haben, daß es aussieht, (halten Sie sich fest!) als tanze er Charleston. »Es liegt viel Geld am Ende dieses Wegs, Mister Sally Mayer, wir müssen die Begegnung nur Wirklichkeit werden lassen«, so hatte Herr Tex Rickard gesagt, meine liebe Luise.

Ich dachte immer, ich verstünde ein wenig vom Boxgeschäft, aber manchmal bilde ich mir ein, bei Herrn Tex könnte ich nicht mal als Lehrjunge arbeiten: Ihm fallen dauernd solche Tricks ein, daß ich denke, ja, das ist eben ein richtiger Amerikaner. Ich habe in unserer Branche bisher nie jemanden kennengelernt, der so schnell damit war, alles, was er in die Finger bekommt, zu vermarkten und auf ungewöhnlichste Weise Reklame dafür zu machen! ...

Meine liebe Luise, wie Sie es auch von Berlin geschrieben haben – es ist auch hier so kalt geworden, daß man für heute in New York mit Schnee rechnet. Weder Franz noch unser junger Helfer Rudolf, noch natürlich meine Wenigkeit haben richtige Wintersachen mitgenommen. Deshalb haben wir beschlossen, morgen unser Training ein bißchen abzukürzen, uns ein bißchen an der Huston gegenüberliegenden Küste umzusehen und uns dabei dicke Winterkleidung aus Wolle und ähnlichem zu kaufen.

Liebe Luise, bitte lassen Sie mich, Ihren Diener, niemals ohne Briefe sein!

Ich küsse Ihre kleinen, schlanken Hände mit der ganzen Wärme meiner Lippen, umarme Sie tausendfach!

Sabri Mahir, der bis ins Grab der Ihre sein wird ...

27. November 1926 / New York

Achter Brief aus New York

Meine Luise, einzige Wärme meines Herzens, liebevoller Dynamo, der mich unentwegt mit Energie versorgt ...

Gestern haben wir uns richtig lange freigenommen. Ein aus Istanbul eingewanderter griechischer Taxifahrer hat uns herumgeführt, uns in seinem Wagen in New York spazierengefahren und an Orte gebracht, die wir noch nicht kannten.

Wir haben gestern Einkäufe gemacht wie verwöhnte Kinder von reichen Leuten. Ich habe gleich mal versucht, die Dinge auf der Liste mit den Bestellungen zu besorgen, die Sie mir mitgegeben haben. Außerdem habe ich Ihnen ein Dutzend Strümpfe aus künstlicher und reiner Seide gekauft, wie ich sie schon in Berlin gesehen und immer hatte kaufen wollen. In dem Laden, in dem wir waren, gab es vier verschiedene Farben, und ich habe drei Paar von jeder Farbe genommen. Ich hoffe, Sie werden auch Ihnen gefallen. Wenn nicht, verschenken Sie sie einfach; ich denke, es lohnt sich ... Außerdem habe ich Boxerschuhe sehr guter Qualität (7 Paar), Boxhandschuhe aus vorzüglichem Leder (5 Paar) und einen Sandsack aus Ochsenleder (1 Stück) gekauft, der in Berlin gefüllt werden soll. Das Zubehör für unseren Beruf ist hier von hoher Qualität und sorgfältig verarbeitet. Ich denke, je mehr der Faustkampf sich auch bei uns seinen Platz erobert, desto besser wird dort die Qualität solcher Dinge werden.

Nach den Einkäufen ist ein Teil von uns auf das Gelände von Madam Bey zurückgekehrt; und ich bin in ein nahegelegenes Kino gegangen. Das war auch gut so; der Film war sehr lustig, er hat meine Nerven beruhigt, und meine innere Anspannung nahm ein wenig ab. Der Hauptdarsteller war ein gewisser Buster Keaton, dessen Gesicht aussieht wie aus Granit gemeißelt (dieses Gesicht fand ich einfach zu ko-

misch!). Er arbeitete als Lokomotivführer, und dabei passierten ihm sehr witzige Sachen. Die Zeitungen bezeichnen ihn als einen zweiten Charlie Chaplin. Allerdings kam es mir vor, als müsse der Zuschauer gewisse Vorkenntnisse haben, um den Film richtig genießen zu können. Vielleicht war mir auch das Thema zu fremd: Es schien hauptsächlich um den Amerikanischen Bürgerkrieg zu gehen ...

Wie auch immer, ich schreibe Ihnen diesen Brief jetzt aus Madam Beys Anlage. Seit dem Kino habe ich weder Franz noch Rudolf irgendwo gesehen. Nun hat ein Herr Fleischer, der Besitzer der Zeitschrift *The Ring* hier eine Nachricht hinterlassen; wegen der Begegnung mit Jim Maloney am 2. Dezember bittet er jeden von uns um eine Unterredung.

Meine Gebieterin, wegen dieses Kampfes gegen Maloney quält mich eine seltsame Angst. Ich habe Schweißausbrüche. Ich bekomme Herzklopfen, sobald ich daran denke. Das ist so eine Art Berufskrankheit, das weiß ich. Und deshalb sage ich mir, das ist normal, und versuche es weiter nicht zu beachten. Aber ich merke, daß es an meinen Kräften zehrt, auch wenn ich mir dauernd sage, es sei ganz normal! Aber kümmern Sie sich nicht um mich; ich möchte Sie ja nicht ständig mit meinen Ängsten beunruhigen; kümmern Sie sich nicht um mich, meine Seele! ...

Meine Luise, wissen Sie, das Match am 2. Dezember ist sehr wichtig für uns; ich bin überzeugt, daß Sie unablässig für uns beten ...

Ihr Ihnen auf ewig gehörender Sally Mayer
28. November / New Jersey

Neunter Brief aus New York

Ach! … Meine Luise mit den umwölkten Augen, ach! Ich habe Ihnen so viel zu sagen; nicht was Sie denken, ganz viel …

Seit einem Monat verbringen wir die uns nach dem Training im Camp von Madam Bey verbleibende Zeit in der 49. Straße. Dort befindet sich so etwas wie die Zentrale für alle Boxkämpfe Amerikas, ja sogar für alle auf der Welt. Jeder, der mit Boxen zu tun hat, was immer auch ansteht, und natürlich immer, wenn es irgendwelche Neuigkeiten gibt, muß erstmal hierherkommen, sehen, fühlen, diskutieren und eine Entscheidung treffen, das ist ein Muß …

Fast alle, die zwischen dem Broadway und der 8. Avenue ihr Brot mit dem Boxen verdienen, haben wir hier kennengelernt, und uns mit so gut wie allen angefreundet. Kaum waren wir dort aufgetaucht, da fingen alle an, Franz Diener auf die Schulter zu klopfen … Dauernd hörte man jemanden von seiner ›glänzenden Zukunft‹ reden. Das hat mir natürlich meine Aufgabe noch mehr erschwert. »Um Gottes willen, Franz, mach dir bloß nichts aus diesen Lobreden! … Wenn wir Weltmeister werden, dann nur, weil wir gearbeitet haben (verzeihen Sie) wie die Pferde … Die großen Worte kommen und gehen … Ich flehe dich an, fall nicht auf sie herein! … Ich bitte dich!« Ich redete ständig auf den Jungen ein und ging ihm auf die Nerven. In meinem Herzen war ich voll Skepsis und einer dunklen Angst …

»Wer fällt hier rein? Mach dir keine Sorgen, Sabri Mahir«, gab Franz dann prompt zur Antwort.

Und dennoch! …

Es mußte ja passieren! …

Nun ja … Ich werde es noch erzählen; verzehren Sie sich nur jetzt nicht gleich vor Sorge. Es ist gut, daß es Sie gibt in meiner Welt, Luise!

Er ist ein junger Kerl; um ein Auge auf die Frauen und Mädchen zu haben, die ihn umlagerten, ›zum Spaß‹ mal eben seine Muskeln anfassen, sie ›prüfen‹ wollten, schwirrte ich einen Monat lang voller Angst und Sorge um Franz herum wie eine Mutter um ihre junge Tochter. Sie wissen ja (das ist mir angeboren, ich kann einfach nicht anders), wie eifersüchtig ich bin, wie leicht zu beunruhigen, und wie unerträglich und aufbrausend ich werden kann, wenn es um Menschen geht, die ich liebe, an denen mir etwas liegt …

Das auffälligste und wichtigste Gebäude dieser ›Zentrale für das Boxen‹ ist noch gewaltiger als der Sportpalast bei uns in Berlin, dient aber demselben Zweck; es heißt Madison Square Garden. So gesehen ist es der Sportpalast der Stadt New York … Unser geschätzter Freund Tex Rickard, ohne den bei uns nichts läuft, hat ein wunderschönes Büro in diesem riesigen Gebäude. Auch das Match vor vier Tagen, also am 2. Dezember, hatte Herr Rickard arrangiert, davon hatte ich Ihnen geschrieben … Die Reklametafeln, die Gespräche im Radio und alle nur erdenklichen Dinge zur Werbung – das alles hatte er organisiert. Er war es auch, der gesagt hatte: »Wenn Sie gewinnen, könnte anschließend vielleicht Demsey, also die Meisterschaft an der Reihe sein« und der uns mit dieser Hoffnung Dampf gemacht und zur Arbeit angespornt hatte! … Ich weiß nicht, was wir ohne ihn hier machen würden. Als reichte es nicht, daß der arme Kerl sich mit uns beschäftigen muß, kämpft er auch noch mit einer un-

heilbaren Krankheit. Alle Augenblicke bekommt er Atemnot. Mit welch erschlafftem, verwelktem Gesicht er sich herumschleppt, mit welcher Anstrengung … Wenn man ihn an seine Gesundheit erinnert, behauptet er, er würde sein Geschäft bald aufgeben; er sagt: »Jeden Tag wie ein Motor von Maserati mit sechzig Pferdestärken arbeiten – damit wird es dann endlich vorbeisein.« Zu seinen vielen Geschäften, Luise, zählt sogar der Handel mit Gold! Ich habe für ihn sofort große Sympathie und Hochachtung empfunden. Es ist fast so, als leite er das ungeheure Reich des Boxens ganz allein. Und wie er das tut; er bemüht sich immer, im Hintergrund zu bleiben, ist nur selten zu sehen.

Meine liebe Luise, während ich Ihnen sonst fast jeden Tag schreibe, habe ich das seit vier Tagen nicht mehr getan. Und wissen Sie, warum? Um niemandem unrecht zu tun. All der Ärger, all die Gekränktheit soll sich erstmal legen. Nach dem Match am 2. Dezember habe ich erstmal vier Tage abgewartet, bevor ich beschloß, Ihnen diesen Brief zu schreiben … Inzwischen kann ich Ihnen von dem Vorgefallenen, von den Höllenqualen, durch die ich gehen mußte, mit einer gewissen Gelassenheit berichten.

In aller Kürze: In der Begegnung zwischen Franz Diener und Jim Maloney am 2. Dezember im Madison Square Garden hat Jim unseren Metzger geschlagen! …

Ja! … Damit haben wir hinter all die Träume, die wir hier in Amerika hatten, einen Punkt gesetzt! …

Natürlich ist das kein Weltuntergang! Gott sei Dank leben wir ja noch!

Als Maloney nicht unseren Schrank von Franz vor sich sah, sondern ein gerade aus dem Mutterleib ge-

rutschtes Kälbchen auf zittrigen Beinchen, hat er den armen Jungen richtig durchgeprügelt. Unter den Schlägen geriet Fränzchen ins Schlingern wie ein Fischerboot im Sturm. Ich wunderte mich die ganze Zeit, daß sich sein Bug nicht in den Boden des Rings rammte und er nicht k. o. ging.

Mister Rickard hatte jeden Winkel der Stadt mit Reklametafeln für das Match versehen. Mit riesigen Plakaten an den Straßenecken und den Haltestellen: Franz Diener! ... Sobald wir einen Schritt vor die Tür setzten: ein Heer von Reportern, Radioleuten, Photographen ... Fragen, Blitzlichter ... In jedem Laden, den wir betraten, drückte man uns die Hand, klopfte uns auf die Schulter, wollte ein Autogramm ... Pförtner, Taxifahrer, meine liebe Luise, es gab keinen mehr in New York, der uns nicht kannte! ...

Bis vor vier Tagen sagte ich mir, jetzt sind wir in Amerika zu Hause. Wir müssen für Frau Luise in Berlin einen Englischlehrer engagieren. Den Rest kann sie dann lernen, wenn wir erst hierher umgezogen sind ...

Genau das waren meine Gedanken, und bei all diesen Plänen war ich aufgeregt wie ein Jüngling, der noch das ganze Leben vor sich hat, meine liebe Luise mit den tiefblauen Augen ... Und zu Franz hatte ich gesagt: »Nach diesem Kampf wirst du deine Abende für Kurse und Englischunterricht freihalten müssen.«

»Beim Zuschlagen rede ich doch nicht, wozu brauche ich da Englisch«, hatte er gesagt.

Geliebte Frau Mahir, wenn Sie es nicht glauben, so können Sie es in den Zeitungen, die ich Ihnen mitbringen werde, selbst sehen und verfolgen. Der Wett-

markt stand 6/10, 7/10 für uns. Alle alten Hasen hatten auf uns gesetzt …

Jetzt, da ich diese Zeilen schreibe nach all dem, was ich erlebt habe, wird mir erneut klar, daß das einzige in dieser vergänglichen Welt, was ich wirklich errungen habe, die einzige wirkliche Gottesgabe, die mir gewährt wurde, Sie und Ihre Liebe sind, und ich bin dankbar dafür, meine Luise mit den ozeanblauen Augen.

Aber es war eben passiert! Schicksal! Ja, Sie werden mir jetzt sagen: »Sabri Mahir, Sie sind Orientale, und Orientalen sagen: ›Schicksal!‹ und legen den Kopf auf das weiche Kissen dieses Schicksals, anstatt mit ihm gegen die harte Wand der Logik zu rennen.« Damit haben Sie vollkommen recht. Allerdings leben Sie schon so viele Jahre mit mir zusammen, und da könnten Sie wenigstens hier einmal sagen, daß ich eine Ausnahme bin. In meinem Leben ist es so gut wie nie vorgekommen, daß ich meinen Kopf auf das ›weiche Kissen des Schicksals‹ gebettet habe. Sie wissen, ich habe mich stets bemüht, aus Niederlagen und Fehlschlägen zu lernen und alle meine logischen Irrtümer zu berichtigen. Aber hier sage ich: »Schicksal«, denn ich habe seine Regeln und (falls es sie gibt) seine Härte bis zu diesem 2. Dezember nie so intensiv an meinem eigenen hilflosen Leib und in meinem tiefsten Innern zu spüren bekommen …

Ach! … Liebe Luise, nehmen Sie es bitte nicht ernst, wenn ich Ihnen mit solch unsinnigen, wirren Gedanken komme; wenigstens in meinen Briefen an Sie sollte ich ein wenig vernünftig sein, offenbar bin ich innerlich immer noch ganz durcheinander.

Wie gesagt, waren die Karten schon eine Woche

vorher ausverkauft, und unser Wert auf dem Wettmarkt stieg immer weiter.

Gut, Jim Maloney hatte in seinem vorhergehenden Match den Schwergewichts-Weltmeister Jack Sharkey geschlagen, aber zum Zeitpunkt dieses Sieges war Sharkey nicht in Form gewesen. Dabei war unser Franz in Hochform, er schien die Kraft all der Ochsen, die er in seinem Beruf bis dahin hatte schlachten müssen, in seinen Körper aufgenommen zu haben … Noch eine Woche vorher saßen wir zufällig mit Gene Tunney zusammen, und auch der hatte Franz Diener die größeren Siegeschancen zugesprochen. Sie werden sich bestimmt an Tunney erinnern, ich habe Ihnen von ihm erzählt, es ist der Boxer, der den von mir so bewunderten Dempsey besiegt und mich damit in tiefe Betrübnis gestürzt hatte. Mein Gott, was war das für ein interessanter Mann! … Er verblüffte mich durch seine Bildung; ein hochgelehrter Boxer! Ein Gentleman! … Er sagte mir, er stehe in Briefwechsel mit Bernard Shaw, wolle demnächst hinfahren und ihn persönlich kennenlernen, sich aus dem Boxen völlig zurückziehen und sich nur noch dem Studium der Philosophie widmen. Ich sagte ja schon, er versetzte mich durch seine höchst ansprechenden Gedanken in Erstaunen. Ich hielt mich immer für einen, der sich für die Welt interessiert und etwas von Malerei, Literatur und ähnlichem versteht; und nun mußte ich sehen, daß ich mit diesem Mann bei weitem nicht mithalten konnte. Shakespeares Sonette kenne er fast alle auswendig, erklärte er, und sagte dann: »Ich finde, wenn wir Leuten, die nichts von Literatur und Kunst verstehen, das Boxen schon nicht verbieten können, so sollte man fast allen, die mit Boxen ihr

Brot verdienen, Pflichtkurse in Kunst und Literatur verordnen und ihnen die Lizenz erst erteilen, wenn sie die besucht haben ... Finden Sie nicht auch?«

Ich weiß nicht, ob Sie sich erinnern, liebe Luise; als wir uns gerade kennengelernt hatten, fragten Sie mich einmal: »Es gibt doch so viele blonde Frauen, da verstehe ich nicht, was Sie an meinem blonden Haar so großartig finden, Sabri Mahir?« Mir war damals keine Antwort eingefallen, und ich hatte geschwiegen. Hatte mich gefühlt, als hätte ich mich schuldig gemacht, meine Gefühle zu Ihnen unnötig übertrieben. Aber sollte ich meine Liebe zu Ihnen wirklich in Schranken halten? Sollte ich in Gewöhnlichkeit verfallen? Ist Liebe mit Mäßigung und ohne Übertreibung denkbar?! ... Ach ja, die Antwort auf Ihre Frage ist mir gestern nacht eingefallen, während ich mich ruhelos im Bett hin und her wälzte: »Es ist ein anderes Blond«, ja, das hatte ich gesagt. Ihre Haarfarbe ähnelt der meiner Mutter, wissen Sie das? Meine Mutter war Tscherkessin; das Haar der blonden tscherkessischen Frauen hat die Farbe reifer Ähren. Ja, das ist es! Ihr Haar hat genau diesen Ton! Nachdem mir diese Antwort eingefallen war, gab ich es auf, einschlafen zu wollen; ich überlegte mir, wie wir unser Leben nach meiner Rückkehr nach Berlin noch besser so gestalten können, wie wir es wollen, und machte mir viele Seiten Notizen.

Mein ›amerikanischer Traum‹ ist zu Ende. Macht nichts, ich habe in diesem Traum Erfahrungen gemacht, die Gold und Brillanten wert sind; ich habe viel über das Leben gelernt! Habe Dinge erlebt, von denen ich nie geträumt hätte, und diese Erfahrungen auf der Habenseite meiner Seele eingetragen ...

Wissen Sie, Luise; sosehr ich auch gehofft hatte – das Ende stand von Anfang an fest. Schon als Franz in den Ring kletterte, war er bleich, hatte eine gerötete Nase, er zitterte und konnte sich kaum auf den Beinen halten.

Diener hat das Match durchgestanden! … Hätte er gewonnen, selbst die Säuglinge in ihren Windeln würden jetzt seinen Namen kennen. Es ist nichts daraus geworden! …

Warum?

Warum stellte er sich volle 12 Runden vor Jims Fäuste, diese Vorschlaghammer, ohne sich zu verteidigen? Als ginge er auf den Wiesen von Bebra spazieren, lief er im Ring mal auf die eine, mal auf die andere Seite, ohne auch nur richtig Deckung zu nehmen …

Warum hatte er sich eine solch starke Erkältung zugezogen, daß er sich kaum auf den Beinen halten konnte? Wo war sie geblieben, die schnelle Beinarbeit, an der wir wochenlang wie verrückt gearbeitet hatten, bis sie einem Foxtrott ähnelte?

Alle hatten gesehen, daß sich Franz Diener auf die Begegnung wie ein Wahnsinniger vorbereitete. Auch all die Reporter und Photographen, die wochenlang keinen Schritt aus unserem Camp setzten und alle unsere Handlungen gespannt verfolgten, waren Zeuge davon geworden, was für ein Trainer Sally Mayer war. Und davon, daß *The Terrible Turk* insofern *terrible* war, als er für gutes, professionelles Boxen einstand …

Ich sage Ihnen das hier noch einmal, weil ich mir nicht unnötigerweise auch nur die geringste Schuld an der Niederlage aufbürden, weil ich nicht zum Psychopathen werden will.

Wenn wir das Match gewinnen, kann es uns Welten auftun, die wir uns nie erträumt haben, hatte ich Franz wohl tausendmal erklärt. Wenn wir gewinnen, wird niemand unsere Namen aus der Geschichte und dem Gedächtnis der Menschheit ausradieren können. »Selbst in fünfzig oder hundert Jahren wird man noch von uns reden, mein lieber Franz ... Und glaub mir, wir werden Mühe haben, all die Millionen von Dollar, die wir dann verdienen werden, auch nur zu zählen!«

Unser lieber Metzger mit den Katzenaugen und den Löffelohren sagte mir immer wieder, er habe sehr gut verstanden, was ich ihm seit einer Woche zu erklären versuche, es sei daher schade um jeden Atemzug, den ich weiter darauf verschwende. Ich fing tausendmal wieder davon an, und er sagte tausendmal: »Ich habe verstanden, Sabri Mahir.«

Na, und was habe ich gemacht?! Was hat der Dummkopf Sabri Mahir gemacht?! Damit sich unser Herr, der liebe Schwergewichtsmeister nach so viel harter Arbeit endlich ein bißchen ausruhen kann, habe ich etwas getan, was ich bisher mit keinem meiner Schüler, keinem meiner Lieblingsboxer gemacht habe, ich habe ihn vor dem 2. Dezember volle drei Tage lang weder trainieren noch das Wort Boxen aussprechen lassen, damit er es dann nicht satt hat; unser Herr sollte vom Boxen nicht schon die Nase voll haben, wenn er in den Ring steigt!

Ich sagte ja, die Wetten standen für uns. Besonders in den letzten Tagen waren wir im Wert enorm gestiegen: Wer einen Dollar einsetzte, würde fünf, wer zwei hinlegte, zehn bekommen ...

Großer Gott! Ich denke, es gab überhaupt keinen Grund, warum dieser – verzeihen Sie – Holzklotz von

Maloney nicht verlieren sollte … Gut, Franz hätte von irgendwo ein Blumentopf auf den Kopf fallen oder er hätte bei Regenwetter unter einem Baum stehen und vom Blitz getroffen werden können; na, dann hätte Maloney das Match vielleicht gewinnen können, dachte ich … Je näher der Tag der Begegnung rückte, desto weniger Luft bekam ich und desto häufiger Herzklopfen. Damit er sich nicht langweilte und nicht auf dumme Gedanken kam, bin ich mit Franz ein paarmal in eine Ausstellung oder ins Kino gegangen. Na, er war natürlich auch aufgeregt. Ich paßte auf ihn auf, und so warteten wir, daß die drei Tage endlich vorbeigingen … Zuletzt waren wir in den Film *Alice im Cartoon-Land* gegangen. Dieser Film besteht nur aus gezeichneten Helden, Luise. Wir wußten gar nicht, was wir sagen sollten, so schön und originell war er! Auf dem Rückweg ins Camp sprachen Franz und ich über ernste Themen: Wir fragten uns, was die Menschen in diesem Amerika wohl noch alles erfinden würden. Meine liebe Luise, ich weiß, daß du große Angst vor Mäusen hast, aber hättest du die gezeichnete Maus in diesem Film gesehen, ich bin sicher, du hättest gesagt: »Wir wollen uns auch so ein Mäuschen anschaffen für zu Hause, Sabri Mahir, bitte.« Sie hat auch einen Namen: Mickey Mouse! Irgendwie war alles, was die Maus machte, so lustig … Wissen Sie, ganz Amerika ist hingerissen von ihr. »Diese kleine Maus hat ähnliche Ohren wie du«, sagte ich zu Franz, als wir aus dem Kino kamen; er tat, als ob er sich ärgern würde, aber mein Scherz hatte ihm sehr gefallen. Tatsächlich waren wir auf dem Rückweg sehr ausgelassen …

Was hätte ich denn sonst noch tun können?

Es gibt für mich inzwischen nur noch Sie, ich denke an nichts anderes mehr! Ich freue mich wahnsinnig, daß ich in zehn oder vielleicht vierzehn Tagen wieder tief in ihre umwölkten, schönen Augen blicken (auf daß wir uns nie wieder trennen!) und Ihre unvergleichlichen blonden Haare streicheln werde! ... Mit der Rückkehr kann es sich noch ein bißchen hinziehen; nun, eines steht fest: Ins neue Jahr, ins Jahr 1927, werden wir zusammen hinübergehen. Sie können schon jetzt nur für uns zwei einen Tisch im Adlon reservieren lassen.

Noch 70 Stunden bis zur Begegnung. Noch 60 Stunden! ... Noch 50 Stunden ...

Wo immer ich war, zu jeder vollen Stunde habe ich mir aufgesagt, wieviel Zeit noch bis zum Match verblieb.

Es war abends um halb zehn.

Ich ließ Franz für zwei Stunden allein.

Ich hatte drei Punching Bälle für unser Berliner Studio bestellt und wollte schnell hinfahren und sie abholen.

Das habe ich auch getan; ich habe die Bälle bekommen und bin zurückgekommen. Ich habe mich eine Weile unten in meinem Zimmer aufgehalten. Wichtige Dinge, die ich Ihnen schreiben will, notiere ich mir nämlich vorher kurz.

Als ich fertig war, ging ich zu Franzens Zimmer hinauf. »Gute Nacht, hübschester Schwergewichts-Weltmeister aller Zeiten«, wollte ich ihm sagen. Ich klopfte leicht an die Tür. Keine Antwort. Noch einmal! ... Wieder kein Ton. Nanu! Wo steckt der Junge nur?! ... War er vor lauter Müdigkeit eingenickt und hörte nicht, daß jemand anklopfte? Hineinzugehen

und ihn zu wecken war nicht möglich; er hatte von innen abgeschlossen. Ich ließ das höfliche Klopfen sein und fing an gegen die Tür zu schlagen. Auf den Lärm hin kamen Leute, aber ich konnte mein Problem nicht beschreiben: konnte die Gedanken in meinem Kopf in keine Ordnung bringen. Plötzlich lief mir überall kalter Schweiß herunter ...

Wie auch immer, als ich vor Wut kurz davor war, die Tür aufzubrechen, kamen sie mit einem Zweitschlüssel angelaufen und schlossen sie auf.

Weder war Franz im Zimmer, noch sah das Bett benutzt aus! ...

Ach, Sie hätten mich nicht sehen dürfen; wie ein Verrückter bin ich überall herumgelaufen. Habe jeden ausgefragt, jeden vernommen, der irgendwie in Frage kam: Wo ist der Junge, wo steckt der Junge nur? ...

Ich muß wohl ziemlich bleich gewesen sein, denn sie brachten mir Wasser und wollten, daß ich es trinke. Einer packt mich am Arm, einer an den Handgelenken, und sie versuchen, mich zu massieren ... Aber ich bin einfach nicht zu halten ...

»Mister Sally Mayer, lassen Sie uns einen Arzt rufen; legen Sie sich doch kurz hier hin«, heißt es, und alle stehen sie um mich herum.

Meine liebe Luise, ich bin ein sehr gefühlvoller Mensch, aber normalerweise lasse ich mich vom Strom einer vorübergehenden Erregung nicht mitreißen. Wie Sie wissen, ziehe ich es in solchen Situationen vor, mich zu beherrschen ... Aber in jenem Augenblick blickte ich auf meine Uhr, und es waren noch 47 1/2 Stunden bis zum Beginn des Kampfes! Stellen Sie sich das einmal vor: 47 1/2 Stunden! ...

Mir schossen lauter schlimme Eventualitäten durch den Kopf. Und eine von ihnen schlug wie eine Bombe ein: Man hat den Jungen entführt!... Ja, sagte ich mir, sie haben den Jungen entführt. Gangster haben den stärksten Boxer der Welt entführt! Unseren Franz, den Herrn zweier Welten!... Ich überlegte, wer das wohl getan haben könnte? Wieder schlug es wie eine Bombe ein: Es mußten Al Capones Leute gewesen sein. Es ist nämlich so, meine kleine Luise: Egal, welchen Stein man hier aufhebt, es kommt stets Al Capone zum Vorschein!

Wenn sie jetzt Franzens Leiche bringen und einfach vor mir auf die Straße werfen!... Ach, mein Leben wäre zerstört, aus Schuldgefühl und Schmerz würde ich in irgendeiner dunklen Ecke einfach zugrundegehen... Denn jeder weiß, daß ich den Jungen gepackt und hierher nach Amerika geschleppt habe, in ein Land, in dem es von Gangstern und Straßenräubern nur so wimmelt. Wäre es nach ihm gegangen (ach, mein liebes gutes Franzlein!), er hat stets gesagt: »Warum hat uns die Europameisterschaft denn nicht gelangt, mein lieber Sabri? Da hätten wir doch nicht herkommen müssen ...«

Unter solchen Qualen muß ich hilflos in einen der herumstehenden Sessel gesunken sein. Den Kopf in die Hände gestützt, frage ich mich, was ich tun soll. Schließlich ist mir bisher nie jemand von Gangstern entführt worden, so daß ich wüßte, wie ich mich verhalten soll; ich will kühl, modern und sachlich auftreten... Damit diese Leute begreifen, daß ich auf ihre Machenschaften nicht hereinfalle ...

Ich sitze zusammengesunken da; bis zum Matchbeginn sind es noch 46 Stunden 57 Minuten!

Ob ich die Polizei benachrichtigen soll? Dann ärgern sich die Gangster und werden nur härter; und foltern und quälen den Jungen womöglich tagelang. Großer Gott, auch nur daran zu denken, ist schlimmer als der Tod! … Das darf doch nicht wahr sein, gerade jetzt, wo er so nah dran ist, Weltmeister im Schwergewicht zu werden …

Mein geliebter Schatz, meine Luise; verzeihen Sie mir, aber für einen Augenblick (wenn auch nur einen ganz kurzen), ging mir ein Gedanke durch den Kopf: »Ich kann die Schuld nicht länger tragen. Sie haben Franz also umgebracht, da bringe auch ich mich jetzt um!« Ich weiß, wenn Sie in dieser kalten Welt ohne mich wären, das hieße, ganz allein gelassen zu sein. Es wäre unverzeihlicher Egoismus, aber was sollte ich machen, ich kam gegen diesen Gedanken einfach nicht an! … Ich wollte Ihnen nur schreiben, was mir durch den Kopf gegangen war.

Als ich an der Tür Geräusche, Geschubse und schließlich ein »Franz Diener« hörte, sprang ich auf und lief hin.

»Haben Sie Franz Diener gesagt?« fragte ich einen der Männer.

»Sir, sind Sie Sally Mayer?« fragte der Mann zurück, der Franz' Namen ausgesprochen hatte. Mit seinen pechschwarzen, wie mit Speichel angeklebten und nach hinten gekämmten Haaren sah er aus wie ein von der Kuh geleecktes Milchkalb, und mir schien, als habe sein Amerikanisch einen italienischen Akzent. Während ich sein Gesicht und sein Haar studierte, weil ich das Gefühl hatte, ich sollte ihn mir gut einprägen – wer weiß, vielleicht brauche ich ihn noch –, wiederholte er seine Frage: »Sir …! Sally Mayer …?«

Meine liebe Luise, da habe ich dem Mann gegenüber eine Grobheit begangen, die mich selbst befremdet: Ich konnte nicht anders und packte ihn wütend am Kragen. Mit meiner ganzen Kraft rüttelte ich den armen Mann hin und her, so wie man Birnen vom Baum schüttelt. Ich war gut angezogen, trug eine Krawatte und hatte mich bis dahin stets zivilisiert benommen, deshalb dürften die Anwesenden das wohl nicht erwartet haben, jedenfalls waren sie wie erstarrt. (Wenn Sie die Wahrheit hören wollen, ich hatte das selbst nicht von mir erwartet; hieß das nicht, daß in den Tiefen der menschlichen Seele ein Ungeheuer steckt, von dem er selbst nichts weiß? Diese Vorstellung versetzte mich in noch größere Verwirrung, ich geriet in Panik und konnte beobachten, wie die bösartige Krake aus den Labyrinthen meiner Seele hervorkam und, ohne mich zu fragen, mein Ich umschlang.) Schon waren drei Männer dazwischengetreten und hatten mich von dem Mann getrennt. Und wütend und so laut ich konnte fing ich zu schreien an: »Warum habt ihr meinen lieben Bruder umgebracht, meinen Freund, meinen Schüler, den einzigartigen Franz?! ... Warum! ... Was hat er getan, außer daß er sich vorgenommen hatte, ein guter Boxer zu werden? Seine ganze Schuld bestand darin, daß er durch seine Siege im Boxen der ganzen Welt zeigen wollte, wieviel Kraft und Tüchtigkeit in den armen Leuten steckt, von denen er abstammte; war es nur deswegen?! ... Und was haben Sie bitte mit seiner Leiche gemacht? Geben Sie wenigstens die heraus! Ich will ihn in sein geliebtes Bebra bringen und dort mit einer prächtigen Feier beerdigen lassen. Wenn die Menschheit schon so undankbar war, soll wenigstens seine

Seele Frieden finden! ... Wenn Al Capone ein richtiger Mann ist, soll er nicht seine Leute vorschicken, sondern selbst herkommen! Ich will verflucht sein, wenn ich mich davon abbringen lasse: Ich werde euch, alle von euch, einen nach dem anderen beseitigen! Ich werde keinen Gangster auf dieser Welt auslassen, der seine Nase in den Faustkampf steckt! ... Gott sei mein Zeuge!«

»Amen«, sagte ein alter Mann, der sich den Cowboyhut bis zu den Ohren herabgezogen hatte. Er hatte sich dem Kreis der Zuschauer wohl erst später angeschlossen, hielt mich für einen Wanderprediger!

Liebe Luise, nur mit Mühe hatten sie den Mann mit den von der Kuh geleckten Haaren zu dritt aus meinen Händen befreit, er hatte sich hinter die drei gestellt und mir mit erschrocken aufgerissenen Augen zugehört, und als ich schwieg, blickte er mich immer noch an wie eine Gestalt aus einem Alptraum. Als ich ihn so dastehen sah, tat er mir leid. Ich beruhigte mich ein bißchen.

»Geben Sie mir wenigstens die Leiche. Damit würden Sie Großmut beweisen.«

Der Mann steckte noch immer in seinem Alptraum, und mit kraftloser, kaum hörbarer Stimme fragte er wieder: »Entschuldigen Sie, Sally Mayer – sind Sie das?«

Als finge mit dieser schon einmal gestellten Frage alles noch einmal von vorne an, traten die Leute in einer instinktiven Bewegung erschrocken einen Schritt zurück.

»Das bin ich, bitte sehr«, sagte ich.

»Äh ...« begann der Mann stammelnd. »Ihr Freund Mister Franz Diener hat für den Fall, daß ich

Sie sehe, eine Nachricht für Sie hinterlassen, die wollte ich Ihnen mitteilen... Ich habe ihn gesehen, als er vor ungefähr zwei Stunden hinausging. Er hat mir gesagt, er wolle ein bißchen an die Luft, in den Eispalast gehen, um ein wenig Abwechslung zu haben; er hat mich gebeten, Ihnen Bescheid zu sagen, wenn ich Sie sehe, damit Sie sich keine Sorgen machen, und deshalb...«

Meine geliebte Frau Luise, für die ich mein Leben opfere, daß wir uns nun bald wiedersehen werden nach all den Tagen und Monaten der Sehnsucht, raubt mir vor Aufregung den Atem! ... Ich weiß gar nicht, was ich tun soll. Alles, was mir auf den Straßen, in den Läden New Yorks und in den letzten beiden Tagen bei Tiffany gefallen hat und bei dem ich dachte, es könnte auch Ihnen gefallen, habe ich schon für Sie gekauft ... »Wo soll ich all die Sachen hinstellen? Es ist doch gar kein Platz mehr in der Wohnung, Sabri Mahir!« werden Sie mir vorhalten, trotzdem habe ich all die Sachen gekauft; wenn ich an Sie denke, kann ich mich einfach nicht zurückhalten...

Auf der Suche nach Franz lief ich wie der Blitz zum New Yorker Eispalast, in dem es alle möglichen und unmöglichen Läden gibt. Nachdem ich alle Winkel abgesucht hatte, entdeckte ich unseren Franz in einer dunklen Ecke. Ach! Neben ihm eine junge Dame, die beiden eng umschlungen, ach!... Auf dem Tisch vor ihnen Schnapsgläser!... Mir wurde schwindlig. Ich bekam einen Magenkrampf, dann wurde mir übel. Ich stelle fest, daß mein lieber Körper nicht auf mich hören wollte. Ich tat mir selbst sehr leid in meinem Zustand; ich muß mir die Fin-

gernägel so sehr in die Handflächen gepreßt haben, daß die Stellen noch jetzt, da ich Ihnen diesen Brief schreibe (der immer länger wird, ich weiß), so brennend schmerzen, als würde ich die Hände in glimmende Asche halten …

Er war verblüfft, als ich plötzlich vor ihm stand. Er wollte etwas sagen, brachte aber nichts heraus. Als er sah, daß ich schwieg, stand er auf. Er stand auf und schwankte!

Weder wußte er, was er sagen sollte, noch hatte ich die Kraft, etwas zu sagen.

»Also los, mein lieber Franz; mein schöner Bruder, verabschieden Sie sich von Ihrer Freundin, wir wollen schlafen gehen. Bis zur Eroberung Amerikas, bis du Schwergewichts-Weltmeister bist, sind es noch 41 Stunden und 11 Minuten.« Das war alles, was ich schließlich herausbrachte.

Liebe Luise, genauere Informationen zu unserer Rückreise werde ich Ihnen sobald wie möglich per Telegramm übermitteln. Ich weiß nicht, ob wir mit dem Dampfschiff Europa heimkehren oder noch einen Platz auf der Bremen bekommen. Es soll nämlich nicht so ganz leicht sein, mal eben einen geeigneten Platz auf einem Überseedampfer zu bekommen, vielleicht, weil zu Neujahr alle nach Europa fahren …

Am nächsten Tag, am 1. Dezember also, konnte Franz nicht aufstehen.

Und schon bekam er Fieber, glühte am ganzen Körper. Eine erbarmungslose Erkältung. Sein gewaltiger Körper mit den steinharten Muskeln wurde hin und her geschüttelt wie bei einem Erdbeben; kaum bei Bewußtsein, kämpfte er stundenlang im Bett mit der Krankheit … Unser Freund und Veranstalter

Rickart war (zu Recht) außer sich vor Wut. Er hielt an seiner höflichen Art fest, aber der arme Mann wurde mit seinen Atemnotsanfällen nicht mehr fertig. Wenn er sprach, glaubte man, er würde ersticken. Nach jedem Halbsatz stand er auf, ging zum Luftholen hinaus, kam wieder herein und redete weiter.

Und Madam Bey, die arme Frau, tat alles, was sie konnte, um uns zu beruhigen. Sie engagierte New Yorks bekanntesten Sportarzt, Dr. Fralick, und brachte ihn zu uns. Sie gab sich auch größte Mühe, damit die Presse und die Wettbörse nichts mitbekamen. Aber was konnte man dagegen tun! »Schicksal!« hatte ich zu Beginn des Briefes gesagt ... Es gab keinen, der nichts davon gehört hatte!

Mit schwindelndem Kopf und obwohl meine Beine in die andere Richtung wollten, muß ich zum Madison Square Garden gegangen sein, wo man in all dem Getöse niemanden verstand und der mir wie die Hölle auf Erden erschien; wann war die Begegnung zu Ende, wann bin ich hinausgegangen? ... Selbst jetzt, nach vier Tagen, habe ich in meinen Kopf immer noch keine Ordnung bringen können. Und ich will das auch gar nicht!

Ich hatte es Ihnen anfangs geschrieben, meine Luise: Er konnte weder die Arme richtig heben noch die Beine bewegen. Die Schläge, die er über volle zwölf Runden einsteckte, erzeugten schreckliche Schmerzen in meiner Leber, als würde ich sie selbst abbekommen. Die Braue platzte mir auf, Blut floß mir ins Auge! Am Ende kam ein Augenblick, da dachte ich ernsthaft, ich verliere das Bewußtsein; nacheinander traten mir Berlin, Sie und unsere Freunde vor Augen. Und plötzlich steht auch meine Mutter neben mir und brüllt mit mir

zu Franz hinauf, er solle sich decken, soll seine Linke nicht so wahllos einsetzen ...

»Komm, wir wollen das Vergangene vergessen! Vor uns liegen noch so viele gesunde, strahlende Tage, die wir genießen werden! ... Glaub mir ...«

Seit Tagen schon sage ich das Franz immer wieder, wenn er mich stumm und traurig anblickt.

Und manchmal, wenn es sich ergibt, sage ich: »König bist du nicht geworden, mein lieber Franz, aber immerhin hast du den Palast von innen gesehen! ...«

Als wir nach Amerika kamen, waren wir unbekannt und irgendwelche Leute haben uns photographiert, jetzt, meine liebe Luise, werden sie zu uns als zu berühmten Menschen kommen! Nun, so finde ich, allein deswegen hat sich unser New Yorker Abenteuer gelohnt ...

Ich küsse Ihre schönen, verträumten Finger ... Mit dem Wunsch, Sie zu umarmen, Sie mit heißen Küssen zu überhäufen ...

Ihr Sabri Mahir, von dem Sie wissen, daß er stets der Ihre sein wird.

(Und Sally Mayer bringe ich Ihnen als Geschenk mit!)

Dezember 1926 / New York

Poète et Boxeur

Houiaiaia! Je partais dans 32 heures pour l'Amérique. De retour de Bucarest, depuis 2 jour seulement j'étais à Londres et j'avais déjà trouvé l'homme qu'il me faillait: qui me payait tous les frais de déplacement pour une tournée de 6 mois, sans garantie, par exemple! mais ça je m'en

Arthur Cravan

Die Teestunden am Ring

Damit zog Sabri Mahir eine Art Bilanz des Tages. In den frühen Abendstunden setzte er sich auf den Platz am Ring, auf dem er immer saß, blickte zum Ring hinüber, hing seinen Gedanken nach und ging den Tag noch einmal durch: Was ist heute im Studio passiert? Wer ist dagewesen, wer hat kurz hereingeschaut? Was ist heute liegengeblieben? Was ist morgen als erstes zu tun? ...

Seit den Tagen nach der Eröffnung des Studios hatte er sich das zur Gewohnheit gemacht, ohne es selbst recht zu merken. In dem riesigen Trainingssaal im Unterschoß mit den hier und da knarrenden Bodendielen ließ er auf dem engen Raum zwischen Wand und Ring einen viereckigen, hölzernen Tisch und einen Holzstuhl aufstellen; die Augen versunken auf den Ring gerichtet, trank er dort, je nachdem, wie der Tag verlaufen war, mal Tee, mal von ihm selbst gekochten türkischen Mokka.

Durch die einsetzende Müdigkeit ging diese Bilanz des Tages bald in ein nostalgisches Vorbeiziehen von Erinnerungen über: Über dem Ring erschienen Möwen und die Silhouette von Minaretten im Morgendunst, das eintönige Klatschen der Wellen gegen die Boote wurde hörbar, und allmählich entstand ein prächtiges Bild des Bosporus ... Sabri Mahir sah Dampfer von einer Ecke des Rings zur anderen gleiten und den pechschwarzen Rauch aus ihren Schornsteinen durch den Trainingssaal ziehen, er sah Fischer in ihren Booten voll Gottvertrauen auf das Glück des Tages warten. Und schon drang der Geruch des Meeres, von Salz, Algen und viel Jod, vom Ring zu ihm herüber, kitzelte und brannte ihm in der Nase; seit Jahren sehnte er sich nach diesem Geruch, und um sich nur ja kein bißchen davon entgehen zu lassen, fing er an, mit der ganzen Kraft seiner Lungen Luft zu holen, pfeifend wie ein Blasebalg in der Schmiede.

Zuerst hatte Rachel ihn so gesehen, wie er da mit fast sexueller Lust ein- und ausatmete; danach dann Schwätzer-Rudolf und schließlich auch Luise ... Sie stellten Sabri Mahir keine Fragen. Aber er merkte, daß man ihn beobachtete. Eines Tages nahm er die drei beiseite und erklärte ihnen sein unschuldiges Spiel: wie er sich am Ufer des Bosporus ›verlustierte‹! ... Allerdings war Luise doch nicht ganz ohne Sorge, das Verhalten ihres Mannes könne falsch verstanden werden. Daß Sabri Mahir, der doch in Amerika gewesen war, der den Wert der ›Elektrik‹ und der ›Maschinisierung‹ kannte und wichtige Untersuchungen über die ›Anwendung der Neuen Sachlichkeit auf das Boxen‹ durchgeführt hatte, daß dieser Mann als

ein solcher ›Träumer‹ fern aller ›Sachlichkeit‹ erschien, das konnte nicht richtig sein. Mit besorgten Worten, die zwar nicht genau so formuliert waren, doch ungefähr dasselbe ausdrückten, hatte Luise ihren Mann ein paarmal davor gewarnt. Sie wolle nicht, daß Leute, die ins Studio kamen, aber ›keine guten Bekannten‹ seien, also irgendwelche anderen Deutschen, das falsch deuteten, es falsch verstanden; das wolle Luise verhindern, es sei nur die Besorgnis eines ihn liebenden Menschen, einer liebevollen Frau, nichts weiter ...

Es schadete niemandem, wenn Sabri Mahir sich mitten in Berlin vor den Ring setzte und unter merkwürdigen Atemübungen den Bosporus betrachtete, es konnte ja niemandem schaden, aber bald gab es niemanden mehr, der nicht von seinem ›Vergnügen‹ gehört hatte. Während sie ihn anfangs nur von weitem beobachteten, fingen sie bald an, einen Tee oder Kaffee, die ›umsonst‹ waren, mitzutrinken. Sie setzten sich zu Sabri Mahir an den einfach neben den Ring gestellten Tisch, um mit ihm zu reden, etwas zu besprechen. Bald kamen völlig unterschiedliche Leute, und ihre Zahl nahm ständig zu.

Während anfangs in der Küche des Büros in einem gewaltigen Samowar aus Messing, den man von russischen Emigranten gekauft hatte, nur ein paar Glas Tee für Sabri Mahir selbst gekocht wurden, brachte man den Samowar, als immer mehr Leute ›an den Ring‹ kamen, nach unten in den Trainingssaal. Man mußte inzwischen so viel Tee bereiten, daß es für die Gäste eines Teehauses ausgereicht hätte. Als es immer mehr wurden, gingen Wasser und Aufguß bald aus, die Kohle zerfiel zu Asche, und da hieß es dann neuen

aufsetzen. Wenn an manchen Tagen der Tee im Haus ausgegangen war, war man gezwungen, dem Aufguß in der Kanne auf dem Samowar immer wieder Wasser zuzugeben, und wenn das auch nicht mehr ging, so fand man auch heißes Wasser mit Zucker ›sehr schön‹, und für alle war es ein großes Vergnügen, bei den ›Teestunden am Ring‹ vorbeizuschauen …

So nahmen die Abende, die Sabri Mahir anfangs allein genossen hatte, allmählich eine andere Form an, bekamen einen anderen Inhalt. Das Studio befand sich im Untergeschoß des Gebäudes ›Neuer Westen‹, in dem alle nur erdenklichen ›Neuerungen‹ ausgestellt und angewandt wurden. Wenn die Neuerungswütigen durchs ganze Gebäude spaziert waren, konnten sie meist nicht anders, als auch ins Untergeschoß hinunterzugehen und ›einen Blick in das Studio zu werfen‹. Vor der Revolution geflohene russische Emigranten, Huren aus allen Schichten, die sich in der Umgebung Zimmer angemietet hatten, weil es nicht weit zum berühmten Boulevard, dem Kudamm war, alle möglichen Schriftsteller, Maler, Bildhauer, Journalisten und Filmleute, die von morgens bis abends, ja bis gegen Mitternacht im Romanischen Café dort am Viktoria-Platz gegenüber der Kirche vor einer Tasse Kaffee hockten, Berühmte und Unbekannte, alle kamen sie nun einfach zu Sabri Mahirs Teestunden am Ring, wo sie ›hängenblieben‹ …

Allerdings hatte eines Tages einer der russischen Gäste ohne jeden Hintergedanken den Anwesenden je ein Glas aus einer Flasche mit hausgebranntem, feuergelbem Wodka angeboten und damit eine Atmosphäre ›deutsch-russisch-türkischer Freundschaft‹ erzeugt, war dann sehr laut geworden und hatte sehr

politische Reden geschwungen, bis die Sache abglitt ins Geschmacklose, und damit das Ganze verdorben; mit ›schönen Gefühlen‹ oder mit Boxen hatte das nichts mehr zu tun. Von einer bestimmten Uhrzeit an war der Mann grob geworden und hatte versucht, die Anwesenden zu zwingen, sich seiner Meinung anzuschließen. Als er dann noch ein wenig weiter gegangen war, hatte man die Sache gütlich beizulegen versucht und ihn vor die Tür gesetzt. Luise, die, wenn auch nur auf dem Papier, den amtlichen Stellen gegenüber verantwortlich war, hatte dieser Vorfall sehr verängstigt und betrübt. Wollte man die Teestunden am Ring fortsetzen, so sollte Sabri Mahir sich doch bitte eine ›Regelung‹ dafür überlegen. Sabri Mahir war für die Fortführung der Abende, waren sie doch auch ein Mittel, das Studio für Boxen und Leibeszucht bekanntzumachen. Allerdings hatte seine Frau vollkommen recht: Ganz zu schweigen davon, daß man jeden Tag für Tee und Kaffee für all die Leute sorgen mußte, fand er es inzwischen ziemlich nervenaufreibend und ermüdend, jedem, der nur Guten Tag sagte, seine blödsinnigen Fragen beantworten zu müssen. Schon aus diesem Grunde war Luises Vorschlag, eine ›Regelung‹ dafür zu finden, ein durchaus ›sachlicher‹ Vorschlag. Die Teestunde sollte an einem festen Tag oder auch an bestimmten Wochentagen stattfinden; auch wenn sie keine eindeutige Sanktionsbefugnis einführte, um bestimmte Reden und Aktionen zu unterbinden, so sollte eine Art Hausordnung den Gästen, die kamen, doch in groben Zügen bekannt sein und ohne Diskussion durchgesetzt werden. Auch die Dauer der Teestunde mußte man festsetzen. Zum Beispiel konnte man sagen, sie dürfe

zwei Stunden nicht überschreiten. Das war zum einen erforderlich, um zu verhindern, daß Rachel, die (damals) dort saubermachte, nicht arbeitsmäßig überfordert und womöglich krank wurde, zum anderen auch für sie selbst: Obwohl sie Einladungen dafür erhielten, konnten sie sich weder die neuen Filme, noch die Konzerte und Theaterstücke in Ruhe ansehen. Immer kamen sie zu spät oder mußten ganz darauf verzichten, weil die Teestunden zeitlich nicht begrenzt waren. Und das war im Grunde sehr unhöflich gegenüber den befreundeten Schauspielern, Schriftstellern und Musikern, von denen sie die Einladungen bekamen ...

Schließlich ließ Sabri Mahir eine Bekanntmachung schreiben und an die Eingangstür zum Studio hängen:

Sehr liebe und geschätzte Freunde,
von nun an finden die **Teestunden am Ring** nur noch am ersten und letzten Mittwoch des Monats ab 17.30 Uhr statt.
Der Tee und der Kaffee, den Sie trinken, wird wie bisher als Präsent unseres Studios für Boxen und Leibeszucht kostenlos abgegeben.
Verantwortlich für die Leitung: Herr Sabri Mahir
Anmerkung: Alkoholische Getränke jeder Art schaden unserem Studio und den Abenden! Bitte denken Sie daran!

Die von nun an zweimal im Monat durchgeführten Zusammenkünfte wurden später wegen beruflicher Aufgaben Sabri Mahirs außerhalb Berlins auf einmal im Monat reduziert, und noch vor Beginn des Jahres 1928 – vielleicht hatten sie inzwischen ihre Funktion

verloren – fanden sie plötzlich ein Ende, ebenso ganz von allein, wie sie entstanden waren ...

Weder Luise noch Sabri Mahir kam der Gedanke, die seit fünf, sechs Monaten ausgefallenen Zusammenkünfte wiederzubeleben, und sie wechselten auch nie ein Wort darüber, ob sie sie vermißten.

Vielleicht betrachten sie jene Zeit auch als einen endgültig vergangenen ›Lebensabschnitt‹? ... Die Bezeichnung ›Teestunden am Ring‹ war aber von beiden ohne Diskussion für gut befunden worden.

Es war eine Art Tag der offenen Tür gewesen, wo das Studio jedem offenstand. Mit dem Ring war im Studio für Boxen und Leibeszucht, dem Sabri Mahir als Lehrer und Manager vorstand, gewissermaßen eine Bühne aufgebaut, auf der das ›Spiel des Lebens‹ aufgeführt und gelebt wurde. Ohne jeden Zwang zur Beschränkung und ohne eine vorgegebene Reihenfolge konnte jeder, der Lust hatte, in den Ring steigen und das, was er im Kopf, was er auf dem Herzen hatte, den anderen unterbreiten ... Niemand war verpflichtet, unbedingt zuzuhören oder zuzuschauen, aber natürlich mußte man den Vortragenden respektieren! Es hatte niemand etwas dagegen, wenn man dem Ring den Rücken zukehrte und leise über etwas plauderte, das war klar. (Als die Zahl der Gäste stärker anstieg, als man erwartet hatte, mußten Tee und Kaffee auf zwei Tassen pro Person beschränkt werden!) Wenn erkennbar wurde, daß mehr Redner in den Ring steigen wollten als sonst, wurde Sabri Mahir gebeten, eine ›Ringzeit‹ festzusetzen. Das war dann eine Art ›Runde‹. Und wessen Zeit um war, der mußte auf den Gongschlag hin widerspruchslos aus dem Ring steigen ...

Die Oper im Ring

Wenn er von jemandem reden oder ihn als Beispiel anführen wollte, zählte Sabri Mahir nacheinander alles auf, was ihm von der betreffenden Person im Gedächtnis haftengeblieben war (sein Gesicht, seine Kleidung, seine Art zu reden), und überließ es dem Zuhörer, den Namen herauszufinden. Sein Namensgedächtnis versagte jetzt so oft und diese Schwäche seines Erinnerungsvermögens nahm so schnell zu, daß sich seine Reden immer mehr in die Länge zogen und die Glaubwürdigkeit dessen, was er erzählte, darunter litt.

Sabri Mahir spürte, daß seine Zuhörer ihn in solchen Momenten mißtrauisch anblickten. Als wollte er sich entschuldigen, versuchte er ihnen zu erklären, daß solche Gedächtnisstörungen bei ihm früher nicht vorgekommen seien und sich die Schläge, die er irgendwann im Ring habe einstecken müssen, wohl jetzt in dieser Form bemerkbar machten; er schämte sich wegen dieser kleinen Gedächtnislücken. Wenn Sabri Mahir etwas erzählte, war es in letzter Zeit immer Luises Aufgabe, die jeweiligen Namen herauszufinden. Nun gehörte Sabri Mahir aber nicht zu denen, die eine solche Schwäche so einfach hinnahmen; langsam hatte er begonnen, eine Methode dagegen zu entwickeln. So nannte er zum Beispiel erst die Namen, die ihm gerade einfielen, und wenn er über diese Leute etwas zu erzählen hatte, räumte er ihnen Priorität ein... Da konnte Luise sehen, daß er nicht jedesmal Schwierigkeiten hatte, auf den Namen zu kommen!

Gewiß, es gab eine nicht unbeträchtliche Anzahl

von Freunden und Bekannten, deren Namen er ohne jede Unsicherheit auf einen Schlag hersagen konnte. Zu ihnen gehörte Herr Alfred Flechtheim, ein kleiner Mann mit Löffelohren und einer gebogenen Nase, die an die Mitglieder der osmanischen Dynastie erinnerte. Er war völlig aufs Boxen versessen. Bei den Teestunden am Ring war er Stammgast und von allen am längsten dabei. Auch er vertrat (wie Sabri Mahir) die Ansicht, ein guter Boxer müsse von der Wissenschaft und allen Bereichen der Kunst so viel verstehen, daß er darüber mitreden könne. Und dazu wollte er auch seinen Beitrag leisten. So hatte er Sabri Mahir eines Tages gebeten, alle seine Schüler im Studio zu versammeln, und an einem Wochenende einer Gruppe von dreißig Leuten (die Mitarbeiter des Studios eingeschlossen) die von ihm herausgegebene Kunstzeitschrift *Der Querschnitt* vorgestellt. Dabei hatte er den Inhalt der Zeitschrift und die Aufgabe, die sie sich gestellt hatte, beschrieben, und so glaubhaft und überzeugend dargelegt, warum sie jeden, der in Berlin lebte und echter Kosmopolit sein wollte, interessieren mußte, daß alle Anwesenden sofort eine Schlange bildeten, um sie zu abonnieren. Nur Rachel, die jeden Pfennig zu Hause abgeben mußte, hatte gesagt, alles, was in der Zeitschrift stehe, interessiere sie sehr, und ein wenig schüchtern aber mit der Reife eines Menschen, der sein Schicksal trägt, erklärt: »Eines Tages werde ich Ihre Zeitschrift bestimmt abonnieren …«

Der Querschnitt wurde für Luise und Sabri Mahir zu einer Art Kulturführer, dessen Bedeutung nicht überschätzt werden kann. In welche Richtung der moderne Mensch voranschritt, das entschieden sie anhand dieser Zeitschrift.

Das eigentliche Gebiet, auf dem Herrn Flechtheims und Sabri Mahirs Interessen zusammenfielen, war nicht das Boxen, sondern eine weitere Gemeinsamkeit: die Malerei. Mit diesem Herrn, dem anerkanntesten Kunsthändler der Stadt und Berliner Galeristen eines Malers namens Picasso, konnte Sabri Mahir stundenlang darüber reden und diskutieren, was ein gutes, ein wirkliches Bild war und wie es auszusehen hatte. Und nach langen Unterhaltungen mit Herrn Flechtheim wurde Sabri Mahir, dem dies auf der Kunstschule in Istanbul nicht beigebracht worden war, endlich verständlich, was die Moderne, was die im ständigen Wandel begriffene Malerei ausmachte, und das spiegelte sich auch in den Bildern, die er in der ihm neben dem Boxen verbleibenden Zeit malte …

Wer immer in seine Galerie kam, ob es ›jemand Berühmtes‹ war oder ein ›Namenloser‹, Herr Galerist nahm ihn sogleich beim Arm und ging mit ihm zu den Teestunden am Ring. Diese Leute waren zunächst mißtrauisch, gewöhnten sich nur langsam an den Trainingssaal, in dem es im Winter recht kühl war und im Frühjahr und im Sommer angenehm lauwarm, an die Tische am Ring und die hölzernen Stühle, doch dann sah man in ihren Gesichtern so etwas wie Zufriedenheit, und bald kamen sie auch allein. Einer von denen, die so ins Studio gekommen waren, war ein berühmter Koch. (Hieß er Jean Paul?) Er verglich die Teestunden mit Gerichten der westlichen Küche, die alle möglichen orientalischen Gewürze enthielten und gerade neu entdeckt wurden. Damit hatte der geschätzte Chefkoch des Hotels Adlon gar nicht so unrecht: An den Abenden vermischten sich die unterschiedlichsten Genüsse für

Seele und Geist, und man war stets auf der Suche nach neuen Geschmackserlebnissen …

Einen wirklich und konkret ›orientalischen‹ Charakter hatten die Teestunden am Ring (so Sabri Mahir) beim siebenten Treffen angenommen. Einer der griechischen Kaufleute, die im Adlon abgestiegen waren, hatte blauen Tabak nach Berlin gebracht, um ihn hier zu verkaufen, und als er ›keinen Markt‹ dafür vorfand, hatte er die Proben an Sabri Mahir verkauft. Der war gewiß keiner, der diesen Tabak liebte und unbedingt haben mußte; nur wenn er in sehr guter Stimmung (oder sehr traurig) war, zog er sich manchmal, alle Jubeljahre, in sein Büro zurück und dampfte einen …

Und bei dieser siebenten Teestunde am Ring hatte das qualmende ›komische Ding‹ plötzlich unter fast allen Anwesenden (vom ernsthaftesten Kritiker bis zum leichtfertigsten Revue-Girl) die Runde gemacht. Das Mundstück dieses ›Dings‹ wurde von einem zum anderen weitergereicht, alle versuchten, Rauch herauszuziehen, anschließend lachten sie frech und schelmisch. Was das für ein komisches Ding war, hatten nur zwei russische Emigranten erraten. Es hieß ›Wasserpfeife‹.

Sabri Mahir hatte das Gerangel um die Wasserpfeife anfangs mit Erstaunen beobachtet. Wer hatte die aus seinem Büro heruntergeholt?! Kleinlaut gestand Schwätzer-Rudolf ein, er habe sie geholt und neben Sabri Mahirs Tisch den Tabak und die Glut vorbereitet, um seinen Chef damit zu überraschen; zu seiner Entschuldigung führte er an, er hätte nie gedacht, daß das zu einem solchen Durcheinander führen könnte.

Sabri Mahir beantwortete diese unerwartete kleine ›Disziplinlosigkeit‹ in einer dem Geist des Abends angemessenen Form und hielt eine kurze Ansprache über ›die Wasserpfeife‹. Er gab einen Abriß der Geschichte der Pfeife, und im Anschluß daran erläuterte er anhand von Beispielen, wie man sie rauchte. Mit sanfter, einem Ausbilder wohl anstehender Stimme erklärte er, sosehr er als Sportsmann gegen alles sei, was der Gesundheit schade, so habe doch jeder seine schwache Seite, solche Schwächen lägen vielleicht im Charakter des ›modernen Menschen‹, und er betonte, im gesellschaftlichen Zusammenleben müsse hier besondere Nachsicht walten ... Als er fertig war, nahm er ein paar tiefe, paffende Züge aus seiner Wasserpfeife.

Der Vorfall, über den hier geredet werden muß, geschah im Anschluß daran. Es kam sogar zu einer kleinen, unschönen Verstimmung zwischen Sabri Mahir und einem von ihm sehr geschätzten und verehrten Freund, dem Tenor Bohnen: Nach Sabri Mahirs kurzer belehrender Ansprache war es zum zweiten Mal zu einem Gerangel um die Wasserpfeife gekommen. Man steckte sich den Schlauch in den Mund und versuchte zu rauchen und den Tabak zum Qualmen zu bringen, und wieder kam es dabei zu allerlei Anfängerfehlern. Manche zogen den Rauch, den man nicht so plötzlich in die Lungen ziehen durfte, gierig in sich hinein und bekamen dann Hustenanfälle und Würgekrämpfe, die nicht enden wollten. Andere pusteten mit der ganzen Kraft ihrer Lungen Luft durch den Schlauch in die Pfeife, so daß das Wasser im Glasbehälter aufschäumte und Wellen schlug wie das Meer ... In der schelmischen Art von Straßenkindern saßen erwach-

sene Menschen vor der Wasserpfeife und begingen ›Ungezogenheiten‹ im wahrsten Sinne des Wortes … Und eben da passierte es dann: Einer von ihnen stieß mit dem Fuß ungeschickt gegen den Glasbehälter der Pfeife! Hätte sie fast zerbrochen! Ob er es absichtlich getan hatte oder aus Versehen, war nicht recht klar. Aber der Fußtritt des Mannes hatte Sabri Mahir sehr wütend gemacht (auf eine Weise, die keiner, der ihn kannte, bis dahin erlebt hatte). Er warf dem Mann unziemliche Worte an den Kopf, wie sie ein ›Hausherr‹ nicht verwenden sollte. »Pack deine Siebensachen und zieh Leine!« brüllte er. Noch zwei Tage lang sollte ihm Luise vorhalten, daß er sich vor so vielen Leuten gegenüber einem Gast so ungehobelt benommen hatte: »Sie denken immer, Sie haben nur ihre Boxschüler vor sich, und sind dann so grob zu Ihrer Umgebung, wie es Ihnen, glauben Sie mir, mein Freund, nicht gut zu Gesicht steht.«

Als er mit klarem Kopf darüber nachdachte, gab er Luise recht. Ja, der verletzliche, feine Mensch, der er in seiner Jugend gewesen war, der alle Dinge und Ereignisse mit den Augen eines Malers betrachtete, war besonders nach den Jahren des Krieges (ohne daß er das in dem ganzen Durcheinander bemerkt hätte) der groben oder doch dickfelligen Persönlichkeit eines hitzigen, wütenden Boxers gewichen, für den die ganze Welt nur ein gewaltiger Ring war.

Der Mann, der der Wasserpfeife einen Fußtritt versetzt hatte oder aber ungewollt mit dem Fuß gegen sie gestoßen war (es war wohl ein Bühnenbildner von der Oper), war von dem berühmten Tenor Michael Bohnen, Sabris Herzensfreund, angeschleppt worden. Herr Bohnen war einer der eifrigsten Schüler Sabri

Mahirs und des Studios. »Ich breche meinen Vertrag mit der Oper, ich will unbedingt Boxer werden, Herr Sabri Mahir. Ich bin überzeugt davon, daß Sie mir da am ehesten behilflich sein können. Glauben Sie mir, ich habe großes Vertrauen zu Ihnen, und wenn ich die Sache hinbekomme ...«

Er war ganz versessen aufs Boxen; neugierig auf alles, was er sah, versuchte er es zu lernen und nachzumachen. Sabri Mahir sah zwischen diesem ehrgeizigen Mann und sich selbst eine Art Seelenverwandtschaft, und wortlos erfüllte er ihm jeden Wunsch. Zudem bewunderte er dessen übernatürliche, unglaubliche Stimme; ob es an ihr lag, daß er seinen Wünschen nichts entgegensetzen konnte? ...

Um sich für den mitgebrachten Freund einzusetzen (und ein wenig auch im Vertrauen auf seine Freundschaft mit Sabri Mahir) hatte Herr Bohnen in scharfem Tonfall gesagt: »Mensch, was ist denn passiert, daß man so grob werden müßte? Selbst wenn sie kaputtgegangen wäre – wir hätten sie bezahlt und die Sache wäre erledigt gewesen...«

Und erst da war Sabri Mahir zu sich gekommen: Er hatte fast die Grenze dessen überschritten, was zwischen zwei zivilisierten Menschen erlaubt war! Um sich zu entschuldigen, drückte er seinem Freund ganz fest beide Hände und sagte: »Die Wasserpfeife ist ein Andenken an meinen geliebten Großvater. Als ich sah, daß man damit herumspielte wie mit einem Spielzeug, hatte ich plötzlich das Gefühl, man würde diesem Andenken keinen Respekt entgegenbringen. Das war alles...«

Als der Streit damit gütlich beigelegt schien, sagte Sabri Mahir plötzlich wie zum Scherz: »Dennoch

möchte ich, daß die Sache im Ring ›bereinigt‹ wird.« Er schlug Herrn Bohnen ein Match von einer Runde vor. »Sie werden gegen mich boxen; wenn Sie gewinnen, werde ich als Lehrer jederzeit zu Ihren Diensten stehen. Und wenn ich gewinne, dürfen Sie bitte hier für uns die Arie singen, die ich so liebe...«

Inzwischen hatte man sich allseits wieder beruhigt, und der Vorschlag wurde mit Beifall angenommen; ein Einspruch des Tenors Michael Bohnen ging im Applaus unter. Und Sabri Mahir goß noch Öl ins Feuer, um seinen Freund anzuheizen: Wenn er schon die Oper verlassen und für Geld boxen, Berufsboxer werden wolle, dann solle er sich doch erstmal hier beweisen!...

Herr Bohnen gehörte zu den Schülern im Studio, die die Sache besonders ernst nahmen. Sabri Mahir bildete ihn aus, indem er ihn den abgebrühtesten Sparringspartnern gegenüberstellte. Diese Partner waren eine Art Prügelknaben. Meist waren es erfahrene Altboxer, ›Ruheständler‹. Sie standen als lebende Sandsäcke da und versuchten nur, sich vor den Fausthieben des anderen zu schützen. Manchmal waren bis zu fünfzehn oder zwanzig von ihnen im Studio, und diese armen, für diesen Beruf recht alten Menschen saßen in einer Ecke des Trainingssaals auf einer langen Bank und warteten den ganzen Tag über darauf, daß man ihnen Arbeit gab. In der letzten Zeit hatte die Inflation ein wahnsinniges Tempo angenommen, und Sabri Mahir versuchte, sich um diese Leute zu kümmern so gut er konnte ohne jemanden zu bevorzugen, und sie nicht ohne ein paar Groschen heimgehen zu lassen ... Michael Bohnen, der sich irgendwann vorgenommen hatte, ein guter Berufsboxer

zu werden, schlug so zu, daß sogar die abgefeimtesten von diesen Sparringspartnern in Not und Bedrängnis gerieten, seine Beinarbeit war gut, er baute sehr kluge Kombinationen auf und brachte die Männer damit oft ziemlich ins Schwitzen.

An dem Abend wehrte er sich nicht gegen Sabri Mahir, dachte vielleicht nicht einmal daran. Allerdings baute er eine Deckung auf, die von allen Anwesenden aus ganzem Herzen beklatscht wurde. Und Sabri Mahir achtete darauf, nicht den Mund seines Gegenübers zu treffen, aus dem die schönen Klänge kamen, und nicht die Bauchgrube mit dem Zwerchfell darin, die Quelle all der schönen Töne; statt dessen setzte er seine hammerharten Haken mehr auf die Schultern an. Als der Herr Tenor die Arme kaum noch oben halten konnte, wurde das Match in einer ›politischen‹ Entscheidung vom Ringrichter mit einem Unentschieden beendet.

Na, und was war nun mit dem ›Belcanto‹? War die Entscheidung nicht unfair gegenüber Sabri Mahir?

Auf eigenen Wunsch hatte Frau Baum das Amt des Ringrichters ausgeübt; neben den Boxern wirkte sie so winzig, daß man fürchten mußte, sie könne zwischen ihnen zerrieben werden, und tatsächlich hatte sie den Kampf mehr aus einer Ecke des Rings geleitet. Jetzt rief sie Michael Bohnen zu sich und redete längere Zeit auf ihn ein: Nein, er sei nicht besiegt worden, aber er könne jetzt doch einfach Großmut zeigen und Herrn Sabri Mahir seinen Wunsch erfüllen …

Nach einem Augenblick der Unlust erklärte er sich bereit, die Belcanto-Arie vorzutragen. Während sich die Gäste des Abends vorsichtig zurücklehnten, legte Sabri Mahir seinem Freund, der im Ring bleiben

sollte, seinen eigenen, aus Amerika mitgebrachten Bademantel aus blauem Organdy mit Frotteefutter um, damit der Schweiß trocknen konnte und die Muskeln nicht verhärteten. Er half ihm auch, ihn richtig anzuziehen, und stieg dann vom Ring herunter.

Herr Bohnen trug die von Sabri Mahir gewünschte Belcanto-Arie aber nicht sogleich vor. Vielleicht hatte er das Unrecht, das dem von ihm mitgebrachten Freund geschehen war, noch immer nicht verdaut, jedenfalls protestierte er ganz vornehm, indem er zunächst zwei andere Arien sang. Wohl aufgrund der Erschöpfung durch den Kampf fiel Michael Bohnen das Singen anfangs ein wenig schwer. Die ›Einleitung‹, bei der er im Hauptteil ein wenig ins Stocken geriet, bildete eine Arie aus den *Meistersingern von Nürnberg*: »Wahn! Wahn! Überall Wahn.« Dann sang er »Komm, mein Söhnchen auf ein Wort« aus der *Verkauften Braut*. Erst danach kam er zu dem Stück, das Sabri Mahir sich gewünscht hatte, zwitscherte mit seiner bezaubernden, mitreißenden, wunderschönen, ausgebildeten Stimme die Arie »Salaam Alaikum« aus dem *Barbier von Bagdad*.

Nur Luise entging nicht, daß Sabri Mahir zwei Tränen über die Wangen liefen, während er unter den anderen dasaß und verträumt zum Ring hinaufsah... Es gab auch eine Dame, die bei dem alle in ihren Bann schlagenden Klang dieser Stimme ohne jede Hemmung Tränen vergoß. Besonders bei dem Lied »Komm, mein Söhnchen...« war sie in Schluchzen ausgebrochen. Es war eine ärmlich gekleidete Frau mit olivschwarzen Augen und wildem Blick. Während des ganzen, gefühlvollen kleinen Konzerts hatte sie

nicht von der Kaffeetasse aufgesehen, mit gesenktem Kopf dagesessen und geweint und dabei gelegentlich unter lautem Schluchzen mit den Schultern gezuckt. Als Luise gerade daran dachte, hinzugehen, sich ihr vorzustellen und sie zu fragen, ob sie ihr irgendwie helfen könne, war die letzte Arie zu Ende gewesen, und die Frau war aufgestanden und, wiederum mit gesenktem Kopf und ohne sich weiter aufzuhalten, einfach hinausgegangen. Luise hatte nicht hinterherlaufen und sie einholen können, aber sie hatte Leute gefragt, die sie kannten, und ihren Namen erfahren. Es war Else Lasker-Schüler. Zu Hause im Bücherschrank hatten sie einen Gedichtband von dieser Dame, den Herr Alfred als Geschenk mitgebracht hatte, als er einmal zum Abendessen bei ihnen war. Luise hatte das Buch ein paarmal in die Hand genommen und darin herumgelesen, konnte aber kaum sagen, daß sie viel von dem Gelesenen verstanden hätte ... Es hieß, die Dichterin habe einen Sohn, der mit einer tödlichen Krankheit ringe ...

Luise sah das besorgte Gesicht, die zerzausten schwarzen Haare, den wilden Blick der Dichterin noch lange Zeit immer wieder vor sich. Irgendwie entdeckte sie an sich selbst eine Gemeinsamkeit mit ihr: Damals, als sie sich ihr Kind wegmachen lassen mußte, hatte auch sie ein wenig Mutterschmerz empfunden und begriffen, was der Verlust eines Kindes bedeutete ... Nach jenem siebten Abend am Ring war sie der Richterin noch zweimal begegnet. Das eine Mal im Romanischen Café. Sie lief zwischen den Tischen herum und wollte irgend etwas. Später setzte sie sich an einen Tisch und geriet mit einer Dame in einen lauten, scharfen Wortwechsel. Beim zweiten

Mal war auch Sabri Mahir dabeigewesen. Ihr Mann hatte mit der Dichterin über irgend etwas gesprochen und sich dann nach der Gesundheit ihres Sohnes erkundigt. Sie war der Frage ausgewichen. Dann hatten sie sich verabschiedet und waren auseinandergegangen. Sabri Mahir erzählte Luise, daß die Dichterin ständig unter Geldmangel leide. Er habe ihr ein bißchen unter die Arme gegriffen, doch sie trinke leider zuviel, wohl wegen des Schmerzes über die Krankheit ihres Sohnes, und könne Geld nicht zusammenhalten ...

Als Michael Bohnen aus dem Ring kletterte, standen alle Anwesenden auf und applaudierten ihm minutenlang. Und er ging zu Sabri Mahir hin und küßte ihn auf beide Wangen wie ein Orientale; auf seinem Gesicht war die Gelassenheit eines Menschen, der anderen verziehen und sich mit ihnen ausgesöhnt hat.

Am Abend des 4. April im Ring

Sabri Mahir hatte sich vorgenommen, nicht hochzublicken und sich nicht umzusehen, solange sie langsam auf den Ring zugingen. Er hielt die Augen auf die an den Seiten schon ziemlich abgetretenen Absätze von Schwätzer-Rudolf gerichtet, der vor ihm ging und die Schuhe für diesen Tag sorgfältig poliert hatte. Ob Bekannte oder nicht, er wollte niemanden sehen. Dennoch kamen Leute in sein Blickfeld, mit einem Teil ihrer Kleidung, mit gelackten oder auch wildledernen Abendschuhen. Und wenn er ab und zu doch

gezwungen war, den Blick ein wenig zu heben, weitete sich sein Gesichtsfeld, und er sah Herren in Frack und Smoking, Damen im Abendkleid, ohne Köpfe, manchmal auch ohne Arme, ohne Schultern...

Als sie in den Ring kletterten, standen sie plötzlich im magischen Schein der herabhängenden starken Lampen, der einem jeglichen Sinn für die Realität raubte. Während sie vor den Photographen posierten, spürte Sabri Mahir nur die Spannung der seinen Gefühlen entfremdeten Muskeln auf dem lächelnden Gesicht... Ohnehin wollte er nichts weiter spüren, wollte an nichts anderes denken...

Wie lange standen sie schon im Ring? Seit wann schon waren seine Gesichtsmuskeln hart wie Stein, zu einem Lächeln verzogen?... Er erinnerte sich nicht. Nur einmal war sein Blick in all dem Durcheinander, in all dem Gerangel der Photographen auf Luise gefallen. Unter den hin und her wandernden Tausenden von Augen wirkten die von Luise tief, still und kühl wie ein Stück Ozean. Sie blickten Sabri Mahir an, als zögen sie eine Bilanz all dessen, was geschehen war und noch geschehen würde. Wer weiß, vielleicht hörte sie mit diesem kalten, fragenden Blick auch nur Marlene zu, die zu ihr hingebeugt dasaß und ihr irgend etwas erzählte?

Einmal hatte man sie auf dem Ring so zusammengedrängt, daß er, Franz Diener, Max Schmeling, Herr Bülow und Schwätzer-Rudolf, den sie immer dabeihatten, so eng umschlungen posierten, daß es einem das Herz zusammenzog. Sabri Mahir bildete sich ein, die vielen tausend Menschen im Saal würden auf ihn zukommen und ihn erdrücken. Er atmete ganz schnell, als bekäme er keine Luft. Er mußte an ihren

amerikanischen Freund denken, der in solch einer Situation sofort nach draußen zu stürzen pflegte, um des Sauerstoffs willen, an Mister Rickard, dessen Todesnachricht er kürzlich erhalten hatte. Einen Augenblick lang wollte er aus dem Ring springen und einfach nach draußen laufen. Er war jetzt völlig in einer Alptraumwelt gefangen, in der es so laut war, daß sich nichts mehr einordnen ließ, in der alles seine klar umrissenen Grenzen verlor ... Vor seinen Augen tanzte der endlos große Saal des Sportpalastes mit all dem Zigarettenqualm, den Millionen von Staubkörnchen im Lichtschein der über ihren Köpfen baumelnden Lampen. Und mit ohrenbetäubendem Lärm spielte man jetzt den Marsch des Sportpalastes an, und alle sangen sie ihn mit. Und in ebendiesem Augenblick stellte er fest, daß sein von all dem Schweiß gekühltes Herz stehengeblieben war. Trotz der höllischen Hitze, die von den Scheinwerfern ausging, trotz der Sauna-Atmosphäre, dieser Luft, die vom Atem der mehreren Zehntausend feucht und klebrig war, hatte die in Sabri Mahir ganz langsam entstandene Seelenkälte also allmählich zu einer Vereisung geführt, gegen die nichts mehr half?! ... Es würde wohl für immer unbegreiflich bleiben, wie das mitten unter Tausenden von Sonnen geschehen konnte; es war eben der Zustand eines auf ewig zum Frieren verdammten Emigranten, eines Landlosen, einer verbannten Seele! Und mit der Auberginennase, die all den Fausthieben immer noch standgehalten hatte, dem gequälten, für die Photographen aufgesetzten Lächeln auf den Lippen und den dennoch herabgezogenen Mundwinkeln, sah er jetzt, von außen betrachtet, gewiß wie ein Clown aus! ... In den

vierzig Jahren seines Lebens, die ihm inzwischen unendlich lang vorkamen, hatte er so viel Reichtum, so viel Armut, so viel Hunger und so viel Übersättigung gesehen. Und die dicht an dicht um den Ring herumsitzenden Herren in Fräcken und Smokings und Lackschuhen, die Damen mit Hüten in unzähligen verschiedenen Formen, in Abendkleidern mit Perlen und Flitter wußten nichts davon, daß Sabri Mahirs Seele dabei war einzufrieren.

Nachdem er Rudolf mit seinen beiden Helfern in Franzens Ecke zurückgelassen hatte, quetschte er sich auf den ersten freien Platz in der Nähe des Rings. Er machte sich klein, nahm die Knie vor die Brust. Selbst in dieser Sitzhaltung, bei der er sich geradezu versteckte, spürte er noch Luises Blick auf sich ruhen. Zweifellos hatte Luise ihn beobachtet, als er vom Ring herunterstieg und sich hinsetzte. Und zweifellos war auch sie besorgt über die Vereisung zwischen ihnen, über die Eisfläche, von der man seit Monaten nicht mehr gesprochen hatte und bei der die Gefahr gehörig zugenommen hatte auszugleiten, sobald man versuchte, sie zu überschreiten ...

Franz war mit dem festen Vorsatz in den Ring gestiegen, auf jeden Fall zu siegen, und schon in der ersten Runde begann er, sehr ausgeglichen und überlegt auf Max Schmeling einzuschlagen, so daß der nicht wußte, wie ihm geschah. Franz holte weder selbst Luft, noch gab er seinem Gegner Gelegenheit dazu. Die dicht gedrängte, wilde Menge, die sonst schäumte und außer Rand und Band geriet, hielt schon beim ersten Fausthieb den Atem an, und alles war so still, daß man eine Stecknadel fallen gehört hätte.

Ohne sich um die Regeln zu kümmern, versuchte

Herr Bülow seinem Schüler von unten zuzubrüllen, wie er vorgehen sollte. Als die erste Runde zu Ende war, murmelte er besorgt vor sich hin. Und fing dann an, seine Besorgnis mit lauter Stimme jedem in seiner Umgebung mitzuteilen. An einem Finger der linken Hand des Herrn Schmeling sei eine Verletzung aufgetreten; er versuchte allen zu erklären, daß sein Schüler große Schmerzen litt.

Nichts von alledem hatte auf Franz Diener irgendeine Wirkung; er führte den Kampf weiter, wie er ihn begonnen hatte, ließ den Gegner nicht zum Luftholen kommen und trommelte mit den Fäusten auf ihn ein. Max war verwirrt. Es fiel ihm schwer, seine einstudierte Taktik anzuwenden. Sein Gegner landete mit seinen schnellen Schlägen jetzt weniger Treffer, aber weil ihn doch ab und zu einer wie ein Felsbrocken ins Gesicht traf, fand er keine rechte Zeit zum Nachdenken. Der ganze Fight würde fünfzehn Runden dauern, und da sich das Blut immer mehr über sein Gesicht ausbreitete (ihm mußte wieder eine Braue aufgeplatzt sein), schien es für Franz kein großes Problem mehr zu sein zu gewinnen.

Sabri Mahir bereitete es Sorgen, daß sein Schüler immer noch auf Tempo machte, aber dieser hatte eine sehr kräftige Lunge, ein erstaunliches Sauerstoffdepot, und so zweifelte er nicht im geringsten daran, daß Franz den Kampf zu Ende bringen konnte, ohne daß ihm die Luft ausging.

Sabri Mahir überlegte, ob er aufstehen und in den Umkleideraum gehen und das Ende des Fights dort abwarten sollte. Sich umzuschauen und zu sehen und zu hören, wer sich als Anhänger von wem entpuppte und in geschmackloses Gebrüll ausbrach, um seinen

Mann zu unterstützen, das stürzte ihn in eine seltsame Einsamkeit, in ein rätselhaftes, unerklärliches Gefühl von Reue. Wie viele von denen, mit denen er bis heute auf irgendeine Art zusammengewesen war, die im Studio ständig ihre Freundschaft demonstriert hatten, sprangen jetzt bei jedem Fausthieb in Franz' Gesicht vor Freude auf und überließen Sabri Mahir seiner unendlichen Einsamkeit, deren Grenzen auszuloten er noch nie gewagt hatte. Es machte ihm Angst, denn durch diese ›abgeschmackten Kameraden und Freunde‹ wurde die Einsamkeit seines Herzens schonungslos entblößt! ... Ein steiniges, trockenes Land mit aufgesprungenem Antlitz ...

Anstatt in der vierten Runde seinen Gegner einfach zu erledigen, trat Franz in den Dienst dessen, was man ›Schicksal‹ nennt, und übernahm die Aufgabe, es zu rechtfertigen. Die Entscheidung, die er innerhalb einer Sekunde hätte treffen müssen, fällte er erst nach einer Minute. Max Schmeling hing in den Seilen, jeglichen Selbstvertrauens beraubt, hilflos wie ein neugeborenes Kind und völlig durcheinander von all den Hieben, doch den von allen erwarteten Faustschlag, der ihn zu Boden werfen, ihn k. o. schlagen würde, konnte Franz ihm nicht versetzen. Er schlug nicht zu! Und als Herr Schmeling am Ende der vierten Runde seine eigene Ecke nicht wiederfand und auf dem Weg in die von Franz war, nahm ihn der Ringrichter beim Arm und brachte ihn an seinen Platz.

Der Rest ist inzwischen bekannt!

Die Chance, die ihn für lange Jahre in Ruhm und Geld hätte schwimmen lassen und für Sabri Mahir durch das wiedergewonnene Selbstvertrauen viel-

leicht auch ein ›Heilmittel‹ gegen seine ›seelische Vereisung‹ hätte sein können, hatte Franz ungenutzt gelassen. Herr Schmeling sammelte sich wieder. Er hielt bis zur fünfzehnten Runde aus. Und die Punktrichter erklärten (wieso eigentlich?!) Max Schmeling zum Sieger! Damit war er Deutscher Meister im Schwergewicht! …

Im Saal entstand ein Chaos: Beifall, Flüche, Geschrei … Alles schrie wild durcheinander!

Als er wieder in den Ring stieg, um für die Photographen zu posieren und den Reportern Rede und Antwort zu stehen, war das für Sabri Mahir eine endlose Höllenqual. Franz hatte eine aufgeplatzte Braue und konnte nach all den eingesteckten Fausthieben nur noch verwirrt zu ihm herüberschielen, und wäre da nicht seine sympathische Hilflosigkeit gewesen, die Sabri Mahir ins frierende Herz wehte wie ein lauer Wind, er hätte es der ungezogenen Menge um ihn herum gezeigt, wie vernichtend er sein konnte, wie *terrible*, und hätte ihnen den Abend in einer nie wieder gut zu machenden Weise verdorben!

Er hakte sich bei Franz unter und drückte ihm liebevoll und zärtlich den Arm; nach dieser unschönen Entscheidung würde Franz vor allem ihn, Sabri Mahir brauchen … Mit Mühe bahnten sie sich einen Weg durch die schwankende, sich drängelnde, epileptische Menge und stiegen aus dem Ring …

Die Freunde des Studios

»Ich möchte Boxen lernen und ...«

Wer mochte ihm diese Frau, noch ein halbes Kind und nicht größer als eineinhalb Meter, ins Studio geschickt haben? Das war doch wohl ein schlechter Scherz. Was wollte er damit beweisen? Nun gut, in diesen ersten Tagen standen die Türen jedem offen. Wenn das Geschäft erst lief, sobald sie ein wenig anerkannt waren, würde man unter den Kunden eine ›Auswahl‹ treffen, auch das war klar. Aber erstmal mußte man jeden, der hereinspazierte, herzlich willkommen heißen. Sogar solch ein kindliches kleines Mädchen, das von zu Hause weggelaufen zu sein schien, um hier die Erwachsene zu mimen?!

»Wer hat dich hergeschickt, mein Kind? Wer hat dir meinen Namen gegeben?«

Darauf hatte die winzige, zwischen Selbstvertrauen und Unsicherheit schwankende junge Dame folgende erstaunliche (oder nicht erstaunliche) Erklärung abgegeben: »Niemand hat mich geschickt. Ich bin von allein gekommen ... Ich habe von Ihnen gehört, man hat mir diese Adresse gegeben und da bin ich hergekommen ... Aber wenn ich Ihnen unbedingt jemanden nennen soll, der Sie besonders empfohlen hat, so kann ich das tun: Herr Korff!«

»Herr Korff?«

»Von dem Verlag, in dem ich arbeite, Herr Korff von Ullstein ...«

Na, da hatte sich wohl jemand einen Scherz mit ihr erlaubt. Denn Herr Korff war nicht nur Herausgeber der gediegensten Wochenzeitschrift, er war vielleicht auch der witzigste und bestgelaunte Mann jener Zeit.

Es gab wirklich nichts und niemanden, der von ihm nicht auf die Schippe genommen wurde, ihn selbst eingeschlossen, nur um des Spaßes oder Spotts willen, und er wäre bis ans Ende der Welt gegangen, nur um sich einen neuen Witz oder eine neue Anekdote anzuhören …

»Herr Korff?«

»Ja, Sie haben richtig gehört: Herr Korff.«

Was Sabri Mahir und Herrn Korff verband, lag völlig jenseits des Gewohnten. Es war weder das Boxen noch die Malerei. Was sie zusammengeführt hatte, war ihrer beider Leidenschaft für die osmanische Küche.

Während er mit anderen von morgens bis abends über das Training oder alle möglichen Methoden der Körperertüchtigung plauderte, während er seine täglichen Geschäfte erledigte, waren die Gerichte und Süßspeisen der türkischen Küche das Thema, über das Herr Korff und er sich angeregt zu unterhalten pflegten. Sie begannen sogar, sie selbst zu kochen und zuzubereiten … Ein häufiges, wenn auch nur kurzes Gesprächsthema unter ihnen war, wo man die Zutaten auftreiben konnte und wieviel man davon brauchte. Ständig beschäftigten sie sich mit den als Familiengeheimnis gehüteten Rezepten für die Gerichte und Süßspeisen, und sie liefen ihnen hinterher wie ungezogene Jungen, die Spione spielen. Vor allem versuchten sie, unter den Personen und Familien in Berlin, die aus dem Osmanischen Reich kamen ›Ermittlungen anzustellen‹, und dabei hatten sie ein dickes Heft mit ›geheimen Rezepten‹ zusammengetragen, das sie die ›Goldenen Schätze des Gaumens‹ nannten …

Später hatten sie angefangen, eine ›Theorie des Geschmacks‹ zu entwickeln. Sie kosteten Gerichte und Süßspeisen und versuchten, den Geschmack zu definieren, festzustellen, an was, an wen er sie erinnerte und alles aufzuschreiben. Wenn sie zusammenkamen, bestand ein weiterer vergnüglicher Teil ihrer Gespräche darin, daß sie sich ihre jeweiligen Notizen zu ein und derselben Speise vorlasen, selbst wenn sie sie zu verschiedenen Zeiten und an verschiedenen Orten gegessen hatten (Ort und Zeit spielte eine bedeutende Rolle für den ›Geschmackssinn‹). Herr Korff konnte mit hundertprozentiger Sicherheit angeben, welche farblichen und klanglichen Assoziationen ein Geschmack hervorrief, während er sich über den Gaumen ausbreitete. Das war ein fachmännisches Können, das eine tiefe Erfahrung im Kosten von Speisen erforderte. Von Herrn Korff hatte Sabri Mahir zum erstenmal davon gehört, daß solche Fachkenntnis überhaupt möglich war, und anhand der von seinem Freund gegebenen Beispiele hatte er seine eigene Fähigkeit auch ein gutes Stück vervollkommnen können. So saßen sie etwa, fern von den Sorgen des Tages, an einem auf fröhlich stimmende Art gedeckten Tisch und aßen ›Artischocken in Olivenöl‹, eine Speise, die aus fünf Artischocken, zwei Zitronen, zwei Zwiebeln und einer Tasse Olivenöl bestand, und mit der Geduld eines Meisters, der sein Fach versteht, (Geduld war unbedingt erforderlich, denn wie lange die geschälten Artischocken im Saft der Zitronen ruhen mußten, lernte man nur in vielen geduldigen Experimenten!) ging Sabri Mahir daran, sich den Teil »Das Meer und Sindbads Schiff« von Rimskij-Korsakows symphonischer Suite *Scheherazade* bis in die

kleinsten Einzelheiten in Erinnerung zu rufen. Solange man die nach einem wenig bekannten Rezept zubereiteten Artischocken in Olivenöl aß, entfaltete sich die Suite im Hirn, setzte sich fort, und solange der Geschmack sich auf dem Gaumen hielt, mühte sich Sindbad ab, in dem Sturm, dieser Strafe Gottes, einen riesigen Fisch zu fangen ...

Und einmal gar, als sie ein ›Couscous mit Napfkebap‹ gekostet und verzehrt hatten, das von Osman dem Albaner stammte, der viele Jahre als Hilfskoch am osmanischen Hof gearbeitet hatte, da fingen beide ohne jede Absprache und im selben Augenblick an, die Arie »Ach, ich liebte« aus Mozarts *Entführung aus dem Serail* vor sich hinzusummen, und sie waren selbst verblüfft, wie verläßlich die von ihnen entwikkelten Theorien über den Gaumen und seine Macht waren! ...

Sabri Mahir wußte zwar aufgrund eigener Experimente, daß man alles Erlebte auch durch den Filter der Satire sieben mußte, wollte man das Leben ernst nehmen, zu der festen Überzeugung aber, daß der Humor und die Satire zu den wichtigsten Triebkräften unseres Lebens gehörten, gelangte er erst, nachdem er Herrn Korff kennengelernt hatte. Dieser kleine Mann mit dem Riesengedächtnis kannte, so kam es Sabri Mahir vor, alle Witze, Pointen und Merkwürdigkeiten unserer Welt, versah sie mit so etwas wie der Ernsthaftigkeit des Experten und verstand es, sie ohne jede Rücksicht auch in seinem eigenen Leben einzusetzen.

»Es war also Herr Korff, der Sie geschickt hat? Meinen Sie nicht, das könnte auch nur einer seiner Witze sein?«

»Ich weiß nicht, was Sie an meinem Aussehen oder an mir finden, daß Sie mir solch eine Frage stellen? Wenn Sie mich Ihres Studios nicht für würdig befinden, nur weil ich nicht so stämmig bin, wie Sie und keinen Brustkorb wie ein Faß habe, dann kann ich daraus nur schließen, daß der ›berühmte‹ Herr Sabri Mahir den Geheimnissen des Zusammenhangs zwischen ›Körpern‹ und ›Kräften‹ wohl noch nicht auf die Spur gekommen ist! ...«

Diese Antwort der winzigen Frau hatte ihn völlig verblüfft. Ihm fiel ein, daß er sie noch nicht nach ihrem Namen gefragt hatte: »Baum ... Vicki Baum ...«

Gut, aber was sie denn mache? Ob sie verheiratet sei? Sie müsse das entschuldigen, aber für Leute, die nur gerade mal einen halben Tag Lust hätten, die nur jedes zweite Mal zum Training erschienen, die die Massagen nicht ernst nähmen und etwas anderes dabei suchten, sei kein Platz im Studio. Ob sie das verstehe? Wenn es ums Boxen ginge, solle man von Sabri Mahir keine falsche Höflichkeit erwarten. Er habe nicht die Zeit, auch nur eine einzige Sekunde mit Weichlingen zu verschwenden! (Während er das sagte, studierte Sabri Mahir die Landkarte ihres Gesichts, er wollte sehen, ob das Mädchen sich abschrecken ließ.) Wenn sie ernsthaft arbeiten wolle, solle sie sich geeignete Kleidung mitbringen und einen der Umkleideschränke auf dem Flur belegen. Und mit jemandem allzu vertraulich werden, das gebe es im Studio nicht, ob das klar sei? Wenn sie etwas zu fragen habe, so sei er stets in seinem Büro oder draußen am Ring. *Est-que vous comprenez, Mademoiselle?!* ...

Sabri Mahir hatte mit dieser Rede plötzlich seine

vornehme Haltung abgelegt und sich am Rand der Grobheit bewegt, und Frau Vicki Baum antwortete ihm bestimmt, aber ein bißchen auch mit der Verklemmtheit eines frischeingezogenen Rekruten: »Permettez-moi, ich möchte einen Irrtum richtigstellen: Je suis madame, pas demoiselle …«

Sie sei verheiratet, ja. Ihr Ehemann sei gerade als Gastdirigent bei der Staatsoper. Wie sie bereits erwähnt habe, arbeite sie in einem Verlag, schreibe aber auch gerade an einem Roman. Sie sei nicht aus einer vorübergehenden Laune in Sabri Mahirs Studio gekommen. Ganz so, wie sie beim Romanschreiben die Mysterien der Seele und des Geistes erforsche, wolle sie auch die Geheimnisse ihres Körpers, seine verborgenen Kräfte, kennenlernen, unter Anleitung eines ›Meisters‹ wie Sabri Mahir.

Oje! Diese winzige Frau gab aber tiefgründige Antworten!

Am Ende hatten beide die Prüfung bestanden. Diese Dame war kein ›Witz‹, sondern eine ›harte Nuß‹.

Und seit jenem Tage war Frau Baum zu einem unentbehrlichen Mitglied des Studios geworden, zu einer Stammkundin, und wenn sie sich einmal nicht blicken ließ, machte man sich auf jeden Fall Sorgen (und das in dieser Stadt, in der man nach Personen, die verschwunden waren, nie mehr zu fragen pflegte). Wie Frau Carola Neher und Frau Dietrich war auch sie für Luise zu einer Gefährtin geworden, mit der sie sich beriet … Auch zwischen ihr und Sabri Mahir war mit der Zeit ein unerschütterliches Vertrauen, ein herzliches Verhältnis entstanden, das dem von Geschwistern glich. Von der sich immer mehr auswei-

tenden seelischen Vereisung zwischen ihm und seiner Frau hatte er niemandem etwas erzählt – getreu der alten osmanischen Regel, daß ›der gebrochene Arm im Ärmel, der zertrümmerte Kopf unter dem Fes‹ verborgen bleiben soll – er konnte es einfach nicht, aber in den letzten Tagen hatte er das Gefühl, unbedingt einen ›Ratgeber‹ zu brauchen. Und dieser ›Ratgeber‹ konnte durchaus Frau Baum sein.

Schon bald nach ihrer ersten Begegnung hatte Vicki Baum erkannt, wie zerbrechlich Sabri Mahirs Inneres war. Der auf die vierzig zugehende Mann konnte noch so sehr den harten Kerl und Kraftprotz spielen, er wurde doch seine kindische Mimosenhaftigkeit und Verletzlichkeit nicht los. Als sie erfuhr, daß Sabri Mahir in Paris Malerei studiert hatte und immer noch bemüht war, Ölbilder zu malen, war er für Frau Baum noch interessanter geworden. Als sie aber eines Tages fertige Bilder von ihm sah, hatte sie nicht an sich halten können, und ohne darüber nachzudenken, ob sie ihn verletzen oder beleidigen könnte, war sie mit ihrer Meinung herausgeplatzt: »Das sind aber abscheuliche Bilder, Herr Sabri Mahir ... Sie haben eine schrecklich wilde Art zu malen. Seien Sie nicht böse, aber ...«

Vielleicht war er an solch harte Urteile über seine Bilder gewöhnt, vielleicht kam es auch darauf an, wieviel Sachkenntnis er der kritisierenden Person zutraute, jedenfalls hatte er auf Frau Baums Worte überaus kaltblütig reagiert: »Wissen Sie, Frau Vicki Baum, in der Kunst hat die Zeit das letzte Wort. Ich liebe Regeln, und dies ist eine der Regeln, denen ich mich verschrieben habe.«

Seitdem Frau Baum nach Berlin gezogen war, hatte

sie sich zwar angewöhnt, sich vom Phantasiereichtum der Menschen um sie herum nicht verwirren zu lassen, aber die Phantasien, die Sabri Mahir entwickelte, um die neue Sachlichkeit auf das Boxen anzuwenden, stellten ihre Unerschütterlichkeit arg auf die Probe.

Ja, Berlin war eine Stadt der Lichter, der Wunder, der Feste und der Freiheiten, und Herr Sabri Mahir gehörte zu den Menschen, die wissentlich oder unbewußt zur Originalität dieser verrückten Stadt beitrugen.

In dieser Stadt konnte man Wunder erleben, und, wie schön, auch sie selbst, Frau Baum, bekam ihren Teil davon ab! ... Hätte sie sich bis vor kurzem vorstellen können, als Redakteurin im größten Verlag Europas zu arbeiten; dabei ein Vermögen von siebenhundert Mark im Monat zu verdienen?! Ja, in Berlin konnte man Wunder erleben! ...

Kaum hatte sie den Verlag verlassen, war sie schon auf dem Weg in Sabri Mahirs Studio. Das Bündel intensiver, wilder, scharfer Gerüche, das ihr schon auf den Stufen zum Untergeschoß in die Nase drang, flößte ihrer müden Seele Vertrauen ein. In diesem Bündel von Gerüchen lag die treibende Kraft von Ehrgeiz und Angriffslust. Zuallererst stieg ihr der beißende Geruch von zur Muskellockerung dienendem Reinigungsalkohol in die Nase, der sofort in die Lungen ging. Danach marschierten der Geruch von rohem und der von feinem Leder sicheren Schrittes auf ihre Nase zu. Beladen mit allerlei erotischen und sadistischen Gedanken kam er daher, dieser Geruch, und trug unzählige Farben mit sich, braune, gelbe, verwaschene Pastelltöne ... Mit all seinen Assoziationen von Möwen, Anlegestellen mit von vio-

letten Muscheln bewachsenen Pfeilern, von Ohrenquallen, von Seejungfern, flaschengrünem Tang, von an Schmuckstücke erinnernden Kieselsteinen, von Fischen, die sich im Sonnenlicht spiegeln, von Fischernetzen, eben von allem, was zum Meer gehört, kam nun fröhlich der Geruch von Hanf daher und schnürte das Bündel aus Gerüchen zusammen ... Und schon stimmte ein Chor im Crescendo in die Orgie der Gerüche ein. Genau in diesem Augenblick waren die zum Untergeschoß herunterführenden Stufen zurückgelegt, und nach und nach wurden dann auch die Mitglieder dieses Chors erkennbar: Er bestand aus den Geräuschen all derer, die sich im Ring, um ihn herum und überall im Trainingssaal bewegten, als seien sie außer sich. Seilspringer, deren Füße dumpfe, satte Laute hervorbrachten, Leute, die mit den Handflächen gegen herabhängende, birnenförmige Bälle schlugen und in der Minute Tausende von ›Tapatapas‹ erzeugten, tiefe ›Pat-pats‹ aus Sandsäcken, auf die fest eingeschlagen wurde, Menschen, die kichernde Reizlaute hervorbrachten, um ihre Gegner oder ihr eigenes Spiegelbild zu erschrecken oder zu verwirren ... Über all diesen Geräuschen flog Sabri Mahirs gebieterische, wütende und doch nur belehren wollende, freundliche Stimme hin und her. Alles hier im Saal, oben im Büro und in den Massageräumen zeugte von Sabri Mahirs Sorgfalt und trug seinen Stempel. Als Frau Baum den vergoldeten Rahmen mit der schönen kufischen Schrift an der Wand des Büros sah, hatte sie lobend gesagt: »Sie sind ein Prophet der Wege zu Kraft und Schönheit.« Anders, als sie erwartet hatte, gefiel dieser Vergleich Sabri Mahir allerdings nicht. »Das, worauf diese Bewegung abzielt, das

gibt es schon lange, es hat sich nur sein Sinn verändert. Das Ganze ist ziemlich ›braun‹ geworden. Man möchte, daß die Tugend schöner, nackter Körper nun nicht mehr dem schönen Geist, sondern der Geistlosigkeit dient …«, sagte er mit lebloser, trauriger Stimme. Und erklärte, daß die Schrift an der Wand nichts an sich habe, was an den Propheten oder die Prophetenrolle denken ließe. Es sei das Werk eines berühmten osmanischen Kalligraphen. Seine Stimme wurde noch nachdenklicher und gekränkter, als er die Schrift auf türkisch vorlas: »Ruhum, havada savrulan yaprağa döndürdü rüzgar beni.« Frau Baum hatte diese Sprache noch nie gehört, und doch klang dies für sie wie das Gebet einer in Vergessenheit geratenen Religion. Dieser Mann kannte kulturelle Geheimnisse, die er niemandem offenbarte, und ihr Vertrauen und ihre Achtung vor ihm wurden noch unerschütterlicher. Dennoch verstand sie nicht, wie dieser überaus gefühlvolle, überaus feine Mensch, der sein Geschäft beherrschte, als Trainer so grob sein konnte. Ob es nun Amateure waren oder Berufsboxer, die er trainierte, irgendwann war ihm das egal, und er wurde stur, roh und verletzend. In solchen Momenten kam Sabri Mahir ihr vor wie ein wilder, grausamer Tiger. Wie ein Sklaventreiber, bereit, im nächsten Augenblick mit der Peitsche zuzuschlagen … Ja, es stimmte, wer sich seiner Ausbildung unterwarf, wer immer sich an ihn wandte, wurde in sehr kurzer Zeit in Form gebracht, wurde nach Sabri Mahirs Verständnis von ›Körperkultur‹ aufgebaut, aber er schien dabei auch eine Art von Erniedrigung in Kauf nehmen zu müssen …

Draußen, wenn er die paar Stufen aus dem Unter-

geschoß hochgestiegen und auf die Straße getreten war, im Restaurant, im Theater, im Konzert, auf Premieren und in Tanzsälen war Sabri Mahir an der Seite seiner schönen, stillen, blonden Frau Luise ganz Bonhomme, ganz Gentleman. In seinem Studio, bei der Arbeit dagegen war er ein Tyrann! ... Ob sein Gegenüber außer Atem war, ob die Füße ihn nicht mehr tragen wollten oder das Pochen seines Herzens kurz davor war, zu einem Herzanfall zu werden – all das war ihm völlig gleichgültig. Ihm ging es nur darum, daß seine Befehle umgesetzt wurden, und zwar sofort. Er trampelte herum, brach in Gebrüll aus, als ginge die Welt unter; er erwartete von seinem Gegenüber ein ungeheures Tempo und unmögliche Bewegungen, und als wäre es nicht der andere, der das nicht schaffte, sondern er selbst, schlug er sich dauernd auf die Brust, reagierte sich an sich selber ab ... In der Wut erteilte er Anweisungen in einem Gemisch aus fünf, sechs Sprachen wie beim Turmbau zu Babel. Ganz gleich in welcher Sprache, das Gebrüll und Geschrei hatte stets ungefähr dieselbe Bedeutung: »Das ist hier keine Kinderkrippe, sondern ein Boxstudio! Ist das klar? Ich begreife nicht, was ein Weichling wie du hier willst! Ist das klar?! ... Wenn du nicht tust, was ich dir sage, geh mir aus den Augen! Verstanden?! ... Pack deine Siebensachen und verzieh dich! Ist das klar?! ... Vergiß nicht, auch die Klamotten aus dem Spind mitzunehmen, verstanden?! ... Gut. Ja, so; hast du gesehen, du kannst es ja. Schneller! Noch schneller! ... Du lebst nicht in deinem Dorf, du lebst in Berlin. Alle entdecken hier die Schnelligkeit, und du ... Es gibt nur ein Berlin, hier mußt du es lernen, ist das klar?! ...«

Dabei übertrieb er die Sache oft ziemlich; wenn die paar Kleidungsstücke, die sein Gegenüber mitgebracht hatte, zur Hand waren, knüllte er sie zusammen und warf sie seinem Schüler vor die Füße. Während der sich abmühte, die ihm gegebenen Befehle auszuführen, versuchte Sabri Mahir ihm die Sachen in die Hand zu drücken. Er solle nicht vergessen, er solle es sich hinter die Ohren schreiben, daß es sich hier um eine überaus ernste Sache handele. Hier werde nicht gespielt. Wer spielen wolle, der solle ein Jo-Jo nehmen, und dann die Treppe hoch und raus … Ohne Disziplin gebe es keinen wohlgeformten, beneidenswerten Körper, niemals! Sei das klar?!

Dieses Verhalten, dieses Herumgebrülle erinnerte ein wenig an die Ungezogenheit verwöhnter Jungen, aber seltsamerweise wühlte es die Kraftreserven seines Gegenübers auf wirklich erstaunliche Weise auf, machte sie ihm überhaupt erst zugänglich; der Schüler war einige Zeit später selbst verwundert darüber, daß irgendwo in seinem Körper ein solcher Vorrat, eine so große Ansammlung von schöpferischer, treibender Energie vorhanden war.

Ja, mit Sabri Mahir zu trainieren war für Frau Baum so etwas wie eine Schlacht. Und wenn sie das Studio verließ, fühlte sie sich stark wie ein entschlossener Krieger, der sich durchzusetzen versteht. Hieß das, Sabri Mahirs beeindruckende Kraft, die sich stets erneuerte und nie zu verbrauchen schien, konnte auch auf seine Schüler übergehen? … Als Frau Baum sich eines Tages mit der Kraft, die sich auf sie übertragen hatte, auf einen Seilspringwettbewerb mit dem in einer Ecke trainierenden Franz Diener einließ, zog sie plötzlich den Zorn des Meisters auf sich: Wenn

Damen, die zum Training oder zur Massage ins Studio kamen, sich dem Champion näherten, wurde Sabri Mahir wütend, zum Teil auch, weil er ihretwegen eifersüchtig auf Franz war. Solche Wutanfälle galten nicht nur Vicki Baum, sondern auch Frau Neher oder Frau Marlene Dietrich. Frauen hatten sich dem Champion nicht zu nähern! …

Wenn er dergleichen beobachtete oder von der Neigung dazu erfuhr, ärgerte er sich und brüllte noch wütender herum. Eine andere Situation, in der er ziemlich schnell ins Schreien kam, war, wenn Frauen darauf beharrten, unbedingt in den Ring steigen und boxen zu wollen: Boxen war nichts für Frauen! »Niemand wird mich dazu zwingen, mir die blauen Flekken im Gesicht einer Frau, ihre blutende, plattgeschlagene Nase anzusehen! Ist das klar?!«

Frau Baum traf Sabri Mahir in der Mittagspause manchmal allein in seinem Büro beim Essen an. Er saß da und löffelte unauffällig eine Diät, die er Cacık nannte, bestehend aus einer Schale zu Hause von ihm selbst bereiteten Joghurts, dem er Gurkenscheiben, Olivenöl, Salz, schwarzen Pfeffer und eine Knoblauchzehe beigab. Das aß er oft und behauptete immer, es gebe seinem Körper Kraft, mache aber nicht fett. Ob Frau Baum vielleicht auch eine Schale Cacık wolle? Ja, sie wolle schon, aber sie könne es ehrlich gesagt nicht riskieren, eine Wolke von Knoblauchgeruch hinter sich herzuziehen, wenn sie durch die prächtigen, im Jugendstil gehaltenen Flure des Verlages ging. Ob es diese Speise nicht auch ohne Knoblauch gebe? Na gut, das solle sie haben. Und Sabri Mahir bereitete ihr eine Schale Cacık zu, indem er statt des Knoblauchs ein herrlich duftendes großes

Bund Dill hineinschnitt, dessen erfrischender Geschmack einen an verträumte heiße Sommerabende denken ließ. Ob sie das Rezept für diese Speise in ihrer knoblauchlosen Form vielleicht irgendwo in den Roman einbauen dürfe, an dem sie gerade schreibe und der auch schon einen Titel habe, nämlich *Menschen im Hotel*? Sabri Mahir hatte über diesen Vorschlag Vicki Baums sehr gelacht; warum denn nicht?! Auch »Menschen im Hotel« mußten doch auf die ›Harmonie‹ in ihrem Körper achten! …

Unter den vier, fünf Freunden, die gestern nach Franzens ›Niederlage‹ in den Umkleideraum kamen und erklärten, sie fänden die Entscheidung unsinnig und ungerecht, war auch Frau Vicki Baum gewesen. Die winzige Person hatte Sabri Mahir die Hand auf die Schulter gelegt und ihm ein paar tröstende Worte gesagt, so etwas wie: »Seien Sie nicht traurig, auch das geht vorüber. Sie haben schon andere Ungerechtigkeiten erlebt …«

Wenn Frau Marlene Dietrich ins Studio kam, brachte sie in letzter Zeit immer ein Mädchen namens Leni mit. Genau wie Frau Dietrich kam auch die in Hose und Weste. Wenn sie Leni nicht dabeihatte, brachte sie die schlitzäugige ›Frau Wong‹ mit. Selbst Luise, die sich für die neuesten Entwicklungen in der Mode nicht sonderlich interessierte, hatte sich, wohl nicht ganz unbeeinflußt von Frau Dietrich, einen Anzug aus Hose, Jackett und Weste machen lassen. Und fiel jetzt über Sabri Mahirs Krawatten her. Kaum war Frau Dietrich mit ihrem Training im Studio fertig, gingen sie alle in Hose, Jackett und Weste hinüber ins Café Regina oder auch ins Romanische Café. Dabei vergaßen sie nicht, Sabri die Nachricht zu hinterlas-

sen, er könne gerne nachkommen, sobald er mit seiner Arbeit fertig sei.

Während die Freundinnen, mit denen sie ständig zusammen war, an dieser etwas männlichen Art, sich zu kleiden, immer noch festhielten, hatte das bei Luise nicht allzu lange angehalten. Hosen trug sie seit einiger Zeit immer seltener. Von Weste und Jackett ließ sie allerdings nicht so schnell ab. Hatten die Frauen bis vor nicht allzu langer Zeit noch Wert darauf gelegt, Röcke zu tragen, die ihnen bis an die Knöchel reichten, so war ihnen schon die Umstellung auf knielange Röcke nicht leicht gefallen; und als ihnen jetzt die Mode vorschrieb, Hose, Jackett, Weste und Krawatte zu tragen, hatte das zu einem geschmacklichen Chaos geführt! ...

Sabri Mahir konnte sich nicht genau erinnern, wann er Frau Marlene Dietrich zum ersten Mal im Studio gesehen hatte. Sie war mit einer solchen Unbefangenheit in ihr Leben getreten, daß ihm von Anfang an war, als würden sie sich schon sehr lange kennen. Das mochte an ihrer Natürlichkeit und an ihrem Talent gelegen haben, eine für sie neue Umgebung sofort zu durchschauen. Oder vielleicht an ihrem grenzenlosen Selbstvertrauen, an all den ihr von Gott verliehenen Begabungen, die dieses Selbstvertrauen noch stärkten? ... Alles, was sie unternahm oder unternehmen wollte, ging sie mit einer solchen Selbstverständlichkeit an, als hätte sie es schon lange Zeit gemacht; daß die anderen über das, was sie machte, staunten, daß sie sich ihr kritisch näherten, erstaunte sie selbst noch mehr.

Bei der Geburt ihrer Tochter Maria war sie mit Luise schon recht eng befreundet gewesen. Da sie

nicht weit vom Studio wohnte, tauchte sie ohnehin zu allen möglichen Zeiten dort auf. Sie kam mit ihrer Geige, die sie sehr gut spielen konnte, in Sabri Mahirs Büro und sagte: »Die kann ich doch bis morgen hierlassen, oder?«; ein anderes Mal fragte sie ihn, ob das Revue-Girl, das sie gerade mitgebracht hatte, für eine Nacht in einem der Zimmer des Studios bleiben könne. Nicht nur im Studio konnte man ihr jederzeit begegnen, sondern auch an allen möglichen und unmöglichen anderen Orten in Berlin. Das durfte einen nicht erstaunen, denn sobald sie von irgend etwas erfuhr, wurde sie neugierig darauf wie ein verwöhntes Kind, ließ sich durch nichts abhalten und ging hin ...

Wenn sie zu Luise nach Hause kam, brachte sie ihr Baby mit, setzte sich in eine Ecke, gab ihm die Brust und wiegte es in den Schlaf; dann ging sie in ein anderes Zimmer, legte amerikanische Platten aufs Grammophon, hörte stundenlang der Musik zu und sang mit ... Es waren moderne Schlager, die Sabri Mahir Luise bei seiner Rückkehr aus Amerika mitgebracht hatte. Sie hörte sie sich zwei, drei Mal an und fing dann mit ihren paar Worten Englisch an, sie nachzusingen. Mühelos konnte sie die Sänger bis in die feinsten Tonnuancen und Färbungen der Stimme hinein imitieren. Dann kam Luise, schob die Tür mit der Zierglasscheibe zwischen Schlafzimmer und Salon ganz langsam beiseite wie einen Bühnenvorhang, sprang zu dem einzigen Sessel des Zuschauerraums, machte es sich darin gemütlich und sah Frau Marlene Dietrich zu, wie sie auf der Bühne hinter dem Türrahmen ein Konzert mit den amerikanischen Schlagern gab, die sie mal eben auswendig gelernt hatte.

Es gingen viele Gerüchte darüber um, von wem das

Kind wohl sei. Natürlich war es von ihrem Ehemann. Das bewies bereits die Tatsache, daß sie es im neunten Monat ihrer Ehe zur Welt brachte. Nach dem, was sie Luise erzählte, war es eine schwere Geburt gewesen. Und sie hatte Mühe, bei Sabri Mahir die Kilos wieder loszuwerden, die sie während der Schwangerschaft zugenommen hatte. Aber sie gehörte zu denen, die sich durch nichts abschrecken lassen, und so hatte sie bald angefangen, ihren Lehrer unentwegt damit zu plagen, daß sie ihn bat »Ich darf doch jetzt auch in den Ring steigen und boxen, oder?« Sie sei nicht nur da, um sich das Fett abzutrainieren und sich massieren zu lassen, sie wolle den ›Reiz des Boxens‹ kennenlernen, herausfinden, warum sich die Männer so gern verprügeln ließen und andere verprügelten. Mit der kreischenden Stimme eines verzogenen Kindes wiederholte sie ständig ihren Wunsch.

Zwar wich Sabri Mahir keinen Schritt von seiner Regel ab, daß Frauen niemals zum Kampf in den Ring steigen durften, doch mußte er sich den Mund wund reden, um Frau Dietrich das klarzumachen. Eines Tages konnte er sie mit einer einleuchtenden Begründung überzeugen: Würden die Beamten, die sein Studio seit der Eröffnung mit übertriebener Genauigkeit kontrollierten, erfahren, daß man dort Frauen boxen ließ, so könnte sich das durchaus nachteilig auf Sabri Mahirs Genehmigung auswirken! ... Frau Marlene Dietrich schluckte diese ›Begründung‹. »Ich war nie ehrgeizig, Herr Sabri Mahir«, pflegte sie zu sagen, aber im Grunde suchte sie nur eine Entschuldigung, einen Deckmantel für ihren Ehrgeiz, der sie selbst manchmal erstaunte. Ja, Sabri Mahir verstand sie, und seltsamerweise entdeckte er an sich selbst manchen ähnlichen Zug.

Wie alle in ihrer Umgebung, so war auch Frau Dietrich versessen auf ›Sensationen‹. Sie wollte in den Ring steigen und einen Fight auskämpfen. Und das sollte in ganz Berlin einschlagen wie eine Bombe! ... Unter den Mitarbeitern des Studios nannte man sie ›die *garçonne*‹, aber Marlene machte sich nichts daraus, verteidigte stolz ihre Hosen, ihre Hosenträger und ihre Krawatte und fing sofort von ihrem Vorbild Frau Claire Waldoff an: »Was haben die Leute gegen meine Kleidung? Claire hat so was schon vor zehn Jahren getragen. Die Beamten von der Sitte haben sie von der Bühne gezerrt, nur weil sie Hosen trug, und seitdem kennt jeder in Berlin ihren Namen! War das nicht ein Erfolg?! ...«

Sabri Mahir hatte seit Monaten nichts anderes im Kopf als die Vorbereitungen auf das Match Diener–Schmeling, und war nicht weiter dazu gekommen, Frau Dietrichs Spur zu verfolgen. Irgendwann hieß es, sie arbeite bei den Proben zu einer Revue, in der sie die Hauptrolle spielen sollte. Und dann spielte sie wirklich in dem Stück und heimste lautstarken Beifall ein. Vor einer Woche hatte Luise eine Einladung für die Vorstellung erhalten, die an einem Strauß Veilchen befestigt war. Sie war gekommen und hatte sie ihrem Mann gezeigt. Aus einer Art von Eifersucht versuchte Sabri Mahir, die Einladung mit den Veilchen zu übergehen. »Lassen Sie uns erstmal diesen Fight hinter uns bringen, dann gehen wir als erstes in Frau Dietrichs Revue, das verspreche ich Ihnen.« Hatte seine Frau seine Eifersucht bemerkt, oder hatte sie seine Antwort als reines Abwimmeln aufgefaßt?... Am nächsten Tag ging er los und kaufte ihr eine Platte von Marlene Dietrich mit den beliebtesten Liedern

aus der Revue. Eifersucht war natürlich, aber, so dachte er, nichts durfte die Liebenswürdigkeit in der Liebe trüben. Dennoch war Liebenswürdigkeit keine Lösung für die Kälte zwischen ihnen. Seine Frau legte drei, vier Mal am Tag die Platte auf und summte eine Melodie, die sie halbwegs gelernt hatte, vor sich hin, als wollte sie ihm eine Botschaft übermitteln: »Es liegt was in der Luft ...«

Sabri Mahirs Leidenschaft für seine Frau war zweifellos nicht so ohne Grundlage, daß sie durch die blendende Schönheit von einem Dutzend Frauen, die ins Studio kamen, gleich Schaden gelitten hätte. Ohnehin hatte Luise mit dem ureigenen Instinkt einer Frau ihn einige Male auf die Probe gestellt, und wenn es überhaupt etwas gab, das ihr Konkurrenz machen und ihr den Ehemann abspenstig machen konnte, so war es, zu dieser Überzeugung war sie längst gelangt, bestenfalls das Boxen. Natürlich hatte es auch ein, zwei Vorfälle gegeben, die in ihr gewisse ›Zweifel‹ geweckt und an dieser Überzeugung gerüttelt hatten.

Als sie sich in den ersten Tagen nach Eröffnung des Studios mit den Freunden berieten, wie die Reklame noch origineller und interessanter werden könnte, war plötzlich eine Dame aufgetaucht und hatte gesagt: »Ich bin bereit, von morgens bis abends den Kudamm auf und ab zu gehen und Ihr Pappschild zu tragen. Als Gegenleistung muß mir nur Herr Sabri Mahir das Boxen beibringen und mich massieren.« Diese Worte hatte sie Sabri Mahir im Beisein Luises gesagt, und um zu unterstreichen, daß sie es durchaus ernst meinte, hatte sie Schwätzer-Rudolf gebeten, sich sogleich nach einem Stab umzusehen, an den man das Pappschild nageln konnte. Sie war hinter

Rudolf hergelaufen und hatte sich an der Suche beteiligt. Sie hatte ein überschäumendes, herzliches Temperament, das einen Toten zum Leben erwekken konnte, und war voller Natürlichkeit. »Warum nicht?!« hatte Sabri Mahir ein wenig überstürzt gesagt, obgleich er die Empfindlichkeit seiner Frau kannte. Und anschließend hinzugefügt: »Damit Ihre Wünsche erfüllt werden, brauchen Sie nicht unbedingt auf dem Boulevard herumzulaufen.« Und da glaubte Luise zu spüren, wie der Boden unter ihren Füßen schwankte, dann meinte sie, er sei spiegelglatt, ihr wurde plötzlich ganz schwindlig und sie dachte, sie würde hinfallen. Das Merkwürdige an der Sache war, daß ihr Mann, dem sonst nicht mal die kleinste Unpäßlichkeit bei ihr entging, für diese ›Erschütterung‹ in ihr nicht das geringste Interesse gezeigt hatte! Könnte diese Frau namens Carola mit den lustigen, dunkelbraunen Kulleraugen und den nachtschwarzen Haaren der leidenschaftlichen Bindung ihres Mannes an sie wohl etwas anhaben, die ihr seit Jahren so überaus natürlich vorkam?

Und wer war diese Carola Neher überhaupt?! ...

Wer auch immer im Studio herumlief, in den Tagen danach war es Frau Carola Neher gelungen, unterschiedslos fast jedermanns Sympathie zu erringen, und das mühelos und ohne Aufhebens, als sei es ganz normal. Wann immer Luise Carolas Namen aus dem Munde ihres Gatten vernahm, spürte sie, wie sich ihr alle Nerven zusammenzogen und die Muskeln verkrampften. Ohne jeden Grund und zu den ungünstigsten Zeiten trat ihr ›Kinderlosigkeitssyndrom‹ plötzlich wieder auf. Und sie machte Sabri Mahir wieder all die Vorwürfe, die sie so lange vergessen hatte.

Nachdem sie Carola gesehen hatte, malte sie sich zwei Monate lang alle möglichen herzens- und gefühlsmäßigen Annäherungen zwischen Carola und ihrem Mann aus, um dann den besten Entschluß zu fassen, zu dem sie kommen konnte: Warum sollte sie sie überhaupt als ›Konkurrentin‹ akzeptieren? Außerdem hatte sie bisher keinerlei Beweise gefunden, daß sie ihrem Mann mißtrauen mußte. Wenn sie von ihrer krankhaften Eifersucht loskommen wollte, war der gangbarste Weg, sich mit Frau Carola Neher anzufreunden, was Luise auch am besten zu Gesicht stand. Und sie wurden zu so guten Freundinnen, Vertrauten und Gefährtinnen, wie Luise es bis dahin noch mit niemandem erlebt hatte. Das trug auch dazu bei, daß eine gewaltige Leere in Luises Seele ausgefüllt wurde. Die Rolle des Lehrmeisters, des ›beschützenden älteren Bruders‹, die Sabri Mahir einst gespielt hatte, wurde jetzt, wissentlich oder unbewußt, allmählich von Frau Carola übernommen (Luise nannte sie Carla). Auch Carola schien zu dieser gefühlsmäßigen Annäherung bereit, sie machte aus dem Altersunterschied von vier Jahren im Nu die liebevolle Fürsorge einer ›älteren Schwester‹. Zweifellos war Frau Carola Neher Luise nicht nur von ihrem Alter, sondern auch von ihrem Wissen und ihrem Erfahrungsreichtum her weit voraus. Luise konnte diesen Unterschied, dieses Weitersein, an so vielen Beispielen sehen und erleben ... Aber Carla gab das, was sie zu geben hatte, so unverkrampft und voller Bescheidenheit; auch bei anderen Leuten strich sie nie den Altersunterschied oder ihre Bildung heraus, sah nie auf die anderen herab.

Bei ihr kam es einem ganz natürlich, ganz normal

vor, daß man etwas von ihr lernte. Luise Mahir hatte oft erlebt, wie ihre Freundin wegen ihrer herzlichen, natürlichen Art zu ›geben‹ von anderen ausgenutzt und geradezu verachtet wurde. Sie sagte ihr das auch. »Ja, ich merke das auch«, erwiderte Carola nur. Und später sagte sie, sie habe längst begriffen, daß sie nicht anders werden, sich nicht ändern könne. Ein paarmal, als sie sehr kraß betrogen worden war, hatte sie es versucht; immer wieder kam sie zu Luise und weinte sich bei ihr aus ... und schaffte es wieder nicht: »Es geht nicht«, sagte sie dann und ärgerte sich über sich selbst. Und fuhr fort, ohne jeden Argwohn jedem zu glauben, der ihr über den Weg lief ...

Diese Naivität in einem so reifen Alter, bei einer Frau, die schon sieben- oder achtundzwanzig war – sie kam Luise wirklich vor wie die Naivität eines kleinen Kindes! Dieses Hereinfallen auf andere, als wenn sie es geradezu wollte, ärgerte Luise sehr: »Ich glaube, ich leide mehr unter deiner Leichtgläubigkeit als du selbst!« ... »Weißt du, Luise, man hat mir nicht beigebracht, daß die Menschen schlecht sein können.« Das war alles, was Carla zu ihrer Verteidigung vorbrachte. Sie sprach davon, daß ihr Vater früh gestorben sei und ihre Mutter sie behütet und gegen alle Schlechtigkeiten abgeschirmt habe, bis sie ein großes Mädchen war. »Der Zufall war bisher immer auf meiner Seite; vielleicht hat das ja dazu beigetragen, daß bei mir diese ›gefährliche Naivität‹ entstanden ist, von der du sprichst?« Während der Theaterausbildung hätten ihr die Lehrer für Tanz und Musik und auch alle anderen immer wieder geholfen. Jahrelang sei sie von diesen guten Menschen umgeben gewesen. Wegen ein paar Mißgeschicken,

die ihr passiert waren ober vielleicht noch passieren würden, könne sie doch wohl nicht gleich ihren Charakter umkrempeln?! Sie streckte Luise den Kopf auf dem langen Schwanenhals entgegen, verzog schelmisch das hübsche Gesicht, sagte: »Na, von einem Bäckerlehrling wie dir kann man natürlich nichts Besseres erwarten als dieses ständige Mißtrauen gegenüber den Menschen!« und brach dann in ein klirrendes Gelächter aus, bei der sie über das ganze Gesicht strahlte. Ach, das habe sie doch nur im Scherz gesagt. Böse sein, einschnappen gelte nicht. »Natürlich, ist doch klar, deine Kindheit ist nicht wie meine verlaufen, immer von netten Menschen umhegt. Dein Pessimismus, dein Mißtrauen kommt ein bißchen auch daher, das weiß ich doch …«

Ach, eigentlich hatte sie recht. Hätten sich Sabri Mahirs und ihr Weg nicht getroffen, sie wäre jetzt Bäckerin in einem Berliner Eckladen. Würde sich ärgern über Lehrlinge oder Gesellen, die beim Teig machen die Hefe falsch bemessen, die die Leute nicht finden, bei denen sie Bestellungen abgeben sollen, und würde versuchen, Aushilfen, die in die Kasse griffen, zur Raison zu bringen … Aber wer weiß, vielleicht wäre sie dann auch Mutter von ein, zwei Lausbuben, die dauernd um sie herumtoben und angeblich aus Versehen die gerade aus dem Ofen gekommenen Kuchen und Kekse berühren würden, um sich dann die Finger abzuschlecken. Ob ihr Mann wohl Bäckermeister oder Konditormeister wäre? Ihre Mutter wäre dann bestimmt auch da, würde bei ihnen wohnen. Ihre Mutter, die ihr seit Jahren richtig böse war, weil sie mit einem komischen Ausländer davongezogen war … Ach, wenn sie so nachdachte, kam sie

ganz durcheinander; wurde wieder wütend auf alles und jeden …

Luise gab sich alle Mühe, Carla nicht zu verletzen, sie nicht zu verlieren. Auch Sabri Mahir schien mit der Neigung seiner Frau zu Carola Neher zufrieden zu sein. Luise lief oft mit mürrischem Gesicht herum wie nach einem Weltuntergang, und dank dem Einfluß ihrer Freundinnen schien sie nun ein wenig heiterer und fröhlicher zu werden. Und wenn dann auch noch Carla und Marlene Dietrich zugleich Zeit hatten und einander im Studio begegneten, hatten sie mit ihren köstlichen Witzen bald alle um sich versammelt; wie ein Kavalier faßte Marlene Carla um die Taille, und sie legten einen ausgelassenen Tango hin. Sabri Mahir flüchtete sich dann für einige Zeit in eines der nahegelegenen Cafés: Er wußte nur zu genau, daß er seiner Frau und ihren Freundinnen sonst um der Disziplin willen leicht auf unschöne Art das Vergnügen verdarb.

In letzter Zeit tauchte Frau Neher kaum noch irgendwo auf. Sie und Luise telefonierten oft lange miteinander. Sie beklagten sich beide darüber, daß sie sich nicht mehr oft sahen. Luise ging immer wieder zu Carlas Proben ins Theater und brachte Sabri Mahir Grüße mit. Die unheilbare Krankheit von Carlas Ehemann, dem Dichter Klabund, hatte sich ziemlich verschlimmert, und Carla hatte ihr helles Lachen schon lange verloren. Soweit sie das mitbekommen habe, sagte Luise, sei Carla zunehmend aus dem Gleichgewicht geraten, seit sie in Bert Brechts neuem Stück die Rolle der Polly übernommen habe. »Sie ist jetzt sehr unglücklich. Gehen Sie doch auch mal bei den Proben vorbei; Carla freut sich bestimmt.« Sabri

Mahir ging hin, als es ihm seine Zeit erlaubte. Frau Neher wirkte wirklich traurig, auf ihrem schönen Gesicht waren schwere Sorgenfalten zu erkennen. »Ich wollte nur mal guten Tag sagen.« Sie bedankte sich herzlich dafür. Seit langem schon habe sie im Studio vorbeikommen wollen, sagte sie, es aber nicht geschafft; das Leben gehe so schnell vorbei, es bestehe immer mehr darauf, sich jenseits unserer Wünsche zu bewegen, sagte sie mit von den Proben ermatteter Stimme. Sie versäumte auch nicht, sich über ihre Philosophiererei im Stehen selbst lustig zu machen; mit ihrem wunderbaren Humor erklärte sie: »Wir sind auf dem falschen Dampfer, nicht wahr, Herr Sabri Mahir? Der Dampfer des Lebens fährt nicht in die Richtung, in die wir wollen, da müssen wir eben umsteigen und einen nehmen der hinfährt, wo auch wir hinwollen!« ...

Es war im ersten Jahr, nachdem Sabri Mahir von Paris nach Berlin gekommen war, daß er Herrn Flechtheim kennenlernte, der sich später so für die Bildung der Schüler und Mitarbeiter des Studios engagierte. Sabri Mahir trat damals im Zirkus Busch auf. Am Ende einer Vorführung war er hinter den Vorhang gekommen und hatte sich vorgestellt: »Alfred Flechtheim. Herr Mahir, wissen Sie, ich komme fast jeden Abend hierher; ihre Faustkämpfe begeistern mich und bereiten mir großes Vergnügen ...«

Seine Wohnung im Gebäude des Neuen Westens, in dessen Untergeschoß sich auch das Studio befand, war von Anfang an die Berliner Zentrale der Moderne: Was passierte in Paris, in London, in New York? Hier in diesem Gebäude, zwei Schritte entfernt vom Kudamm, wurde es den Interessierten unterbreitet.

Eben deshalb auch dürfte das Studio für Boxen und Leibeszucht für Herrn Flechtheim zu einem Anlaufpunkt geworden sein, bei dem man jederzeit vorbeischauen konnte. Es dauerte nicht lange, da hatte Alfred Flechtheim, dieser Mann mit dem kleinen, zierlichen Körper, der Hakennase und dem überaus interessanten Intellektuellengesicht, Sabri Mahir in seine eigene bunte, aus verschiedenen Kulturen zusammengesetzte Welt eingeführt. Dabei hatte Herr Flechtheim es sich geradezu zur Aufgabe gemacht, Sabri Mahir bei jeder sich bietenden Gelegenheit anderen vorzustellen oder vor Gruppen, denen er nie begegnen würde, ein Loblied auf ihn zu singen. »Herr Sabri Mahir ist ein sehr fähiger Boxlehrer, aber noch wichtiger, er ist ein sehr guter Maler!«

Er erwies sich als einer der offenherzigsten und freimütigsten Teilnehmer der Abende am Ring. Er brachte immer die neueste Nummer der von ihm seit langer Zeit herausgegebenen Kunstzeitschrift *Der Querschnitt* ins Studio mit; wenn er gut gelaunt war, kletterte er in den Ring und las den Gästen des Abends einen geeigneten Artikel aus dem Blatt vor. Wäre Herr Flechtheim nicht vor eineinhalb Jahren in den Ring gestiegen und hätte seinen Artikel »Nun mal Schluß mit den blauen Picassos« aus der Zeitschrift vorgelesen, Sabri Mahir würde noch heute zu denen gehören, die herumliefen, ohne etwas über diesen Maler zu wissen und ohne ›die Moderne‹ recht begriffen zu haben! … Gewiß waren es nicht nur Thesen zur Moderne, die ihm aus diesem Artikel im Gedächtnis haftengeblieben waren. Herr Flechtheim erwähnte darin auch Franz Diener, und Sabri Mahir hatte bei diesem Hinweis das Herz gelacht: an einer bestimmten Stelle

zählte Herr Flechtheim darin Berühmtheiten seiner Zeit auf, von der die ganze Welt sprach, wie Chaplin, Einstein, Picasso, Richard Strauss und Rademacher, und setzte dann der Liste noch Dempsey und Franz Diener hinzu, womit indirekt auch Sabri Mahir als ein Mensch der modernen Zeit gewürdigt und anerkannt wurde. Der Artikel bewirkte, daß Sabri Mahir lange Zeit wie auf Wolken schwebte. Und seiner Frau zu den passendsten und unpassendsten Gelegenheiten einen Strauß Rosen mitbrachte.

Wenn er redete, streckte Herr Flechtheim seine Nase, die dem Schnabel eines Adlers ähnelte, bewußt vor, und erweckte den Eindruck, als suche er die Wörter, die er verwenden wollte, im Gesicht seines Gegenübers. In seinen Bewegungen, in seiner Art zu reden und in seinem zierlichen Körper glaubte Sabri Mahir einen ähnlichen Reichtum an Energie erkennen zu können wie bei sich selbst. Er hatte keine Hemmungen, diesem auf die Fünfzig zugehenden Bonvivant, der sich in jeder Hinsicht für einen ästhetischen Lebensstil entschieden hatte, seine Sympathie zu zeigen.

Herr Flechtheim lief stets von einer Gruppe von Freunden umgeben herum. Die meisten waren Bankiers, Journalisten, Boxer, Revue-Girls, Rennfahrer, die auf der ›Avus‹, der berühmten Rennbahn, eine schnelle Karriere machten, und natürlich Schriftsteller, Maler, Bildhauer ... Aber am häufigsten sah ihn Sabri Mahir mit dem Orchesterleiter Leopold Stokowski. Vor ungefähr zwei Jahren hatte er zunächst den Bildhauer Fiori und dann den ebenfalls berühmten Bildhauer Rudolf Belling ins Studio mitgebracht, hatte erklärt, seine Freunde wollten Boxer in Stein hauen, und gefragt, ob sie dafür im Studio Skizzen

machen dürften. Was für eine Frage! Bei solchen Ansinnen konnte Sabri Mahir sich vor Freude kaum fassen; das Boxen hatte damals seine Blütezeit. Es wurde empfohlen, jedermann auf Staatskosten boxen lernen zu lassen. Denn man vertrat die Ansicht, das Boxen sei die beste Vorbereitung auf den Lebenskampf … Der Weg zum anständigen Menschen, zum guten Bürger werde in Zukunft über eine ›Boxerziehung‹ führen; daran zweifelte niemand mehr …

Und jetzt? Wie sah es heute aus? …

Die Vereisung der Seele fand nicht nur in Sabri Mahirs Beziehung zu seiner Frau statt, auch das ›Klima in Deutschland‹ wurde immer eisiger. Was war nur los mit den Deutschen?! Während die Menschen in der Nachkriegszeit mit all dem Hunger und Leid zunehmend herzlich und spontan geworden waren, schienen sie das nun wieder aufgegeben und vor irgend etwas Angst zu haben. Die ›orientalische Herzlichkeit‹ eines Sabri Mahir, die Ikonen und Balalaikas der russischen Emigranten betrachteten sie inzwischen mit unbewegtem, starrem, befremdeten Blick, als warteten sie auf etwas …

Nein, die Entscheidung im Match am Vorabend war nicht ›in Ordnung‹ gewesen.

Es war eine falsche Entscheidung.

Franz Diener war vor dem Kampf Schwergewichtsmeister gewesen und verfügte damit über den ›Meisterbonus‹. So hatte es Sabri Mahir gelernt. Überall auf der Welt hatten die Punktrichter diese ungeschriebene Regel stets beachtet. Dabei hatte Max, der gestern Abend zum ersten Mal im Schwergewicht kämpfte, keine andere Geschicklichkeit gezeigt als die Fähigkeit, sich über fünfzehn Runden auf den

Beinen zu halten. Es war klar, daß da noch eine andere Geschicklichkeit dahinterstand, daß Herr Bülow noch ganz andere Kräfte hatte spielen lassen, um die Richter zu beeinflussen ... Hatte man nicht gehofft, über das Boxen die schöne ›Naivität‹ der Antike wiederzuerlangen? Durch die erzieherische Wirkung des Boxens dem Krieg, der Inflation und solchen Wertvorstellungen entgegenzutreten, die die Menschen innerlich verarmen ließen? ... Wollte man nicht auf den zur reinen Tugend führenden Spuren der Antike zur Moderne gelangen?

Gestern, während der immer unangenehmer werdenden fünfzehn Runden, hatte Sabri Mahir, der zusammengekauert auf seinem Platz saß, reichlich Gelegenheit gehabt, all die Freunde und Bekannten aus dem Studio, die um den Ring verteilt waren, zu beobachten. Wie viele darunter hatten sich über ihre Niederlage gefreut!

Herr Flechtheim etwa war bei jedem Faustschlag von Max Schmeling vor Freude in die Luft gesprungen, hatte geradezu gestrahlt ...

Die Straße und die Politik während der Teestunden am Ring

Bei der achten Teestunde am Ring war nach einem Redner, der über ›Schnupfen und Schönheit‹ gesprochen hatte, jemand in den Ring geklettert und hatte mit seiner Rede einen Brand entfacht, der allen den Spaß an der Sache verdarb.

»Wißt ihr eigentlich, was auf der Straße los ist, Genossen?« So hatte er seine Rede in wienerisch gefärbtem Deutsch begonnen. Diese im Anschluß an das Thema ›Schnupfen und Schönheit‹ von einem Berufsrevolutionär gestellte Frage knallte den Anwesenden gegen die Ohren wie ein harter, klotziger Gegenstand.

»... was auf der Straße los ist und ...«

Keiner in Sabri Mahirs Studio war geradewegs einem Roman Jules Vernes entstiegen, vom Mond gekommen oder aus dunklen Meerestiefen aufgetaucht! Alle kamen von draußen, von der Straße, wo die inflationären Preise an einem einzigen Tag wie Raketen in die Höhe schossen. Und die wichtigste Eigenart dieser Teestunden bestand gerade darin, eine kleine Insel zu sein, auf der Menschen, die so taten, als würden sie solche Probleme nicht kennen, und sich der Schönheit und der Ästhetik verschrieben hatten ›Sauerstoff für die Seele‹ tanken konnten. Das war das Fazit der bisher durchgeführten Teestunden am Ring. Sabri Mahir dachte für einen Augenblick daran, aufzuspringen und den Mann vom Ring herunterzuholen. Aber das hätte weder seiner eigenen noch der Ästhetik der Menschen entsprochen, die bis dahin zu den Treffen gekommen waren. Deshalb sagte er nichts. Nun, er wußte sehr wohl, daß nach diesem Redner sogleich ein junger Mann in brauner Uniform und mit einer Hakenkreuzarmbinde hinaufklettern und daß auch der Sabri Mahirs Ring für seine Zwecke benutzen würde. Ohnehin hatten seit längerer Zeit Anhänger verschiedener politischer Richtungen ein Auge auf ihr Studio geworfen, das wußte er. Sollten sie doch; Sabri Mahir hatte gegen niemanden Vorbehalte. So wie der Saal jedem offenstand, so war auch offen, was im Ring ge-

schehen sollte. Viele Menschen mit ganz unterschiedlichen politischen Überzeugungen hatten das Studio beehrt, hatten den Tee und den Kaffee getrunken, den man ihnen dort anbot. Die meisten von ihnen hatten sich im Sinne ihrer Überzeugungen positiv über Sabri Mahir geäußert und ihn gelobt. Aber bisher hatte niemals jemand so wie dieser unangenehme Mensch dort den Ring direkt für seine eigene Parteipropaganda benutzt. Sabri Mahir zeigte, wie tolerant er war. Um allerdings seine Verstimmung merken zu lassen, hatte er die Redezeit, die sonst an so gut besuchten Abenden auf fünfzehn Minuten beschränkt war, um fünf Minuten gekürzt und von seinem Platz aus hinaufgedonnert: »Beschränken Sie sich mit dem, was Sie sagen wollen, bitte auf zehn Minuten!«

»Genossen, was hier passiert, was hier geboten wird, das sind gewiß schöne und ästhetische Dinge, aber wir wissen auch, daß da draußen vor dieser Tür die Menschen unter der Last der Arbeitslosigkeit und Armut stöhnen! Wüßten wir es nicht, wir würden es sehen; würden versuchen, es zu begreifen.« (»Wir begreifen es nicht!« brüllte an dieser Stelle jemand aus dem Saal.) »Allen, die das nicht begreifen, stehen die Tore unserer Partei, unsere kostenlosen Abendkurse offen.

Wie unser großer Führer ›Teddy‹ gesagt hat, ist unsere Kommunistische Partei nicht nur die Partei des Proletariats und der Unterdrückten, es ist die Partei der Intellektuellen, die bereit sind, ihren Platz in unserem Kampf einzunehmen! … Wir Überzeugten haben einen Eid geleistet, und wir wollen auch euch Intellektuelle unter uns sehen! Genossen, sind wir erst eine Partei mit einhunderttausend Mit-

gliedern, wird uns niemand mehr von unserem Weg abbringen können. Und eben dann wird in der Welt des Proletariats und aller Menschen, die auf seiner Seite stehen, die Sonne schönerer Tage nie wieder untergehen! ...«

»Dann werden die Tage aber lang und heiß sein, Mensch! ...«

»Die Sonne, von der ich hier rede, ist nur ein Symbol, Genossen; sonst ...« Seine Stimme hatte einen warmen Klang. Sabri Mahir kam es vor, als würden die zehn Minuten nie vergehen. Die Sache schien seiner Kontrolle zu entgleiten. Einige Leute unter den etwa dreißig Anwesenden gehörten den direkten Gegnern der Partei des Redners an. Er hatte noch keine fünf Minuten seiner Rede hinter sich, da waren sie aufgesprungen und hatten angefangen, jeden seiner Sätze, jedes Wort durch laute Proteste zu unterbrechen ... Wie auch immer, der Mann redete genau zehn Minuten lang. Er hob die Hand, machte drohend eine Faust, ganz so wie die, die Herr Faust zu malen pflegte, und kletterte aus dem Ring. Und natürlich kam einer der in Braun gekleideten jungen Männer angelaufen und sprang in den Ring: »Die Arbeit von Herrn Sabri Mahir ist uns heilig und wir haben sie immer hoch geschätzt. Wir sind uns des unbestreitbaren Wertes eines in Zucht gehaltenen, ausgebildeten Körpers stets bewußt gewesen. Nur was hat dieser gekaufte Bolschewik, der hier gerade geredet hat, in diesem Ring zu suchen, in einer Arena geheiligter Körper? Das können wir einfach nicht verstehen. Daß Herr Sabri Mahir, der für uns der geschätzte Meister der Bewegung des ›Weges zu Kraft und Schönheit‹ ist, es einem solchen Schuft erlaubt,

hier in seinem eigenen Ring zu reden, verurteilen wir in aller Schärfe! Heil! …«

»Auch Sie dürfen nur zehn Minuten reden, das wissen Sie ja wohl!« brüllte Sabri Mahir wieder von seinem Platz hinauf.

»Ich will hier keine freie Rede halten, sondern Ihnen bestimmte Teile eines sehr lesenswerten Artikels vorlesen, damit Sie alle etwas davon haben …«

Der junge Mann hielt eine Zeitschrift hoch und zeigte ihnen das Titelblatt (es war die Zeitschrift *Wege zu Kraft und Schönheit*). Nachdem er aus einem Artikel mit der Überschrift »Rasse und Gesundheitskunde« – er hatte sie besonders betont – dreieinhalb Minuten lang vorgelesen hatte, schwieg er plötzlich (Sabri Mahir hatte seine Taschenuhr mit der Kette auf den Tisch gelegt und die Zeit abgelesen). Er sah sich lange suchend unter den Zuschauern um. (Das machte ungefähr weitere zweieinhalb Minuten aus.) »Du liest den falschen Artikel vor, Gustav«, rief einer von den Braungekleideten unter den Zuschauern mit heiserer, hoher Stimme, ein pubertierender Jüngling mit Krawatte und Schirmmütze, »du wolltest doch aus ›Rasse und Ernährung‹ vorlesen.« Schließlich stand er auf, damit man ihn sehen konnte.

Gustav stand vor all den ihn schweigend beobachtenden Menschen da und blätterte die Zeitschrift immer wieder durch. Klar, das war der Artikel, den man vorher abgemacht hatte. Aber auf welcher Seite stand er nur? Er wurde ganz zappelig vor Aufregung und fand ihn nicht. Mit saurer Miene blickte er zu seinem Kameraden hinüber. »Wir verurteilen Herrn Sabri Mahir Bey. Heil! …« rief er, hob den Arm zu dem be-

kannten Gruß und sprang dann eiligst vom Ring herunter.

An diesem Abend hatte keiner mehr Lust, in den Ring zu steigen und etwas zu reden oder vorzutragen.

Sabri Mahir erhob sich langsam und ging, ohne sich umzusehen, die paar Schritte auf die zu seinem Büro führende Treppe zu.

Als er wieder herunterkam, hatte er sich umgezogen und trug Lackschuhe, eine schwarze Fliege und einen Abendsmoking mit Satinkragen. Mit Erlaubnis der Anwesenden wolle er diesen Abend ein wenig kürzer halten als sonst und ihn hiermit beschließen. Er sagte das mit sanfter, Verständnis heischender Stimme, als wolle er sich entschuldigen. Und er verspürte auch das Bedürfnis, den Leuten einen Grund anzugeben, damit sie nicht verärgert waren über das frühe Ende: »Aus meiner Heimat, aus dem Osmanischen Reich ist eine Frau Sultan nach Berlin gekommen, um hier zu tanzen. Die wollen wir uns ansehen ... Für den Tee oder Kaffee, den Sie getrunken haben, brauchen Sie nicht zu bezahlen, das wissen Sie ... Guten Abend!«

Eine traurige Prinzessin

Wer sich in jenen Tagen, als jeder versuchte, alle seine Fähigkeiten vorzuführen, um von sich reden zu machen, sich hervorzutun und damit zu beweisen, daß er nicht untergegangen war in der Millionenstadt, über das Geschehen wunderte, der zeigte zweifellos nur, daß er Berlin nicht begriffen hatte ...

Dabei hatte es Sabri Mahir grenzenlos erstaunt, daß Canan Hanım im Piscator-Theater auf die Bühne stieg und ›modernen Tanz‹ vorführte. ›Frau Prinzessin Canan‹ – sie hatte den Namen nicht einfach erfunden, um Aufmerksamkeit zu erregen; als Sabri Mahir nach der Vorstellung mit Luise hinter die Kulissen ging und die tanzende Dame näher kennenlernte, konnte er sich, nicht ohne Schmerz im Herzen, selbst davon überzeugen.

Wie der von ihr vorgeführte ›moderne Tanz‹ innerhalb der Strömungen der heutigen Kunst einzuordnen sei, das sei ihr selbst noch nicht klar. Das Ganze sei noch ziemlich nebulös, habe noch keine rechte Form und sei noch nicht fest abgegrenzt. Canan Hanım fügte hinzu: »Ich weißt selbst, daß ich noch sehr viel arbeiten muß.«

Als nach all den großen Stürmen und Veränderungen, die durch das Osmanische Reich fegten, auch ihr Vater Sultan Mehmed zum ›Umzug‹ ins Ausland gezwungen worden war, hatte sich auch Canan Hanım plötzlich außerhalb ihrer Heimat wiedergefunden. Erst war sie nach Kairo, von dort dann nach Paris gegangen. Sie hatte den künsterlischen Leitern des Casino de Paris orientalische Tänze vorgeführt, hatte Anklang gefunden und ihr Talent bewiesen, und da hatte sie eben angefangen, ihre Kunst öffentlich zu zeigen und verschiedene Themen tänzerisch zu interpretieren.

Und auf einmal galt sie als ein neuer Stern am Himmel von Paris. An den auffälligsten und schönsten Stellen der Stadt erstrahlte ihr Name in Neon-Buchstaben, und überall hingen Photos von ihr, wie sie die Arme, zart wie Mohnblumen, zum Himmel ausstreckt …

»Sie sind zum ersten Mal in Berlin, nicht wahr?« fragte Sabri Mahir mit wachsendem Interesse.

»Nein«, sagte sie, es sei nicht das erste Mal, sie sei im April letzten Jahres schon einmal dagewesen. Damals habe sie einen anderen ›Gegenstand‹, ein anderes ›Thema‹ interpretiert und in lyrische Körperbewegungen umgesetzt. Jetzt führe sie den Zuschauern das Leben einer Libelle vor, setzte es in Vibrationen und Schwingungen ihres Körpers um.

Sie kam aus seiner Heimatstadt, aus seinem Istanbul, das er schon so viele Jahre nicht mehr gesehen hatte, diese Frau mit den riesigen schwarzen Augen voller Traurigkeit und den pechschwarzen Haaren, die an einen sternenlosen Nachthimmel denken ließen. Sabri Mahir empfand ihr gegenüber eine schmerzhafte Herzlichkeit. Aber er hatte auch ein schlechtes Gewissen, daß er plötzlich in diese überflüssige Nostalgie verfiel. Er hatte seine Frau noch immer nicht vorgestellt: »Meine Gattin Luise ... Wissen Sie, Frau Canan, auch wir haben eine unbedeutende kleine Bühne. Ich meine damit unseren Ring; dort wird geboxt. Unsere Beschäftigungen scheinen mir durchaus Gemeinsamkeiten aufzuweisen. Auch wir stellen die Kraft unseres Körpers, die Gott uns geschenkt hat, und ein bißchen auch seine Schönheit bewußt und mit Vergnügen zur Schau und versuchen den anderen Menschen dadurch mehr Lebensfreude zu geben. Ach, hätten wir unsere Berufe, unseren Eifer doch nur in unserem schönen Istanbul anbieten können ...«

In ebendiesem Moment flossen Canan Hanım zwei Tränen wie Perlen die Wangen herunter zu den schönen, wie Bogen nach oben geschwungenen Lippen.

Sabri Mahir wollte nicht, daß sie sich ihrer Tränen schämte, und versuchte, so etwas wie eine Entschuldigung dafür zu finden: »Ich weiß, kein Schmerz läßt sich mit dem vergleichen, fern der Heimat zu sein; er ist schlimmer als alle Qualen der Hölle …« Und dann: »Seien Sie so gnädig und schenken Sie uns einmal nach einer Vorstellung ein wenig von Ihrer Zeit, so lange Sie noch in Berlin sind. Frau Luise und ich würden Sie so gern zum Abendessen bei uns bewirten …«

Nach diesen Tränen, die sie so ungewollt vergossen hatte, benahm sich Canan Hanım ganz wie eine kapriziöse Primadonna. Sie setzte ein kühles Lächeln auf und beantwortete Sabri Mahirs tief aus dem Herzen kommende Einladung mit einem wütenden: »Das ist unmöglich!« Von Berlin aus werde sie zu bereits geplanten und angekündigten Vorstellungen nach Warschau fahren. Und sie müsse ihren Körper durch harte und intensive Übungen ständig weiter schulen, um ihre Bewegungen beim Tanzen zu verfeinern, fügte sie hinzu und schwieg. Sie wirkte jetzt ganz wie eine Prinzessin, die mit einem aus ihrem Gefolge redete. Sie gab zunächst Frau Luise, dann Sabri Mahir die Hand und bedankte sich für ihr Interesse. »Mit Ihrer Erlaubnis«, sagte sie, und fügte mit leiser und gebrochener Stimme, ja geradezu flüsternd hinzu: »Wir alle sind nur Blätter im Winde des Schicksals. Was können wir schon tun …?«

Der Weise des Studios

Er könne sorglos in jede Weltgegend fahren, herumreisen, ganz wie er Lust habe; schließlich würde er in den ihn unbekannten Ländern nicht verlorengehen, und das begründete er so: »Ich habe doch niemanden, der nach mir fragen, sich nach mir erkundigen würde, wie soll ich da verlorengehen?«

Er hatte einen petroleumgrünen Umhang aus grobem Hanfleinen, der ihm bis zu den Knöcheln reichte; den zog er nie aus, und wohl vom Schmutz war er hier und da ein wenig schwärzlich. Wenn man ihn fragte, sagte er, er heiße Kerem Efendi. Wie und wo dieser Landsmann von ihm wohnte, das zu fragen oder zu erforschen war Sabri Mahir nie eingefallen.

Dieser Mangel an Interesse war im Berlin der Nachkriegszeit ein bißchen auch eine typische Haltung. In dieser Stadt, deren Tore den aus allen Richtungen Kommenden stets offenstanden, war mittlerweile niemand mehr besonders neugierig darauf, woher der andere stammte. Nicht seine Vergangenheit, das Jetzt war wichtig. Wer einen Platz fand, wo er die Nacht verbringen konnte, und genug zu essen, um den Tag durchzustehen, hatte damit die Chance, am Heute teilzunehmen, und das galt als ausreichend, um zu den Lebenden zu gehören. Nun, auch Kerem Efendi konnte also in diesem babylonischen Turm, den man Berlin nannte, sein Leben fristen! Den anderen reichte das, um mit ihm zusammenzusein. Eines Tages würde vielleicht auch er aus Berlin weggehen. So plötzlich, wie er für die anderen dort aufgetaucht war, würde er sich auch wieder aus dem Staube machen. Das war natürlich, eine ganz normale Sache … Die

Zurückbleibenden würden sich an das Zusammensein mit ihm noch eine Weile erinnern, und wenn er etwas Bemerkenswertes gemacht hatte, das man skizzieren oder als Photo aufbewahren konnte, würden sie es noch eine Zeitlang mit sich herumschleppen. Der Weggegangene würde damit seine ›Existenz‹ noch eine Weile fortführen ...

Kerem Efendi war nur einmal an Sabri Mahir herangetreten (es war beim zweiten oder dritten Abend am Ring). Sein Gesicht mit den eingefallenen Wangen und dem langen, ergrauten Bart war ganz nah an ihn herangekommen, er hatte ihn aus seinen honiggelben, geäderten Augen ganz lange gemustert und mit intensivem Zwiebelgeruch im Atem nur gesagt: »Sie sind ein guter Mensch, Sabri Efendi.«

Die ihn ein wenig besser kannten, behaupteten, Kerem Efendis einzige und ständige Nahrung seien Zwiebeln und Brot.

Binnen kurzem hatten alle sich an ihn gewöhnt, und er gab den Teestunden eine Art Würze. Fast nie ließ man ihn gehen, ohne daß er nicht wenigstens einmal in den Ring gestiegen war. Irgendwann am Abend demonstrierte man plötzlich für ihn, brüllte »Kerem Efendi, Kerem Efendi ...«, und ohne sich zu zieren stand er dann mit gesenktem Kopf auf, ging mit langsamen Schritten zum Ring und kletterte hinauf. Den längst aus der Form gegangenen Fes, den er über die kurzen, unordentlichen Haare gestülpt trug wie eine Schüssel und der auch einen Teil seiner Ohren bedeckte, nahm er nie ab, doch als säße er falsch herum, faßte er ihn, sobald er in den Ring gestiegen war, mit beiden Händen und drehte die Hinterseite nach vorn. Er sah sich lange musternd in der Menge

um, als hätte er sie gerade erst bemerkt. Und danach fing er an, mit belegter, sanfter Stimme seine ›markigen Sprüche‹ aufzusagen. Manchmal stand er auch fünf oder zehn Minuten einfach nur im Ring herum; ob ihm nun nichts einfiel, was er hätte sagen können, oder er die Versammlung an dem Abend für seine Sprüche nicht ›reif‹ genug fand, jedenfalls kletterte er schließlich aus dem Ring, ohne auch nur den Mund aufgemacht und ein einziges Wort gesagt zu haben.

Bevor er mit seiner eigentlichen Rede begann, sagte er jedesmal – es war fast so etwas wie ein Gebet –: »Ich werde sehr bald nach Amerika fahren. Ich soll dort nämlich Verwandte haben.«

»Wie das, du willst nach Amerika fahren?« wurde er jedesmal gefragt, doch es kam nie eine Antwort.

Und bevor noch jemand die übliche Frage hatte stellen können, hatte er an einem Abend dann plötzlich, als sei es nun an der Zeit, die Antwort gegeben: »Ich heiße Kerem Efendi. Ich habe mich von Mardin aus auf den Weg gemacht und bin unterwegs nach Amerika. Da ist der Krieg ausgebrochen, und ich habe in Berlin abgewartet, daß er zu Ende geht. Eines Tages werde ich auf jeden Fall nach Amerika gehen. Ich habe Verwandte dort. Zu denen werde ich gehen. Ich will, daß jemand nach mir fragt. Ich habe es satt, nicht verlorengehen zu können!«

Er hatte eine seltsame ›Sprache‹, eine Mischung aus osmanischen, französischen, deutschen und vor allem aramäischen Wörtern. Aber in dieser Sprache konnte er fast jedem mühelos verständlich machen, was er meinte! Wer ihn nicht verstand, deutete das Gesagte auf seine Art. Und es schien, als gewinne das, was er sagte, damit noch mehr an ›Tiefe‹.

Es kam zwar manchmal vor, daß sich jemand Notizen machte und die Weisheiten mitschrieb, aber ohnehin gab es einen, der sich von dem ersten Tag an, an dem Kerem Efendi im Studio aufgetaucht war, kein einziges Wort von ihm entgehen ließ und in der Furcht, es könnte sich in Luft auflösen, alles sofort mitschrieb und notierte, so daß er zu einem richtigen Experten für dessen Aussprüche geworden war. Dieser ›Experte‹ hieß Siten Bey. Er hatte theoretische Werke über die »Entdeckung der Schnelligkeit in der Modernen Welt« geschrieben und veröffentlicht und sich in der Fachwelt einen Namen gemacht. Er hatte stets ein in Leder gebundenes Heft zur Hand, in dem er, wann immer es ihm in den Sinn kam, alle möglichen mathematischen Formeln berechnete. Von diesem Heft, auf dessen Einband aus dickem Karton »Metamagicum« stand, blickte er fast nie auf, machte sich emsig Notizen und fertigte alle möglichen Skizzen mit geraden und krummen Linien an. Den ihm angebotenen Tee ließ er daher immer kalt werden; wenn er ihn dann getrunken hatte, wollte er einen neuen: »Wenn welcher da ist, hätte ich gern einen heißen!« Bekam er ihn, vertiefte er sich wieder in seine Notizen und ließ auch diesen kalt werden. Er gehörte nicht zu denen, die viel Toleranz hatten für Leute, die mit ihm sprechen oder ihn etwas fragen wollten. Wollte immer, daß man sich kurz faßte, behauptete, die heute, im Zeitalter der Elektrizität, so schnell vergehende Zeit rinne einem sonst durch die Finger. Auf jeden Fall bekam man ein »*Tout court!*« zu hören, mit dem er betonen wollte, man möge sich kurz fassen; erst dann hörte er einen an. Siten Bey war einer von denen, die fast immer als erste zu den Teestunden erschienen.

Unter den Stammgästen hieß er meist ›Siten Tukur Bey‹. Er war ein großer, gutaussehender Mann und so höflich zu allen, daß Mütter von wohlerzogenen Töchtern ihn sofort zum Schwiegersohn genommen hätten. Wie, wann und warum er zu dem Titel ›Bey‹ gekommen war, blieb unklar. Manche allerdings führten seinen Bey-Titel darauf zurück, daß er ›Vorderasien‹ und das Osmanische Reich in jeder Hinsicht gut kannte ...

Bei der letzten der Teestunden am Ring hatte niemand Kerem Efendi gesehen. Die nach ihm ›Süchtigen‹ kamen zu Sabri Mahir und fragten ihn, wo er sein mochte. Wie schön war es, wenn in dieser Stadt nach einem gefragt wurde, wenn man verschwunden war und irgendwo nicht auftauchte! Sabri Mahir zog Erkundigungen ein, aber niemand konnte ihm eindeutige Informationen geben. Allerdings war eines Tages, während der Vorbereitung zum Match vom Vorabend, so vor etwa zehn Tagen, ein Mann zu Sabri Mahir gekommen und hatte ihm mit leiser und ernster Stimme gesagt, als verrate er ihm ein großes Geheimnis, man habe Kerem Efendi in der Nähe des Hamburger Hafens gesehen. Sabri Mahir hatte sich im stillen gefreut: Das hieß doch, Kerem Efendi war Amerika, seinem Reiseziel, schon ziemlich nah!

Sabri Mahir bedauerte, sich Kerem Efendis Weisheiten nicht irgendwo notiert zu haben. Da fiel ihm Siten Tukur Bey ein, und er bat ihn um seine Hilfe. Wenn es möglich sei, solle er ihm doch bitte ein Beispiel für die weisen Sprüche heraussuchen, die er die ganze Zeit über notiert und gesammelt habe. Er wisse, wie überaus genau Siten Bey sei und welchen Wert die Zeit für ihn habe. Von jemandem, der ihm in seinem Studio unbegrenzt Tee und Kaffee anbot, ließ

Siten Bey sich nicht zweimal bitten. Zwei Tage später übergab er Sabri Mahir ein Beispiel für die weisen Sprüche, das er mit der Hand ins reine geschrieben hatte. Sabri Mahir bedankte sich immer wieder für die aufopferungsvolle Hilfe. »Immerhin sind wir gewissermaßen alle Schüler dieses großen Weisen gewesen«, sagte er. In ihrem kurzen Gespräch erfuhr er, daß Siten Bey an einer Untersuchung über ›Die den Kern der Seele bildende Materie und die Form der Seele in ihrer letzten Entwicklungsphase‹ arbeitete. Und schon verließ Siten Tukur Bey das Studio wieder, um daran weiterzuarbeiten.

In einem kleinen Heft stellte sich Sabri Mahir eine Auswahl der Weisheiten zusammen und hatte sie von nun an überall bei sich. Wenn ihn irgendwelche seelischen oder körperlichen Probleme bedrückten und ihm das Leben bitter machten, schlug er das Heft auf, las Stellen, die zu Ort und Zeit paßten, deutete sie auf seine Art und suchte nach einem ›Ausweg‹ ... Viele von ihnen hatte er ohnehin mit der Zeit auswendig gelernt. Er brauchte gar nicht mehr das Heft aufzuschlagen und darin herumzublättern. Fast alle diese Weisheiten begannen mit ›denn‹: »Denn wenn ihr ehrgeizig aufgestiegen seid, sucht eure Seelen in den Tiefen!« hieß es da etwa. Oder ein anderes Mal fragte er: »Denn seid ihr jemals einem Schatten begegnet, der wollte, daß das Licht verschwindet?« Oder auch: »Denn entweder zeigst du dich hier im Ring, oder du hörst auf zu existieren!« Oder: »Denn wir benutzen dieselbe Zeit, aber die der Liebe ist kurz und die des Schmerzes lang! ...« Oder auch: »Denn jede Wunde hat ihre Geschichte.« Oder: »Denn wenn ihr keine Phantasie

habt, heißt das, Gott hat euch im Zustand des Entwurfs gelassen.« Oder: »Denn wenn ihr frei sein wollt, pfeift auf die Gleichheit!« Oder auch: »Denn ihr solltet nach Kalifornien gehen, die Kälte hier macht die Menschen mitleidlos und grob.« Oder etwa: »Denn ...?«

Und Sabri Mahir schlug das kleine Heft von neuem auf, um die weisen Sprüche, die er noch nicht im Kopf hatte, auswendig zu lernen.

Der Jazz bei den Teestunden am Ring

In den letzten Tagen des vergangenen Novembers war plötzlich Schnee gefallen und hatte ganz Berlin eingehüllt.

Sabri Mahir war tagsüber nicht im Geschäft gewesen, und als er abends gegen sechs aus dem schmutzigen Schnee und der Kälte auf der Straße in sein Studio trat, umfing der warme, beruhigende Klang eines Saxophons sein Herz.

Sabri Mahir kam erst spät zu diesem Abend am Ring, und doch schien man etwas organisiert zu haben.

Schwätzer-Rudolf, der sich immer, wenn Sabri Mahir nicht im Studio war, als Chef zu verkaufen versuchte, hatte die Glut im riesigen russischen Samowar entfacht, Tee bereitet, sich auf Sabri Mahirs Platz am Rand des Rings breitgemacht und den Abend längst eröffnet. Sie mochten Rudolf, doch weil er so schrecklich geschwätzig war und oft schwer kontrollierbar

und alle möglichen Dummheiten anstellte, schimpften sie häufig mit ihm, und normalerweise wäre Sabri Mahir hingegangen und hätte ihn zurechtgewiesen. Aber an jenem Abend war er seinem fleißigen Mitarbeiter, dieser typischen Berliner Schnauze gegenüber milder und freundlicher gestimmt ... Mit der schrägsitzenden Schirmmütze auf dem Kopf, die er nie abnahm, saß Rudolf am Tisch und redete ununterbrochen auf jemanden ein.

Im Ring machten vier schwarzhäutige Männer mit Trommel, Banjo und Saxophon die Musik, die man Jazz nannte. Auf der großen Trommel vor ihnen, deren Fell sich von der Kälte im Saal ein wenig zusammengezogen hatte, stand *Neger-Cowboy-Jazzband*. Die bekannteste unter all den Jazzgruppen, die in der letzten Zeit in Berlin aus dem Boden geschossen waren, spielte jetzt in seinem eigenen Ring; tatsächlich?! ... Diese Melodien, die Sabri Mahir zuerst in Amerika gehört hatte, waren ihm also bis hierher gefolgt, bereiteten jetzt den Leuten hier Vergnügen und ließen es ihnen warm ums Herz werden? Er hatte Luise in seinen Briefen einmal vom Jazz erzählt, war dann aber aus Angst, ihn nicht richtig beschreiben zu können, nicht mehr darauf zu sprechen gekommen.

War denn nicht alles, was in Amerika entstanden war, irgendwann auch nach Berlin gekommen?! Es waren kaum drei Monate seit seiner Rückkehr von dort vergangen, da waren zuerst im Eden Hotel, dann auch im Esplanade und im Adlon in den Sälen plötzlich ›Jazzbands‹ aufgetaucht, in denen viele weiße und schwarze Männer spielten. Herr Marek, Kapellmeister im Adlon, der manchmal bei den Teestunden

vorbeizuschauen pflegte (er saß ein paar Tische weiter und schlürfte seinen Tee), hatte seit langem immer wieder gesagt: »Eines Tages laß ich meine Jungs in ihrem Ring spielen, Herr Sabri Mahir«; heute endlich hatte er es also in die Tat umgesetzt.

Sabri Mahir gab sich Mühe, bei der Improvisation des Saxophonisten nicht zu stören, die an diesem verschneiten, kalten Tag wie ein Sommerwind wirkte, der leicht über das lauwarme Meer strich, und er setzte sich vorsichtig an einen der hinteren Tische zu einem jungen Mann, der, den Rücken zu einem Buckel gekrümmt, schweigend seinen Tee trank. Schwätzer-Rudolf, der weniger auf die Jazzer als auf die Leute im Saal achtete, hatte Sabri Mahir bald entdeckt; einen Anpfiff fürchtend, sprang er auf, ging mit wichtigtuerischen, lauten Schritten zu seinem Chef hinüber und knallte ihm eine Tasse Tee hin. Der Lärm hatte zwar alle, die der verträumten Improvisation lauschten, gestört und Sabri Mahir geärgert, aber er hielt den Mund und sagte nichts. Doch der neben ihm sitzende junge Mann beschwerte sich empört: »Erweisen Sie dem Saxophon bitte Respekt, meine Herren ...«

Später vergaßen die Musiker der *Neger-Cowboy-Jazzband* plötzlich, wie gefühlvoll und fein das Saxophon gewesen war, und kamen richtig in Stimmung. Laute Cowboy-Lieder mit hart geschlagenem Banjo erfüllten den Raum, bei denen man an Rinderherden auf staubigen Wegen dachte. Sabri Mahirs Tischgenossen schien die lärmende Musik auf die Nerven zu gehen, wütend bestellte er sich noch zwei Glas Tee, trank sie aus, drehte ihm irgendwann lustlos den Kopf zu und sah ihn über die Schulter an. Der eitle,

auf die anderen herabschauende Ausdruck auf seinem Gesicht verwandelte sich plötzlich in Erstaunen: »Ach, Sie sind Herr Sabri Mahir?!«

»Ja«, antwortete dieser.

In schwer verständlichem Deutsch sagte der junge Mann etwas, was wohl eine Entschuldigung dafür sein sollte, daß er erst jetzt aus seiner eigenen Welt aufgetaucht war und Sabri Mahir bemerkt hatte.

Deutsch zu sprechen bereitete ihm offensichtlich Mühe, ob er vielleicht Französisch könne? Der junge Mann antwortete in akzentfreiem Pariserisch, und sie unterhielten sich weiter auf französisch. »Ich will mich natürlich mit Ihnen keineswegs vergleichen«, begann der junge Mann und erzählte Sabri Mahir, er gebe selbst Boxunterricht, und um die Miete bezahlen zu können, begnüge er sich nicht damit, sondern sei auch als Tennislehrer tätig. Sein eigentlicher Beruf aber, so hob er hervor, sei die Schmetterlingskunde und das Schreiben von Romanen.

Wenn er als Boxlehrer tätig sei, warum hätten sie sich da noch nicht kennengelernt? Sie könnten doch sehr gut Erfahrungen austauschen, um den Faustkampf voranzubringen ...

Der junge Mann sagte, er sei ein wenig schüchtern und wohl ein etwas introvertierter Charakter. In der Zeit, die ihm außerhalb dieser Arbeit bleibe, die er ohnehin ja nur mache, um Geld zu verdienen, schließe er sich zu Hause ein und versuche, Romane zu schreiben. Das sei auch der Grund, warum er erst jetzt in sein Studio gekommen sei, von dem er doch schon oft gehört habe.

»Sie schreiben also Romane? Wie schön ... Wissen Sie, und ich bin eigentlich Maler. Beehren Sie mich

einmal zu Hause, ich werde Ihnen gern meine Bilder zeigen …«

Er hatte gesagt, er heiße Vladimir und mit Nachnamen Nabokov, und ihm auf einem Zettel mit Notizen auch gezeigt, wie man das schrieb. Und hinzugefügt, er wohne in der Nähe des Studios, in einer möblierten Wohnung am Nollendorfplatz. Er selbst würde Herrn Sabri Mahir auch gern als Gast begrüßen; er solle nur einfach vorbeikommen. Wenn sie auch nicht sehr erheiternd seien, so habe er reichlich Erinnerungen an Istanbul; darüber könnten sie sich zum Beispiel sehr gut unterhalten. »Ich habe in letzter Zeit ein solches Bedürfnis nach der Herzlichkeit der Menschen bei uns, Herr Sabri Mahir …«

Sabri Mahir versprach, ihn auf jeden Fall besuchen zu kommen, und dabei auch seine Frau Luise mitzubringen. Er stand auf, denn Herr Marek hatte sich neben den Tisch gestellt und fragte: »Wie haben dir die Jungs gefallen?«

Auftritt der ›Unsterblichen‹

Unter den ständigen Besuchern der Teestunden am Ring waren auch sehr viele, die ›nur mal kurz vorbeischauten‹. Sie blieben auf einen kostenlosen Tee oder Kaffee, setzten sich irgendwohin, sahen sich an, was geboten wurde, und verschwanden leise und unauffällig wieder …

Natürlich gab es auch welche, die plötzlich Lust bekamen und in den Ring sprangen. Und dort vor-

brachten, was ihnen gerade in den Sinn kam. Die Regeln der Abende hatten sie ja längst gelernt: ›Die Straße‹ sollte nicht vorkommen, und auch von der Politik hatte man sich so gut es ging fernzuhalten; sonst durfte jeder reden, was er wollte! … Wer diese ungeschriebenen Regeln nicht kannte, wurde ohnehin bei Bedarf ermahnt. Schwätzer-Rudolf war einer von denen, die diese Aufgabe in Sabri Mahirs Namen mit großem Eifer ausführten.

Natürlich gab es ein paar schwierige Fälle, bei denen man nicht wußte, ob man den Redner ermahnen sollte oder wie man sich am besten verhielt; doch auch die hielt man für ›ganz normal‹. Die betreffenden Personen wurden nicht gestört, entweder, weil man ihnen großen Respekt entgegenbrachte, oder aber, weil man glaubte, daß es im Interesse der Kultur und Ästhetik lag, ›Geduld‹ zu zeigen. Unter den wenigen Menschen, die die Regeln für das Reden im Ring verletzten, aber toleriert wurden, da man während ihres Auftritts erfuhr, wer sie waren, war Herr Egon Erwin Kisch der mit dem größten Ansehen. Sabri Mahir saß in seinem Büro und war mitten in einer hitzigen geschäftlichen Unterredung, als Rudolf mit übertrieben besorgter Miene hereinkam. »Unsere Lizenz ist in Gefahr, unten macht einer Politik, Chef!« Sabri Mahir brach die geschäftliche Unterredung ab und begab sich sofort an seinen Tisch am Ring.

Wer mißachtete die Regeln?!

Mensch, was redete der da bloß?!

»… und dieses Mal bin ich ins Romanische Café gegangen, um jemanden aufzutreiben, der mir nicht fünfzig Pfennig, wie sonst immer, sondern genau zwei

Mark borgt. Ich habe auch einen gefunden. Einer hat mir, es sei ihm gedankt, genau vier Fünfzigpfennigstücke geliehen. Versprochen, habe ich dem Mann gesagt, ich werde dir das Geld innerhalb von vierundzwanzig Stunden zurückgeben! Aber was ist passiert? Ich habe mein Versprechen immer noch nicht erfüllen können. Und warum? Ja, warum? Ich bin hier vor Sie hingetreten, um mich das selbst zu fragen. Ich hatte mir eingebildet, mit den drei Büchern, die von mir neu auf den Markt gekommen sind, mit dem Honorar für die Vorabdrucke reich geworden zu sein. Aber die Inflation hat seit gestern so zugelegt, daß sie mir nicht mal fünfzig Pfennig Honorar zahlen konnten. Ich habe jetzt noch eine halbe Stunde, um meine Schulden zu bezahlen. Ich werde jetzt von hier in das nur ein paar Schritte entfernte Romanische Café gehen und versuchen, mir von jemandem zwei Mark fünfzig zu leihen, damit ich meine Schulden, vier Fünfzigpfennigstücke von gestern, bezahlen kann und mir noch fünfzig Pfennig bleiben. Sie verstehen doch, was ich sagen will?! ...«

Als Schwätzer-Rudolf in den Ring steigen wollte, hatte Sabri Mahir ihm mit dem Kopf einen Wink gegeben, sich nicht einzumischen, dann die neben ihm Sitzenden ausgefragt, wer der Redner sei, und war schließlich unschlüssig geworden, wie er sich verhalten sollte: Dieser zierlich gebaute Mann mit dem hübschen, klugen Gesicht war der Herr Journalist Kisch, dessen Artikel mit den zwischen den Zeilen aufblitzenden großartigen Gedanken er bewunderte. Er sah ihn zum ersten Mal.

»... ich bin hier vorbeigegangen. Und da bin ich eben hier hereingekommen. An diesen Ort, der von

manchen meiner Freunde sehr gelobt worden ist! Es heißt, sobald man von der Straße, also durch die Tür dort oben am Ende der Treppe hier hereinkäme, würden einem die Leute nicht mehr Pfeffer geben wie draußen, sondern niedlich eingewickelte Bonbons aus dem Reich der Kunst und der Philosophie. Stimmt das?«

Und dann redete Herr Kisch wie ein Wasserfall und sprang von einem Thema zum nächsten. Seine Themen waren so vielfältig, daß er irgendwann bei den Fleischern und Schlachthöfen Berlins ankam: Was das bedeute, wenn »in zivilisiert wirkenden Läden an sauberen Asphaltstraßen Tierkadaver über Kopf aufgehängt werden, aus denen das Blut heraustropft, sie anschließend zerstückelt und verkauft werden; und auch gekauft werden ...« fragte er aus dem Ring heraus die ihm stumm Lauschenden. Gut, aber was hätten diese Kadaver auf den Leinwänden von Rembrandt, Manet und allen möglichen flämischen Malern zu suchen?! ... Als die Rede auf die Malerei kam, wurde Sabri Mahir doppelt aufmerksam, der Redner ließ es dabei aber nicht bewenden; er sprach plötzlich davon, daß das eingefrorene Billigfleisch aus Argentinien wenigstens das Leben vieler Pferde ein wenig verlängere, die auf die Schlachtung warteten, doch es stimme schon: »Berlins Magen verträgt wirklich alles durcheinander! ...«

Als die Zuschauer sich bequem zurückgelehnt hatten in der Hoffnung, er würde noch ein paar weitere Themen anschneiden, sprang er mit der siebten Zigarette, die er sich dort angezündet hatte, aus dem Ring, wandte sich der Treppe zu, die auf die Straße führte, und ging, ohne sich weiter aufzuhalten, hinaus ...

»Wohin?« hatte ihm manche zugerufen, die ihn gern noch länger gehört hätten. »Natürlich ins Romanische Café, um Geld aufzutreiben und damit meine Schulden zu bezahlen!« hatte er erwidert, mit einem verschlagenen Grinsen auf dem sympathischen, hübschen Gesicht ...

Das Romanische Café war keine zweihundert Meter vom Studio entfernt. Als Luise vor Jahren zum ersten Mal mit ihrem Mann durch die Drehtür in das Café getreten war, hatte sie das Gefühl befallen, alle dort würden gleich in einen Zug steigen und an einen unbekannten Ort fahren. Dabei wirkten die Menschen, die dort an den Tischen saßen, überhaupt nicht rastlos und aufgeregt wie vor einer Reise. Im Gegenteil, sie strahlten die sorglose Unbewegtheit von Menschen aus, die unendlich viel Zeit hatten ... Gut, aber warum hatte sie dann bei ihrem ersten Besuch dieses Gefühl bekommen? Das fand sie erst heraus, als sie zum dritten Mal dort war: Das Romanische Café ähnelte einem riesigen Wartesaal; einem Saal, vor dem Züge oder Autobusse standen, um bald loszufahren und ihre Fahrgäste an ihr Ziel zu bringen ... Voll von Menschen, die ein wenig ängstlich, ein wenig verstört, ein wenig besorgt, darüber nachdachten, was ihnen unterwegs passieren konnte, die mit den Gedanken schon an einem anderen Ort waren ... Manche rechneten damit, daß das Fahrzeug, das sie abholen sollte, durch die Straße kommen würde, an der die Eingangstür lag, sie nahmen an einem Tisch gleich neben den Fenstern Platz, saßen stundenlang vor ihren längst geleerten Tassen, starrten vor sich hin und warteten. Wenn der Himmel heiter und wolkenlos war, fiel der Angst einflößende Schatten der ganz

in der Nähe stehenden, riesigen Kirche wie ein Schreckgespenst in den Saal, und man konnte auf den Gedanken kommen, daß das, worauf man hier wartete, ein wenig auch mit dem Jenseits zu tun hatte. Nun, ob der Himmel klar war oder bewölkt, in den Spiegeln, die die Wände des Cafés vollständig bedeckten, war immer ein Stück von der Kirche zu sehen, und damit war der Gedanke an den drohenden Tod stets gegenwärtig.

Wie auch immer, im Café herrschte eine Atmosphäre, die Luise aufregend fand. Jedesmal sah, hörte, erfuhr sie dort etwas. Das Café war »ein Ort, an dem die aus der Unendlichkeit kommenden und in die Unendlichkeit reisenden erhabenen Seelen sich ausruhen, ihr Wissen über die Reise noch einmal überprüfen und auffrischen, eine Atempause einlegen« konnten. Wer hatte das gesagt? Entweder Carola oder Marlene; Luise wußte es nicht mehr, vielleicht war es auch Sabri Mahir gewesen? ... Noch bis vor nicht allzu langer Zeit war sie vom Studio oder von zu Hause aus geradewegs dorthin gegangen, um eine Atempause einzulegen, und sei es auch nur ›auf einen Mokka‹. Jetzt allerdings hatte sie schon seit Wochen weder Carola noch ihre anderen Mokka-Freundinnen gesehen oder gesprochen. Als sie sich das letzte Mal trafen, hatte Carola besorgt davon gesprochen, wie sehr sich die Krankheit ihres Mannes verschlimmert habe, und sie war dem Weinen nahe gewesen. Sie wolle die Rolle der Polly in Brechts Stück vielleicht abgeben, um sich besser um ihren Mann kümmern und bei ihm sein zu können ... Allerdings wolle sie auch Herrn Brecht nicht weh tun, ihn nicht verletzen. Carla war sehr bedrückt gewesen an jenem

Tag. Eine Weile hatte sie mit mürrischem Gesicht dagesessen. Dabei war das eigentlich überhaupt nicht ihre Art; Luise zuliebe hatten sie auch eine Zeitlang ihr übliches harmloses Spielchen gespielt: ›Wer ist wer?‹, bei dem sie sich Leute an den Tischen ansahen und erraten mußten, um wen es sich handelte! ... Wenn an den Tischen um sie herum irgendwelche ›Unsterblichen‹ saßen, deren Namen sie von Buchdeckeln, deren Bilder sie aus Museen oder Galerien kannten, mußten sie herausfinden, welcher von ihnen wer war, und begründen, warum sie das glaubten; es machte ihnen viel Spaß, und oft mußten sie lachen über die Begründungen, die ihnen dabei einfielen. Es gab ja in dem Café so viele Leute, die ›für einen Tag‹ oder ›bis in alle Ewigkeit‹ berühmt sein konnten, da war es wirklich schwerer, als man denken sollte, diese Aufgabe zu lösen! Wer am Schluß am wenigsten erkannt hatte, mußte die Getränke bezahlen. Sie ordneten ›Gesichtern‹ ›Namen‹ zu, und um die langen Diskussionen, die dabei entstanden, zu einem endgültigen und unstrittigen Abschluß zu bringen, zogen sie den Kellner, Herrn Karl, als Schiedsrichter heran. Herr Karl war ein ›richtiger‹ Kellner, der alles und jeden im Café bis in die kleinsten Einzelheiten kannte, seine Kenntnisse aber hütete wie ein Staatsgeheimnis, mit kerzengeradem Gang umherstolzierte und die Bestellung und noch nicht bezahlte Getränke wie ein Adler im Auge behielt. Herr Karl hielt Carolas unter die Haut gehenden »Bitte« nicht lange stand und verriet ihnen den Namen der Person, die sie ihm unauffällig zeigten, und manchmal auch ihre ›Geheimnisse‹. Bei jenem letzten Mal hatte Luise auch die Dichterin Lasker-Schüler gesehen. Es hieß, seit dem

Tod ihres kranken Sohns sei sie noch launenhafter und unverträglicher geworden. An jenem Tag war sie an den Tisch direkt neben ihnen getreten und war mit der dort sitzenden Dame in einen heftigen Wortwechsel geraten. Wegen des Lärms, den sie dabei machten, hatten fast alle im Saal ihr Schachspiel unterbrochen oder die Welt, in die sie gerade vertieft gewesen waren, verlassen, um sie zu beobachten. Die Sache war so heftig entbrannt, daß die dort sitzende Dame von Kellner Karl einen Besen verlangte. Weil Karl wie alle anderen fürchtete, der Wortwechsel könne sich in eine Rauferei auswachsen, fragte er sie, wozu sie den Besen brauche. Er bekam zur Antwort: »Weil unsere geschätzte Dichterin Frau Lasker-Schüler auf dem Besen nach Hause reiten will ...« Während manche über diese Antwort lächelten, schienen andere sie für einen etwas geschmacklosen Scherz zu halten, zeigten keinerlei Reaktion und vertieften sich wieder in ihre eigene Welt, ins Schachspiel, ins Domino oder in ihre Karten. Auch die Gruppe von Streichern setzte ihre Abendmusik an der Stelle fort, an der sie sie unterbrochen hatte ...

Wenn sie ›Wer ist wer‹ spielten, war es meist Luise, die verlor. Es gab so gut wie niemanden, den Carla nicht kannte. Und wenn, so war es der Typ, den Kellner lieben, der gleich bezahlte, das Bestellte ganz schnell verzehrte und dann wieder verschwand, oder es waren Leute, die noch nicht lange im Café verkehrten. Davon abgesehen war Carola Neher eine solche Expertin für das Romanische Café, daß sie wußte, wer welchen Tisch beherrschte. »Sieh mal, Luise, paß mal auf, der Tisch da hinten gehört den Kommunisten«, sagte sie etwa. Oder: »Da sitzen die

Fachleute für Gott, die Talmudisten ...« Oder auch: »Da sitzen die ›Küken‹. Der Tisch für junge Mädchen, die darauf warten, daß sie jemand zum Abendessen einlädt ...«

Wie oft hatte Sabri Mahir Luise früher hierher ausgeführt! ... Sie waren von Tisch zu Tisch gezogen und hatten sich mit allen unterhalten, bevor sie sich in eine Bar begaben; manchmal waren sie auch zum Abendessen geblieben. Aber in letzter Zeit zeigte ihr Mann wenig Interesse daran, mitzukommen, mit ihr dort aufzutauchen. »Wenn du Lust hast, dann geh doch hin«, sagte er. Er behauptete, er könne die Luft in dem stets verqualmten, wie im Nebel liegenden Café nicht mehr ertragen. Und sagte: »Die meisten dort kommen doch sowieso hier zu uns ins Studio.« Irgendwann störte es Luise dann, wenn ihr Mann ständig die Abende vorschob, sie ärgerte sich irgendwie darüber. Wer weiß, vielleicht war sie auch neidisch, weil man Sabri Mahir an diesen Abenden Achtung und Zuneigung entgegenbrachte?

Von ihrem letzten Treffen mit Carla im Romanischen Café hatte sie ihrem Mann nichts erzählt. Denn Sabri Mahir war Carla in gewisser Hinsicht böse. Vielleicht ging es ihn nichts an, und er hatte vielleicht keinen Grund, ihr deswegen böse zu sein, aber er nahm es ihr übel, daß sie ihren Mann, den Dichter Klabund, einfach krank und hilflos in der Ecke liegenließ und darauf bestand, weiter am Theater zu spielen. Den eigentlichen Grund dafür, daß er ihr das übelnahm, ahnte Luise schon: Brecht bereitete Carla sehr viel Kummer, und doch wollte sie unbedingt in seinem Stück mitspielen. Sabri Mahir mochte den jungen Mann, diesen Herrn Brecht, den er als ›Besserwisser‹

bezeichnete, einfach nicht. Seiner Ansicht nach war er ›sehr anmaßend‹. Er war zwar nicht wissentlich, nicht bewußt ›nur auf seinen Vorteil aus‹ oder ›opportunistisch‹, aber man wußte doch nie recht, woran man bei ihm war! ... Damals, in den ersten Monaten nach der Eröffnung des Studios, noch bevor Sabri Mahir nach Amerika ging, hatte Brecht sich an Herrn Samson-Körner gehängt, einen guten Boxer, den Sabri Mahir schätzte und achtete, und war immer wieder mit ihm bei ihnen aufgetaucht. Herr Samson-Körner meinte es gut mit ihm und stellte ihn allen Leuten vor, die ihnen über den Weg liefen. Auch mit ihrem Mann Sabri Mahir hatte er ihn bekannt gemacht. Er hatte Sabri Mahir sofort die Hand gedrückt, sie, so mager und schwächlich er war, zu schütteln versucht und gesagt, er beobachte Sabri Mahir schon lange und schätze seine Art zu boxen sehr. Diese Worte waren Sabri Mahir nicht sehr glaubwürdig vorgekommen. Doch Herr Samson-Körner hatte ihn unter seine Fittiche genommen; er war es auch gewesen, der ihrem Mann erzählt hatte, Brecht sei aus dem Westen nach Berlin gekommen, dort habe er für seine Gedichte einen wichtigen Preis erhalten ... Dann hatte man ihn im Studio monatelang nicht mehr gesehen. Eines Tages tauchte er wieder auf, und dieses Mal war ihr Mann ein wenig milder gestimmt.

Sabri Mahir nahm ihn in sein Büro mit und bot ihm einen Platz an. Er griff in eine der unteren Schubladen seines großen Schreibtisches aus Platanenholz, holte einen Kasten Upmann hervor und bot Herrn Brecht eine Zigarre an. Sabri Mahir hatte den jungen Mann schon so lange nicht mehr gesehen, und jetzt war er gekommen und hatte unbedingt mit ihm reden

wollen, und so saßen sie einander gegenüber, tranken türkischen Mokka mit viel Schaum, wie ihn Rachel inzwischen richtig zuzubereiten wußte, und Sabri Mahir sagte: »Bitte schön, ich höre.«

»Wie gern würde ich meine Gedanken, das, was mir durch den Kopf geht, so wie Sie mit meinem Körper erleben und ausdrücken können«, sagte Brecht, und das gefiel Sabri Mahir sehr. Obendrein, so fügte er hinzu, habe auch er sich früher sehr gewünscht, einmal ein guter, ehrgeiziger Boxer zu werden.

»Aber woran fehlt's denn? Am Ehrgeiz, an der Disziplin?« Diese von Ironie nicht ganz freie Bemerkung Sabri Mahirs machte dem jungen Dichter nichts aus. Mit der Sachlichkeit eines Studenten, der die Prüfung bestehen will, zählte er ein paar Gründe auf und sagte dann: »... wissen Sie, außerdem habe ich einen angeborenen Herzklappenfehler. Deshalb haben sie mich im Krieg auch nicht eingezogen, Herr Sabri Mahir ... Ich bin nicht traurig, aber das ist ja nun sowieso vorbei ... Worüber ich eigentlich unbedingt mit Ihnen sprechen wollte ...«

Ja, er habe kein Boxer werden können, aber auf dem aufbauend, was er bisher an Informationen über das Boxen gesammelt habe, wolle er einen Boxroman schreiben. Er habe schon einen Entwurf dafür, und wenn Herr Sabri Mahir die Geduld aufbringen und sich anhören könnte, was er ihm vorlesen wolle, so würde ihn das sehr freuen. Seine Gedanken dazu zu erfahren und zu diskutieren, das wäre für ihn schließlich eine Bereicherung. Wie der Roman heiße? Doch, er habe schon einen Namen: ›Das Renommee‹.

Der Name sage ja nicht sehr viel aus. Aber er solle doch erstmal vorlesen ...

Herr Brecht las drei, vier Seiten seines Entwurfs vor, doch er glaubte an den Gesichtszügen des anderen ablesen zu können, daß dieser gelangweilt war, und brach seinen Vortrag ab.

»Ach, wissen Sie, Herr Sabri Mahir, ich will in diesem Roman das Boxen, die Boxerei nicht in den Vordergrund stellen ...«

»So ...?«

»Ja, das Interessante daran ist, daß ein Boxer unvorstellbar viel Geld verdient und zu ebenso unvorstellbar großem Ruhm gelangt. Wie er von klugen, geschickten Geschäftsleuten eingesetzt, wie er aus dem Nichts erschaffen wird! ...«

»So ...?«

»Gewiß soll es in diesem Roman nicht an ein paar spannenden aufregenden Szenen fehlen ... Die werde ich auf jeden Fall einstreuen. Aber im Grunde geht es, wie ich schon sagte, um Ruhm, Geld, Frauen und eine unendlich weit reichende ›Macht‹, welche bis in die entferntesten Bereiche der Gesellschaft wirkt! ...«

»Gut, aber was kann ich da für Sie tun? Was für eine Hilfe kann ich Ihnen angedeihen lassen? Wie ich an Ihrer Entschlossenheit erkenne, haben Sie das Ganze schon im Kopf; es wartet nur darauf, daß Sie es hinschreiben. Es fehlt nur noch, daß Sie sich einen Stapel Papier bereitlegen und den Roman niederschreiben ... Sie wollen das Boxen also als eine Art ›Mittel‹ einsetzen, um ihre abstrakten Gedanken auszudrücken? ...«

»Ich glaube, ich habe Sie ein wenig enttäuscht, Herr Sabri Mahir. Dabei ist es nicht so, wie Sie denken; es gibt nichts, was das Boxen verächtlich machen würde in dem Roman, dessen Entwurf zu

schreiben ich versucht habe. Ich möchte in meinem Roman das ›höllische‹ Leben eines Boxers beschreiben, verstehen Sie? Dabei soll er einen Querschnitt durch die kapitalistische Gesellschaft bieten. Wie diese Lebensform in allen ihren Ausprägungen, ist auch das Boxen eine ›Show‹, eine ›Vorstellung‹, eine … nun, was weiß ich, eine nicht in die Tiefe gehende …«

Vielleicht hatte Sabri Mahir einfach genug davon, daß der junge Mann ohnehin schon alles wußte; vielleicht ärgerte er sich auch, daß nach all den trockenen politischen Reden, die man überall zu hören bekam, nun dieser Dichter mit seinen Vorstellungen zu ihm kam und auch noch den Faustkampf usurpieren wollte (dem Sabri Mahir selbst einen völlig anderen Sinn gab); jedenfalls erhob er sich und fing an, in dem nicht sehr geräumigen Büro auf und ab zu gehen. In dem Roman dieses jungen Mannes gab es vieles, was seinen Vorstellungen zuwiderlief, aber wie sollte man das jemandem verständlich machen, der nicht wie er sein Leben dem Boxen gewidmet hatte?

»Ich versuche, Ihre Gedanken zu verstehen. Doch muß ich sagen, daß sie zu meinen im Gegensatz stehen. Wissen Sie, anders als Sie behaupten, lassen sich weder der Boxer noch der Faustkampf in feste, klar umrissene Schablonen pressen oder darüber definieren. Soweit ich das aufgrund meiner Erfahrungen verstehe, so träumen Sie, Herr Brecht, davon, zu Ruhm, Geld und natürlich zu der sich daraus ergebenden ›Macht‹ zu gelangen, indem Sie das Boxen zum Gegenstand eines Romans machen; gewiß wollen wir Faustkämpfer mit unserem Beruf Geld verdienen und in dieser (entschuldigen Sie) verdammten

Nachkriegszeit unseren (entschuldigen Sie) Hintern mit ein paar Groschen oder ein bißchen Besitz in Sicherheit bringen. Was könnte denn natürlicher und menschlicher sein?! ... Ich will sagen, ich kann am Boxen keine Seite entdecken, die sich in die festen Grenzen des Dogmas, das Sie in Ihrem Roman ausbreiten wollen, hineinzwängen ließe ... Für mich ist das Boxen ... Für mich ist das Boxen das Leben selbst! Das Leben selbst in allen seinen Formen! ... Sie empfinden Vergnügen dabei und zugleich Schmerz, Sie fühlen sich stark und zugleich schwach, Sie sind sehr ernst und zeigen doch zugleich Humor, ja scherzen vielleicht sogar ein wenig. Im Ring sind Sie ein Mann, und doch haben Sie den Wunsch, sich selbst zur Schau zu stellen und zu gefallen wie eine Frau. Ich weiß nicht, ob Sie mich verstehen? Ich bin eigentlich Maler, wissen Sie das? Worte liegen mir nicht so. Vielleicht werde ich Ihnen die Antwort, die ich Ihnen wirklich geben möchte, eines Tages mit Farben verständlich machen können, Sie Ihnen als Bild geben ...«

Nach diesen Worten las Herr Brecht nicht weiter aus seinem Romanentwurf vor. Sorgfältig sammelte er seine Papiere zusammen und steckte sie in seine Tasche; er bedankte sich bei Sabri Mahir für den Kaffee, die Zigarre und die Zeit, die er ihm geopfert hatte, und verließ das Büro.

Von den Herzensbeziehungen des jungen Mannes zu Carola Neher, der schönen Frau, die schon so lange ins Studio kam, hatte Sabri Mahir erst viel später durch Luise erfahren. Seine Frau und Carola sprachen miteinander über ihre Probleme, und über Carolas Herzensangelegenheiten wurde manchmal

auch zu Hause gesprochen. Sabri Mahir ergriff dabei Partei; ihm wurde der begabte junge Mann, der ein Stück mit Liedern geschrieben hatte und es jetzt auf die Bühne bringen wollte, durch diese Geschichte nicht gerade sympathischer.

Natürlich hatte Brecht ›Das Renommee‹ noch nicht beendet. Aber ehrlich gesagt, Sabri Mahir war auch nicht so schrecklich neugierig auf den Roman!

4. April, Mitternacht

Während des Fights hatte Franz unaufhörlich darüber geklagt, daß er Max doppelt sehe und sich dauernd frage, in welches der beiden Gesichter er schlagen solle. Der Nerv an seinem linken Auge, mit dem es seit Amerika langsam immer schlimmer geworden war, hatte gestern Abend nach zwei Fausthieben seine Arbeit völlig eingestellt, so daß Franz ziemlich schielte. Natürlich hatte sein Gegner das gesehen und ihm auf das ramponierte Auge geschlagen, so viel er konnte.

»Die haben uns aber Unrecht getan, Sabri! ... Oder? Was meinst du? Die Richter haben meine Punkte einfach eingesackt. Da kämpfst du fünfzehn Runden gegen zwei Max Schmelings, und dann stekken sie ihm die Punkte zu, die sie dir geben müßten! ...«

Als sei es nicht er selbst, sondern sein Lehrer Sabri Mahir, der getröstet werden müsse, versuchte Franz Diener die ganze Zeit, sich Begründungen für die

›Ungerechtigkeit‹ einfallen zu lassen. Seine aufgeplatzte Braue, sein linkes Auge, mit dem er kaum noch etwas sah, interessierten ihn nicht, schienen gar nicht weh zu tun …

»… Es ist nun mal passiert … Die Meisterschaft ist flöten! Aber wir holen sie uns wieder, oder? Mensch, sei doch nicht traurig, Sabri! Du hast getan, was du konntest; hast aus einem Metzger wie mir einen Boxer gemacht, den sogar die Amerikaner kennen. Was willst du denn noch? Dank dir hab ich Orte gesehen und Menschen kennengelernt, von denen ich nie geträumt hätte. Was will ich denn mehr?! … Du glaubst doch wohl nicht, daß es leicht ist, mit diesem Auge fünfzehn Runden durchzustehen? …«

Nach dem Match waren sie mit Mühe aus dem Getümmel herausgekommen, hatten auch Luise mitgenommen und waren in ein Lokal in einem weit entfernten Stadtteil gefahren. Dort hatten sie sich eine Weile schweigend gegenübergesessen. Um die beiden stumm dasitzenden Männer ein wenig aufzuheitern, hatte Luise mit einer Herzlichkeit und Wärme, wie sie sie schon lange nicht mehr gezeigt hatte, Witze erzählt und Dinge nachgemacht, die sie während des Kampfes gesehen hatte; sie hatte die ganze Zeit geredet, bis eine ganze Flasche Champagner geleert war.

Dem Wunsch, eine weitere Flasche zu öffnen, hatte Sabri Mahir sich nicht angeschlossen. Er erklärte, er wolle schlafen, richtig tief schlafen.

»… Wenn die Kollegen im Schlachthaus nicht gesagt hätten, komm mal mit, da gibt's einen Sport, der heißt Boxen, das mußt du dir ansehen, und wenn sie mich, als wir dagewesen waren, nicht mit Gewalt gepackt, in den Ring gezerrt und zum Boxen gezwungen

hätten, da würde ich heute noch in Bebra ... im Schlachthaus arbeiten ... Aber jetzt mit fünfzigtausend Mark ...«

Vor der Haustür wollte Franz nicht aufhören zu reden. Die Müdigkeit, die Schmerzen in seinen Knochen und der Champagner trugen auch ihren Teil dazu bei, daß er von einem Thema zum andern sprang und kein Ende fand.

»... Mein Rechtsanwalt ... in welchem Prozeß er auch für mich war, er hat alle verloren, mein Rechtsanwalt, Sie kennen ihn doch? Seine Stenotypistin kennen Sie doch auch, Luise, oder? ... Wir wollen heiraten ... Wir haben uns entschlossen ... Sie ist ein gutes Mädchen, wissen Sie? Warum ich immer noch zu diesem Rechtsanwalt ...«

Luise gab Franz einen liebevollen, herzhaften Kuß auf die Wange. »Können wir über all das nicht morgen reden, in drei vier Stunden, wenn wir ein bißchen geschlafen haben?« fragte sie mit sanfter Stimme.

Lustlos stimmte Franz zu, und zum Abschied umarmte er Sabri Mahir und drückte ihn eine Zeitlang fest an sich.

»Also, nun geh heim und leg dich hin. Schlaf gut!« sagte auch Sabri Mahir, während er sich mit Mühe von dem jungen Mann befreite, dessen Schicksal ein wenig auch sein eigenes war ...

Mein Kind, Sabri Mahir, das sind Sie!

»Ich hatte stets viele Menschen mit schönen Gedanken um mich herum, die ihre schönen Gedanken schön ausdrücken konnten. Sie wissen, ich bin jemand, der weder schön reden noch schön erzählen kann. Aber alles, was ich erlebt oder gefühlt habe, das habe ich so tief in meinem Innern erlebt und gefühlt, daß es weh tat. Wohl deshalb habe ich immer wirklich alles geglaubt, was mir gesagt wurde, bei dem, was ich sah, habe ich nie Hintergedanken vermutet; was ich sah, das war für mich so, wie es war ... Ich nehme Ihnen auch nicht mehr übel, daß Sie mich behandeln wie jemanden, der nie erwachsen geworden ist. Was soll's, so bin ich eben. Ich beklage mich auch nicht mehr darüber, daß ich so bin, wissen Sie? Als Sie gestern abend im Ring für die Photographen posierten und danach irgendwo unauffällig unterhalb des Rings saßen und das Match verfolgten, da habe ich Sie die ganze Zeit beobachtet. Ich habe versucht, über viele Dinge nachzudenken. Sie wissen, ich sagte es schon, ich bin kein Mensch, der gut denken kann ... Ich weiß nicht, aber immer wenn ich nachdenke, wird mir das plötzlich langweilig. Meine Gedanken geraten durcheinander. Aber als ich Sie gestern beobachtete, da sagte ich mir: ›Doch, Luise, denk weiter nach!‹ ... Und ich habe über vieles nachgedacht. Aber jetzt, heute morgen, habe ich nicht mehr allzuviel davon im Kopf, verstehen Sie? ... Es wurde so viel überflüssiger Lärm gemacht bei dem Match gestern, vielleicht deshalb. Aber einen Gedanken habe ich immer noch im Kopf ... Vielleicht kann man das auch nicht Gedanken nennen? Sehen Sie, Sabri Ma-

hir, was ich sagen will, ist dies: Mein Kind, das sind Sie ... Und warum? Mir ist gestern abend noch einmal klar geworden, daß ich Sie liebe, aber als ich lange nachdachte, wurde mir auch klar, daß ich Ihnen böse bin, ziemlich böse bin, verstehen Sie? Nun gut, aber warum? Das habe ich nicht ganz herausbekommen, aber meine Mutter ist auch immer so, immer war sie böse auf mich wegen irgend etwas und hat mich doch sehr geliebt. Sie sind also jetzt mein Kind, daran habe ich es erkannt. Überlegen Sie doch, wenn ein ausgewachsener, reifer Mann wie Sie immer noch mein Kind ist, dann wird er auch immer mein Kind bleiben, verstehen Sie? Mir ist klargeworden, daß ich Sie vielleicht auch deshalb nie werde verlassen können. Das war es, worüber ich nachgedacht habe, verstehen Sie? ... Als wir nach Hause kamen, haben Sie den Kopf aufs Kissen gelegt und sind sofort eingeschlafen. Und ich? Bis die Nixe auf unserer Tür wieder Farbe bekam und ganz deutlich wurde, habe ich immer weiter nachgedacht ...«

Sabri Mahir hatte reglos dagesessen mit dem magischen Schauder eines Menschen, der ein Wunder erlebt; die von der Übermüdung vollständig von violetten Ringen umgebenen, großen Augen seiner Frau waren weit aufgerissen, während er ihr zuhörte. Die Ringe ließen das Blau ihrer Augen noch tiefer erscheinen; mitten in dem übernächtigten Gesicht erinnerten sie daher an Fenster zum Meer. Und an die Ruhe des Meeres nach dem Sturm ...

Lustlos hatte er sich an den von Rachel gedeckten Frühstückstisch gesetzt, mit den Bissen gekämpft, die beim Kauen immer größer wurden, und versucht, sie unter Mithilfe des Kaffees herunterzuschlucken, als

Luise, in ihren veilchenblauen Pantoffeln mit den Troddeln über den Boden schlurfend, gekommen war und sich zu ihm gesetzt hatte.

Es gab Wochen, da saßen sie nie zusammen am Frühstückstisch. Luise stand bis gegen Mittag nicht auf, kostete ein bißchen von dem Frühstück, das Rachel ihr ans Bett brachte, dann blieb ihr Blick wieder an der Nixe, ihrem Kamm, ihren Haaren oder an den Seerosen hängen, die irgendwie nie aufblühen wollten …

Anstatt auf Rachel zu warten, die irgendwo in der Wohnung beschäftigt war, sprang Sabri Mahir auf und holte selbst frischen Kaffee aus der Küche. Er bestrich ein Scheibe Brot mit der Kirschmarmelade, die Luise liebte, und legte sie ihr auf den Teller. »Ich nehme Ihnen überhaupt nicht übel, daß Sie mich behandeln, als wäre ich immer noch ein Kind«, sagte Luise und hielt die von Sabri Mahir mit Kirschmarmelade bestrichene Scheibe hoch wie einen konkreten Beweis. Sie hatte sich hingesetzt und sofort mit ihrer Rede begonnen. Jetzt, wo sie damit fertig war machte sie sich mit Appetit ans Essen.

Das satte Hufgetrappel vom Milchwagen, der noch immer in der Straße war, drang bis an den Frühstückstisch herauf. Als seine Frau ausgeredet hatte, hielt Sabri Mahir, um den Zauber nicht zu zerstören, den Mund und sagte kein Wort.

»Ich habe keine Lust, ins Studio zu gehen oder die Zeitungen durchzusehen«, sagte er irgendwann fast flüsternd.

Dann trat wieder Schweigen ein.

Luise sah ihren Mann an, während sie nach einer zweiten Scheibe Brot griff. Sie hatte jetzt einen schel-

mischen Glanz in den Augen. Sie füllte sich die Kaffeetasse mit Milch auf. Wieder sah sie Sabri Mahir an ... Er sollte sich dazu äußern, sollte etwas sagen. Aber ihr Mann sagte nichts ... Doch als sie sich fast fingerdick Butter auf eine dritte Scheibe strich, mischte Sabri Mahir sich ein: »Sie werden zunehmen.«

»Kinder verlassen ihre Mütter doch wohl nicht, weil die zu dick geworden sind, oder? Ich sagte doch, Sabri Mahir, Sie sind mein Kind!«

»Ja, und wenn Sie es so wollen, werde ich es immer bleiben ...«

Während sie sich mit dem Brot mit der vielen Butter herumschlug und sich dabei die Wangen beschmierte, war Luise das altrosa Negligé zur Seite gerutscht, und ihre nackten Schenkel waren sichtbar geworden. Sabri Mahir wollte nicht, daß seine Frau fror, und er griff nach ihrem Negligé, um ihre Blöße zu bedecken ...

Rachel zog sich lustlos die Schürze aus, hängte sie in den Schrank und versuchte zu begreifen, warum man ihr so plötzlich die Erlaubnis gegeben hatte, nach Hause zu fahren, und das auch noch bis zum nächsten Abend.